JN317614

古代山国の交通と社会

鈴木靖民
吉村武彦
加藤友康 編

八木書店

序 ―山国の古代交通研究の意義―

本書は古代日本における山国の交通の実態と歴史的意義をテーマとする論集である。この論集は、二〇一一年六月二五・二六日、東京の明治大学で開かれた古代交通研究会の第一六回大会での諸氏の報告をもとにするが、さらに関連する研究者にも寄稿して頂いて成ったものである。

古代交通研究会は発足以来二〇年の蓄積を有しており、特に一、二年ごとの大会では歴史地理学、歴史学、考古学、文学、民俗学などの多分野の専門家が集い、広義の交通をめぐる多様な問題に関して討議し、成果を挙げてきた。そこでは、古代社会のインフラである交通路としての道路、河川や施設（駅家など）にかかわる文献や考古資料に基づいて提起された諸問題に取り組み、交通手段、交通機能、交通思想について論じ合い、あるいは王権・国家による交通制度、交通政策について解明してきた。また中国・朝鮮の道路、交通との比較の方法なども試みてきた。

古代日本の歴史を顧みると、『魏志』や『後漢書』に「山島によりて居を為す」とされるごとく、早くより日本は海中の山々で象られた島国であると広く認められてきた。山間で暮らす山の民がおり、山間を結ぶ狭隘な小径があった。国家の目的に沿った公的な道路ももちろん造られた。古代の人々は山道と海道の別を意識していた。例えば、東山道のほとんどが山国を通ることは周知の通りである。さらに、大和・伊賀・美濃・信濃・甲斐などの海をもたず山地のみで構成される国や、越前のように山地の多い国では、交通のあり方が地域社会の政治、経済をどう規定したかが問題となるであろう。しかし、今日まで地域社会を取り巻く山国または内陸という険しい自然環境とそれに人々が働きかけて成し遂げた交通路の敷設や運営をはじめ、それと密接にかかわる山国の生活や産業や開発、山間をつなぐヒト・モノの交流、山岳や峠・境界への信仰などの営為に対して、研究の目を向け、まとまった形で把握し、共通理解を得ようとすることはほとんどなかったのである。

本書はそうした山国の交通のあり方をめぐる議論をふまえ、最前線の研究者が抱える問題関心、視角からの様々な研究を結集することを目標にして編まれた。本書には論の重複する箇所もあるが、今日における山国の交通研究の主な課題をほぼ網羅している。二四編の論考は海や川の水上交通と接触点を持って複合する場合を扱うとともに、平野とは異なり山国だけで完結するか、それに准じる古代社会の交通形態を資料にそくして多角的に追究している。山国や山川・海への観念、山道と河川の交通（輸送）の形態・手段・方法・機能の諸相、公的交通の道路・制度・組織・統治、地域の交通路や交通と密接な生業・物資・技術移転・信仰などについての特質や意義が精緻にかつ多岐にわたって述べられる。

その結果、海上交通と山国の水陸交通の相互補完性、諸国や諸地域の交通施策の差異と全国的な共通性、道路と諸国の集権的行政や広域支配の関係、軍事と山道の関係などの論点が示唆され、さらには山国の交通の特殊性から列島全域への普遍性の展望などなど、今後の課題が浮き彫りにされている。それと同時に、本書の多くの論考は山国の景観を髣髴させるものであり、今日も各地に遺る古代以来の山国の峠や境や坂をたどったり、山寺や古社に詣でたりして、実地踏査で確かめる必要性とその意欲を掻き立ててくれる。本書が山国の交通の究明を通して、古代日本の国家や社会に関する研究の新たな進展に寄与できるなら幸いである。

二〇一三年五月

鈴木靖民

『古代山国の交通と社会』目次

Ⅳ　山国の「政治学」……289

Ⅰ　総　論
―山国の世界―

1　山河海のコスモロジー

吉村武彦

はじめに　―山の道と海の道―

日本列島は、中国大陸の東辺に位置する島嶼からなる。そのため周囲に海、内陸に山岳・丘陵があり、流れ出す河川が扇状地・平野を造成している。したがって一般的にいえば、諸国は、山と河海との関係がきわめて強いものがある。

古代の五畿七道制では、畿外が東海道・東山道、北陸道、山陰道・山陽道、西海道、南海道というように区分されている。その命名に関して、四方向に「海」「山」が付加されるのも、自然的成り行きであろう。都から東方への道は「東海使者《うみつみちのつかい》」、「東山使者《やまのみちのつかい》」と呼ばれた可能性が強い（『日本書紀』天武一四年（六八五）九月戊午条）。そして、東山道には「御野（美濃）、科野（信濃）、上・下毛野国」というように「＊野国」と呼ぶ四か国がある。この「野」は「山裾の広い傾斜地」を有する地形的特徴から、国名となったと思われる。

なお、東北の陸奥（後の黒川郡以北）では、夷狄（蝦夷）が居住する地域が「山海両道」に区分されている（『続日本紀』天平九年（七三七）四月戊午条）。山道の夷狄と海道の夷狄で、山道は北上川流域、海道は牡鹿半島の海沿いの地域とされている（新日本古典文学大系『続日本紀』二）。また、宮都から大宰府への交通路は、瀬戸内海を「海路」、山陽道を「陸路」という（『続日本紀』和銅二年〔七〇九〕三月辛未条）。これらの場合も、現実的な地勢や交通路のかたちから「山・海道」や「海・陸路（道）」と呼称されたのであろう。

さて、四世紀前半には成立したヤマト王権の王宮は、奈良盆地に所在しており、海に面していない。奈良盆地からは、河川ルートでは河内地域を介して、海洋に出ることになる。しかし、あらためて考えてみると、飛鳥・藤原・平城宮が位置する大和国にかぎらず、続く長岡宮・平安宮が位置する山城（山背）国は、海に接していない。長岡京は桂川、平安京は鴨川から下流の淀川を介して大阪湾に通じ、難波津と結びつく。

この難波津が存在した摂津には、難波津との関係が強い難波宮が設置されていた。この難波宮は、特別な位置にあったと評さなければならない。難波宮には孝徳朝に遷都が行なわれたほか、聖武天皇期にも一時的に都になった。また、天武朝には、複都制のもとで陪都の扱いを受けた。そのため、天武朝以降に、摂津職が設置されていたと思われる。このように難波宮の設置期には、古代の王宮と難波宮との強い結びつきがあったと考えられる。難波津との関係では、八十島祭という宮廷祭祀が注目される。しかし、八十島祭は平安時代以降に実施された祭祀といわれ、ヤマト王権の時代における難波津との直接的な関係はいまだ不明である。

また、奈良盆地は盆地であって、「山国」ではない。しかし、この盆地に首都（王宮）が立地した時期が長いヤマト王権は、北海道と東北北部を除く日本列島を統治していた、「大八洲国」である。その統治にあたっては、大八洲国を支配する政治的イデオロギーが存在したはずであり、その列島統治のコスモロジーを解明していく研究課題が必要である。

本稿は、そのコスモロジーの枠組みをイデオロギーレベルの問題で考え、解明することを目標とする。そのため、ヤマト王権の由来と正統性を示す『古事記』『日本書紀』（以下、「記・紀」と略すことがある）や、『万葉集』などを利用して進めていくことになる。このようにコスモロジーを解明することを目的とするが、こうしたイデオロギー自体が歴史的に形成された所産であることを認識する必要があるだろう。つまり、当初から固まった枠組みはなかったとみなければなるまい。

ところで、本稿の考察対象の名称として「山河海」を用いることにした。一般的には「山野河海」の言葉が用いられているが、東京大学史料編纂所の「奈良時代古文書」「平安遺文」「鎌倉遺文」の各フルテキストデータベースによれば、古代では「山河海」や「山海」の語が多く使われる。現在のところ、「山野河海」の言葉は、貞応二年（一二二三）七月六日「一　山野河海事」（『中世法制史料集』一）が初出となる。そもそも『日本書紀』では、日本列島の統治範囲を示す「大八洲国」を生んだ後、「海・川・山」を生む。古代では、「山・川（河）・海」との関連の方が強いとみなければなるまい。

なお、「山野」の語は、大宝儀制令祥瑞条や賊盗律山野条に「山野」とみえるほか、唐雑律第一七条に「山野陂湖」とある。また、『続日本紀』和銅四年（七一一）十二月丙午条にもみえる。ただし、「山野河海」というような捉え方ではない。本稿はコスモロジーを考察の対象とするので、当時、実際に使用された言葉を重視するために、「山河海」の言葉を使用することにした。「山野河海」の世界は、むしろ中世的世界と考えられよう。藤木久志が、古代とは異なった山野河海をめぐる民衆の世界を論じている（藤木久志、二〇一〇）。

一　香具山と国見

さて、コスモロジーが体系化されるのは、王宮における思想的・文化的な営為の結果であるが、いうまでもなく山・河・海には王宮が設置されることはない。ただし、「記・紀」の神話にみえる「海宮」は、別の次元の意味をもたされている。ふつうの政事の世界では、王宮が立地するのは、「国《くに》」ということになる。国とは、一般的にいえば山・河・海とは区別される、(1)人間が生活する場であり、(2)人間が生業する大地ということになるだろう(吉村武彦、一九九九)。

ところが、こうした国に、王宮が所在する。王宮は政治的センターを意味するが、ここで初期ヤマト王権の王宮の場所を確認しておきたい。『古事記』では、神武天皇以降について、崇神天皇が「御真木入日子印恵命、師木の水垣宮に坐して、天下治しき」とあるように、個々の王宮(師木水垣宮)の所在地において、天下を治めたと記されている。これは帝紀に基づいた、比較的に信頼性が高い伝承であると思われる。「はつくにしらすスメラミコト(初めてこの国を統治した天皇)」と称された崇神以降の王宮・王墓を、表示すれば次のようになる(表1)。

このように初期のヤマト王権に関しては、実在性が乏しい成務・仲哀天皇を除くと、王宮は大和・河内と摂津地域(摂津は、広義に解釈すれば河内地域となるか)に設けられていた。そして、允恭天皇以降は、顕宗天皇を除けば、基本的に大和国の地域にヤマト王権の王宮が構えられたのである。

しかし、あらためて、なぜ大和国かということを考え直してみると、必ずしも明白ではない。それではいったい、「記・紀」にはどのように書かれているのであろうか。

『古事記』において、神武天皇は「何地に坐さば、天下の政平けく聞し看さむ」と問いかけ、政事を執る場所を探す。神武の場合、最終的には畝火(畝傍)の白檮原宮で統治する。ところが、大和を選んだ理由は、書かれていない。倭建(ヤマトタケル)が歌ったという、

倭《やまと》は　国の真秀《まほ》ろば　畳《たた》な付く　青垣　山隠《ごも》れる　倭し麗《うるわ》し　(『古事記』歌謡三〇)

表1　崇神以降の王宮・王墓

	王宮					王墓		
	『古事記』			『日本書紀』		『古事記』		
10崇神	大和	師木	水垣宮	磯城	瑞籬宮	大和	山辺道	勾之岡上
11垂仁	大和	師木	玉垣宮	纏向	珠城宮	大和	菅原	御立野
12景行	大和	纏向	日代宮	纏向	日代宮	大和	山辺道上	
13成務	近江	志賀	高穴穂宮			大和	狭紀	多他那美
14仲哀	長門	穴門	豊浦宮	穴門	豊浦宮	河内	恵賀長江	
	筑紫	筑紫	訶志比宮		橿日宮			
（神功）	大和	磐余	若桜宮			大和	狭城	楯列陵
15応神	大和	軽島	明宮		明宮	河内	恵賀	裳伏岡
16仁徳	摂津	難波	高津宮	難波	高津宮	河内	毛受	耳原
17履中	大和	伊波礼	若桜宮	磐余	稚桜宮	河内	毛受	
18反正	河内	多治比	柴垣宮	丹比	柴籬宮	河内	毛受野	
19允恭	大和		遠飛鳥宮			河内	恵賀長枝	
20安康	大和	石上	穴穂宮	石上	穴穂宮	大和	菅原	伏見岡
21雄略	大和	長谷	朝倉宮	泊瀬	朝倉宮	河内	多治比高鸇	
22清寧	大和	伊波礼	甕栗宮			（河内	坂門原）	
23顕宗	河内		近飛鳥宮			大和	片岡	石坏岡
24仁賢	大和	石上	広高宮			（河内	埴生坂本）	
25武烈	大和	長谷	列木宮			大和	片岡	石坏岡

は、国讃めの歌であるが、「国の真秀ろば」とされる立地の理由は、歌詞に「畳な付く　青垣」とあるだけで、明らかではない。

一方の『日本書紀』には、塩土老翁が「東に美《よ》き地《くに》有り。青山四周《めぐ》れり。其の中にまた、天磐船に乗りて飛び降《くだ》る者有り」と述べたと記されている。「彼の地は、必ず以て大業を恢弘《ひらきの》べて、天下に光宅《みちを》るに足りぬべし。蓋し六《く》合《に》の中心か」と書かれているが、饒速日（ニギハヤヒ）が天磐船で降臨したことを記すだけで、その具体的な理由は記載されていない。「美き地有り。青山四周れり」の語句は、『古事記』歌謡の趣旨と同じであろう。

さて、その大和国において、ヤマト王権が国土を統治する象徴的な儀礼が、「国見」の行為である。その国見について、『万葉集』に山河海に関係する興味深い歌謡がある。題詞では「望国歌」と記されているが、国見歌と捉えてまちがいなかろう。歌に「うまし国ぞ　あきづしま　大和の国は」とあるように、やはり国讃めの歌であり、古代の首長儀礼としても重要な位置をしめる。

高市岡本宮に宇《あめのしたおさ》御めたまひし天皇の代　息長足日広額天皇

天皇の、香具山に登りて国を望みたまひし時の御製の歌

大和には　群山《むらやま》あれど　とりよろふ　天の香具山　登り立ち　国見をすれば　国原は　煙立ち立つ　海原はかまめ立ち立つ　うまし国そ　あきづしま　大和の国は

（新日本古典文学大系『万葉集』巻一―二）

息長足日広額天皇《おきながたらしひろぬか》（舒明天皇）は、推古女帝の次に即位した天皇であり、題詞にあるように、飛鳥岡本宮に王宮を営む。この舒明以降、飛鳥の地に王宮が造られるようになり、飛鳥の時代が始まる。

その舒明天皇が、香具山に登り、国見をする。その歌詞である。歌謡は「舒明御製歌」となっているが、必ずしも舒明に限定する必要はなく、代々の天皇が香具山で国見をする儀礼の際の国見歌であろう。『万葉集』の一番歌

「雄略御製歌」に続いて、「舒明御製歌」があるのは、飛鳥朝の重要性を示唆するものであろう。

ところで、『日本書紀』によれば、国見が行なわれる香具山の土は、「倭（大和）国の物実《ものしろ》」（崇神一〇年九月壬午条）とされている。その言葉の意味は、「（香具山の土が）大和の代わりをなす、実体だ、の意。それさえ手に入れば大和国を手に入れたも同然、との考え」（新編日本古典文学全集『日本書紀』頭注）ということであろう。このように香具山における国見は、大和国を統治する象徴的な儀礼ということになる。

香具山は、また「天降《あも》りつく　天の香具山」（巻三―二五七）、「天降りつく　神の香具山」（巻三―二五七の別伝、二六〇）ともいわれ、「天上から下る」山であった。そのため「神の香具山（原文は、神乃香山）」とも呼ばれたのである。すでに指摘されているように、「伊予国風土記逸文」には、「天山《あめやま》と名づくる由は、倭に天加具山あり。天より天降りし時、二つに分れて、片端は倭の国に天降り、片端は此の土《くに》に天降りき。因りて天山と謂ふ、本なり」（『釈日本紀』所引）とあるように、古くから地方にも伝承していたと思われる。

その国見で、国原と海原を「見る」ことが行われたのである。国原は、「国原は　煙立ち立つ」とあるように、民（百姓）のかまどから煙がでており、直接的には民の繁栄を意味しているだろう。さらに、「たとえ炊飯であっても、雲と同様に、国魂の活動する姿として理解すべきものであろう」（土橋寛、一九六五）という評価も生まれている。

問題となるのは、奈良盆地の香具山からは、見えることはない「海原」である。その解釈として、「香具山の北西麓には埴安池、西北には耳成池、東北には磐余池等々があった。淡水でも「うみ」と呼ばれた」という解釈もある（新日本古典文学大系本、頭注ほか）。しかしながら、香具山周辺に「海」を求める説では、「かまめ立ち立つ（加万目立多都）」の「カモメ（鷗）」の解釈ができそうにない。カモメは海鳥であり、あくまで海水がみなぎる「海原」

を詠んだ歌謡である。ただし、現実には香具山から、こうした海原は見えないから、この歌は実際の海原を歌ったのではない。天皇の国見の対象として海原を歌う必要性があるという理由で、海原を読んだ歌（神野富一、一九八二）、つまりコスモロジーを歌った歌ということにならざるをえない。

こうした理念的な国見歌に対し、実際に国見をしたリアルな歌謡も残されている。持統天皇の吉野行幸に関係する柿本人麻呂の国見歌は、次のように、実際の「見る」範囲を歌いあげている。

やすみしし　わが大君　神ながら　神さびせすと　吉野川　たぎつ河内に　高殿を　高知りまして　登り立ち
国見をせせば　たたなはる　青垣山　やまつみの　奉る御調と　春へには　花かざし持ち　秋立てば　黄葉《もみち》か
ざせり一に云ふ、「黄葉かざし」　行き沿ふ　川の神も　大御食《みけ》に　仕へ奉ると　上つ瀬に　鵜川を立ち　下つ瀬に
小網《さで》さし渡す　山川も　依りて仕ふる　神の御代《みよ》かも　（巻一—三八）

吉野宮（ないしその周辺）の地に建てられた高殿から、青垣山の山なみと吉野川を見て、青垣山の山の神（やまつみ、山祇）が春（花）・秋（黄葉）の御調、吉野川の川の神が奉る大御食への鵜飼と小網による漁を奉ることが詠まれている。こうして山神と川神が仕奉（仕え奉ること）する神の御代が讃歌として歌われる。ここでは、吉野という狭い地域の国見であるが、実際に見られた光景のうち、山と川が国見の対象として詠まれたのである。ここでも「たたなはる　青垣山」が賛美されている。この歌詞は、国讃めの普通の言葉なのである。

なお、国見と意識されずに山に登る場合、山部赤人が神岳《かみおか》に登った作歌に「明日香の　古き都は　山高み　川とほしろし　春の日は　山し見がほし　秋の夜は　川しさやけし　朝雲に　鶴は乱れ　夕霧に　かはづはさわく」（巻三—三二四）とあるように、場景として川が歌われるにすぎない。「国見」は単なる「登山」ではないのである。

しかも赤人の歌は、「神の香具山」と共通の性格を有する神岳であった。しかし、その山に登る意味合いが違った

のである。

こうして吉野行幸に関する国見歌と、前述した舒明御製歌を比較すると、舒明御製歌は現実を歌ったものではなく、天皇（首長）が統治するうえで固有のコスモロジーを歌いあげたものであることが明らかになるであろう。したがって、山に登る国見の対象としては、登る対象である「山」、そして国見の「国」である「国原」、さらに「海」となる。この「国」と「山」「海」が重要であるが、吉野行幸時の国見歌では「海」の代わりに「河」である。したがって、「国」と「山」「河海」ということになるが、あえて大和国で「海原」を歌いあげたのは、「海」に対するコスモロジーの重要性を示したものであろう。

このように国見歌には実際に行なわれた国見の歌もあるが、舒明御製歌のように、見えない「海」を詠む必要があるのは「山海」の重要性からきていることと思われる。

なお、国見をした山には山神、川には川神が存在していると捉えられている。ただし、これはヤマト王権の支配下に入ってからの現象であり、それ以前は山河海には「荒ぶる神」がいた。いわば原風景である。

『古事記』景行段に、ヤマトタケルが天皇から「東の方十二道の荒ぶる神とまつろはぬ人どもとを言向け和平《やは》せ」と命じられる話がある。ヤマトタケルは、この時「まつろはぬ人ども」の蝦夷を言向け、山河の荒ぶる神等を和平したのであった。ただし、『万葉集』には「国求《ま》ぎしつつ　ちはやぶる　神を言向け　まつろへぬ　人をも和《やは》し　掃き清め」（巻二〇―四四六五）とみえるので、「言向け」と「和平し」の対象は、必ずしも神と人とで区別されているわけではない。荒ぶる神は、夷狄（ここでは蝦夷）とは区別されていたが、「言向け」「和平す」対象であった。

二　「山海之政」のコスモロジー

さて、「国」と「山」「海」との関係は、「記・紀」の神話的世界においては、多く語られているコスモロジーである。たとえば、『日本書紀』神代第五段一書（第一二）に、

保食神《うけもちのかみ》、乃ち首を廻して国に嚮《むか》ひしかば、口より飯出づ。また海に嚮ひしかば、鰭《はた》の広《ひろもの》・鰭の狭《さもの》、また口より出づ。また山に嚮ひしかば、毛の麁《あらもの》・毛の柔《にこもの》、また口より出づ。その品の物悉《ふつく》に備へて、百机《ももとりのつくゑ》に貯《あさ》へて饗たてまつる。

という饗宴の食物起源譚がある。コスモロジーと関連する「国・海・山」にかぎっていえば、その食料は、

国—飯（炊いた飯、たなつもの）
海—鰭の広・鰭の狭（大小の魚、海の幸）
山—毛の麁・毛の柔（動物の鳥獣、山の幸）

となる。

この歌の「国」は、すでに述べたように（1）人間が生活する場、（2）人間が生業する大地、というように、農耕地というより、人の生活と生業の場と理解した方がわかりやすい。これに対し、「海」の「鰭の広・鰭の狭」と、「山」の「毛の麁・毛の柔」は、西郷信綱が指摘するように「贄」と強い関係がある（西郷信綱、一九七五）。

贄とは、辞典に「①古く、新穀を神などに供え、感謝の意をあらわした行事。また、その供物」、「②神または朝廷に、その年の産としてたてまつる土地の産物。特に、食糧としての魚鳥など」（『岩波古語辞典』補訂版）とあるように、新嘗祭と密接に関係する。この記述は少しわかりづらいが、「土地の新穀」だけではなく、「魚鳥」も記さ

れている。大化前代の新嘗祭は、かつて指摘したように、稲の初穂儀礼だけではなく、海・山幸の初尾儀礼（初穂と初尾は同義）であった（吉村武彦、一九九五）。なぜなら、古代王権の支配・服属関係と関わりが強い新嘗祭は、稲穂の「たなつもの」ばかりか、海幸ないし山幸が贄（ないし調）として献上されていて、王権と「国」「海・山」との関係に密接な関係があるからである。

このような見地が正しければ、治天下の王（後の天皇）が「大八洲国」を統治する際、日本列島に居住する人々の生業の場としては、「国・海・山」が基本的な領域であったとみなければならない。

この意味で重要なイデオロギーは、『古事記』応神段の記述である。

（応神天皇）即ち詔り別《わ》きたまはく、「大山守命は山海之政せよ。大雀《おほさざき》命は食国之政を執りて白し賜へ、宇遅《うぢ》能和紀郎子《のわき》は天津日継所知《しらしめ》せ」とのらす。

である。「山海之政」の語句はこの記事にしか見られないが、「食国之政」に関連する史料はその後も宣命などに頻出する。ここでは、対応する『日本書紀』の記述を参考にして考えてみたい。

応神段と関係する、『書紀』応神四〇年正月甲子条の記事は、

菟道稚郎子を立てて嗣《ひつぎ》としたまふ。即日に、大山守命に任《ことよ》さして、山川林野を掌らしめたまふ。大鷦鷯《おほさざき》尊を以て、太子の輔として、国事を知らしめたまふ。

と書かれている。『古事記』と比較すると、大山守は「山海之政」から「山川林野を掌らしめたまふ」、大雀（大鷦鷯）は「食国之政」から「太子の輔」というように変化している。

「山川林野を掌らしめたまふ」という『書紀』の記述は、大化元年（六四五）九月甲申条にみられる「国県の山海・林野・池田を割りて、己が財として、争ひ戦ふこと已まず。或は数万頃の田を兼ね并す。或は全ら容針少地も

無し」や、天武四年（六七五）二月己丑条「親王・諸王及び諸臣、并て諸寺等に賜へりし、山沢・島浦・林野・陂池は、前も後も並に除めよ」における「山海・林野」や「山沢・島浦・林野」の言葉と共通する。ただし、律令法には「山川藪沢」の語が、職員令民部省条と雑令国内条に記されているにすぎない。

こうした『書紀』や律令法の用例を参照すれば、『古事記』の「山海之政」はより古い時代の統治イデオロギーを示しているように思われる。律令法との関わりは第四節でとりあげるが、『書紀』の記述は律令制的支配の進行にともない、それが表記に影響したとも考えられよう。

次に、こうした「山海之政」との関係も想定される、神武天皇誕生にいたる天孫降臨譚を紹介しておきたい。『日本書紀』では、皇孫のヒコホノニニギ（彦火瓊瓊杵）を日向の高千穂峰に天降らせる。ニニギはカシツヒメ（鹿葦津姫、別名は木花之開耶姫）と結ばれるが、カシツヒメは天神と大山祇神との子であった。その子ホノスソリ（火闌降〔海幸彦〕、隼人等始祖）・ヒコホホデミ（彦火火出見〔山幸彦〕）らを生む。このヒコホホデミと海神の娘トヨタマヒメ（豊玉姫）との間に、ヒコナギサタケウカヤフキアヘズ（彦波瀲武鸕鷀草葺不合）が生まれ、妹のタマヨリヒメ（玉依姫）と結ばれて生まれた子が神武天皇（『書紀』神代の本文）。なお、「海幸彦」と「山幸彦」の名称は、一書第三による。本文は、「自づからに海（山）幸有り」と記されているだけである。

この系譜（図1）で明らかなように、「記・紀」においてヤマト王権の第一代とされる神武天皇は、大山祇神と海神の子孫となる。しかも、「山幸の有る」ヒコホホデミと海神の娘トヨタマヒメとの孫が神武天皇にあたる。興味深いことに、神武の諱も「ヒコホホデミ（彦火火出見）」で、祖父の神と同名である。この問題については、どのように考えられるであろうか。

話の展開からすれば、降臨したニニギとカシツヒメとの子・ヒコホホデミが「初代の天皇」とされても不思議ではない。たとえば好太王碑文にみられる高句麗の始祖鄒牟王は、「天帝の子にして、母は河伯の女郎なり」と記されている。しかし、系譜ではヒコホホデミとその子が、海神の娘にあたる姉妹と婚姻を重ね、孫の神武が「初代天皇」になった。推測するに、もともとはヒコホホデミが「天皇」の始祖の扱いを受けていたが、海神との交わりがなかった。そのため、二代に渡る海神の娘との婚姻譚が創られ、孫のヒコホホデミが「初代の神武天皇」と位置づけられたのではなかろうか。

なぜなら、本来、天皇は山神と海神に関わる「サチ（山海の獲物を取る威力・霊力）」の資質を有する存在であり、山神と海神の娘との婚姻譚が仕組まれて「サチ」を備えたのであろう。また、弟のヒコホホデミ（山幸彦）と兄のホノスソリ（海幸彦）とのサチの交換物語には、サチを失って兄から責められたヒコホホデミが、海畔でシホツチノヲヂ（塩土老翁）と出会う話。そして、シホツチノヲヂに海神の宮に案内され、海神の支援で兄を服属させる。ここには神が海上から来臨するという南方系の神話が、その背景にある。他方、天孫の降臨は、天上から垂直に神

図1　系譜

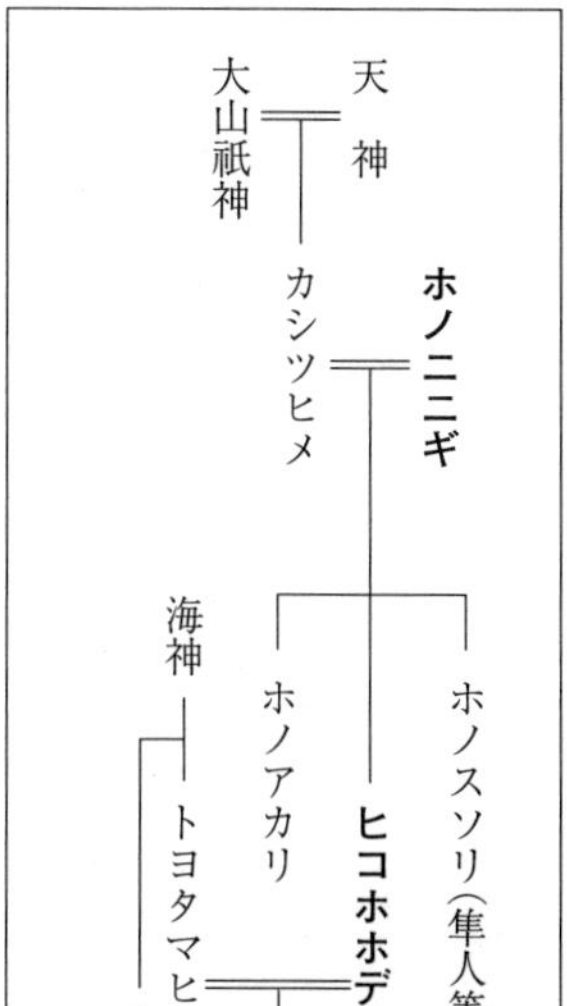

が降臨するという、北方系神話の要素をもっている。こうした神話を舞台にしながら、夷狄を支配する「天皇」の立ち位置を示す、隼人の服属譚が組みこまれている（吉村武彦、二〇〇五）。

以上のようにヤマト王権の始祖は、神話の世界において山神（大山祇神）と海神との関係が強く、隼人服属譚も随伴している。ということは、統治する列島における「山河海」という地質的条件との関係だけではなく、自らの正統性を主張する神話世界にコスモロジーを構築しているとみなすことができよう。

さて、このように古い時代の「山河海」と「山海之政」の問題を捉えると、当然のように問題になるのは、大化前代（大化改新以前の時代）におけるヤマト王権による部民制的支配との関係である。というのは、「山海之政」が問題になった『古事記』応神段には、

此の御世に、海部・山部・山守部・伊勢部を定め賜ひき。

とみえるからである。ちなみに『書紀』では、「諸国に令して、海人および山守部を定む」（応神五年八月壬寅条）とあり、記述が異なっている。しかしながら、これらの部の設定が治天下の王（後の天皇）の「山」「海」支配と密接な関係があったことはまちがいなかろう。

『古事記』にみられる部の設定は、「海部（海人）・山部・山守部・伊勢部」である。このなかで問題となるのは、「伊勢部」であろう。伊勢部については、伊勢の海部とする説もあるが、「磯部」と同じように考える説が有力であろう。しかし、奈良時代の平城宮式部省遺跡出土木簡に「伊勢部吉成」（『木簡研究』二〇）の人名があるほか、『日本三代実録』貞観九年（八六七）正月二五日条に大和国の「馬立伊勢部田中神」がみえる。このように伊勢部の存在も否定できず、磯部と同一視できない可能性も強い。

もし伊勢部が「磯部」の別称ということであれば、森田喜久男の指摘によれば、海部は海岸線の沖合において海

産物を王権に貢納する部、伊勢部（磯部）は海岸部の磯のうち、海産物を貢納するために特定の磯を占有し、王権によつて設置された部ということになる。同じように山部は、王権の山野支配を具現化し、山幸を貢納する部。そして山守部は、王権にとって特定の山林を守るための部、ということになる。海部と伊勢部（磯部）に関しては、生業を営むエリアの相違と「土地占有の有無」、山守部は山に対する占有の度合いが強く、特定の山林の保護・占有という（森田喜久男、二〇〇九）。山部・山守部に関しては妥当であるが、伊勢部については一つの学説として理解しておきたい。

なお、「河海」ということであれば、海部のほか、川部（河部）も問題になろう。「河部」は、『古事記』允恭段に田井中比売の「御名代」とみえるので、名代の可能性がある。ただし、その名義は未詳であり、河川との関係も想定される（前之園亮一、二〇一三）。それはともかく、文献には、山背国（「山背国愛宕郡計帳」）・備中国（「大税負死亡人帳」）・但馬国（『続日本紀』延暦三年〔七八四〕一二月乙酉条）に名を残す。生業を推測できるのは肥前国松浦郡の人・川部酒麻呂で、遣唐使船の柂師である（『続日本紀』宝亀六年〔七七五〕四月壬申条）。この川部氏は河川交通に関与していた可能性がある。

このほか平城京、佐賀県唐津市中原遺跡、福岡県行橋市延永ヤミヨ園遺跡、宮城県多賀城市市川橋遺跡から「川部」姓の木簡が出土している。地名としては伊勢国河曲郡に川部郷があり、河曲郡の名称からすると川部氏の存在が推測される。これらの川部をすべて名代とは解釈せず、山部・海部との関係で捉えることも可能であろう。今日の史料状況では河川関係の部の存在はまだ相対的に少ないが、海部や山部とは異なった分掌支配のかたちがとられていたのであろうか。

なお、この川部については、河上部・河瀬部と同じとみて、菟砥河上宮に関係する名代とする説もある（古市晃、二〇一二）。しかし、河上・河瀬が地名を意味し、宮名にふさわしい名称であるのに対し、河（川）は特定の地名を意味する言葉ではない。これまで指摘されてきたように、川部を菟砥河上宮に結びつけるのは、無理であろう。

三　「山河海」と国土統治

さて、「山海之政」が登場した同じ応神段に、「是に、大雀命と宇遅能和紀郎子との二柱、各天の下を譲れる間に、海人、大贄を貢りき」とある。古い時代に、海人集団は治天下の王に、贄を直接貢納した可能性を示唆している。この贄の貢納と関係する興味深い史料に、『古事記』雄略段における三重采女の天語歌の歌謡群がある。この歌は、海人集団の新嘗祭を考えるうえで、たいへん重要である。前書きに「豊楽《とよのあかり》きこしめしし時」とみえ、また歌に「新嘗屋」の語がみえることから、新嘗祭に関する歌であることは明らかである。つまり、海人集団から治天下の王に人が献上され、王宮において「駆使」される男性から奏上された歌である。

さらに、男性とともに女性の采女も献上されていた。このように男と女が献上されていたということは、海人集団がヤマト王権に服属していたことを如実に示している。そうした服属儀が、毎年開かれる新嘗祭の初穂儀礼で挙行されていたのである。この天語歌の物語でも、海人集団はヤマト王権と直接的な服属関係にある。海人の贄貢納と同じ構造である。

ここでは、その歌詞が表す国土統治のコスモロジーに注目したい。関連する歌詞は、

上つ枝は　「阿米」（天）を覆へり
中つ枝は　「阿豆麻」（東）を覆へり
下つ枝は　「比那」（夷）を覆へり

である。「天」とは、天皇が居住する宮から見立てた天であり、「都（京）」を意味する。都から離れた「夷《ひな》」が、天離《あまざか》る状態となる。そして、この夷とは異なり、ヤマト王権と特別な政治関係を有するのが「東《あずま》」となる。この東国からは、服属的な性格の証となる「東国の調」が貢納されていた（吉村武彦、一九九七）。

この歌詞は、政治的にどのような意味をもつのであろうか。まとめてみると、次のようになるだろう。新嘗祭は、国の「たなつもの」の初穂にかぎらず、山幸・海幸を献上する初穂儀礼であったことは、「山海之政」の重要性を端的に示している。そして、海人集団が貢納した新嘗祭の場における天語歌で、「天―東―夷」のコスモロジーが歌われた。これはどういう意味があるのだろうか。「国―山―海」のコスモロジーは、在地首長の地域支配を含めた古代王権の政事の原理である。こうした海人集団の服属を確認する新嘗祭の場で、大八洲国という国土統治のコスモロジー「天―東―夷」が歌われたことになる。このように、歌は天皇の統治原理の一端を示現しており、歌の枠組みが提示する世界は重要である。

次に、律令制国家において、山河海はどのように管理されていたのか、その特徴を考えてみたい。先に記した、『書紀』の応神紀では「大山守命に任さして、山川林野を掌らしめたまふ」と書かれていた。列島内部の支配として、「山川林野」がその対象となっていたが、これは律令法とも共通する。養老令の雑令国内条と知山沢条に関連条文が記載されている。

（1）雑令国内条

凡そ国内に銅鉄出す処有らむ、官採らずは、百姓私に採ること聴《ゆる》せ。若《も》し銅鉄を納めて、庸調に折《へ》ぎ充てば、聴せ。自余の禁処に非ざらむは、山川藪沢の利は、公私共にせよ。

（2）雑令知山沢条

凡そ山沢に、異宝・異木、及び金・玉・銀・彩色、雑物有りといふ処知らば、国用に供《ぐ》するに堪へば、皆太政官に申して奏聞せよ。

の二条である。

（1）の条文は、前半の「国内に銅鉄出す処（中略）聴せ」という銅鉄の採取部分と、後半「自余の禁処（中略）公私共にせよ」という山川藪沢の公私共利策とに二区分することができる。この二項目は、中国思想との関連でいえば、どのように位置づけられるのであろうか。これまでの研究によれば、通底する王土思想のもとで（1）は法家思想、（2）は儒家思想との関連が指摘されている（三谷芳幸、二〇〇三）。

ところで、唐令には季節的禁制を加えた「時禁」の制度があり、日本令では時禁制度を継受しなかったというような議論があった。これは『唐令拾遺補』の復元案「凡採捕畋猟、必以其時」を根拠にした説である。しかしながら、新たな天聖令の出現により、復元案は唐令条文ではなく、実際は「諸雑畜有孕、皆不得殺。仲春不得採捕鳥獣雛卵之類」の文章であることが判明した（『天一閣蔵明鈔本天聖令考証』下）。「仲春」とあるので、広義では「時禁」ともいえるだろうが、過大に評価することは無理だろう。ただし、この条文さえ継受しなかったのは、日本列島では在地の共同体による山沢管理の慣習によるとする考えは有効であろう（三上喜孝、二〇〇二）。

また、かつて『唐令拾遺』には「禁処」の箇所が復元されていなかった。そのため研究史をふり返ると、新しく日本令に禁処の語句が設定された理由を考察する研究があった。しかしながら、天聖令に「自余山川藪沢之利非禁者、公私共之」の文章が存在していたことが明白になった。おそらく日本令の「非禁処」は、「非禁」の語句を具体的に記した表記と解釈することができる。このように研究史をふりかえると、旧来の日唐両令の比較研究は、その意味が基本的に消失してしまったと思われる。いうまでもなく、逸文しか残っていない唐令研究については、比較研究は慎重に進めなければならない。

（2）の条文は、（1）に記されている「銅鉄」以外にも、山沢に異宝・異木や金・玉などの国家用途に資する雑物に、事実上制限を加える条文である。義解説には、「異宝者、馬脳・虎魄之類也。異木者、沈香・白檀・蘇芳之類也」とみえる。こうした異宝・異木が国家の有益な用途となるようであれば、太政官に申告させることになる。

このように律令制のもとでは、特定の用途に供する鉱物等は国家のものとなり、山川藪沢から「禁処」が除外されるようになった。禁処は王権固有の所属地となり、その歴史的意義は王権論から説かねばならない。しかし、禁処以外は「山川藪沢の利は、公私共にせよ」と規定されたことは、在地共同体による「山河海」という自然に対する享受権を確認するうえで重要であった。ところが、すでに国郡司による支配問題も生起していた。こうした現実に起きた「山河海」問題については、稿を改めたい。

むすびにかえて

これまで古代の列島支配のコスモロジーを、「国」と「山河海」との関係で説いてきた。実は中国思想でも「山野河海」という捉え方はなく、漢語としても「山野」と「河海」である。在地首長がもつ「山河海」に対する政事的意識をもとに、各地域の具体的研究へと進むのは今後の課題である。

参考文献

神野富一、一九八二「舒明天皇国見歌攷」（『甲南国文』二九）
西郷信綱、一九七五『古事記注釈』一（平凡社）

土橋　寛、一九六五『古代歌謡と儀礼の研究』（岩波書店）
藤木久志、二〇一〇『中世民衆の世界』（岩波新書）
古市　晃、二〇一二「五世紀における茅渟の王宮」（『市大日本史』一五）
前之園亮一、二〇一三『「王賜」銘鉄剣と五世紀の日本』（岩田書院）
三上喜孝、二〇〇二「律令国家の山川藪沢支配の特質」（池田温編『日中律令制の諸相』東方書店）
三谷芳幸、二〇〇三「律令国家の山野支配と王土思想」（笹山晴生編『日本律令制の構造』吉川弘文館）
森田喜久男、二〇〇九『日本古代の王権と山野河海』（吉川弘文館）
吉村武彦、一九九五「新嘗祭と初尾儀礼」（門脇禎二編『日本古代国家の展開』上、思文閣出版）
一九九七「都と夷（ひな）・東国」（小島憲之監修、伊藤博・稲岡耕二編『万葉集研究』二一、塙書房）
一九九九「日本古代の地域社会論覚え書」（『明治大学人文科学研究所紀要』四五）
二〇〇五「『日本書紀』の国生み神話と天下の主者」（『古代史の新展開』新人物往来社）

2　七道制
—東山道を中心に—

鐘江宏之

一　七道制の成立と制度的特徴

日本古代の律令制下において、中央集権的な地方支配のための制度として、七道制のあったことはよく知られている。西海道をのぞいて、畿内から放射状に延びた幹線交通路に沿って諸国が直列的に配置されることが、七道制の形態的な特徴と言えるだろう。すでに七道制についての要点が荒井秀規によってまとめられているが（荒井秀規、二〇一二）、本稿ではその成立期の問題に焦点をあてて、七道制の本質についてさらに追究を試みてみたい。

七道制の成立は、天武末年の国境画定事業と密接に関係している。国境画定事業と七道の成立に関する史料として次のようなものが挙げられる。

A『日本書紀』天武四年（六七五）二月癸未条

癸未、勅㆓大倭・河内・摂津・山背・播磨・淡路・丹波・但馬・近江・若狭・伊勢・美濃・尾張等国㆒曰、選㆓所部百姓之能歌男女及侏儒・伎人㆒而貢上。

Ｂ『日本書紀』天武十二年（六八三）十二月丙寅条

丙寅、遣二諸王五位伊勢王・大錦下羽田公八国・小錦下多臣品治・小錦下中臣連大嶋幷判官・録史・工匠者等一、巡二行天下一、而限二分諸国之境界一。然是年、不レ堪二限分一。

Ｃ『日本書紀』天武十三年（六八四）十月辛巳条

辛巳、遣二伊勢王等一、定二諸国堺一。（後略）

Ｄ『日本書紀』天武十四年（六八五）九月戊午条

戊午、直広肆都努朝臣牛飼為二東海使者一、直広肆石川朝臣虫名為二東山使者一、直広肆佐味朝臣少麻呂為二山陽使者一、直広肆巨勢朝臣粟持為二山陰使者一、直広参路真人迹見為二南海使者一、直広肆佐伯宿禰広足為二筑紫使者一。各判官一人・史一人。巡二察国司・郡司及百姓之消息一。（後略）

Ｅ『日本書紀』天武十四年十月己丑条

己丑、伊勢王等亦向二于東国一。因以賜二衣袴一。

Ｂ・Ｃ・Ｅの記事が、伊勢王らが諸国に派遣されて行われた国境画定事業である。官人のみでなく工匠らが共に派遣されていることから、実地で測量などが行われて国境が定められたのであろう。

早川庄八は、この国境画定事業の末年にあたるＤの記事では、北陸道を除く六道に巡察使が派遣されており、実質的にすでに七道が成立していると考えた。これがどこまで遡るのかという点で、Ａの記事が注目される。Ａの記事では、国名の序列のグループ分けからみて、中央からの放射状の体系であることが考えられるが、七道とは異なったものであり、七道制は未成立と推測される。すなわち、ＡとＤの間にあたる時期に七道の体系が整理されたのであり、それは天武十二年から始まる国境画定事業によるものであろうとされたのであった（早川庄八、一九七四）。

これに加えて筆者は、国名表記の分析から、天武末年の国境画定事業の際に、七道の交通路に沿った国の分割が行われており、国境画定事業は七道の交通路沿いに諸国を区画する形で行われたと推測した。そして、こうした方法で行われた国境画定事業の結果として、七道の交通路によって諸国が縦貫される地方体系が、いわゆる七道制としてできあがったと考えた（鐘江宏之、一九九三b）。

七道制が成立したのは、以上のように天武十二年から十四年にかけての時期と考えられる。では、こうして成立した七道制は、どのように利用されたのであろうか。

七道は都から放射状に延びる幹線道路に沿って、地方諸国を連結していく構造になっている。この幹線道路が都鄙間交通路として利用されたことは言うまでもないが、さらにどのような都鄙間交通路として機能したのか、その特徴を踏まえておく必要がある。

七道の交通路を通って中央から地方へ送られたものとして、太政官符などの中央からの命令下達文書がある。地方への命令下達には、専使と逓送の二通りの方式があったことが指摘されている。一人の使者が文書を携えて目的地まで送り届けるのが専使の方式であり、路次の諸国でリレーしながら目的地まで送り届けるのが逓送方式である。このうち、逓送は、隣接する国どうしで互いの役割があらかじめ決められた上で、その約束に則って運用されなければ機能しない。決められたルートを決められた約束通りに運ぶことが確保されてはじめて、信頼して運用できる制度である。逓送が可能になっていることは、七道のルートの安定的な運用が確立していることの証である。このことを前提として、太政官符などが中央から全国に通達される場合には、畿外への伝達には各道ごとに一通ずつが送られて、諸国ではそれを書き写してから隣国へ届けるという方式がとられていた（鐘江宏之、一九九三b）。

八世紀前半の天平年間には、計会帳や正税帳の記載によって文書の逓送が日常的に行われていることが窺われ（鐘江宏之、一九九三a)、律令制の運用においては、こうした逓送が七道それぞれに着実に行われていたと考えることができる。

下達文書だけでなく、地方からの上申文書も、七道を通って運ばれたであろう。至急の報の場合には駅馬を使うことが認められており、七道の交通路に沿って設置された駅家を経由して、文書が往来した。文書は情報を記したものであり、駅馬を使って地方の危急を伝える場合には、文書による情報の逓送でなく、使者が出発地から都まで専使として完走して口上を述べることもあった。これらは、すべて情報の送達経路として、七道の交通路が活用されているということができる。そして、その情報とは、軍事的危急の情報も含めて、広い意味で行政に関わるものであり、行政のための道としての性格を持っていることは明白である。

また、律令制下においては、中央から使者が派遣され、地方諸国の監察や特定の業務の執行にあたることがあった。巡察使・検税使・問民苦使など、道を単位とした使者の派遣が具体的に知られる事例があり（鐘江宏之、一九九三b)、中央が地方を管轄する際の手段として七道の体系が活用され、各交通路が中央集権的行政のために利用されているのである。

以上、簡略ではあるが、七道の体系の交通路がどのようなことに利用されているかという点を列挙した。これらをまとめるならば、中央集権的な行政のためにこの体系が活用されているのであり、七道の交通路は中央の論理による政治のための道として機能していたと言うことができる。ただし、このことはあくまで中央の行政の立場による論理から見た側面であり、交通の実態に即した当時の評価が反映されているわけではない。中央からの、このような体系で各国をつないで活用せよという論理的要請によって、維持されている制度ということもできるだろう。では、各交通路における、交通事情を踏まえた利用の実態はどうであったのか、次にそのことについて整理したい。

二　山国の交通と七道制

交通路を設定する際に、地形による制約は常に考慮に入れられるものであろう。七道が中央集権的行政の論理で編成された体系である点からは、その交通路が個別の地域における交通事情に即していない状況も起こり得ると考えられる。本稿ではとくに、山国における諸国の交通事情を見ながら、それぞれの国が七道制に組み込まれている状況を考えていきたい。

まず、東海道における甲斐国の場合が問題となるだろう。甲斐国は七道制では東海道に属しているが、東海道の幹線交通路は通っておらず、駿河国からの支路で結ばれる関係にある。そしてその支路は、本書でも取り上げられているように、峠を越えて甲府盆地に入っていかなければならない。甲斐国府の置かれた山梨郡からは、東海道の駿河国駿河郡に連絡されているが、一方で、地形的には信濃国の諏方郡との連絡もそう困難ではないであろう。東方の上野国や武蔵国との直接の往来には山地が妨げとなるが、信濃国との関係ではそれほどの問題はないように思われる。また、甲斐国内の都留郡からは相模国愛甲郡に出ることも可能である。詳細な検討は本書の別な論考に託したいが、こうした複数の方向への交通路が通じていると考えられる条件の中で、東海道の体系に組み込んだことの意味が考えられなければならない。

東山道では、飛驒国や信濃国が山国の代表的存在である。飛驒国は美濃国とのつながりのほか、北方の越中国へも通行することができる。むしろ水系の点からは、国府のある大野郡は日本海へ向けて北に流れる河川の流域でもある。しかし、越中国の属する北陸道ではなく、美濃国からの支路によって東山道本道に国府が連絡された。水系の上で美濃国とつながる益田郡を介して連絡されていることも重要であろう。

信濃国ではさらに事情は複雑である。盆地ごとに在地首長の存在する地域があり、また国域全体は広大な範囲にまたがることもあって、それらの盆地ごとの地域が結びつかなければ、国としてのまとまりが成り立たない。各地域を信濃国府と結ぶ交通路が存在していたことは当然だが、国内を東山道本道が通り、国府がそれによって直接に都と結ばれていることが、この国の結集に影響を与えているのではないだろうか。

たとえば、和銅六年（七一三）七月に吉蘇《きそ》路（木曾路）が開かれ、美濃国と信濃国が吉蘇路で結ばれることが可能になったようだが（『続日本紀』和銅六年七月戊辰条）、その八年後の養老五年（七二一）六月に、信濃国の南部が諏方国として分置された（『続日本紀』養老五年六月辛丑条）。そのことの背景は、関係する史料がほとんどないため推測に頼るしかないが、神坂峠越えの東山道本道が通過していた伊那郡とそれに隣接する諏方郡が、東山道本道が美濃国から吉蘇路を経て直接筑摩郡に入ることになったことによって、東山道との関係が変化し、切り離しが可能になった結果でもあるだろう。諏方《すわ》国は、設置直後の養老五年八月に、飛驒国とともに美濃按察使の管轄下に組み入れられた（『続日本紀』養老五年八月癸巳条）。信濃国を経由して連絡されるのでなく、美濃国からの本道は吉蘇路で信濃国に向かい、それ以前に本道であった神坂峠越えの道が支路とされて美濃国と諏方国を結んだのであろう。しかし、吉蘇路を使ったこうした全体構想が定着しなかったために、諏方国域はわずか十年間で再び信濃国内に組み込まれた（『続日本紀』天平三年（七三一）三月乙卯条）のではないだろうか。

山陰道では、丹波国と美作国が山国と言えるだろう。丹波国は成立当初は丹後国を含んでいたこともあり、山陰道の入口の国として日本海沿岸までも含む国域であったが、和銅六年に丹後国が分立して（『続日本紀』和銅六年四月乙未条）以後は、海と接しておらず海岸に面した平野を持たない国となった。畿内方面の山城国と日本海側の丹後国・但馬国を結ぶのが、山陰道の交通路ということになるが、南部は古くから播磨国との往来の密接な地域でもある。この国も信濃国と同様にいくつかの盆地から構成されており、個別の事情という点では、その結集を維持することの難しさも想定される。しかし、南部を山陰道本道が通っていたことも影響してか、この地域が山陽道に組み込まれることなく、丹波国域は維持されていく。

山陽道の美作国も注目される。天武期の国境画定事業では、吉備地域を前・中・後の三つの国に分割したが（鐘江宏之、一九九三b）、それは山陽道の幹線交通路沿いに単純に三分割しただけであった。しかし、そのように分けられた後には、備前国北方の六郡は備前国府のある上道郡との連絡が難しく、むしろ播磨国からの交通路が便利だったのであろう。そのことによって和銅六年四月に分立が認められ（『続日本紀』和銅六年四月乙未条）、山陽道の体系の中では播磨国からの支路が活用されたのである。

以上のように、山国では、個々の交通事情にもよるが、七道のうちの自国が所属している道の交通路と結びつくだけでなく、複数の方向への連絡路を持っている場合があった。しかし、信濃国や、丹後国を切り離した後の丹波国が、長期にわたってその政治的結集を維持できたのは、七道の幹線交通路がその国内を通っていたということの影響も考えるべきではないだろうか。もし本道が通っていなければ、両国は早くにいくつかの地域に分立し、地域的結合も別な形で後の時代に展開していったかもしれない。先述した諏方国が結局定着しなかったことなどは、そのような背景を考えたくなる。それぞれの国で国内の結合を促進し維持するのに、結果的に七道制が重要な役割を果たしていた可能性もあるのである。

そして、八世紀のうちには、中央集権的体系をどのように設定するかという点で、試行錯誤がなされているものの、九世紀には各国府を中心とした国内の結合が安定したのであろう。結果的に、弘仁十四年（八二三）の加賀国分置以降には国の分立の事例がなくなり、七道の体系と諸国構成が固定していくのである。

そのように、七道の体系は各国内の行政組織維持に影響を与え、また前に述べたように、全国を中央集権的に運営する行政の視点から設定されているものであるが、実際の人間の移動の便宜の上では別な論理がはたらいている（川尻秋生、二〇〇二）。

陸奥国や出羽国の国司官人が赴任する際には、両国が所属する東山道を通って赴任するのが原則であったが、実際の赴任にあたっては、東海道の交通路を経ることが認められ、枉道官符と呼ばれる太政官符が発行されている。信濃国のような場合には、東山道の交通路を使って直接往来するほうが速いかもしれないが、はるか遠方の陸奥国・出羽国に関しては、途中の経路については交通の上で最も便利な道路を利用すればよいことが認められているのである。また東山道以外の事例でも、承徳三年（一〇九九）に因幡守として任国に赴いた平時範は、山陰道所属の因幡国に向かうにあたって、摂津国・播磨国・美作国を経由したことが『時範記』に記されており、途中で山陽道を通ったことが明白である。

こうした国司官人の赴任の際の枉道については、平安時代になってからの事例しか知られていないが、天平年間の正税帳からも、下野国に赴く官人が東海道の駿河国を通っている事例や、出羽国からの馬の進上が北陸道の越前国を通っていることなど、それぞれの事情に応じた経路が、八世紀のうちから使われている（鐘江宏之、一九九三b）。こうした実際の交通事情は、七道の体系には拘束されていないのであり、七道制が行政上の論理による体系で、行政の必要から維持された制度であったと言えるのではないだろうか。

三　東山道の特質をめぐって

七道制について以上のようにとらえた上で、東山道の特質についてあらためて点検してみることにしたい。

東山道は「やまのみち」の呼称が示すごとく、山に近い地域を縫って結んでいる交通路であり、盆地と盆地の間を峠越えをしながらつないでいる交通路である。峠道で国境を通過する場合が多数あることは周知の事実であろう。幹線交通路のルートに限ってみても、畿内から近江国へ入る際に始まり、近江国から美濃国、美濃国から信濃国、信濃国から上野国、下野国から陸奥国へは、いずれも平野づたいでない上り下りの道を通ることになる。こうした峠道の連続となることを承知で設定されたのが、東山道本道なのであり、当初からその維持にはいくつかの問題が必然的にまとわりついてきたことと考えられる。

峠の前後に続く山道の往来にかかる負担は、峠の前後にある駅家には殊に大きくかかることとなる。人口の少ない地域に過剰な負担がかかることもあって、駅子の逃亡が続発するなどし、駅家の維持は深刻な課題であった。九世紀前半の段階で、美濃・信濃国境にある神坂峠の都側にあたる美濃国坂本駅や大井駅については、その維持の困難さを物語る史料が知られている（『続日本後紀』承和七年〔八四〇〕四月戊辰条、および『類聚三代格』巻十八、駅伝事、嘉祥三年〔八五〇〕五月二十八日太政官符）。坂本駅に象徴的なように、八世紀から九世紀前半を通して、駅家の負担を受ける在地社会に対して、かなりの無理を強いながら交通機能が維持されてきた側面は否めない。もちろん、このことは、東山道設定当初からのことと推測される。では、そのような困難さがありながらも、なぜ最初から東山道本道の経路が設置されたのであろうか。

そのことは、東山道を含めた七道制の成立期の考え方にかかる問題であろうと思われる。七道制が設置された天武期末年に、どのような構想からこのような中央集権的形態がとられることとなったのかを考えていかねばならない。そのためには、天武天皇の時代における東山道諸国の位置づけ、すなわち近江・美濃・飛驒・信濃・上野・武蔵・下野・陸奥に対する当時の見方が検証されなければならないだろう。

東山道は経路として結んでいくことに難度が高いにもかかわらず、そこへの経路を独立した幹線道路として確保しておく必要が考えられたとみられる。つまり、東山道が重要視されたのは、いずれかの所属国への重要視と、その国への直接的経路の設定からなされたとする見方があり得るだろう。美濃国は、天武天皇が即位前に戦った壬申の乱において、当初から自身が頼りとした豪族たちの拠点であり、即位後もこの地域との結びつきは強かったとみてよいだろう。信濃国に関しては、天武十三年（六八四）二月に都の候補地とする計画が持ち上がっており、官人も派遣されている（『日本書紀』天武十三年二月庚辰条）。結局、実際の造都までには至らなかったが、その候補地となったことは信濃国内が重要視されていたことのあらわれである。上野国・武蔵国・下野国は、このころ朝鮮半島からの移民を多く配置していた国々であった。陸奥国は越後国と並んで、国辺の最前線にあたり、当時は比較的情勢が落ち着いてはいるが辺境防衛の要国にあたっている。

こうしたそれぞれの国の事情のうち、どれが決定的条件であったと即断することは難しいが、この時期に重視された事情によって、東山道を独立して維持することが必要とみなされたのであろう。現段階での見通しとしては、壬申の乱を経験した政府にとって大きな支えとなる美濃国や、良馬の産地でもあり京の造営地候補とも成り得る信濃国などが、東海道本道からの支路によって七道の体系に位置づけられるのではなく、道制の本道を通す地域として直接に掌握することが必要と位置づけられていたのではないかとみる案を示すにとどめておきたい。上野以東の諸国へは、信濃までの東山道があることが前提で、その延長線上に結びつけられていった可能性もあるだろう。

七道制の構造は、その成立期の内政方針からさらに検証されなければならないと考えるが、いまだ解明できていない問題も多く、先述した見通しも主観的なものに過ぎない。ご批正を乞いつつ、その検証は今後の課題としたい。ただし、近江国の位置づけには注目されるところである。近江国は東山道と北陸道の二つの幹線交通路が通っており、考え方によっては七道のうちのどちらの道にも所属が可能な国と言うことができる。その近江国が、北陸道でなく当初から東山道の扱いとされたことは、七道制設定当初から、北陸道よりも東山道が重きをおかれていたことにほかならないのではないだろうか。

天武天皇の時期の特徴としては、他にも、遣唐使の往来がなく外交の上では直接の対中国外交のようすが窺われないことを挙げられる。そして、そのことと対照的に、新羅との通行が非常に盛んであった。筆者はこの点から、天武天皇の時代の内政方針については、新羅のさまざまな面に学ぶところが大きく、極端な言い方をすれば新羅化を目指していたとも言えるのではないかと考えているが（鐘江宏之、二〇一〇）、こうした点から七道制成立時の特徴を検討する必要もあるのではないだろうか。現在のところまだ定見があるわけではないので、この点の検討についても今後の課題として記し、後考を俟つこととしたい。

参考文献

荒井秀規、二〇一一　「古代東アジアの道制と道路」（鈴木靖民・荒井秀規編『古代東アジアの道路と交通』勉誠出版）
鐘江宏之、一九九三a　「計会帳に見える八世紀の文書伝達」（『史学雑誌』一〇二―二）
一九九三b　「「国」制の成立」（笹山晴生先生還暦記念会編『日本律令制論集』上、吉川弘文館）
二〇一〇　「藤原京造営期の日本における外来知識の摂取と内政方針」（鐘江宏之・鶴間和幸編『東アジア海をめぐる交流の歴史的展開』東方書店）
川尻秋生、二〇〇二　「古代東国における交通の特質」（『古代交通研究』一一）
早川庄八、一九七四　『律令国家』（『日本の歴史』四、小学館）

3　山道と海路

―信濃国・越後国・会津郡と日本海交通―

川尻秋生

はじめに

これまで、古代交通研究では、陸上交通、海上交通などについて、多くの課題が提起され、活発な議論がなされてきた。ここ二〇年間、その成果は眼を見張るものがあることは、だれしも異存あるまい。

しかし、もう一度振り返ってみると陸路と海路など複合的な交通についてはあまり取り上げられてこなかったのではなかろうか。とくに、山道と海路の関係など、一見すれば背反する交通手段についてはなおさらである。

そこで、本稿では山道と海路の関係について、検討することにしたい。

一　橘為仲の赴任

ここで取り上げるのは、院政期初期の官人である越後守橘為仲である。出生年は不明であるが、応徳二年（一〇八五）に亡くなっている。為仲については、かつて都から陸奥守として下向する経路やそのようすについて、和歌から分析したことがあるが（川尻秋生、二〇〇二）、本稿でも、越後守として下向・上京する経路やそのようすを、和歌から考えてみたいと思う。

為仲の和歌については、『為仲集』が残されている。現存するこの歌集は、抜取りが行われた後のもので、欠落・錯簡がある。甲本・乙本の二種類に分けることができ、本稿で扱う和歌群は乙本に属している（石井文夫、一九八七。好村友江ほか、一九九八）。

まず史料を提示しよう（好村友江ほか、一九九八）。和歌は、ほぼ時系列に沿って配列されている（番号は引用者）。

①　越後の守にて下り侍りしに、射水といふ所を渡りて、上津といふ所にとどまりたるに、松虫の鳴きしかば、

われならぬ人はこしぢと思へども　たれがためにか松虫の鳴く

②　九月十三夜、小川の社に参りて、月いと明かし

訪ふ人や夜ごろの月に待たれまし　われひとりのみこしぢならずは

③　十月つごもりごろに、雪降りたるに、信濃の守たかもとがまうできて、遊びしに、

思ひきや　越路の雪を踏みわけて来ませる君に会はむものとは

返し、

今さらにいなと思ひし路なれど　君にあふちの関ぞうれしき

④　都井といふ所、

都井と聞くに影だにゆかしきに　水もつららになりにけるかな

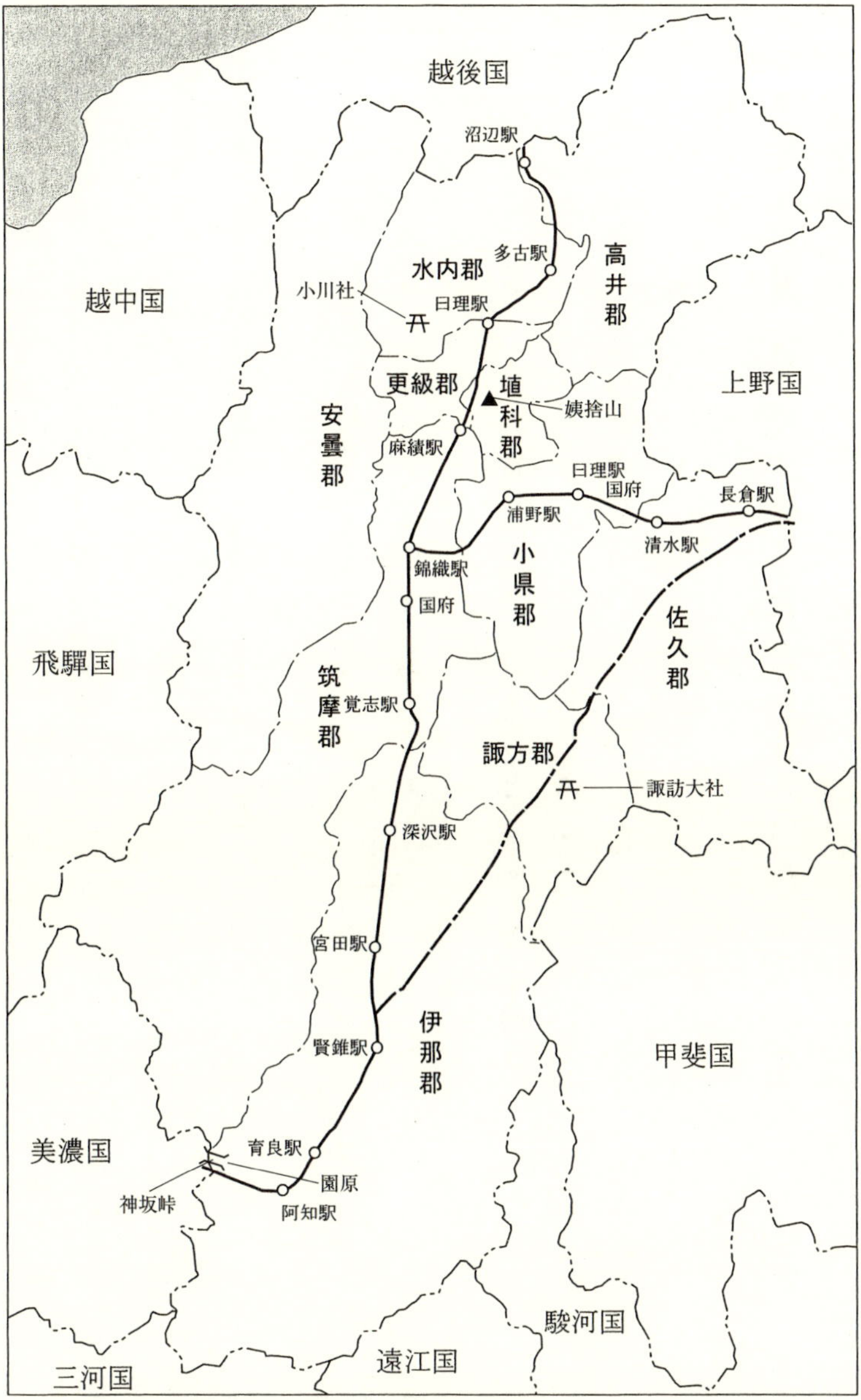

図1　信濃国の交通路と橘為仲の和歌（倉沢正幸2004に加筆）

⑤　園原を発ちて、御坂を過ぐとて、
よそにのみ聞きし御坂は　白雲の上までのぼる懸路なりけり

⑥　姨捨山の月を見て、
これやこの　月みるたびに思ひいづる姨捨山のふもとなるらむ

⑦　越後にて、正月七日、雪の降りたるを見て、
雪深き越路は春も知らねども　今日春日野は若菜摘むらむ

⑧　京に上りて、四月十一日、稲荷に参りて、杉の上にほととぎすの鳴くを聞きて、
卯の花の垣根ならねど　ほととぎす　杉むらにてぞ初音聞きつる

まず、問題となるのは、為仲の赴任年代である。この点については、次の史料が回答を与えてくれる。

『朝野群載』巻二十六、諸国公文中には、

班符宣旨付省奉行

応下班符未レ下間暫置二勘出一、勘中済前司橘朝臣為仲任終延久四、当任同五、承保元・二・三、承暦元・二・三、

并八箇年租帳上事

右、得二越後雑掌秦成安去七月十日解状一偁、謹検二案内一、此国校田授口帳、合期勘造、進レ官已了、爰相二待報

符二之間、空送二年月一、方今件租帳、請二官省外題一、勘済之処、主税寮勘返云、班符未レ下之間、租帳非レ蒙二宣旨一、輙難二勘済一者、雑掌徒抱二公文一、辛二苦寮底一、望請　官裁、因二准先例一、被レ下二宣旨於所司一、班符未レ下之間、暫置二勘出一、勘二済件年々租帳一、将レ省二勘済公文一之煩者、権左中弁大江朝臣匡房伝宣、権中納言源朝臣経信宣、依レ請者、

承暦四年十月三日

（後略）

とある。越後前司為仲の任終年が延久四年（一〇七二）であるから、その任期のはじまりは延久元年と考えてよいだろう。

そこで、まず①の和歌から検討する。

射水とは、現在の富山県高岡市射水のことで、古代にあっては越中国府があった場所である（岡崎卯一、一九七六）。駅家としては延喜兵部式に亘理駅が、延喜主税上、諸国運漕雑物功賃条、北陸道、越中国には「曰理湊より敦賀津に漕ぐ船賃、石別稲二束二把、挟杪七十束、水手卅束」とあるように曰理湊があり、亘理駅は湊も兼ねる水陸交通の要衝であった。また、越中国府もあることから国府津でもあった。比定地は小矢部川（射水川）の下流域である（『角川日本地名大辞典』一六。『日本歴史地名大系』一六。根津明義、二〇〇四）。

『万葉集』巻十八、四〇六五番には、

射水郡の駅館の屋の柱に題著したりし歌一首

朝開き　入江漕ぐなる　梶の音の　つばらつばらに　我家し思ほゆ

右の一首、山上臣の作。名を審らかにせず。或は云はく憶良大夫の男といふ。但しその正名未だ詳らかな

らず。

とあり、「射水郡の駅館」がみえ、歌の内容から入江の近くで梶の音も聞こえたというところから、この駅は亘理駅であったと思われる。

為仲が旅立った場所は曰理湊であった可能性が高く、異なったとしてもそのすぐ近くとみてよいだろう。

さて、最大の問題は「上津」である。読みとしては「じょうづ」「うえづ」「かみづ」などさまざまに考えられる。石井文夫は、「かみつ」あるいは「かうづ」と読むのかとしつつ、「射水よりは越後の国寄りにある地名であろうが、どこかわかり得ないでいる」としている（石井文夫、一九八七）。

一方、目加田さくをは、「射水という川を渡って、上津という所に滞在した際に」と通釈し、上津は「じょうづ」と読むと考え、福野町（現南砺市）に比定している（好村友江ほか、一九九八）。

それでは目加田のように解してよいのだろうか。確かに、射水川は越中守大伴家持の歌にもみえ、比較的著名な場所であるが、「渡りて」という表現はいささか大げさ過ぎるように思われる。

結論から言えば、筆者は「こうづ」と読むと考える。「上津」を「こうづ」と読む実例としては、現在の神津島を『続日本後紀』承和七年（八四〇）九月乙未条で「上津嶋」と表記している例がある。

それでは、「上津」とはどこなのだろうか。筆者は、越後国府の津、すなわち「国府津」のことではないかと考える。ちなみに、「国府津」を「こうづ」と読む実例としては、東海道線の駅名「国府津」（小田原市）がある。余談であるが、相模国府および相模国分寺は神奈川県海老名市にあったが、その前身として小田原市千代に所在したとする説があり、推定される国分寺として千代廃寺がある。国府津は相模川河口の、文字どおり国府の津であったと推測されている（木下良、一九九六。荒井秀規、一九九七）。

ここで、越後国府についてみてみよう。もともとは渟足柵に所在していたらしいが（木村宗文、一九八六a。荻美津夫、二〇〇四）、『和名類聚抄』には、頸城郡に所在したとある。関川の河口部にある現在の上越市直江津・五智区域には府中・府内の地名があり、国府が置かれていたと推定される（『日本歴史地名大系』一六。『角川日本地名大辞典』一六。荻美津夫、二〇〇四。春日真実、二〇〇四）。早い例としては、後に述べるように、佐渡に流された日蓮が赦免されて下船した「こう」（国府）があげられる。

室町時代に成立したと考えられる『義経記』巻七、如意の渡にて義経を弁慶打ち奉る事には、「越後の府、直江津」とみえ、直江津については、巻七、判官北国落の事に「越後国直江の津は北陸道の中途にて候へば」とみえる。もう一つ重要なのは、「直江の津」と表記されるように、中世、この地に津、すなわち湊があったことである。室町時代に成立した謡曲「婆相天」では、「斯様に候者は、東国舟の船人にて候、順風吹き出でて候程に、越後の国直江の津に舟をのらばやと存じ候」、「是は西国舟の船頭にて候、順風吹き出で候程に、只今越後の国へと舟をのり候」とあり、直江の津には東国の船と西国の船が互いに乗り入れていたことがわかる。さらに「直江の津に着きて候、いつものごとく、とひ《（問）》の左衛門殿へ参ろうずるにて候」とあり、直江の津には問丸があった。少なくとも南北朝初期には、この場所に国府が置かれていたことは確かであろう。

こうした直江の津の性格は古代まで遡るだろう。延喜兵部式にみえる越後国の水門駅は都有郷にあり、当地に比定されている。延喜兵部式には「みと」の傍訓もあり、湊でもあったことがうかがえる。「都」と「津」は音通するから、都有郷という郷名自体、津があったことを前提としている。海上交通と陸上交通の接点が、この地にあったことになるのである。

しかし、発掘調査では直江津・五智区域に古代に遡る遺構は発見されなかった。そこで、現時点における国府のもっとも有力な比定地は、関川に面した上越市今池遺跡群である。当遺跡からは、政庁に当たる建物跡は検出されなかったが、大規模な掘立柱建物跡が多数みつかり、区画溝の内部に規則的に配されていた。

また、運河跡と道路遺構が並行して発掘され、道路遺構は信濃国から延びる東山道支路と接続する可能性も指摘されている。関川の河川交通とも密接に関係していたのであった。ちなみに、南に隣接する本長者原廃寺は、本来の越後国分寺であった可能性があるという（『日本歴史地名大系』一五。『角川日本地名大辞典』一五。坂井秀弥、一九九五・荻美津夫、二〇〇四。春日真実、二〇〇四）。

それでは、①の「上津」を国府津とすれば、どのような解釈が可能だろうか。まず院政期に遡って、直江津・五智地区に国府津があったことになる。しかも、その初見史料となる。ちなみに、同所には「郷津」という地名が残っており、この遺称地と推察される。

しかし、「上津といふ所にとどまりたるに」という表現は微妙である。常住したというより、一時的に留まったとのニュアンスが含まれるように思われるからである。もしこのように解したならば、国府の外港である国府津に一時的に住まい、後に国府に移ったとみることもできる。すなわち、国府が今池遺跡付近にあったとしても不都合ではない。いずれにしろ、直江津・五智地区に国府津があったことは認めてよいであろう。

それでは、国司が海上交通によって越後国に下向することは普通だったのだろうか。その意味で、藤原惟規の家集『惟規集』の和歌は興味深い。なお、『私家集大成』中古Ⅰ所収の和歌を漢字仮名交じり表記に改めた。

越の方にまかりし時、もろともなりし女

荒海も　風間も待たず　船出して　君さへ浪に　濡れもこそすれ

この歌は、寛弘八年（一〇一一）頃、紫式部の兄藤原惟規が父で越後守の藤原為時のもとに向かったとき、同行した女性が詠んだ和歌である。浪が静まるのも、風待ちもせずに船出し、服が浪に濡れることを心配した内容であるから、惟規は海路越後に向かったことがわかる。もちろん、すべての場合海路を用いたとはいえないが、海路が選ばれたことも少なくなかったことを示すのだろう。

さて、古代における日本海交通は盛んであった。古墳時代以来、九州と越国の間には海上交通が存在したし（鈴木景二、二〇一一）、斉明朝の阿倍比羅夫による日本海沿いの征夷もよく知られている。海を媒介とした出雲と北陸の密接な関係も夙に指摘されてきたところである（門脇禎二、一九八六）。

また、奈良時代以来、北陸道の調などは、船によって越中国に運ばれ、その後陸送されたことは、天平勝宝七歳（七五五）の「越前国雑物収納帳」（『大日本古文書』四所収）や延喜主税上、諸国運漕雑物功賃条などから推測することができる。北陸道では、陸路のほかに河川の河口に湊が発達し、海上・河川といった水運の便が強く意識されていたのであった（藤井一二、一九七六。浅香年木、一九七八。木村宗文、一九八六b。木下良、一九九五。金坂清則、一九九六）。

しかし、平安中期以降になると海上交通の史料はほとんどなくなる。加賀守藤原為房が加賀国府から敦賀津まで船でのぼった例は貴重であるが（『為房卿記』寛治五年〔一〇九一〕七月条）、加賀国の例であり、越前国以東はほとんどみられない。もちろん中世において、先にみたような活発な交通があるのだから、存在しないはずはないのだが、公的な交通に代わって、私的な海運に切り替わるために、史料に残りにくくなったのだと考えられる。したがって、①の詞書は、越後国の国府津の初見であるばかりでなく、日本海の海上交通の面からも貴重だと思われる。

それではなぜ、北陸道を下向せず、海上交通を用いたのであろうか。それは、親不知という陸路の難所があったからではあるまいか。この難所は、よく知られているように中央アルプスが日本海に達する場所で、平地がほとん

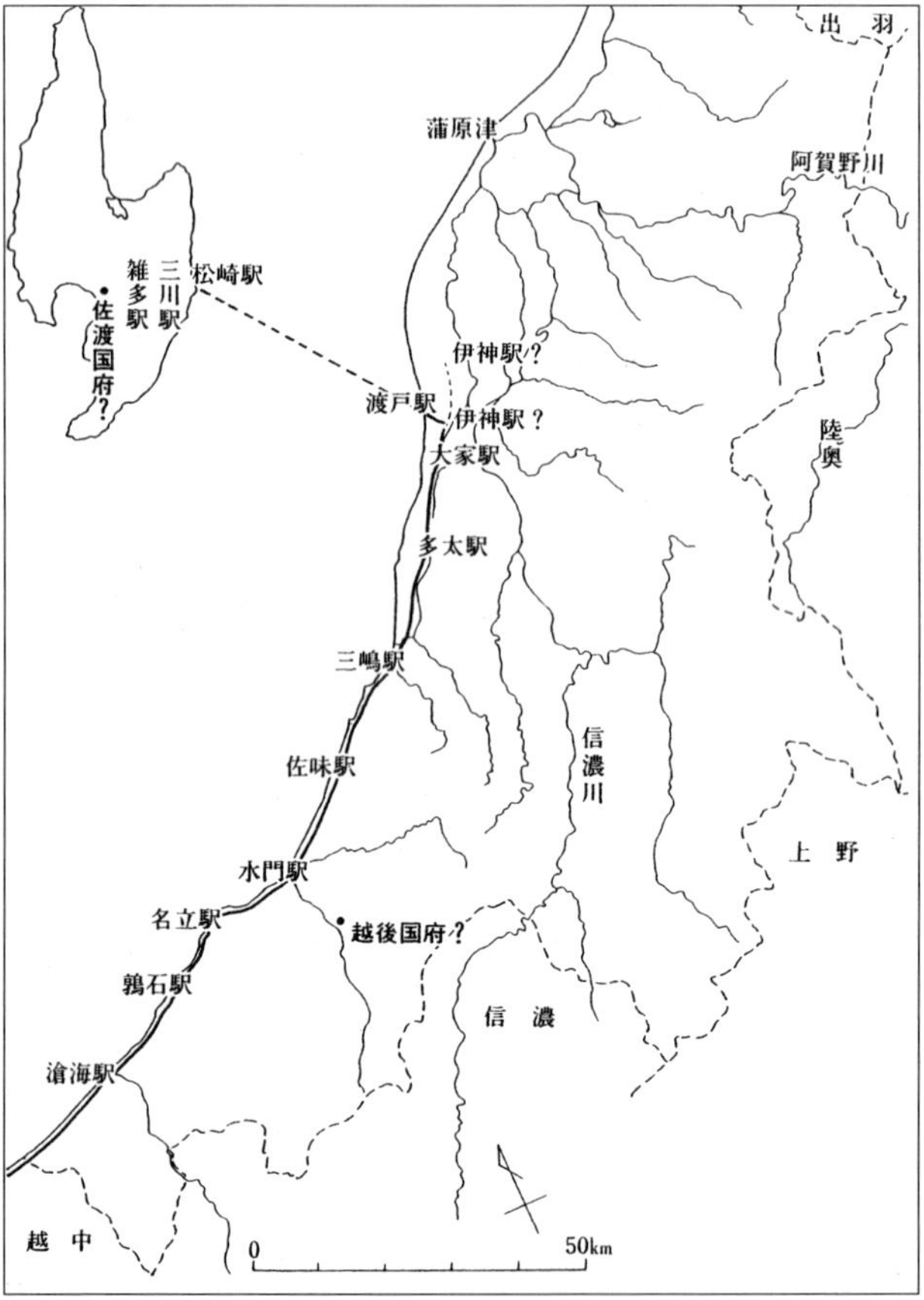

図２　古代北陸道推定路（小林昌二1995を一部改変）

どなく海岸を通り抜けなければならない。

『勘仲記』弘安十年（一二八七）七月十三日条所引の史料は、その点をよく語っている。

官続文

太政官符越中国司

雑事二箇条

（中略）

一、応レ停下止路次国々泊津等、号二勝載料一、割中取運上調物上事

近江国　塩津　大津　木津

若狭国　気山津

越前国　敦賀津

右、得二同前（越中国）解状一偁、謹検案内、当国者北陸道之中、是難治之境也、九月以後三月以前、陸地雪深、海路波高、僅待二暖気之期一、運二漕調物一之処、件所々刀禰等、称二勘過料物一、留二料物一、割二取公物一、冤二凌綱丁一、徒送二数日（待脱カ）一沙汰之間、空過二参期一、遅留之怠、職而此由、是非二只官物之減耗一、兼又致二進済之擁滞一、望天恩、因二准傍例一、被レ停二止件所々勘過料一、将下全二行程之限一、弥致中合期之勤上者、同宣（右大臣）、奉レ勅、依レ請者、下二知彼国々一既畢、

以前、条事如レ件、国宜二承知依レ宣行一レ之、符到奉行、

治暦元年九月一日　左大史小槻宿禰

権左中弁源朝臣

同日条では、同様の申請が弘安十年七月七日に越中守従五位下源朝臣仲経から出されたことが記されており（史料は省略）、先例として治暦三年（一〇六七）の太政官符が引用されたのである。この史料によれば、北陸道では海上交通が盛んであったことがわかるが、越中国が「難治の境」であったことが注目される。九月から翌年の三月までは陸地は雪が深く、海は波が高いという。親不知を含む陸路、海路の困難さを示しているのだろう。

ここで、為仲の赴任時期について考えてみよう。①の和歌では松虫が鳴いているとしているので、秋のこととみてよいだろう。さすれば『勘仲記』が八月までは海上交通に適するとしていることもあわせて、下向した時期は、初秋から中秋、すなわち七・八月頃であったと推測される。おそらく、対馬海流に乗って航行したのであろう。

二　越後国と信濃国の交通

今まで、越後国の日本海交通についてみてきた。新たな発見もあったとは思うが、本書の主題である山国の交通とは無関係であった。しかし、為仲は、帰路には海上交通を用いなかった。以下、検討してみよう。

まず③・④である。十月の終わり、雪が降っていたにもかかわらず、信濃守「たかもと」なる人物が越後国にやって来て、互いに和歌を読んでいる。「来し」と「越」、「否」と「伊那」、「逢ふ」と「あふち」（神坂峠の阿智駅）を掛けている。

記事も興味深い。従来、国府における国司の行動はほとんど不明であったが、国司が互いに行き来していたことが明確にわかるのである。こうした隣国どうしの往来は、それほど珍しくなかったのではあるまいか。また、交通の面からみると、越後国と信濃国の交流が注目される。

④の「都井」とは諏訪大社にあった井戸のこととしている（石井文夫、一九八七。滝沢貞夫、一九八九。『日本歴史

地名大系』二〇。『角川日本地名大系』二〇。好村友江ほか、一九九八)。

⑤の「園原」とは、信濃国の歌枕で、神坂峠の東麓にあり、この場所を通って、東山道最大の難所である神坂峠を越えることが知られている。

⑥の「姨捨山」とは、姨捨伝説で知られる信濃国の歌枕で(『大和物語』などにみえる)、現在の更級郡・埴科郡・東筑摩郡の境にある冠山のことである。

⑧の京に上って、四月十一日に稲荷社に参詣したという和歌も、一連のものと考えておく。

最後に②の「小川の社」である。越後国で小川社を捜したが、著名なものはなかった。そこで、信濃国との交通を考えれば、信濃国の延喜式内社で水内郡に小川社がみえる。現在のところ、この神社のことであると推測しておきたい。

それでは「たかもと」とは、誰のことであろうか。注釈書でも『国司補任』でも明らかになっていない。そこで、「たかもと」にあたる漢字の候補をあげ、『尊卑分脈』索引を検したところ、醍醐源氏の源隆基を見出した。父は大納言源隆国、母は『左経記』筆者の源経頼の女、同母兄弟には大江匡房とも親交があり、初期院政期きっての知識人であった源俊明がいる。また、俊明をはじめ、同母兄弟の源隆綱らはいずれも勅撰集に入集した人物である。この点からみても、源隆基であった可能性が高いと思われる。

以上、越後国と信濃国との関係をみてきた。それによれば、和歌の配列は、必ずしも越後→信濃になっているわけではないものの、東山道の園原から神坂峠を通っているから、帰路は東山道経由であったことがわかる。

それでは、越後と信濃の交通について考えてみたい。この点については、延喜兵部式にみえる駅家をまずあげなければならない。

これによれば、東山道本線に属する筑摩郡の錦織駅から、北に支線が延び、筑摩郡の麻績駅、更級郡の曰理駅、水内郡の多古駅、高井郡の沼辺駅を経て、越後国へ達することになっていた（黒坂周平、一九九二。間室江利子、一九九八。倉沢正幸、二〇〇四）。現在の信越本線沿いのルートであり、旧北国街道にあたる。これらの駅の比定地については各説あるが、越後にもっとも近い沼辺駅については、野尻湖西岸で諸説一致している。

一方、このルートは、越後に達していたはずであるが、越後にはこの支線に当たる駅家はみえない。しかし、越後国府を直江津・五智地区に想定するにしろ、今池遺跡に想定するにしろ、沼辺駅の延長した先は、越後国府に到達していたと考えて差し支えあるまい（春日真実、二〇〇四。相沢央、二〇〇四）。信濃と越後は東山道の支線により結ばれていた。

ここで、判明する範囲で、為仲が和歌を読んだ場所をみてみると、いずれも東山道の沿線近くであることがわかる。『万葉集』の歌が官道沿いで詠まれたことはしばしば指摘されるところであるが、平安時代の和歌についても同様の点を指摘できる。多くの歌人は、地名を単なる歌枕、フィクションとして詠み込んだが、為仲は、実際に現地を訪れた数少ない歌人である。

さて、両国の交通については、『古事記』垂仁段の説話が著名である。

故、今高く往く鵠の音を聞きて、始めてあぎとひ為き。爾くして、山辺の大鶙此は、人の名ぞ。を遣して、其の鳥を取らしめき。故、是の人、其の鵠を追ひ尋ねて、（中略）東の方に追ひ廻りて、近淡海国に到りて、乃ち三野国に越え、尾張国より伝ひて科野国に追ひ、遂に高志国に追ひ到りて、和那美の水門にして網を張り、其の鳥を取りて、持ち上りて献りき。

これによれば、垂仁天皇の皇子本牟智和気王は、成人しても言葉を発することができなかった。ところが、ある時、白鳥の声を聞いてはじめて口を動かした。そこで天皇は、山辺大鶙にその鳥を捕まえることを命じた。大鶙はその鳥を追って、木国から針間国、稲羽国、旦波国、多遅麻国に至り、さらに、東の方、近江国、三野国、尾張国から科野国を経て、遂に高志国に至って、和那美の水門で網を用いて白鳥を捕らえ献上した、という説話である。注目すべきは、近江国↓美濃国↓尾張国↓信濃国↓越国というルートがあることで、古くから信濃↓越との交通路が存在したことがうかがえる。もっとも、越国とは、後の越前・越中・越後国を含むし、信濃から越後へは、信濃川沿いのコースもあるから、ここで問題としているルートと、一致するとは限らないが、古くから越国と信濃国の間に密接な交通があったことは知られよう。

以上から、為仲は、赴任の経路と帰京の経路が異なっていたことがわかった。国司は、本来、任国が属す道を下向・上京することが求められたが、特別な場合にかぎっては「枉道」（他の道を取ること）が太政官符や官宣旨によって許可された（川尻秋生、二〇〇二）。為仲の場合、帰京の経路は明らかに「枉道」である。

それでは、なぜ、彼は帰京に際して、東山道を利用したのだろうか。かつて示したように、そもそも東山道の神坂峠は難所として知られ、一般に忌避される傾向にあった。すなわち、東山道を下向する場合は、京↓近江↓美濃までは規定ルートであるが、それ以後は信濃へ行かず、東海道の尾張へ抜け、以後三河↓遠江↓駿河↓相模↓武蔵と東海道を下り、武蔵から北上して上野↓下野↓陸奥↓出羽へと達することが一般的であった（川尻秋生、二〇〇二）。移動距離は長くても難所を避けたのである。

しかし、為仲は、それでもわざわざ神坂越えを選んだのである。その理由は何だろうか。この点は⑧の和歌が参考になると思われる。京に上って四月十一日に稲荷に参詣したのであるから、帰洛してからそれほど時間が経過していないと考えられる。さすれば、彼が京に帰着したのは遅ければ四月初めと考えられ、三月以前は帰途にあったことになる。この時期は、『勘仲記』に「九月以後三月以前、陸地の雪深く、海路の波高し」とあるように、北陸道の往来や日本海交通が困難をきわめる時期と一致する。おそらく、陸路では北陸道の難所、親不知を避けるためであろう。それでは海路はどうか。やはり季節風の影響で、北西の風が吹くと海は荒れ、また、季節風と逆行する南西への航海は困難であったのではないか。そこで、雪は残っていたとしても、越後から信濃へ抜け、さらに東山道を上京するルートを用いたのであろう。

北陸道と東山道を比較した場合、晩秋から晩春の間は、北陸道の陸路・海路の方が東山道の神坂越えよりも困難が大きかったのである。『小右記』長元四年（一〇三一）九月十八日条によれば、平忠常の乱を鎮圧した甲斐守源頼信が上京するとの知らせに接した権僧都尋円は、

厳寒の比、信乃坂堪え難かるべし。正月の間往還に用いず。

と指摘し、正月の間は神坂越えが困難であると指摘している（この史料では、甲斐国が東山道に属すると誤認、換言すれば、都人は、甲斐国が山国であるとの認識を持っていたことがわかる）。このように神坂峠が難所であり、しばしば避けられたことを勘案すれば、積雪期の北陸道の通交がいかに困難であったのか、想像して余りあろう。

以上のように考えることができるならば、一見無関係にみえる海上交通と山国の交通が密接に関係していたことに気づく。つまり、通交の難易があったため、山国の交通と海上交通が季節により使い分けられていたのである。両者は相互補完関係にあったのだ。

もう一例、越後・信濃ルートをあげておく。

建治二年（一二七六）三月の日付を持つ「日蓮書状」（『鎌倉遺文』一二二八五号文書）には次のようにある。

（前略）文永十一年二月十四日の御赦免状、同三月八日に佐渡の国につきぬ、同十三日に国を立て、まうら《真浦》と

いうつにをりて、十四日はかのつにとゝまり、同十五日に越後の寺とまり《（泊）》のつにつくへきか、大風にはなたれ、さいわいにふつかちをすきて、かしはさき《（柏崎）》につきて、次日はこう《（国府）》につき、十二日をへて、三月二十六日に鎌倉へ入、同四月八日に、平左衛門尉に見参す、（後略）

日蓮は、文永八年（一二七一）、平頼綱により幕府や諸宗を批判したとして捕えられ、処刑（小松原の法難）を免れたものの、佐渡国へ流罪となった。しかし文永十一年に赦免となって鎌倉へ帰還した。その際のことを日蓮自身が書状に書いたものであるが、大風に流される危険な船旅であり、佐渡から寺泊に立ち寄れず、柏崎↓こうへと寄港したことがわかる。「こう」が上越市の直江津・五智地区の「国府」、すなわち国府津であったことについての説明はもはや不要であろう。そして、十二日間で鎌倉へ到着したという告白を信用するならば、この道のりは、直線距離にして二三〇km程で、単純に計算しても一日三〇km程の山道を踏破せねばならなかったはずである。日蓮は健脚として知られるが、かなりの強行軍であったであろう。

それでは、日蓮はどのようなルートを通って鎌倉に至ったのだろうか。日蓮が「こう」まで乗船したことに着目したい。詳しい経路は不明ながら、為仲と同様のルートで越後国から信濃国に入り、諏訪郡を経て釜無川畔に出、東進して甲斐に抜けて（平川南、二〇〇四・二〇〇八）、そこからいわゆる鎌倉街道を通って鎌倉へ達したのではなかったか。信濃国と甲斐国に密接な交通があったことは、たとえば、『梁塵秘抄』第二に、

甲斐の国より罷り出でて、信濃の御坂をくれ〳〵と、遥々と、鳥の子にしもあらねども、産毛も変らで帰れとや

とあることからも知られよう。

日蓮の足跡もまた、陸路を選ぶ前提として、下船する湊を選択していたことを示している。ここでも海上交通と

山道が密接な関係にあったことがうかがえる。

従来、直江津の地は、陸路と海路の結節点といわれてきたが、それだけではなく山国（信濃国）への入り口としての機能も有していたのであった。

三　会津郡の独立申請

もう一つ、会津郡の独立申請について検討してみよう。従来、あまり知られていないが、『水左記』承暦四年（一〇八〇）十月十九日条には、

丁丑、陰雨、早旦右府（藤原俊家）以二書状一被レ示云、今日陣定、宰相有レ障之間、未刻□（許カ）随二重案内一可レ被レ参歟、（中略）予（俊房源）即参内、先レ之右府被レ参、有二不堪奏一云々、相次人々参入、□有レ定、（中略）又下官前日所レ給文二通、陸奥国司（橘為仲）中条々事、一請下以二会津・耶磨郡一為中一国上事、一請三按察公廨分二附出羽国一事、一請三年貢沙金内百五十両分二附下野国一事、一当国犯人越二渡他国一事、子細之旨在二定文一、事了人々退出、于レ時寅初也、

とあり、陸奥国司が四箇条にわたる諸国申請雑事を行ったことがみえる。注目されるのは、会津郡と耶麻郡を一国、すなわち独立させることが申請されていることである。会津郡は説明不要であろうが、耶麻郡は会津郡から分立し、日橋川・阿賀川を挟んで会津郡の北に位置していた（『角川日本地名大辞典』七。『日本歴史地名大系』七）。周知のように、会津の地は早くから開発され、四世紀にはすでに三角縁神獣鏡を出土した大型の前方後円墳・会津大塚山古墳が築かれ、奈良時代末期から平安時代初期にかけては、天台宗の最澄と論陣を張った（三一権実相論）、三論宗の高僧である恵日寺の徳一が盤踞していた。

当時の陸奥守は本稿で取り上げた橘為仲で、任期は、延任も含めて承保三年（一〇七六）から承暦四年（一〇八

〇）頃までであった。彼が陸奥守として下向した際の和歌はかつて取り上げたことがある（川尻秋生、二〇〇二）。そして、最後の追捕にかかわる条を除き、他の二箇条が陸奥国の負担軽減についてであるから、会津・耶麻郡の独立も、同様の目的であったと考えられる。

ここで想起されるのは、本稿でみてきたように、かつて為仲が越後守を勤めたこと、そして会津地方が、陸奥国のみならず北陸地方とも密接な関係にあったことである。筆者は会津地域の歴史に疎いが、地域的特質をみるとき、阿賀川（下流では阿賀野川）水系の下流にある越後国との結びつきも強い（会津若松市、二〇〇五）。この傾向は、古代のみならず近現代に至るまで続いている。

『古事記』崇神段には、大毘古命を高志道に、その子供の建沼河別命を東方十二道に派遣し、まつろわぬ人々を平定した後、二人が「相津」で行き会ったとの伝承がある。「相津」とは会津のことで、その地名起源譚となっている。もちろん史実ではないが、会津の地が、後の陸奥国南部を含む東国と越国の接点に位置していたことを何よりも雄弁に物語っているだろう。

為仲は、下向前および多賀城に着任した後、現在の北海道南部のエミシから岩手県北部の山徒まで征討した経験を持つ、前陸奥守源頼俊と情報交換をしたことからも知られるように（川尻秋生、二〇〇二）、形式的な受領ではなく、在地支配にも心を砕いていた。さすれば、越後守の経験もある為仲は、国府である多賀城から遠く、交通の不便であった会津・耶麻郡を陸奥国から独立させ、代わりに密接な関係にあった越後国を視野に入れ、この申請を行ったのではあるまいか。想像をたくましゅうすれば、為仲は、会津地域を、東山道から北陸道へ所管替えすることをもくろんでいた可能性さえも考えられる。

この点は、税の運搬を例に取ってみるとよりわかりやすいだろう。会津から山越えで多賀城へ税を運搬するより、河川交通と陸上交通を利用して、下流にある越後国に運ぶ方が便利であると考えたのではなかったか。これは考古学からも支証される。耶麻郡塩川町内屋敷遺跡からは、阿賀川に併走する道路遺構が発見され、会津若松市矢玉遺跡からは小規模ではあるが倉庫群と運河状遺構と船着き場が検出されている。この地域では、河川交通が活発であったことがうかがわれるのである（菅原祥夫、二〇〇四。会津若松市、二〇〇五）。

一方、阿賀野川の河口は、信濃川の河口とともに現在の新潟市にある。この地には、古く渟足柵があり、延喜主税上、諸国運漕雑物功賃条、北陸道、越後国に「蒲原津湊より敦賀津に漕ぐ船賃、石別二束六把、挟杪七十五束、水手卌五束」とあるように、越後国最大で、かつての国津でもあった蒲原津が存在した。蒲原津は、越後平野の河川を集める潟湖畔に位置し、関川河口の水門津（直江津）以上に大規模な日本海交通・河川交通・陸上交通の結節点であったといえるだろう（坂井秀弥、一九九五。小林昌二、一九九五）。

本事例は、『水左記』のわずかな記事を立論の根拠としており、断定することははばかられるが、為仲の経歴と会津地域の地理的条件を加味した上で、一つの仮説として提起しておきたい。

結局、為仲の申請は陣定で審議されたものの（『水左記』同年十月二十九・三十日条）、認められなかったが、このような申請は、為仲が陸奥国と越後国の地理的特色に精通していたために、提出することが可能になったのではなかろうか。

おわりに

本稿では、越後守が下向には日本海交通を用い、上京には北陸道ではなく越後から信濃を経て、東山道を用いたことを明らかにし、さらに海上交通と山国の交通が季節によって選択され、相互補完関係にあったことを述べてきた。こうした機能を持った地点は、日本列島にまだまだ存在していたはずである。今後はこうした視点からの研究も必要になるように思われる。

越後国から信濃国への交通といえば、上杉謙信の進出をすぐさま想起するが、そもそも古くから用いられてきたのであった。まわりが海に囲まれ、しかも山がちの地形が多い日本列島では、季節や実態に即した道や交通手段が用いられたのであり、律令制に規定された七道を用いないことも少なくなかったと考えられる。

今後とも、このような交通の実態を明らかにしていく作業は不可欠であろう。

参考文献

相沢　央、二〇〇四「人々の往来と頸城郡」（『上越市史』通史編一　自然・原始・古代）
会津若松市、二〇〇五『会津若松市史』二（歴史編二　古代二・中世一）
浅香年木、一九七八「古代の「北陸道」と海運」（『古代地域史の研究　北陸の古代と中世』一、法政大学出版局）
荒井秀規、一九九七「神奈川古代交通網関連史料」（『神奈川の古代道』藤沢市教育委員会）
石井文夫、一九八七『橘為仲集全釈』（笠間書院）
岡崎卯一、一九七六「国府あとの御亭角」（『富山県史』通史編一　原始・古代）
荻美津夫、二〇〇四「越後国の誕生」（『上越市史』通史編一　自然・原始・古代）
春日真実、二〇〇四「越後国」（『日本古代道路事典』八木書店）
門脇禎二、一九八六「古代日本海域史と地域国家」（『日本海域の古代史』東京大学出版会）
金坂清則、一九九六「北陸道―その計画性および水運との結びつき―」（木下良編『古代を考える　古代道路』吉川弘文館）
川尻秋生、二〇〇二「古代東国における交通の特質―東海道・東山道利用の実態―」（『古代交通研究』一一）

木下　良、一九九五「古代の北陸道」（木下良・島田正彦編『北陸道の景観と変貌』古今書院）
　　一九九六「東海道―山坂を越えて―」（木下良編『古代を考える　古代道路』吉川弘文館）
木村宗文、一九八六a「国府と国分寺」（『新潟県史』一　原始・古代）
　　一九八六b「交通と運輸」（『新潟県史』一　原始・古代）
倉沢正幸、二〇〇四「信濃国」（『日本古代道路事典』八木書店）
黒坂周平、一九九二『東山道の実証的研究』（吉川弘文館）
小林昌二、一九九五「古代港湾蒲原津と荘園公領」（『新潟市史』通史編一　原始・古代・中世・近世〔上〕）
坂井秀弥、一九九五「古代越後の交通と八幡林遺跡」（『古代交通研究』四）
菅原祥夫、二〇〇四「陸奥国―福島県」（『日本古代道路事典』八木書店）
鈴木景二、二〇一一「気比神楽歌にみる古代日本海交通」（『古代文化』六二―四）
滝沢貞夫、一九八九「文学」（『長野県史』通史編一　原始・古代）
根津明義、二〇〇四「越中国」（『日本古代道路事典』八木書店）
平川　南、二〇〇四「甲斐の交通」（『山梨県史』通史編一　原始・古代）
　　二〇〇八「古代日本の交通と甲斐国」（『古代の交易と道　研究報告書』山梨県立博物館）
藤井一二、一九七六「越中の産業と貢納形態」（『富山県史』通史編一　原始・古代）
間室江利子、一九九八「古代信濃国北部の駅路について」（『古代交通研究』八）
好村友江・中嶋眞理子・目加田さくを、一九九八『橘為仲朝臣集全釈』（風間書房）
『角川日本地名大辞典』七　福島県（一九八一年、角川書店）
『角川日本地名大辞典』一五　新潟県（一九八九年、角川書店）
『角川日本地名大辞典』一六　富山県（一九七九年、角川書店）
『角川日本地名大辞典』二〇　長野県（一九九〇年、角川書店）
『日本歴史地名大系』七　福島県の地名（一九九三年、平凡社）

『日本歴史地名大系』一五　新潟県の地名（一九八六年、平凡社）
『日本歴史地名大系』一六　富山県の地名（一九九四年、平凡社）
『日本歴史地名大系』二〇　長野県の地名（一九七九年、平凡社）

〔コラム〕山陽道の山道

瀬戸の海に沿うように走る電車や自動車で旅される方がたには、奇異な感をもたれると思うが、古代山陽道にも多くの山道があった。一九七五年に岡山から福岡まで山陽新幹線が延伸した直後には、トンネルの多さが不評をかったことを思いだしていただければ、瀬戸内海に並行して東西方向を志向する山陽道が、いくつもの山峰を越えていかなければならなかったことを理解していただけよう。こうした現実を、古代の能吏で山陽道観察使・藤原園人は、大同元年（八〇六）六月に「駅戸百姓逓㆓送使命㆒、山谷嶮深、人馬疲弊」として西海道に赴任する国司等の海路利用を申請している（『類聚三代格』巻十八）。とくに安芸国は険しい駅路がつづいたようで、承和五年（八三八）には「安芸国言、管駅家十一（ママ）処、駅家別駅子百廿人、山路険阻、送迎繁多、良倍㆓他国㆒、労逸不㆑等」ために駅子への食料給付が申請されている（『続日本後紀』同年五月乙丑条）ほどである。

現代の国道二号線の最高地点は東広島市八本松町飯田、古代以来の要衝・大山峠の東方にあたり、標高約二八〇ｍである。また山陽自動車道路の最高地点は、二二九・四㎞ポスト付近（広島県三原市の高坂ＰＡと三原久井ＩＣの間）で、標高三七五ｍである。筆者の推定する古代山陽道は、この両地点付近を経由しており、比高差三〇〇ｍを超える山峰を越えるために、幾度もの昇降が不可欠な山道が多い駅路であった。二号線の前身・近世西国街道にともなう海岸道路のイメージは、中世以降に登場した港湾都市を結ぶようになって形成されたものといえよう。

ところで、山陽自動車道の最高地点にほど近い三原久井ＩＣの北東一・七㎞付近に、垣内という大字がある。垣内の集落と耕地は、中央部を御調川が貫流する小盆地状をていしているが、ここを国道四八六号が東西に横断し、東方は『延喜式』兵部省式の「看度」駅推定地である尾道市御調町市の方向へ伸

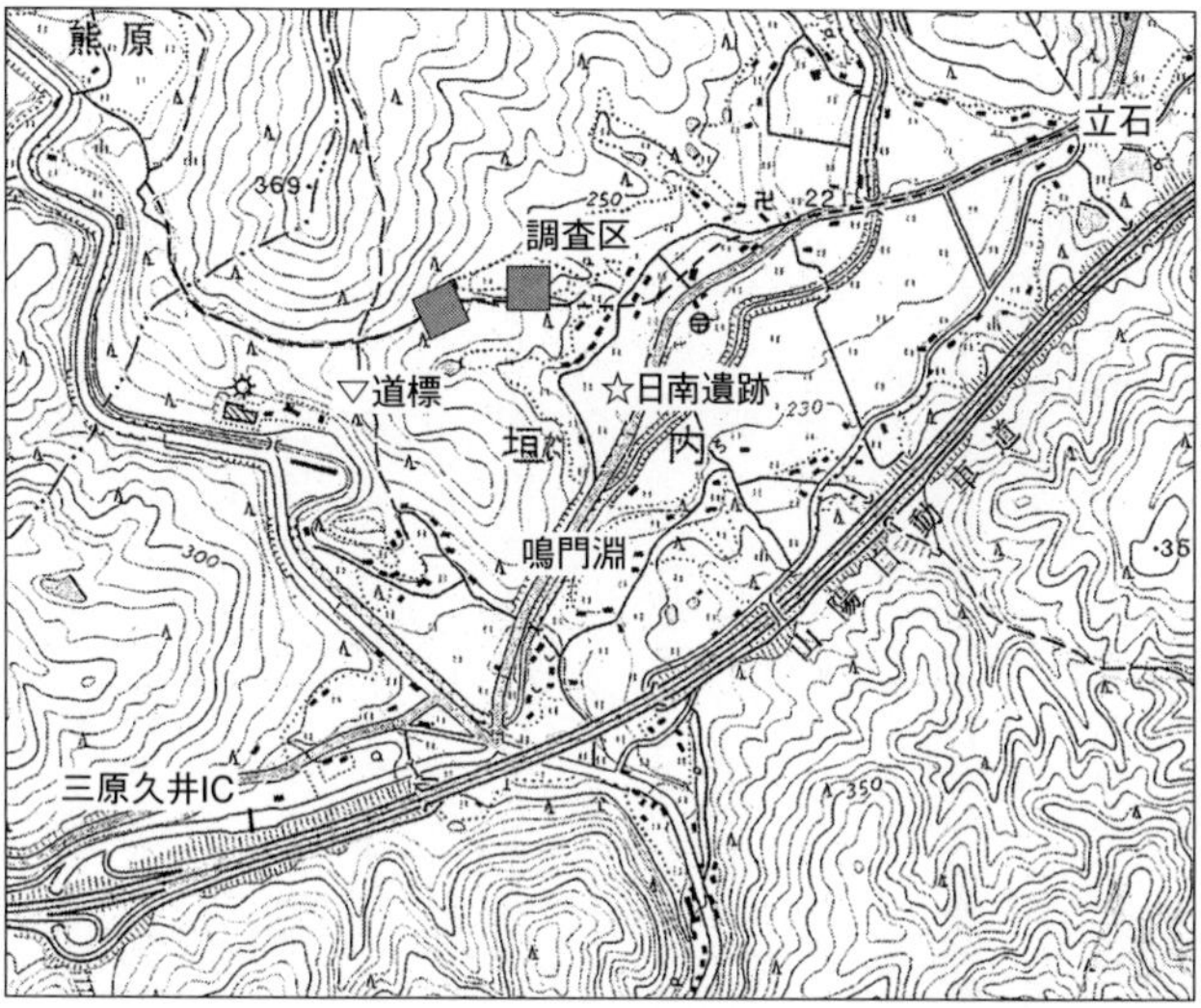

図1　トントン古道跡周辺図
（二万五千分の一地形図「垣内」を修正）

びている。しかしこの盆地の西側入口付近は、鳴門淵（通称どんどの滝）の北側丘陵が近代以後に開削されて開通したものであり、江戸時代の地誌『藝藩通志』によれば、西の大字坂井原の熊原にいたるには、図1に示したような七〇〇mほどの古道跡（東側の小字名から筆者はトントン古道跡と称している）が利用されていたことがわかる。

　この古道跡は、中央部で南北方向の古道跡と交差し、その三〇mほど南には、幕末・明治初期に設置されたと考えられる道標があり、この南北古道が三原から三次へ通じる近世の八坂・会下谷道の一部であったことがわかり、北方部分では垣内と坂井原の大字界ともなっている。交差点より西側の古道跡は、現在灌木類がおいしげり、踏査もなかなかに困難であったが、六m程度の道幅や、人為的な削平、切通しなどを確認できた。東側も、断続的に二五〇mほどの古道跡が確認できるが、現状は古道跡をさらに幅三m程度掘りさげており、これを道路として利用していたようである。このような掘りさげは、等高線に沿うように敷設されている西側古道では確認できず、東に延びる尾根を通路とする東側部分と好対照となっている。なお、この古道跡東側の道路勾配は八から十二％（平均一〇・九％）である。

このトントン古道跡は昭和二〇年代までは両集落を結ぶ主要な道路であったが、現在垣内の南側の山腹に舗設されている山陽自動車道は、当初、垣内の北側、すなわちトントン古道跡が所在する丘陵部の通過が計画されていたとのことである。このような、高速道路との共通性や、小盆地東側付近の立石という小字名、推定看度駅から真良駅への推定経路、さらに須恵器や緑釉陶器などの出土した日向遺跡が所在すること等々をあわせ考えて、広島大学古瀬清秀教授の指導のもと、二〇一〇年九月にこの古道跡の一部について試掘調査を実施し、ついで一〇月に東側の一部について測量調査を実施した。

発掘調査は、古道跡のなかで両側に切通しをもつ地点を選び、東西幅一m、南北に一六・五mのトレンチを設定して実施した。その結果、図2のような典型的な道路痕跡を確認した。北側（図右）の掘りさげにたいし、南側は一mほど高い幅四m程度の平坦面で、これが本来の道路面と考えられる。この面からは、八世紀後半から末頃に焼成された須恵器皿の小片と、器形不明ながら焼成の良い須恵器破片が出土した。道路面の南側では、幅一・五m、深さ〇・五mの側溝が検出されたが、遺物は残存しなかった。道路北側にも側溝があったと考えられるが、掘りさげのさいに側溝部分の深まりを利用したためか確認はできなかった。全体として、幅九m程度の切通し部分に、両側に側溝をもつ幅六mの道路が舗設されていたようであるが、その後の測量調査によって、溝状遺構をもつ平坦面が調査地点を含め、五〇m以上連続することが確認された。

この調査は、日本学術振興会の科学研究費補助金にもとづく研究（平成二〇～二二年度基盤研究C）の一環であったが、調査できたのは尾根筋にあたる部分のみであり、古道跡にはこれとは現状が異なる部分も存在した。そこで、二〇一一年九月に財団法人

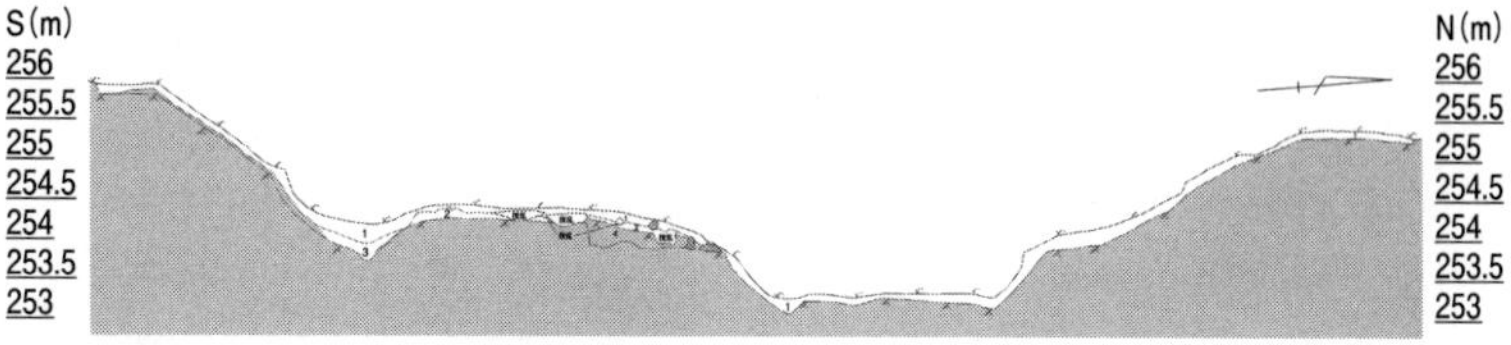

図2　トントン古道跡断面図
（『トントン古道跡』より）

福武学術文化振興財団から研究助成（歴史的分野）をいただき、後者を対象とした調査を実施した。

調査地は、さきの調査地から約二五〇m西方、尾根道が山腰にいたり、等高線に沿うように西進する転換点の西側に設定した。等高線に沿うことによって道路の勾配を緩和できるが、傾斜地に一定の幅員を確保するために、尾根筋の掘割工法とは異なる切土工法をとらざるをえないからである。

調査の結果、トレンチ北側で埋土に八世紀後半から九世紀前半の須恵器甕や高坏の破片を含む溝、南側に須恵器片の上層に一九世紀後半の染付陶器片を埋土に含む溝、その間やや北よりに須恵器片を含む盛土層を検出した。北側の溝は盛土整地後に敷設された道路側溝、南側は後世の道路再整備のさいの側溝と考えられる。すなわちトントン古道跡は、掘割工法と切土工法という古代道路敷設工法を駆使した計画性のたかい道路で、後世まで利用されたことが判明した。このような計画性にとんだ持続的な道路は、集落間の交流のなかで自然発生的に形成されたものではなく、公権力によって整備された古代山陽道の痕跡と考えるところである。　（西別府　元日）

参考文献

木下　良、二〇〇九　『日本古代の道と駅』（吉川弘文館）
西別府　元日編、二〇一一　『トントン古道跡―推定古代山陽道における道路状遺構発掘調査報告書―』（広島大学大学院文学研究科）
同右、二〇一三　『トントン古道跡Ⅱ―推定古代山陽道における道路状遺構発掘調査報告書』（同右）

〔コラム〕古代駅路の坂道は
　　どの程度の傾斜まで可能か

日本の古代駅路は、どの程度の傾斜の坂道まで登っているのか。これは意外と難しい問題である。まず、歴史地理学による古代駅路の復原的研究は、ほとんど平野部を中心に行われてきたのであり、山地をどのように通っていたかは意外とわかっていない。また、考古学による山間地の古代駅路の発掘調査もきわめて少なく、そもそも傾斜部そのもので当時の路面を確認するのはきわめて困難なことは言うまでもない。

そのような中で、栃木県那須烏山市とさくら市との境界線になっている東山道駅路については、古くから歴史地理学による復原研究があったが、近年発掘調査がよく行われ、興味深い事実が判明している。この付近は、古代下野国の芳賀郡と塩屋郡との境界地帯にあり、おそらくその境界線ともなっていた「将軍道」と呼ばれる源義家の通過伝承に由来する直線的な古道が存在する。この道について、東山道駅路を踏襲した道路ではないかと指摘したのは歴史地理学の足利健亮で、一九七三年（昭和四八）のことであった。その後、栃木県文化振興事業団によって、一九八八年（昭和六三）から翌年にかけて発掘調査が行われた結果、数ヶ所で古代の道路状遺構が検出され、「将軍道」を東山道駅路に比定する見解が正しかったことが証明された。

また、足利は、「将軍道」に沿う那須烏山市鴻野山の小字「厩久保」を、『延喜式』に見える下野国新田駅にちなむ地名ではないかとしていたが、同地に接する小字「長者ヶ平」の場所を、二〇〇一年（平成一三）から、とちぎ生涯学習文化財団が発掘調査して、コの字型配置をとる政庁や正倉群を検出した。この長者ヶ平遺跡の性格については、芳賀郡家の別院と見る解釈もあるが、筆者は新田駅と郡家別院が複合した官衙ではなかったかと考えている。

さらに二〇〇三年（平成一五）度から二〇〇六年

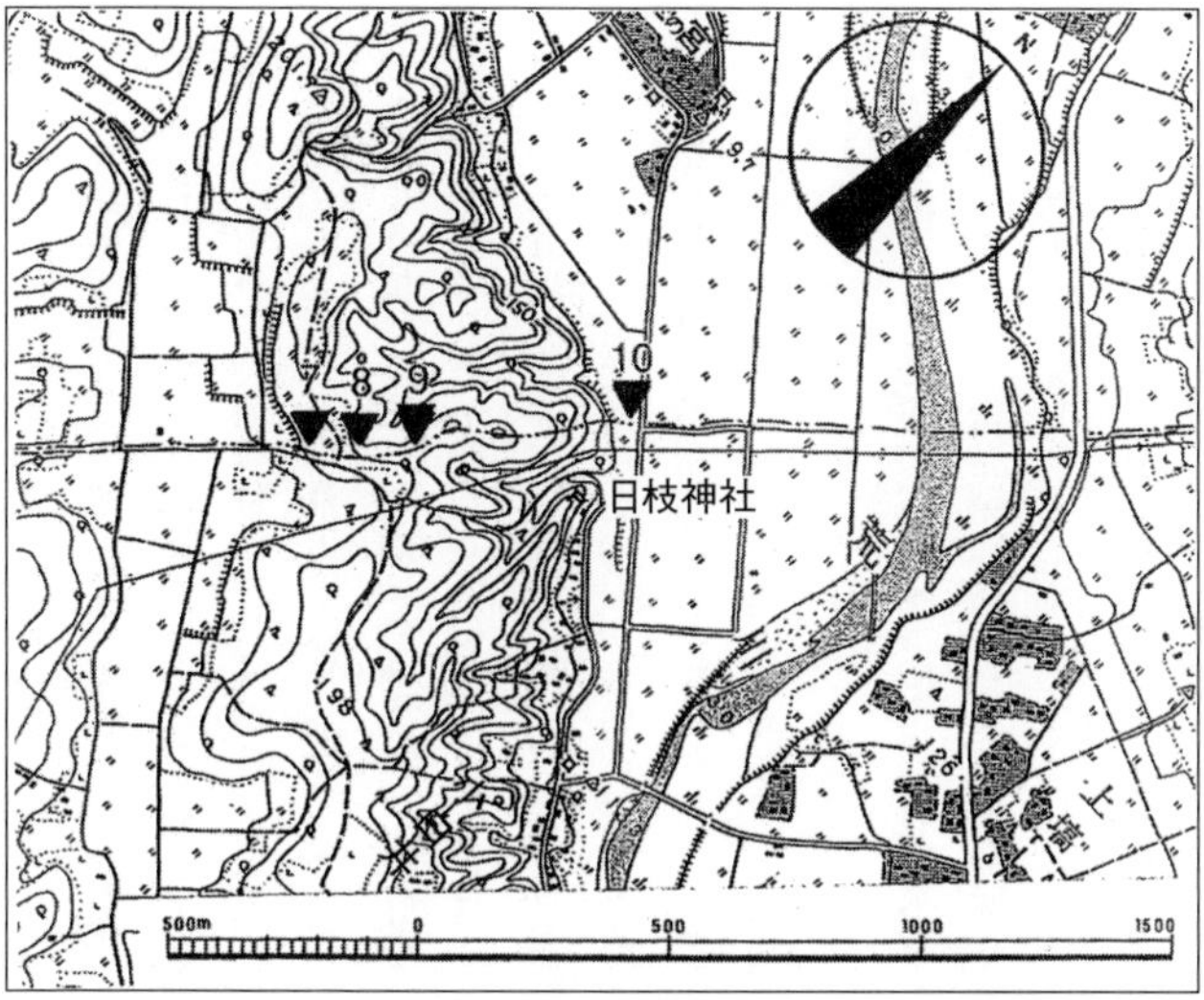

図1　発掘調査地点位置図
（『東山道駅路発掘調査報告書』栃木県那須烏山市教育委員会、六頁に加筆修正）

度にかけて、那須烏山市教育委員会が再び将軍道の発掘調査を行い、芳賀郡家へ向う伝路との交差点の部分を検出するなど貴重な成果を挙げている。今回取り上げるのは、この時の調査の結果から、筆者が考察したものである。

　この付近は塩那（喜連川）丘陵と呼ばれる標高一五〇～二〇〇m程度の緩やかな丘陵地帯で、その中を西北から東南へ数条の河川が浸食しており、丘陵と河川との比高差は、約三〇～四〇mに達する。そこを東山道駅路は、西南から東北へ一直線に通るため、部分的に丘陵を切り通し、特に河川へ降りる部分は、急傾斜になることが予想される。特に西南から荒川の作り出した平野部に降りる部分は、現在の二万五千分の一地形図（図1）には直線道は描かれておらず、ただ那須烏山市とさくら市との直線的な境界線が表現されているのみである。実際には、この境界線に沿って、一部廃道化した小道が通じているが、地形図では、そのやや東南を地形に沿って蛇行しながら降りていく実線道によって、荒川の低地に達するようになっている。最近はさらに東南方にトンネルが通じるなどして、この実線道自体も荒れ果てて通行は困難な状況にある。ちなみに、この道に沿って祀られている神社は、日枝神社である。

さて、この丘陵上から荒川の低地部へ、東山道駅路がどのように降りていたかについては、直線的な境界線に沿って小道が通じているとはいえ、特にその最後の部分はあまりに急峻なため、日枝神社を経由する蛇行する道ではなかったかという解釈もあった。すなわち、東山道駅路は、計画線としてはあくまで一直線に設定されたが、施工にあたっては、実態に合わせて部分的に修正されたのではないかという見方である。ところが、那須烏山市教育委員会の発掘調査によれば、境界線に沿った小道の部分（第六、七次調査区）（図1の8、9）において、幅六・五～一二m程度の道路状遺構が検出されたのみならず、丘陵直下の平坦部（第八次調査区）（10）からも、側溝をともなう道路状遺構が見つかったので、やはり東山道駅路は、直進していたことが証明されたのである。第八次調査区の遺構は、出土遺物は無いが、四本の側溝があり、土層の観察から、当初両側溝の心々距離が一二mあったものが七・四mに狭まったことが確認されている。県による「将軍道」の他の調査の部分においても、八世紀代の一二m幅の道路が、九世紀代に六m幅に狭まっており、これは全国的な傾向であるので、第八次調査区の遺構が東山道駅路のものであることは間違いないであろう。

その丘陵部から平野部へ降りる部分の現況測量図は、図2のような状況で、そこまで比較的緩やかに下ってきた現在道が最後はストンと平野部に達する。A点からB点までの平均勾配を計ると約二五度に達する。もちろんここは水が湧いているような状況で、おそらく長い年月の間に浸食が進み、当初はここまでの急角度ではなかったとも考えられる。厳密に言えば、A点から第八次調査地点を直線で結んだ傾斜角度は、一三度であり、最大そこまで緩やかだった可能性はゼロではないが、本来第八次調査区まで張り出していた丘陵が現況のような状況まで削られた

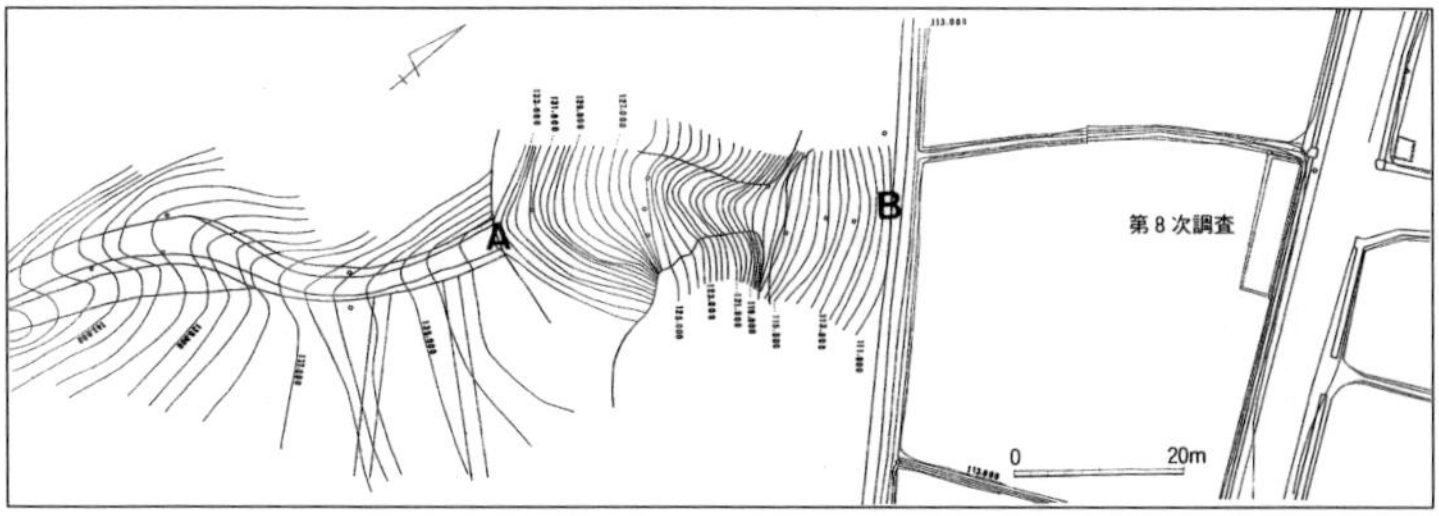

図２　現況測量図
（『東山道駅路発掘調査報告書』栃木県那須烏山市教育委員会、13頁に加筆修正）

可能性は、実際にはあり得ないことであろう。むしろ周辺地形の観察から、それほど大きな変化は無かったと推測される。また、この直進する駅路が、たとえばとりあえず当初は開削されたものの、あまりに急なので、すぐ放棄されて蛇行する道に変わったという考え方は、第八次調査区で検出された駅路が、二時期あることで否定されよう。

さて、実際に馬に乗った駅使がここをどのように通行していたかについて齋藤弘は、駅使は下馬の必要があっただろうとしている（齋藤弘、二〇〇三）。しかし、急斜面に生息する宮崎県都井岬の野生馬の生態観察記録によれば、三五度の勾配の斜面でも、馬は何ら苦労することなく駆け上がり、駆け下りるそうである（矢田勝、一九九六）。ただし、加世田雄時朗によれば、それ以上の角度になると、等高線に平行な採草用の馬道の形成が全面的に確認されている（加世田雄時朗、一九八〇）。したがって、当地においても、下馬しなくとも、駅使はこの程度の坂道であれば通行が可能だったであろう。

また、この他にも、矢田が推定する東海道駅路の静岡県の日本坂越えのルートは、傾斜角度が二五度から三〇度に達する箇所があり（矢田、一九九六）、また、西井龍儀が指摘した倶利伽羅峠に残る古代北陸道の可能性がある古道は、二五度の角度の部分がある（西井龍儀、一九九七）。

さらに、全国的な検討を加えなくてはならないが、古代駅路の敷設において、二五度程度の傾斜角度は充分可能だったのではないだろうか。（木本雅康）

参考文献

足利健亮、一九七三「那須郡衙と東山道」（藤岡謙二郎編『地形図に歴史を読む』五、大明堂）
加世田雄時朗、一九八〇「都井岬の御崎牧場の傾斜草地に形成された馬道の特性」（『日蓄会報』五一―九）
木本雅康、二〇一一「長者ヶ平官衙遺跡の性格について」（那須烏山市教育委員会生涯学習課文化係編『長者ヶ平官衙遺跡の時代』那須烏山市教育委員会）
財団法人とちぎ生涯学習文化財団埋蔵文化財センター編、二〇〇七『長者ヶ平遺跡』（栃木県教育委員会・財団法人とちぎ生涯学習文化財団埋蔵文化財センター）
齋藤　弘、二〇〇三「推定東山道跡」（喜連川町史編さん委員会編『喜連川町史一　資料編一　考古』）
栃木県那須烏山市教育委員会編、二〇〇七『東山道駅路発掘調査報告書』（栃木県那須烏山市教育委員会）
中山　晋、一九八九「鴻野山地区推定東山道確認調査概要」（『栃木県埋蔵文化財保護行政年報（昭和六十三年度）』）
西井龍儀、一九九七「倶利伽羅峠の古道」（『古代交通研究』七）
矢田　勝、一九九六「駿河国中西部における古代東海道」（静岡県地域史研究会編『東海道交通史の研究』清文堂）

Ⅱ　交通の諸相

1　中部山岳地域における駅制と地域社会

大隅清陽

はじめに

古代交通研究は、一九九〇年代以降の古代史において、最も大きな進展の見られた分野の一つである。文献史学の領域において、駅伝制を、駅制と伝制の二重構造としてとらえることにより、大化以前から律令制期の交通制度の特質と展開が明らかにされたこと、また、考古学や歴史地理学の観点から、直線プランに基づく古代道路の姿が明らかになったことなどはその代表例と言える。しかし、そこから得られた古代交通の典型的なイメージは、主として水田などの生産基盤に恵まれた平野部の環境を前提にしており、それらの条件の多くが当てはまらない山岳地域の交通についての検討は、必ずしも進んでいないのが現状であろう。

中部山岳地域に属する甲斐を地域史研究のフィールドとしている筆者は、一九九七年に山梨県史の編纂に参加して以来、古代甲斐国をとりまく交通環境にも関心を持ち続けてきた。特に二〇〇三年五月に、県内の考古学・文献古代史研究者の有志で、古代甲斐国官衙研究会を発足させてからは、律令国家による駅制の施行が、甲斐の地域社会にどのような影響を及ぼしたのか、またそこにおいて、山岳地域であるがゆえの問題がどのように克服されたのかを、一貫した研究課題としている。以下に述べるのは、筆者個人による研究成果というよりも、約一〇年の間、我々の研究会が、甲斐国を中心として検討してきた事例を、他国を含む全国的な視野のもとに位置づけることを試みるものである。

一　峠と駅制に関する文献史料　―東山道神坂峠の事例―

山岳地域に官道を敷設する場合、交通上の難所となるのが急峻な峠であることは言うまでもない。東山道の神坂峠（標高一五三五m）はその代表例である（以下、図1を参照）。『延喜式』巻二十八兵部省によると、神坂峠を挟む駅と駅馬の配置状況は、峠の西側の美濃国恵那郡に大井駅（一〇匹）・坂本駅（三〇匹）、東側の信濃国伊那郡に阿知駅（三〇匹）・育良《いから》駅（一〇匹）となっている。養老厩牧令16置駅馬条の規定では、中路である東山道の駅馬は一〇匹が標準であるが、峠の麓にあたる坂本・阿知両駅の駅馬三〇匹はその三倍であり、同数は近江国勢田駅のみである。勢田駅の事例は、この駅が東山道と東海道の共用であることから説明できるが、東山道単独の坂本・阿知両駅の駅馬の多さは、神坂峠の通行の困難さとともに、それを克服するため、この地域に人為的な移配・集住が行われたことを窺わせる。

両駅の比定地は谷あいの地形で、水田などの生産基盤は脆弱であったと思われ、平安初期より駅戸の疲弊と逃亡が問題化し、その立て直しに関する史料が八世紀末から九世紀にかけて散見する。これらの史料は、駅制の変質・衰退期のものであるが、律令制下における駅戸集団や駅子のあり方を示すものとして、坂本太郎をはじめ、佐藤宗諄、野村忠夫などの各氏による先行研究がなされてきた。ここでは、近年の最もまとまった研究である永田英明の業績（永田英明、二〇〇四）に拠りつつ、その内容を検討してみたい。

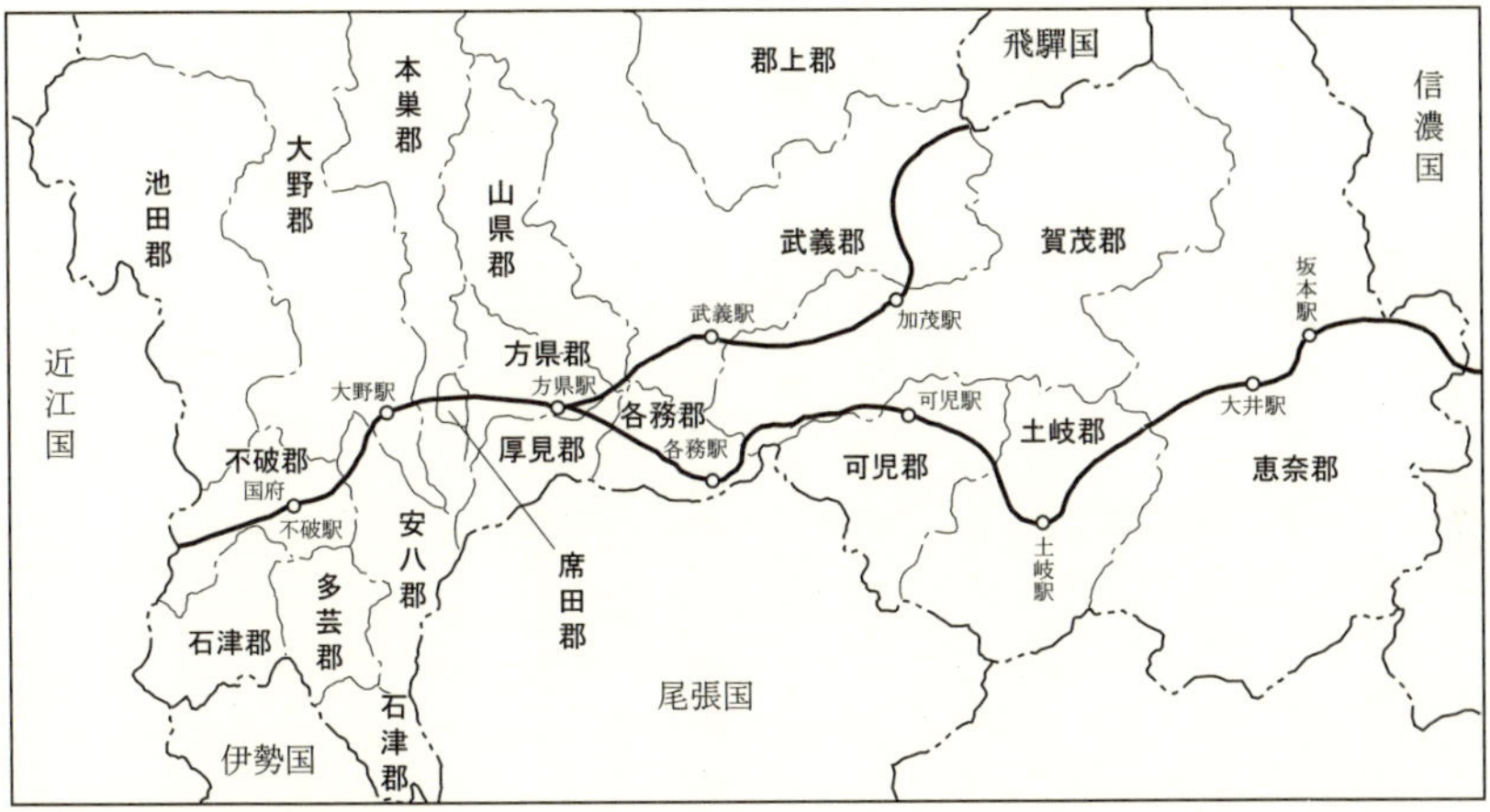

図1　美濃国内の東山道（古代交通研究会編『日本古代道路事典』2004年、八木書店）

永田は、古代駅制の特質として、駅家と駅戸支配の強い関連性を指摘する。駅戸集団は、五十戸制に基づく里・郷に準ずる戸籍成巻の単位であるが、一般民戸とは異なる性格から、五十戸ではなく、個々の駅の規模に応じた戸数で編成される。また口分田の集中的な班給によって、駅戸を駅家周辺に集住させ、効率的な力役徴発を行ったという。しかし、農業基盤の脆弱な山岳地域の場合、こうした集住政策を推進し、また、集住の状態を維持するためには、かなりの困難が伴ったであろう。その様相を示すのが、以下に見るような、美濃国恵奈郡の大井・坂本両駅の駅戸集団の立て直しに関わる史料ということになる。

『続日本後紀』承和七年（八四〇）四月戊辰条〔史料1〕に、

（前略）美濃国言、管恵奈郡無㆑人㆓任使㆒、郡司暗拙。是以、大井駅家、人馬共疲、官舎顚倒。因㆑茲、坂本駅子悉逃、諸使擁塞。国司、遣㆓席田郡人国造真祖父㆒、令㆑加㆓教喩㆒。於㆑是、逃民更帰、連蹤不㆑絶。遂率㆓妻子㆒、自有㆓本土㆒。（後略）

とあるように、恵奈郡司の無能のため大井駅の人馬が疲弊し官舎（倉）が倒壊したため、坂本駅の駅子も悉く逃げ諸使の通交が困難となった。そこで美濃国司が、席田郡の人である国造真祖父を遣わして教喩させたところ、逃民は妻子を含め本貫地に帰還した。引用部の後には、その功績を称えて、国造真祖父を一代限りの「駅吏」に任じたとも記されている。

　国造真祖父の「国造」は、大宝二年（七〇二）美濃国戸籍にも頻出する「国造」姓の一つである。美濃の国造は複数おり、この「国造」が、記紀や『国造本紀』に見えるどの国造かを比定するのは難しいが、居住地の席田郡に近接する本巣郡、方県郡を本拠地とする国造（三野前国造、本巣国造など）の系譜を引く可能性が高い。この段階では、いわゆる富豪層的なものに転化していると考えられるが、ここでは、西美濃地域の有力者が、東美濃から逃亡した駅子に対し、大きな影響力を行使していることに注目しておきたい。

　この一〇年後の『類聚三代格』巻十八駅伝事・嘉祥三年（八五〇）五月二十八日太政官符〔史料2〕には、「土岐・坂本二駅、程途悠遠、行李難渋、肩担之辛、剰二倍他所一。国司、雖レ勤二存恤一、猶致二散逃一。」とあり、土岐郡の土岐駅と恵奈郡の坂本駅が離れすぎているため、駅子の負担が大きく逃散がおきているとしていることから、両駅の間に位置した恵奈郡大井駅は、この頃には廃止されていたと考えられる。

　結局、神坂峠の麓の駅は坂本駅のみとなったが、これと信濃側の阿智駅については、『類聚三代格』斉衡二年（八五五）正月二十八日太政官符〔史料3〕に、

右得二美濃国解一偁、恵奈郡坂本駅与二信濃国阿智駅一、相去七十四里。雲山畳重、路遠坂高。戴レ星早発、犯レ夜遅到。一駅之程、猶倍二数駅一。駅子負レ荷、常困二運送一、寒節之中、道死者衆。朝廷悲レ之、殊降二恩貸一、永免二件駅子租調一。又去承和十一年、挙レ郡給二三年之復一。（中略）今、検二彼郡課丁一、惣二百九十六人也。就レ中二百十五人為二駅子一。八十一人輸二調庸一。比二之諸郡一、衰弊尤甚。望請、択二諸郡司之中富豪恪勤者一、募以二五位一、期二三年内一令レ治二件郡一。（後略）

とある。神坂峠を東西に挟んだ美濃国坂本駅と信濃国阿智駅の間は七四里で、高低差もあることから、駅間の行程は通常の数駅分に相当し、両駅の駅子の負担は極めて大きかった。これを哀れんだ朝廷は、永く駅子の租調を免じ、恵奈郡に三年の復を給したが効果がなく、結局、美濃国内の郡司のうち「富豪恪勤」なる者に五位を与えて、三年以内に恵奈郡を復興することを命じている。

永田は、この史料を、主として九世紀における課丁数の立て直しという観点から検討するが、山間部において、峠の交通（そのなかでも、特に政治的な制度である駅制）をどのように維持していたか、という観点からの検討も可能であろう。永田も指摘するように、恵奈郡の課丁総数二九六人中、二一五人という駅子の数は、法制上定められた坂本駅子の数で、当時の実態を示すものではないだろうが、逆にこの数字は、八世紀の段階では、大規模な駅戸集団が、坂本駅の周辺に配置されていたことを示唆している。

美濃国の駅は通常一郡に一駅であるが、当初、恵奈郡のみには、大井、坂本の二駅が近接して置かれていた。前掲の〔史料1〕で、大井駅の倒壊によって、坂本駅の駅子の逃亡が誘発されていることが示すように、駅制の施行当初には、神坂峠の麓にあたる坂本駅は峠の交通に専念させ、大井駅がそれをサポートする体制がとられていたものと思われる。〔史料2〕からは、大井駅の廃止後は、坂本駅のサポートには、郡の異なる土岐郡土岐駅があたるようになっていたことが知られる。また〔史料1〕や〔史料3〕によれば、恵奈郡の立て直しが、西部を含む美濃国全体の梃子入れにより行われたことがわかり、山間部の東濃に設置された駅を、生産力の高い西濃地域が支えるという国レベルの構造が浮かび上がってくる。教科書的な説明では、郷に相当する駅家の独立性が強調されるのだが、特に山間部の峠のような固有の困難を有する交通を維持するためには、郷や郡を超えた、国レベルでの政策的な措置がとられていたと考えられるのである。

国郡制下における駅戸集団のあり方を考える上で欠かせない今ひとつの史料は、『和名抄』に見える郡の管郷の記載であり、恵奈郡と土岐郡については、それぞれ、

恵奈郡　淡気（とうげ）・安岐（あき）・絵上（えなのかみ）・絵下（えなのしも）・坂本・竹折

土岐郡　日吉（ひよし）・楢原（ならはら）・異味（いみ）・土岐・余戸〔高山寺本になし〕・駅家〔高山寺本・名古屋市博本になし〕

が挙げられている。土岐郡の駅家郷は土岐駅に対応しているが、前述のように、大規模な駅戸集団を擁していたはずの恵奈郡坂本駅、大井駅に対応する駅家郷が見えない点は検討すべき問題である。実は、次節で扱う甲斐国についても、『和名抄』では、駅が存在した都留郡、八代郡に駅家郷が見えず、駅制を支えた駅戸集団のあり方が問われるが、次節ではこの問題を含め、甲斐の御坂峠について考察することにしたい。

二　東海道御坂路（甲斐路）と古代甲斐国

古代において、東海道の本線から甲斐国に入るルートは、律令国家によって東海道の支路に設定された御坂路（甲斐路）の他に、中道往還、若彦路の三つがあった。このうち、中道往還と若彦路は富士山の西麓を通る西回りで、御坂路のみが東回りのルートであり、後述のように、甲斐に至る主要交通路（地域権力と中央政権との往来に用いられる政治的な道）は、四世紀から六世紀にかけ、西から東へと移動していったと考えられる（大隅清陽、二〇〇四）。

三ルートのうち、最も古い政治の道は中道往還である。これは現在の富士、富士宮から富士山西麓を北上し、本栖湖、精進湖、右左口峠を経て、甲府市南部の旧中道町に至るルートで、その終点である甲府盆地南端の曾根丘陵には、四世紀後半築造で、同時期としては東国最大（全長一六九m）の甲斐銚子塚古墳がある。甲府盆地の最初の

支配者であった中道の首長家は、この中道往還を通じて、畿内のヤマト政権とつながっていた。若彦路は、富士宮の少し北で東にそれて河口湖方面に向かい、大石峠、鳥坂峠を経て旧八代町の中心部に至るルートで、その終着点周辺には、甲斐銚子塚より築造が若干遅れ、やや小規模な岡銚子塚古墳（四世紀後半）のほか、五世紀前半の方墳である竜塚古墳、八代郡家に付随する白鳳寺院が所在した可能性のある瑜伽寺などがある。中道地域よりやや遅れて発展し、後の八代郡の中心となった地域と考えられる。

これらに対し、富士山の東回りルートである御坂路は、御殿場付近で東海道から分岐し、籠坂峠、山中湖、河口湖、御坂峠を経て、笛吹市の御坂町国衙（甲斐国府推定地の一つ）に至るが、御坂町国衙の南に隣接する御坂町井之上には、六世紀後半の円墳で、当時の東国では最大級の横穴式石室をもつ姥塚古墳がある。国衙周辺から先の御坂路は、現在の石和付近で笛吹川を渡り、甲府を経て信濃方面へ向かう。そのルート上にあたる甲府市西部の千塚には、やはり六世紀後半の築造で、県内では姥塚に次ぐ規模の横穴式石室をもつ加牟那塚古墳がある。姥塚と加牟那塚は、東海道側から見た場合、甲府盆地方面への入口と出口に当たっており、この両者を押さえる場所に、六世紀後半によく似た古墳が造られたことは、この時期の御坂路が、東海道と、東山道の信濃方面とを結ぶ連絡路としても機能していたことを示している。

東海道を甲斐を結ぶ主要幹線は、富士山の西回りの中道往還・若彦路から、東回りの御坂路へと変遷したが、それに関連して、御坂峠の河口湖側の登り口に当たる富士河口湖町・疱橋《ほうばし》遺跡から出土した五世紀代の坏形土器が注目される。この土器は完形の土師器で、甲斐の外部から持ち込まれ、何らかの祭祀行為に用いられた可能性が高く、五世紀の段階で、御坂路が重要な交通路となり始めていることを示している。このように、五世紀以降、主要幹線が御坂路へと移動する理由はよくわからないが、私見では、同じ頃に本格化してくる馬の利用と関連するものと思われる。中道往還、若彦路に比べ、御坂路は延べの路線長は長いが、大きな峠は御坂峠しかないのに対し、中道往還と若彦路には中程度の峠が複数あり、延べの高低差が大きい。御坂路は、馬による高速の移動により適していた可能性があり、御坂路が律令制下の官道＝駅路に指定されたのも、それと関連するのではあるまいか。

それでは、この御坂路は、どのようにして、官道である東海道の支路に設定されたのか。次にこの問題を、御坂路が通過する甲斐国都留郡の性格と合わせて考察してみたい。

現在の山梨県は、甲府盆地を中心とする「国中（くになか）」地方と、御坂山地・関東山地・秩父山地で区切られた東側に位置する「郡内（ぐんない）」地方に二分される。古代の山梨、八代、巨麻三郡を含む「国中」が富士川水系に属するのに対し、古代の都留郡にあたる「郡内」は相模川（山梨県内では桂川）水系に属する相模文化圏で、隣接する駿河・武蔵の直接の影響も受けやすく、歴史的に独自の地域を形成してきた。

この地域差が古代に遡ることを初めて指摘したのが磯貝正義で、郡内地域で存在が確認される部民である矢作部、丈部、当麻部が、相模では全て確認されるのに対し、国中では丈部しか存在しないことなどを根拠に、大化前代の都留郡地域は甲斐国造ではなく、相武国造の支配地域であったとした（磯貝正義、一九七八）。磯貝の指摘ではないが、『承徳本古謡集』所収の「甲斐風俗」歌に、「甲斐人の　嫁にはならじ　事辛《ことから》し　甲斐の御坂を　夜や越ゆらむ」とあるのは、甲斐ではなく駿河側の視点で詠んだ歌であるが、御坂峠が「甲斐」への境界として詠まれている。ここでの「甲斐」は籠坂峠ではなく御坂峠以北であり、本来の「甲斐」には都留郡が含まれないことが窺える。考古学的にも、既に一九八〇年代に、坂本美夫が、郡内地域の古墳は、その東部の大月市大月以東の桂川下流域に集中し、石室形態には武蔵系の影響が認められること、土器も八世紀前半までは相模や駿河などの影響が強く、甲府盆地側の影響が強まるのは八世紀第3四半期以降であることを指摘している（坂本美夫、一九八四）。

大化元年（六四五）八月に、いわゆる東国国司が派遣された「東方八道」について、荒井秀規は、遠江と駿河（伊豆）、甲斐と信濃、相模を含む坂東がそれぞれ一道を成したとしている（荒井秀規、一九九四）。前述の状況を踏まえつつ、この荒井説を敷衍すれば、国中地域への国司は信濃経由で狭義の「甲斐」に至った一方、郡内地域への国司は、相模から相模川・桂川を遡上したものと思われる。都留評の立評も、相模川流域を支配していた相武国造の支配領域を分割して行われ、当初は甲斐ではなく、相模国宰の管轄下にあったものと想定される。

それではこの都留評は、何時、どのような理由で甲斐国に編入されることになったのだろうか。この点で注目されるのは、天武朝末年における令制国の国境確定が、それと同時に施行された七道制と密接な関連をもつという鐘江宏之の指摘である。鐘江によれば、七道とは単なる道路ではなく、複数の国をまとめた広域行政ブロックを官道で結びつけたもので、それまでの国宰の管轄領域を、この官道の路線に沿って区画し再編成したものが令制国であるという（鐘江宏之、一九九三）。甲斐の場合は、この時に東海道ブロックに入ることになったが、それは、それまでも東海道と甲斐を結ぶ幹線であった御坂路を、駅制を伴う官道としての東海道支路に設定することを意味していた。ところが御坂路は、もともと相模の一部であった都留評内を通過するため、駅制を含む御坂路（東海道甲斐路）を甲斐側が運営するためには、都留評を相模から切り離し、甲斐に編入することが必要となったと考えられる（大隅清陽、二〇〇四・二〇〇六）。

この問題は、都留郡における郡家の移転とも関連する。『和名抄』に見える都留郡古郡郷は、現在の上野原市上野原に比定されるが、「古郡」という名称から見て、初期の郡家所在地であり、後に、郡家が別の場所に移転したことを示している。初期郡家を、現在でも山梨と神奈川の県境に位置する上野原に比定した場合、問題となるのは、郡家が国の領域の東限にあり、国府から最も遠くなってしまうことである。恐らくこの古郡は、相模の影響下で行われた孝徳朝の立評段階での評家の所在地で、都留評の甲斐への編入に伴い、八世紀以後のある段階で、国府により近い郡の中央部へ郡家が移転したものと考えられる。

郡家の移転先については従来より諸説があったが、近年では、大月市大月遺跡がその有力候補とされている（室伏徹・平野修、二〇〇四）。桂川と葛野川の合流地点に位置するこの遺跡からは、大規模な区画溝と大型の掘立柱建物が検出され、八世紀後半から九世紀前半にかけての甲斐型の坏などの供膳具類、墨書土器、転用硯が出土している。甲斐型の土師器（甲斐型土器）を使用する人々により大規模な官衙的施設が営まれていることから、これは、八世紀半ばに移転した第二次の都留郡家であり、またその移転が、国府を擁する国中地域との強い関連の下に行われたと考えることができる。七世紀末における東海道御坂路の設定と、それに伴う都留評（郡）の甲斐への編入の影響が、やや間を置いて、郡家の移転という形で現れたものと評価できよう（大隅清陽、二〇〇六）。

なお、前出の「甲斐型土器」とは、八世紀以降の甲斐国において、甲斐国府の強い影響の下に生産されたと考えられる特殊な土師器で、主な生産地は現在の甲府市の東部地域にほぼ特定される。坏類は、赤色粒子を含むなめらかな胎土を有し、ロクロ成形で内面に花弁状（放射状）の暗文を施し、外面の下位に斜方向のヘラケズリを施すという規範をもち、甕類は、金雲母を含んだやや粗い胎土で、口縁部は「く」の字に屈曲し、胴部に粗いタテハケを施すという規範をもつ。基本的に「国中」地方の土器で、都留郡にはもともと存在しなかったため、八世紀以降、都留郡域に国中の影響がどのように及んでいったのかを知る上で有効な指標となる。

このように、東海道御坂路（甲斐路）の設定によって、都留評（郡）が甲斐に編入され、国中の影響を受け始めるという筆者らの仮説は、その後、都留郡内をフィールドとする研究者である杉本悠樹によって細かく検証されていった。以下、八世紀以降の都留郡の様相を、主として杉本の業績によって概観してみたい。

都留郡内の土器の様相を検討した杉本によれば（杉本悠樹、二〇〇八）、八世紀の都留郡においては、富士北麓地域（富士吉田市・都留市）では駿東型土器、桂川下流域（上野原市）では相模型土器が中心で、令制甲斐国の成立後も、旧来の勢力の影響が強く残っていた。その後の展開を見ると、煮沸用具である甕型土器は、九世紀後葉まで駿東・相模型、堀之内原タイプ（都留市堀之内原で発見された郡内地方特有の在来系土器）、甲斐型が共存するのに対し、坏・皿形類の供膳用の土器は、九世紀初頭までにほぼ甲斐型に統一される。供膳具のみが甲斐型に統一されるという現象は、甲斐型土器の流通・使用が、何らかの政治的背景、より具体的には国中からの政治的な影響と関連することを示唆しており、そうした動きが九世紀初頭に完了することにも注目しておきたい。

大月市域に限定すると、前述した第二次都留郡家の候補地である大月遺跡周辺の遺跡のうち、原平遺跡からは八世紀前半、献上地遺跡からは八世紀後半の甲斐型土器が集中して出土する。甲斐型土器は、全体的に、八世紀前半には特定の集落のみに集中的に現れるが、八世紀後半以降は、前半の遺跡から面的に拡散する傾向にあるという。

一方、その西の都留市域は、縄文時代の遺跡は豊富なのだが、稲作には向かない環境のため、弥生中期以降遺跡が激減し、古墳時代にはほとんど過疎地域となっていた。ところが、奈良時代に入ると、河川の合流点や谷の入口にあたる場所に開発拠点となるような集落が配置されるようになり、平安時代には、こうした集落を核として、集落が周辺に拡散してゆく。都留市の所在する桂川中流域は、基本的に火山灰地帯で、場所によっては富士山の溶岩が何度も直接流れ込んでおり、もともと稲作には適していない。にもかかわらず、律令制期になると、こうした集落の展開が見られることには、やはり何らかの政治的な意図をもつ開発が想定されるだろう。桂川流域は、七世紀以前の都留郡域の本来の中心地であった上野原市域と、山中湖、富士吉田市、河口湖を通る御坂路をつなぐルート上にあり、その政治的意図とは、やはり官道・駅路としての御坂路の維持・運営にあったと考えられるのである。

三　駅の運営と地域社会

前節をふまえ、本節では、都留郡内の駅と地域の様相について、より具体的に検討を進めてみたい。

甲斐国内に設置された駅については、『延喜式』巻二十八兵部省・諸国駅伝馬条に「甲斐国駅馬。水市・河口・加吉各五疋。」とある。河口駅が現在の河口湖畔に比定されることに異論はないが、加吉駅については「吉」を「古」の誤写と見て籠坂峠の「籠」に結びつけ、この峠の北に位置する山中湖周辺に比定するのが地元の研究者の通説であった。ただ、『延喜式』における駅は、一般に都から近い順に記載されるので、平川南の指摘（平川南、二〇〇四）のように、山中湖周辺の駅は水市駅で、加吉駅は、御坂峠を越えた、現在の笛吹市上黒駒（北部に駒留の地名が残る）周辺に所在した可能性も大きい。養老廐牧令16置駅馬条の駅馬配置規定には「大路廿疋。中路十疋。小路五疋。」とあり、御坂路は小路であったことがわかる（ちなみに東海道の本線は中路）。

駅の組織と財源については、大山誠一（大山誠一、一九七六）、大津透（大津透、一九九三）などによる研究がある。駅の職員には、養老廐牧令15駅各置長条で、「駅戸」の内の有力者から「駅長」を採用するとし、駅馬の配備数については、前述のように同16条に規定がある。駅専属の労働力としては、賦役令19舎人史生条で、「駅子」を色役の一つとして駅戸から徴発することが規定され、公式令42給駅伝馬条などに見られるように、駅使および従者一行の乗馬・駅馬を牽いて次の駅まで送るなどの役務にあたった。

各駅に配された駅戸の数については、廐牧令16置駅馬条に、「毎馬各令㆓中中戸養飼㆒。」とあるように、法規上は駅馬と同数であり、御坂路の場合は各駅に五戸となる。ただし、廐牧令15条集解穴記には「置㆓駅戸㆒員、有㆓別式㆒也。」とあり、また日本では中国的な戸等制が実際に機能していたか疑わしいので、単純に馬と同数とは言えないが、仮に駅戸を駅馬と同数の五戸とし、当時の郷戸の戸口を二〇～三〇人程度と考えると、総人口は一〇〇～一五〇人程度、成年男子の課丁数は一五～二〇人程度で、第一節で扱った美濃国恵奈郡の一〇分の一以下となる。ただし現実には、後述のように、律令国家による駅戸集団の設定は、甲斐国の地域社会に、極めて大きな影響を及ぼすことになった。

駅の財源については、廐牧令16条に駅稲（大宝令では駅起稲）が見え、田令33駅田条には駅田（同じく駅起田）が規定されており、御坂路を含む小路の駅には二町の田が班給されることになっていた。同条集解先云によれば、駅田は駅戸が耕作し、前述の永田英明も強調するように、駅と駅田と駅戸は近接して存在するのが原則であった。このように駅の運営は、固定した駅戸集団によって担われ、駅（起）稲・駅（起）田という独自の財源が、その自立性を支えていた。律令制における駅が、中央政府ないし国府によって設定された特殊な機関であり、その運営にも特段の措置が取られていたことが知られる。

都留郡に限らず、『和名抄』段階の甲斐国には駅家郷は存在しない。御坂峠以南の二つの駅（平川南説によれば河口駅と水市駅）を支えた駅戸集団を含む郷としては、通説的な郷比定によるならば、桂川の上流域を意味したとされる賀美郷（現在の都留市南部から富士吉田市周辺）が考えられ、駅（起）稲・駅（起）田も同郷内に存在した可能性がある。ただ後述するように、河口湖畔にあった河口駅については、近年、都留郡ではなく、国中の八代郡の影響下にあった可能性が指摘されており、駅戸集団も、都留郡ではなく八代郡に属したとも考えられる。いずれにせよ、高い標高による冷涼な気候と、溶岩・火山噴出物（スコリア）の堆積という環境の中で、水稲耕作や馬の飼育がどの程度可能であったかは検討を要する課題で、またそれは、前節で扱った都留郡南部の開発の問題と密接に関連しているだろう。

以上の点をふまえ、次に、これら二つの駅と、その周辺地域との関わりについて考察してみたい（以下、図2を参照）。

河口駅家に直接関係する可能性のある遺跡として近年注目されているのが、杉本悠樹によって調査された富士河口湖町・西川遺跡である（杉本悠樹、二〇一〇）。河口湖北東湖畔の「河口」地区の北部にあり、中世以降の御坂路（旧鎌倉街道）にあたる国道一三七号線の西に接し、道路を挟んだ東側には、富士山信仰の拠点の一つである河口浅間神社が鎮座する。調査地は街道に面した富士山信仰の御師住宅の敷地内で、下水道工事に伴う試掘調査で、面積は小さいものの大量の遺物が出土した。遺物には古墳時代以前のものは無く、主なものに、八世紀中～後葉の静岡県湖西窯産の須恵器坏（「川」の墨書があり、「河口」との関連が想起される）、八世紀中葉の甲斐型坏（「□廣□」の墨書）、一〇世紀初頭の甲斐型坏（「罡（岡）本」の墨書）、須恵器の転用硯などがある。土器は甲斐型を主体とし、同時期の都留郡内一般に見られるような相模型や堀之内原タイプとの混在状況は見られず、この遺跡が、地元ではなく甲府盆地（国中）の勢力によって、八世紀中葉に突如として形成されたことを示している。こうした出土遺物の状況をはじめ、御坂路（旧鎌倉街道）に接するという立地、「河口」という現在の地名などを考慮すると、河口駅家に関連すると考えるのが妥当である。

この遺跡から四㎞ほど西になる富士河口湖町・大石地区では、河口湖に注ぐ奥川の右岸、天神峠の山裾の平坦部から、工事中に、甕の破片を中心とする大量の甲斐型土器や、八世紀後半頃に位置付けられる甲斐型坏が採集された（杉本悠樹、二〇〇八）。大石地区は、国中の八代郡の中心部から河口湖方面に通ずる若彦路が、大石峠を越えて河口湖畔に下りてくる場所にあたり、周辺は奥川、馬場川が形成する小さな沖積平野で、現在は水田が広がる。古代でもある程度の稲作は可能であったと見られ、河口駅家に付随する駅（起）田が存在した可能性も考えられる。

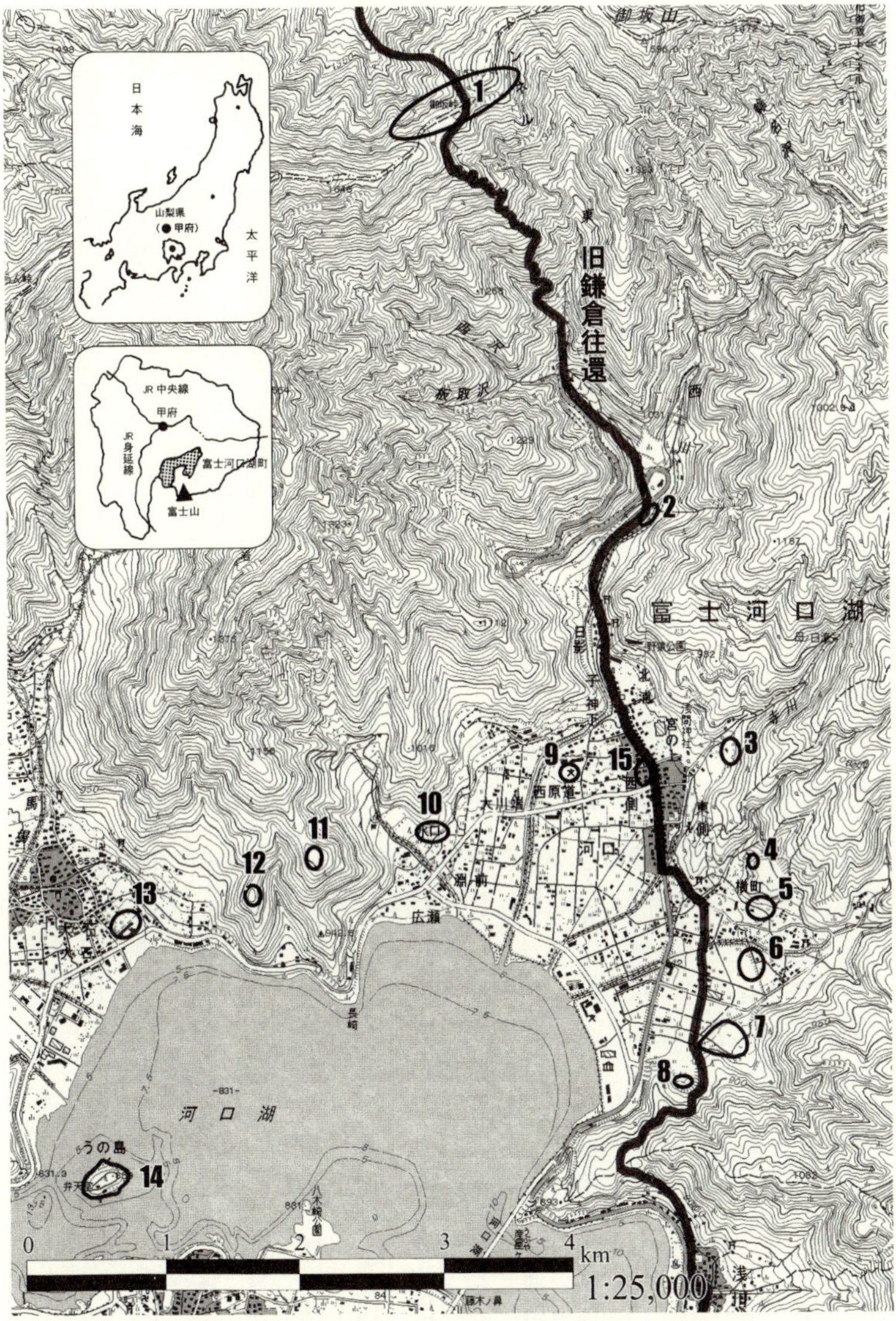

図２　河口地区周辺の遺跡分布と旧鎌倉往還の経路（杉本悠樹、2010）

1．御坂城跡（中・近世）　2．疱橋遺跡（縄文〜近世）　3．谷抜遺跡（縄文・平安・中世・近世）
4．塚越遺跡（縄文･弥生･近世）　5．炭焼遺跡（古墳･平安･中世･近世）　6．井坪遺跡（縄文・平安）
7．滝沢遺跡（弥生〜平安）　8．追坂遺跡（縄文）　9．大築地遺跡（縄文）　10. 金山遺跡（縄文）
11. 広瀬の城古山（中世）　12. 大石の城山（中世）　13. 大石遺跡（縄文）　14. 鵜の島遺跡（縄文〜古墳）
15. 西川遺跡（古墳〜近世）

西川遺跡から南に一・二kmほどに位置する富士河口湖町・滝沢遺跡は、御坂路（旧鎌倉街道で、現在の国道一三七号線とは異なる）が追坂（老坂）を越える手前の、河口地区側の麓に位置する九世紀後半から一〇世紀前半中心の集落であるが、平成二一年度の調査で、主軸方向を統一した一五軒の竪穴住居、大量の墨書土器、一〇世紀初頭の「川」字の刻書土器などが出土した（小林健二、二〇一二）。時期はやや遅いが、御坂路の旧道に隣接する点、竪穴住居の特異な配置、「川」字の文字資料の存在などから、やはり河口駅家に何らかの関連をもつ集落と考えられる。

西川遺跡と大石から甲斐型土器が集中的に出土していることが示すように、河口駅の設置と運営には、甲斐国府、八代郡を中心とする国中の勢力が深く関わっていた。ところで、近世以後の八代郡と都留郡の郡界は御坂峠で、河口湖周辺は南都留に含まれるのだが、『甲斐国志』提要部は「大原七郷（注：都留郡のうち、河口より西の地域をさす）ハ古ノ八代郡ノ域ナリ」としている。従来、この記載はほとんど注目されて来なかったが、杉本悠樹は、その他の資料も検討したうえで、現在の富士河口湖町以西は、中世以前は八代郡域であったとするのが妥当としている（杉本悠樹、二〇〇八）。都留郡の甲斐への編入と駅制施行との関連を指摘した筆者らは、これまで、河口駅と水市（または加吉）駅の二駅は、何れも都留郡の管理下にあったと考えてきたが、近年の研究の結果、少なくとも河口駅の運営主体（駅戸集団を含む）は、御坂峠を越えてやって来た、甲斐国府・八代郡を中心とする国中の勢力であったことが明らかとなったのである。

一方、山中湖周辺に存在したはずの水市（加吉）駅の実態については、未だ不明の点が多い。現在の山中湖畔には遺跡がほとんど見出せず、むしろ湖から北に山一つを隔てた忍野村中心部の北西端、丹沢山系の裾野に、九世紀前半から中葉の笹見原遺跡をはじめとする遺跡が帯状に分布し、何らかの街道的なものが通っていたことが想定される。その北西の富士吉田市域は平安時代の遺跡を中心とするが、忍野村との境界に近い上吉田地区では、御坂路・

旧鎌倉街道でもある国道一三九号線の近くの檜丸尾《ひのきまるび》溶岩流（一〇世紀前半噴出）の直下から奈良時代の甕型土器が見つかっており、今後、奈良時代の遺跡が溶岩流の下から検出される可能性がある。桂川の水源が山中湖であることを考えれば、山中湖周辺の駅を運営するための基盤整備は、現在の都留市から富士吉田市にかけての桂川水系に沿う形で行われた可能性が高く、第二節で紹介した、八～九世紀における桂川中流域の開発状況と関連付けて検討する必要があるだろう。以上の点から見て、河口駅が八代郡の影響下にあったのに対し、こちらの駅は、都留郡との関係が深かったものと考えられる。

おわりに

駅制の歴史的展開についての文献史学の一般的なイメージは、大化改新を契機として七世紀後半に形成され、八世紀初めの大宝令で確立し、九世紀にはその変質・衰退が進む、というものであろう。駅制成立の画期としては、永田英明は斉明朝を重視し（永田英明、二〇〇四）、中村太一は、官道としての直線道路の施工を天智朝のこととしている（中村太一、二〇〇六）。筆者もまた、東海道御坂路の設定と都留評の甲斐への編入を一体のものとしてとらえ、それが天武朝の国境確定に際して行われたと考えたため、それに伴う地域社会の変動も、遅くとも八世紀初めには始まるものと予想していた。ところが、現時点までの考古資料を検討する限り、郡内地域における駅制整備が本格化するのは早くても八世紀中葉のことであり、それ以前に実態的な動きを検出することは難しい。また、通常は駅制の変質・衰退期とされる九世紀に、むしろ、交通を支える人の集団や経済的な基盤が拡大していることも窺えた。通説的な年代観からのこうしたズレは、御坂路が東海道の本路ではなく支路であるため、整備が言わば後回しにされたことに起因するのか、あるいは急峻な峠を擁し、周囲も高地性の火山灰・溶岩地帯であったために生じたものなのか。少なくとも、駅制の整備は全国一律に進んだのではなく、地域による差異があったことは認めなければならないだろう。

また、集落の展開や土器の移動などを検討した本稿の第二、三節の手法を、第一節で取り上げた、東山道神坂峠を擁する美濃や信濃に適用した場合、どのような地域像が浮かび上がってくるのだろうか。本論でも述べたように、甲斐国御坂峠の麓の駅戸集団は、美濃国恵奈郡の駅戸の一割か、多めに見積もっても数分の一程度の規模しかない。にもかかわらず、八〜九世紀の甲斐で、前述したようなダイナミックな人とモノの動きが認められるとすれば、美濃や信濃においても類似の現象はあったはずであり、それをどのように検出してゆくかは今後の課題であろう。

東山道神坂峠に関しては、主に駅制を扱う本稿では取り上げなかったが、大宝二年（七〇二）から和銅六年（七一三）にかけて行われた吉蘇路の開削の意義も検討する必要がある。また、東山道飛驒路、東山道武蔵路、山陽道美作路などの官道の「支路」も、単に国府へと通ずる枝道というだけでなく、それぞれ東山道と北陸道、東山道と東海道、山陽道と山陰道を接続する機能をもっており、これは甲斐路（御坂路）とも共通するため、今後は、こうした「支路」相互の比較も重要となるだろう（鈴木景二、二〇〇〇。平川南、二〇〇八など）。

ともあれ、駅家の設置や運営が比較的容易な平野部とは異なり、峠などの難所を擁する山岳地域において、駅制のような政治的かつ人工的な交通制度を維持するためには、制度上郷と同格の駅家だけでなく、郡や国、場合によっては国を超える中央政府レベルでの政策の実施を必要とし、それはまた、地域の社会にも大きな影響を及ぼしていた。「古代山国の交通」は、通説的なモデルでは説明できない特殊性をもつからだけでなく、むしろその特殊性を通じて、律令国家にとっての交通の本質をあぶり出してくれる研究課題であるように思われる。

参考文献

荒井秀規、一九九四「「東国」とアズマ」（『古代王権と交流2　古代東国の民衆と社会』名著出版）
磯貝正義、一九七八「七世紀以前の甲斐と大月」（『大月市史』通史編・古代、大月市）
大隅清陽、二〇〇四「大化改新と甲斐」（『山梨県史』通史編1、山梨県）
　二〇〇六「文献からみた古代甲斐国都留郡の諸問題」（『山梨県考古学協会誌』一六）
大津　透、一九九三「唐日律令地方財政管見―駅館・駅伝制をてがかりに―」（『日唐律令制の財政構造』岩波書店、二〇〇六年に所収）
大山誠一、一九七六「古代駅制の構造とその変遷」（『史学雑誌』八五―四）
鐘江宏之、一九九三「「国」制の成立―令制国・七道の形成過程―」（笹山晴生先生還暦記念会編『日本律令制論集』上、吉川弘文館）
小林健二、二〇一二『滝沢遺跡（第2次）一般国道137号吉田河口湖バイパス建設工事に伴う発掘調査報告書』（山梨県埋蔵文化財センター調査報告書　第二八二集）
坂本美夫、一九八四「甲斐の郡（評）郷制」（『山梨県立考古博物館・山梨県埋蔵文化財センター　研究紀要』一）
杉本悠樹、二〇〇八「古代甲斐国都留郡の様相」（『山梨県立博物館　調査研究報告2　古代の交易と道　研究報告書』）
　二〇一〇「富士河口湖町河口　西川遺跡の調査成果について（報告）」（『山梨県考古学協会誌』一九）
鈴木景二、二〇〇〇「古代の飛驒越中間交通路―飛驒の大坂峠―」（『富山史壇』一三二）
永田英明、二〇〇四『古代駅伝馬制度の研究』吉川弘文館
中村太一、二〇〇六「日本古代国家形成期の都鄙間交通―駅伝制の成立を中心に」（『歴史学研究』八二〇）
平川　南、二〇〇四「甲斐の交通」（『山梨県史』通史編1、山梨県）
　二〇〇八「古代日本の交通と甲斐国」（『山梨県立博物館　調査研究報告2　古代の交易と道　研究報告書』）
室伏徹・平野修、二〇〇四「大月遺跡について―都留郡家（衙）としての再検討―」（『山梨考古学論集』Ⅴ、山梨県考古学協会）

2　山国の河川交通

中村太一

一　「大化前代」の河川交通 ―『播磨国風土記』の説話から―

筆者に与えられた「山国の河川交通」というテーマであるが、古代の河川交通に関する史料は元々少ないうえに、山国に関わるものとなるとさらに数が限られてしまう。また、これまで筆者が水上交通路の問題に取り組んだことは一度しかなく、しかもそれは関東平野を対象としたものであった（中村太一、一九九四）。したがって史料も役者も不足しているのではあるが、テーマに合いそうな事例を幾つか紹介することで何とか責任を果たすことにしたい。

なお、本稿で取り上げる「河川交通」は水路を上下するものに限定し、渡河交通は含めないものとする。

最初に取り上げるのは、山陰地域の人々が、宮都との往来に河川交通を利用していたらしいことが、『播磨国風土記』の説話から推測される例である（以下の史料はいずれも原漢文。新字・新仮名遣いで読み下した）。

〔史料1〕『播磨国風土記』揖保郡広山里意此川条

意此《おし》川。品太《ほんだ》天皇の世、出雲御蔭大神《いずものみかげのおおみかみ》、枚方里の神尾山に坐《いま》して、毎《つね》に行く人を遮りて、半《なか》ば死なし半ば生かす。その時、伯耆の人小保弖《こほて》、因幡の布久漏《ふくろ》、出雲の都伎也《つきや》の三人、相憂《あいうれ》いて朝庭《みかど》に申す。ここに額田部連《ぬかたべのむらじ》久等《くと》らを遣わして禱《まつ》らしむ。時に屋形を屋形田《やかただ》に作り、酒屋《ささや》を佐々山に作りて祭る。宴《うたげ》して遊びて甚だ楽しみ、即《すなわ》ち山の柏を擽《はら》いて、帯に挂《か》け腰に挿《さ》し、此の川に下りて相献《あいたてまつ》る。故《ゆえ》に圧川《おし》と号《なづ》く。

（注）広山里：兵庫県たつの市誉田町広山付近　　意此川：林田川　　品太天皇：応神天皇　　枚方里：兵庫県揖保郡太子町佐用岡平方付近　　山の柏を擽いて：柏の枝を採ってきて

〔史料2〕『播磨国風土記』揖保郡枚方里佐比岡条

佐比《さい》岡。佐比と名づくる所以《ゆえ》は、出雲之大神、神尾山にあり。此《こ》の神、出雲国の人、ここを経過《すぐ》れば、十人の中《うち》、五人を留《とど》め、五人の中は三人を留む。故に出雲国の人ら、佐比を作りて此の岡に祭るに、遂に和《あまな》い受けず。然《しか》る所以は、比古神《ひこがみ》先に来《きた》りて、比売神《ひめがみ》後に来る。ここに男神《ひこがみ》、鎮まること能《あた》わずして行き去りぬ。所以に女神《ひめがみ》、怨み怒るなり。然る後に、河内国茨田《まんた》郡枚方里の漢人《あやひと》、来り至りて此の山辺に居りて敬い祭る。僅《わずか》に和ひ鎮まることを得たり。此の神の在るに因《よ》りて、名づけて神尾山と曰《い》う。また佐比を作りて祭る処を、即《すなわ》ち佐比岡と号く。

（注）佐比を作りて：「鋤を作って」の意味であるが、本来、佐比岡という地名は「往来する人々を遮る」という意味の「サヘ」「サヒ」に由来する。　和い受けず：ついに鎮まらなかった　河内国茨田郡枚方里：大阪府枚方市枚方付近　　漢人：渡来人　　僅に和ひ鎮まる：やっと鎮まる

〔史料1・2〕は、「神尾山」に鎮座する「出雲御蔭大神（出雲之大神）」が通行人の半数を殺し、半数を通すという、交通に関する「荒ぶる神」説話の一つである。神尾山は、たつの市と太子町との境界付近に位置する「明神山」に比定され、現地では同じ山塊の一部をそれぞれ「明神山」・「笹山」・「神尾山」と呼び分けている（龍野市教委、一九九三）。そして、この山から南に延びる二つの尾根には、「男明神」と「女明神」と呼ばれる一対の巨岩が

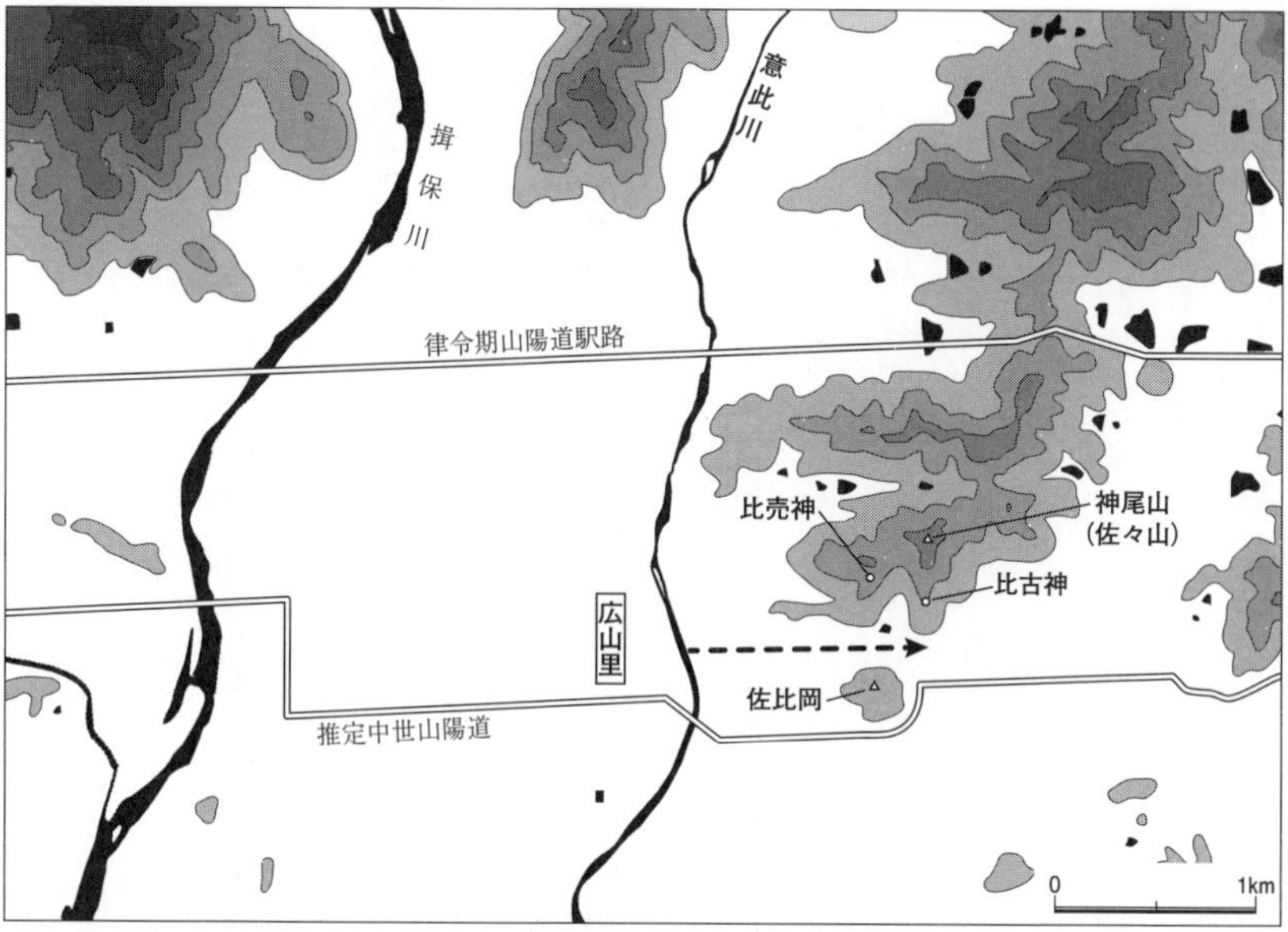

図１　揖保川下流域の交通路

写真１　神尾山と佐比岡との間を通る道路（坂江渉氏撮影）
東から西に撮影。右側が神尾山（明神山）、左側が佐比岡（坊主山）。

存在しており、これが〔史料2〕の「比古神」と「比売神」に対応するという（飯泉健司、一九九四）。いわゆる磐《いわ》座《くら》である。一方、「佐比岡」は、兵庫県揖保郡太子町佐用岡が遺称地で、「明神山」のすぐ南に位置する「坊主山」に比定される（図1）。

この説話では、出雲・伯耆・因幡の人々が後の因幡路や美作路（山陰・山陽両道間連絡駅路）にあたるようなルートで山陰側から播磨に入り、揖保川下流域を経由して宮都に向かったという設定になっているものと思われる。注目されるのは、広山里・神尾山・佐比岡の位置関係から、人々が広山里から東に向かい、神尾山と佐比岡の間の鞍部を直線的に抜けるコースをとったと想定されることである（坂江渉、二〇一二）。そして、その経路が律令期の山陽道駅路とは明らかに異なる点から、このコースは駅路よりも古い交通路だった考えることができ、ひいては彼らが使用した交通手段や交通路が、駅路のような陸路中心に構成されたものだったとは限らないということも意味する。

また、林田川の沿岸に位置する広山里が説話の舞台の一つになっているのは、播磨の内陸山間部から広山里付近までの交通に河川を利用していたという、当時の状況を反映している可能性が高い。すなわち、山陰の人々が宮都に向かう際には、林田川を船で南下して広山里で上陸し、以後、陸路を使ったと思われるのである。説話のなかで、人々が屋形田や佐々山とともに意此川の河原で祭祀を行っているのは、広山里付近の河原が河川交通と陸上交通の結節点となる要地だったからであろう。

この事例は、駅伝制の導入によって陸路主体の交通制度が前面に出てくるまでの人々は、それぞれの実情に合わせて陸路と水路を使い分けたり組み合わせたりして、地域間の往来を行っていたことを示すものといえる。あるいは律令期においても、駅伝制の枠組みに縛られない人々の交通では、それぞれの都合に合わせて交通手段を選択していたのではないだろうか。

二　出羽国の水駅

1　出羽国の駅家配置

次に、律令国家の交通制度の中に組み込まれた河川交通についてみてみたい。最初に取り上げるのは、『延喜式』諸国駅伝馬条の中で唯一「船」が記載される出羽国の事例である。

〔史料3〕『延喜式』巻二十八兵部省・諸国駅伝馬条（抄出）

出羽国駅馬最上十五疋《ひき》。村山、野後各十疋。避翼十二疋。佐芸四疋、船十隻。遊佐十疋。蚶方、由理各十二疋。白谷七疋。飽海、秋田各十疋。伝馬最上五疋。野後三疋、船五隻。由理六疋。避翼一疋、船六隻。白谷三疋、船五隻。

〔史料3〕では、「駅馬」の項目の中に「佐芸《さき》…船十隻」とあるほか、「伝馬」項目に「野後《のしり》…船五隻」、「避翼《さるはね》…船六隻」、「白谷《しらたに》…船五隻」と記されている。ただし、野後・避翼・白谷は郡名には無く、駅名と一致する。したがって、伝馬制用の船ということになっているものの、いずれも駅家に配備された「伝船」ということになる。このため、「船」記載がある駅家の位置が問題となってくる。

ところが、出羽国における駅家の位置、特に佐芸・白谷・飽海については諸説あり、定説をみない。その主な原因は、(イ)飽海《あくみ》郡が庄内平野の最上川北岸に位置するにもかかわらず、飽海駅は秋田《あいた》駅の一つ手前に記される、(ロ)白谷駅の場合、現在の地名に一致するものが見られず、おおよその位置さえ確定できない、という二点にある。このうち飽海駅については、諸説いずれも『延喜式』の記載順に何らかの誤記が含まれているとみる。そして従来から、①飽海郡の範囲を考慮して佐芸駅と遊佐《ゆさ》駅の間に位置すると考え（吉田東伍、一九〇二）、(A)佐芸駅―国府―飽海駅―遊佐駅とする説（井上通泰、一九四三）、(B)飽海郡家を飽海郡平田町郡山に比定し、飽海駅家も同地に所在したと考えて、佐芸駅―飽海駅―国府（城輪柵）―遊佐駅とする説（新野直吉、一九六三。山田安彦、一九七八）が存在した。誤記の理由については、飽海駅が遅れて設置されたため、国府と秋田城の間に位置したため、飽海・秋田両駅がともに後に設置されたため、といった複数の考え方がある。

これに対して佐芸駅と白谷駅の問題も含め、②船が配置されている野後・避翼・佐芸・白谷の四駅は、最上川に沿って置かれた一連の駅家群とみるべきことと、当初は佐芸駅―白谷駅から横手盆地を経由して飽海駅―秋田駅と秋田城に至るルートがあったが、後に最上川・日本海沿岸ルートの遊佐駅―蚶方《きさかた》駅―由理《ゆり》駅ルートが開かれた際に、遊佐・蚶方・由理の三駅を、佐芸駅と白谷駅の間に誤って記載してしまったとみるという二点から、白谷駅は佐芸駅の次に、飽海駅は秋田駅の一つ手前に位置すると考える説が提起された（森田悌、一九八五。小口雅史、一九八六）。この説では、当時の飽海郡は後の由理郡を含んでいるから、由理駅と秋田駅の間に飽海駅が位置したとしても問題はないとする。そして、佐芸駅を戸沢村古口付近、白谷駅を庄内町清川付近に比定する。

以上の各説を検討した結果、筆者は、飽海駅の位置については①(B)説が妥当であると考える。郡名を背負った駅なので、郡家付近に想定するのが妥当であり、由理駅と秋田駅の間に考える②説は成り立たないだろう。

他方、船が配置される野後・避翼・佐芸・白谷の四駅を、最上川に沿った一連の駅家とみる②説は合理性が高い。従来は、由理駅と秋田駅の間に白谷駅が位置すると考えて雄物川流域に比定してきたが、前後の由理駅や秋田駅に船が配備されていない点は、やはり問題である。これについては、秋田駅は水駅とはされていないが、実際には水駅であるという考え方で解釈されてきた（新野直吉、一九六四。渡部育子、一九八五）が、これも無理がある。

以上を踏まえると、実際の駅家配置は、最上《もかみ》—村山《むらやま》—野後—避翼—佐芸—白谷—飽海—遊佐—蚶方—由理—秋田という順番になる。問題は「白谷・飽海両駅が、なぜ由理駅と秋田駅の間に記されるのか」という点であるが、これについては、『延喜式』所載の駅家が駅制当初から揃っていたのではなく、出羽国の駅路や駅家には数段階の変化・変遷がある点から説明できる。すなわち、一部の駅が遅れて設置されたとみるわけである。ただし従来説のように、飽海駅のみ、あるいは飽海駅と秋田駅だけが遅れたのではなく、『延喜式』出羽国駅馬条の最後に記される「白谷・飽海・秋田」の三駅全てが、その他の駅に比べて遅れて設置されたと考える。つまり、一部の駅が誤った位置に挿入・記載されたのではなく、他の駅よりも遅れて設置された三駅がリストの最後に追記されたため、実際の順番とは異なってしまったとみるわけである。

それでは、『延喜式』に見える出羽国の諸駅はいつ設置されたのか。まず出羽国府と秋田城の間に位置する遊佐・蚶方・由理の三駅は、秋田城が設置された天平五年（七三三）頃に北陸道の駅家として設置された可能性が高い。さらに、避翼駅は天平宝字三年（七五九）に設置され、佐芸駅はその前後に置かれたとみられる。また最上・村山・野後の三駅は、宝亀一一年（七八〇）三月の「伊治公呰麻呂の乱」などによって陸奥国府と出羽国府を直接結ぶ「直路」ルートの駅路が危機に瀕し、その結果付け替えられた出羽入国路である可能性が高い。したがって、八世紀末までには設置されたであろう。そしてこの付け替えの結果、『延喜式』ルートの原型が形成されるのである（中村太一、二〇〇三）。したがって、以上の駅家は、陸奥からの入国路の変更という出羽国駅路の大幅な改変が行われ、『延喜式』ルートの原型が形作られた八世紀末には既に存在したとみることができる。

これらに対して白谷・飽海両駅に関して注目されるのは、この両駅が最上峡の出口から城輪柵に至る間に位置するとみられる点である。このことは、両駅の設置と、出羽国府が出羽郡井口の城輪柵に移転したこととの関連性を想起させる。移転前の出羽国府が最上川以南の庄内平野に所在したとしたら、国府移転によって最も影響を受けるのは、最上峡の出口から遊佐駅までの区間だからである。この点から、この両駅は国府移転に伴って新設された駅家であった可能性が高い。そして、出羽国府の城輪柵への移転は弘仁六年（八一五）～一〇年（八一九）の間と考えられる（今泉隆雄、一九九五）ので、両駅の設置は弘仁年間、もしくはそれ以降ということになる。

一方、秋田駅の設置時期に関する考察の材料は乏しいが、奥羽地域における最北の城柵の造営が、即、城柵付属駅の設置とはならない点が注意される。陸奥国の場合、延暦二二年（八〇三）に志波城が、弘仁三年（八一二）に徳丹城が造営されたものの、最後まで城柵付属駅は設置されなかった。また、胆沢城から志波城まで「一百六十二里」（約八六km）も離れているにもかかわらず、一駅すなわち磐基駅しか置かれなかった〔『日本後紀』延暦二十三年（八〇四）五月癸未条〕。これらの点は、秋田駅が秋田城造営と同時に置かれたわけではないこと、そして由理駅と秋田駅・秋田城との間が駅制の原則＝三十里よりも大幅に離れているという問題の類例になりえよう。つまり、白谷・飽海両駅と同様に、秋田駅の設置が九世紀以後になる可能性は十分に考えられる。

2　水駅の立地条件

以上の検討から、『延喜式』段階における出羽国の駅家配置は最上―村山―野後―避翼―佐芸―白谷―飽海―遊佐―蚶方―由理―秋田という順であり、船が配備された野後・避翼・佐芸・白谷の四駅は、山形盆地と庄内平野の間を結ぶ形で最上川流域に配されたと考えられる（図2）。

それでは、船が配備された四つの駅家はどこに比定できるであろうか。まず野後駅であるが、近年、大石田町駒籠の「駒籠楯跡」の発掘調査により、廂を持つと考えられる桁行き七間・梁行三間の東西棟大型掘立柱建物跡など奈良・平安期の建物群が検出され、これが野後駅家の遺跡である可能性が指摘されている。また、この地の「駒籠」地名が確認できるのは近世以降であるが、かつて駅家が存在したことに由来する地名である可能性もあろう。

注目されるのは、この遺跡が、駅名と読みを同じくする「野尻川」と最上川の合流地点に位置することである。こうした最上川とその支流との合流点という立地条件は、他の水駅を考えるうえでも重要なポイントになるものと思われる。主要街道の交差点や鉄道の乗換駅で典型的にみられるように、複数の交通路が合流・分岐する場所は交通上の要地となり、人々が集まることによって地域の中心地に成長していく。最上川とその支流が合流する地は、そうした水上交通上の要地であり、地域の主要な集落の一つが存在した可能性も高いであろう。

他方、駅家や駅路の設置にあたっては、地元の交通事情に配慮していなかったと考えられるケースも多い。しかし、馬と船を併用する水駅の場合は、それを運用する人々の確保という点で、設置に際してクリアすべき条件が増えてしまう。この点から、操船できる人々がいる水上交通上の拠点といった、地域の状況を考慮に入れざるえなかったのではなかろうか。

次の避翼《さるはね》駅の比定地についても、駅名と読みが共通する地名が舟形町に所在する。一つは、南方から小国川流域に入る街道に位置する「猿羽根《さばね》峠」である。また、本来の「猿羽根」地名が指す土地は舟形町富田であるとの古老の証言が採取されている（藤岡謙二郎ほか、一九六三）。これらの点を考え合わせると避翼駅の位置は、舟形町富田付近が有力となろう。そして、このように考えた場合、この駅家も最上川と小国川の合流地点に位置していたことになる。

三つめの水駅である佐芸《さき》駅家の比定地については、様々な見方がある。このうち比較的新しい研究では、読みが

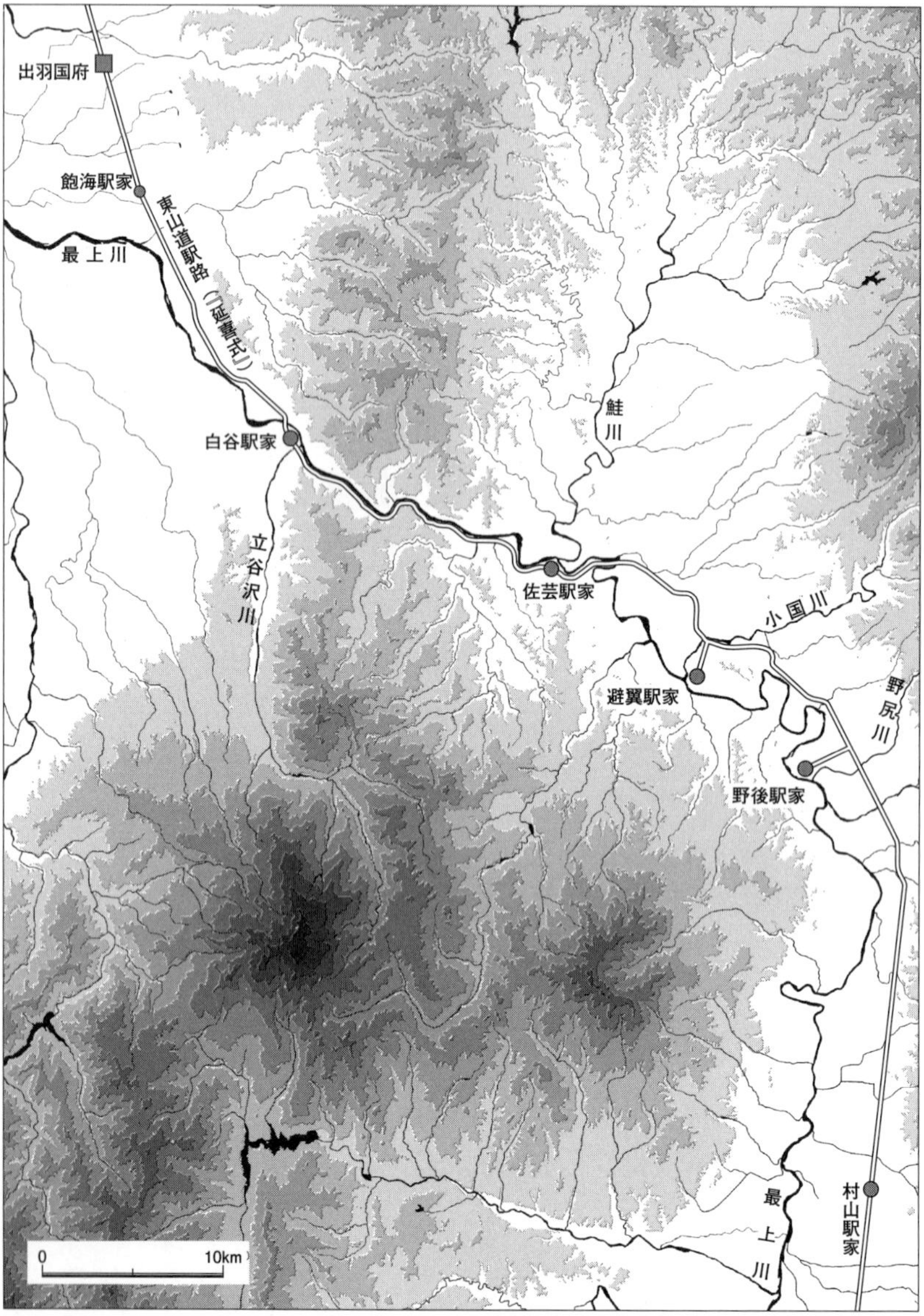
出羽国府
飽海駅家
東山道駅路（『延喜式』）
最上川
白谷駅家
立谷沢川
鮭川
佐芸駅家
小国川
避翼駅家
野尻川
野後駅家
最上川
村山駅家
0
10km

図２　出羽国の水駅

駅名と近似する地名「鮭川村」や河川名「鮭川」との関係などから、鮭川村真木を有力と考える説が多い（新野直吉、一九六二。山田安彦、一九七八）。しかし真木は、鮭川と最上川の合流点から約一二㎞も遡った場所に位置しており、最上川本流を使う水駅の立地としては不自然なものとなる。一方、筆者が注目したいのは、河川名としての「鮭川」である。鮭川村は明治二二年に成立した村で、その村名は「鮭川」に由来している。つまり、河川名としての「鮭川」の方が明らかに古い。そして、野後駅家が最上川と野尻川の合流地点に所在したことを想起すれば、佐芸駅家も最上川と鮭川の合流地域に置かれたと考えるのが自然ではなかろうか。この点から、森田・小口が比定した戸沢村古口付近は首肯できるが、筆者としては、合流ポイントにより近い戸沢村蔵岡付近に魅力を感じる。

最後の白谷駅については、旧出羽国の範囲内に遺称地名が全くないので、やはり定説をみない。比較的多いのは『延喜式』の順番通りに由理駅と秋田駅の間に所在したと考える説であるが、これでは先に指摘したように孤立した水駅になってしまう。そこで上述の佐芸駅家と、飽海郡家・飽海駅家が所在したと考えられる酒田市郡山との中間地点を求めてみると、庄内町清川付近が浮かび上がってくる。この清川は、最上川と立谷沢川の合流地点にもなっており、他の水駅と共通する立地条件を有している。さらに推察を重ねると、最上川やその沿岸を利用して山形盆地と庄内平野を往来する場合に最も難所となる最上峡のうち、佐芸駅が山形盆地側の、白谷駅が庄内平野側のそれぞれ出入口に位置する一対の関係にもなる。これらの点から筆者は、庄内町清川付近を白谷駅家比定地の最有力候補とみたい。実は、先に紹介した森田・小口説よりも以前に、白谷駅を清川に比定する説が既に存在した（森嘉兵衛、一九五九）。ただ、白谷駅を秋田県側の由理駅と秋田駅の間に考える説が一般化してしまったために、これまでは否定されてしまうことが多かった。しかし、以上の点から筆者は、この白谷駅家＝清川説を再評価すべきであると考える。

三　美作国の国津と吉井川水運

第三の事例として、律令交通制度のなかでも、貢進物運京の手段に河川交通が組み込まれたことが想定される美作国についてみてみたい。

〔史料4〕『延喜式』巻二十六主税上・諸国運漕雑物功賃条（抄出）

播磨国陸路駄別稲十五束。　海路国より与等津《よどのつ》に漕ぐ船賃は、石別稲一束、挾杪《かじとり》十八束、水手《かこ》十二束。与等津より京に運ぶ車賃は、石別米五升。但し挾杪一人・水手二人、米五十石を漕ぐ。美作・備前また同じ。

美作国二十一束。但し国より備前国方上津《かたかみのつ》に運ぶ駄賃は五束。

備前国陸路二十四束。　海路国より与等津に漕ぐ船賃は、石別稲一束、挾杪二十束、水手十五束。自余《じょ》は播磨国に准ず。

（注）駄別稲十五束：駄馬一頭ごとの運賃が稲一五束　与等津：平安京南郊に位置し、桂川・宇治川・木津川が合流して淀川となる地域に置かれた港。　石別稲一束：輸送容量一石ごとの運賃が稲一束　挾杪十八束：船長の人件費が一八束　水手：船員　美作・備前また同じ：「船長一人・船員二人で船一艘を運航して米五〇石を運ぶことについては、美作・備前も同じである」という意味。　自余は：他の条件は

〔史料4〕は、脱穀した米を平安京に輸送する際の経費を記したものである。播磨国から平安京まで陸路で運ぶ場合、駄馬一頭当たりの運賃が稲（稲穂）一五束とされている。駄馬一頭が三俵＝一・五石を運ぶので、米一石当たりの輸送経費は稲一〇束＝米〇・五石となる。つまり、輸送量の五〇％に達する経費がかかるわけである。

他方、海路を使った場合、米一石当たり、播磨国〜淀津の船賃が稲一束＝米〇・〇五石、人件費（船長一人・船員二人）が稲四二束÷五〇石＝稲〇・八四束＝〇・〇四二石、淀津〜平安京の車賃が米五升＝〇・〇五石となり、米一石当たりの輸送経費は〇・一四二石という計算になる。すなわち一部とはいえ海路を使うと、経費は輸送量の一五％未満で済む計算になり、陸路に比べて経費を二八・四％に圧縮することができる。古代社会における水上輸送の効率の良さがよく分かる史料である。

美作国について同様に計算してみると、陸路による米一石当たりの輸送経費は稲一四束＝米〇・七石。また、海路について備前国と同じ条件を適用すると、美作国〜備前国方上津の駄賃が稲三・三三束＝米〇・一六七石、方上津〜淀津の船賃が稲一束＝米〇・〇五石、人件費（船長一人・船員二人）が稲五〇束÷五〇石＝稲一束＝〇・〇五石、淀津〜平安京の車賃が米五升＝〇・〇五石となり、米一石当たりの総輸送経費は〇・三一七石になる。内陸の美作国から方上津までの駄賃が必要となるので備前・播磨に比べてやや割高にはなるが、それでも全て陸路の場合に比べて、コストを陸路比四五・三％に抑えられる。

さて、この史料は美作国〜備前国方上津の輸送費について「駄賃」しか記していないが、はたしてこの区間は陸路しか使っていなかったのであろうか。史料に無いのでここから先は想像に近いものになるのではあるが、効率を考えた場合、米のような重量物の輸送に河川交通を利用した可能性はないのであろうか。

そのように推察を進めて地図を見てみると、美作国と方上津をつなぐように吉井川が流れていることに気がつく（図3）。面白いのは美作国府（津山市総社）だけではなく、英多郡家（美作市川北・高本遺跡）、勝田郡家（勝央町勝間田・勝間田遺跡）、久米郡家（津山市宮尾・宮尾遺跡）が、吉井川の支流である吉野川・滝川・久米川の沿岸にそれぞれ立地している点である。また苫田郡家の所在は判明していないが、国府所在郡であり、和銅六（七一三）年に

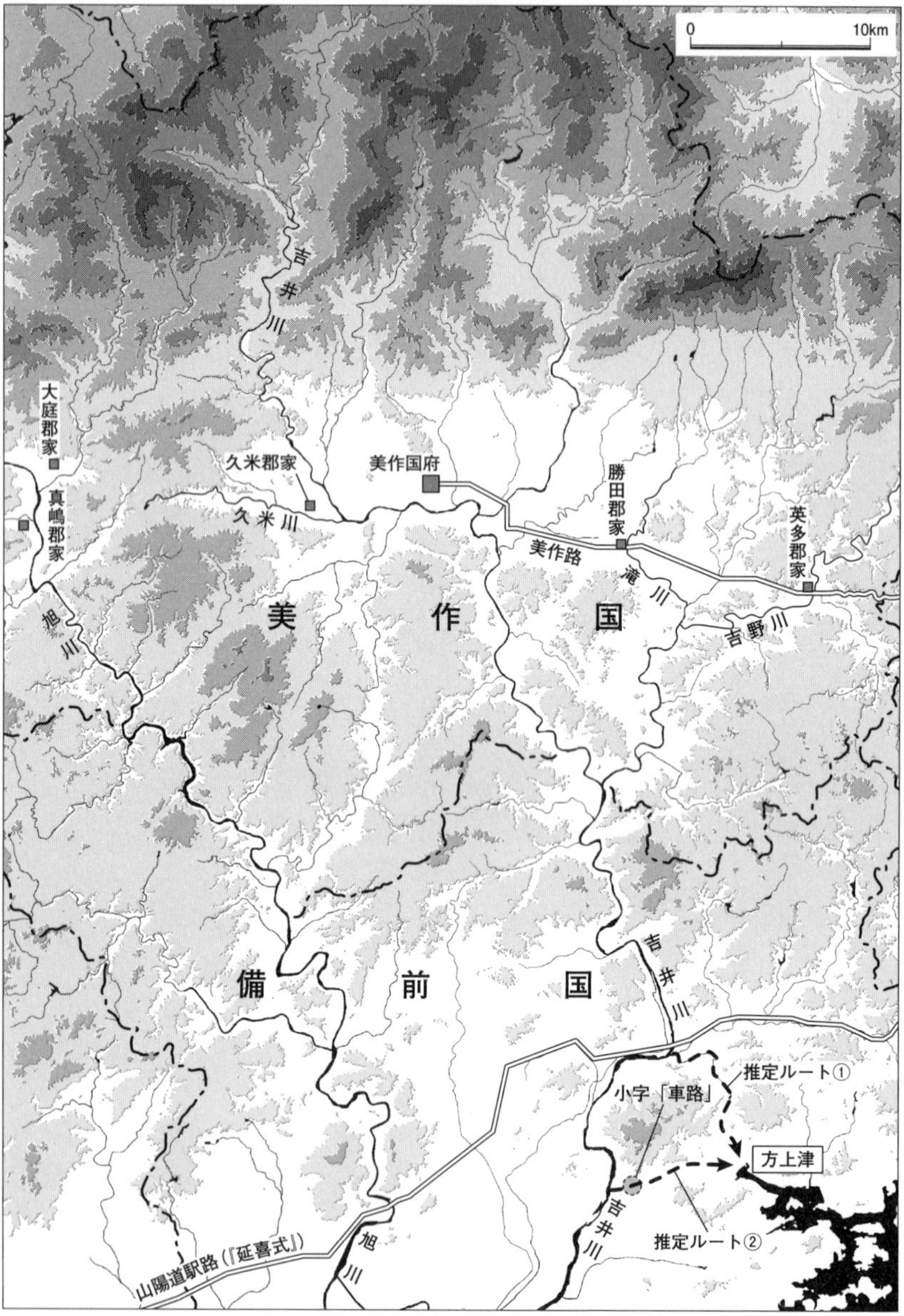

図３　美作国と備前国方上津

備前国を割いて美作国を設置したことを考え合わせると、苫田郡家も国府近傍、すなわち吉井川本流の沿岸に位置した可能性が高い。

残る大庭郡家（真庭市五反付近）と真嶋郡家（真庭市高屋付近か）の推定地は、図3に示したように旭川水系に属しており、上述の条件に合致しないようにみえる。しかし同時に、両郡家の位置と久米川源流とは近接しており、若干の陸上輸送を行えば、吉井川水系に接続できる点が注目される。以上の点から、国府だけでなく、貢進物調達の実務を担った各郡家からも、方上津に向けて水運を利用して発送できたのではないかと考える。

一方、下流部でも吉井川と方上津の間に若干の隔たりがあり、もし貢進物輸送に吉井川水運を利用したとしても、この間を別の方法で輸送する必要が生じてくる。これについては、図中に①・②と示した二つの推定ルートをあげておきたい。推定ルート①の場合は、吉井川流域と方上地域との間で標高八八mの峠を越えなければならないが、吉井川と峠付近、峠付近と方上津、それぞれの間をつなぐように小河川が流れており、荷物の積み替えや、川船自体をそのまま峠越えさせる「船越」を行うことによって、ほとんど水上交通のみで輸送できた可能性がある。

また推定ルート②は、吉井川水面と峠との標高差を二五m程度に押さえることができる陸路で、近世の山陽道が採用したルートでもある（現在でも国道2号線・山陽新幹線・赤穂線が通過する地形的な要衝となっている）。注目されるのは、このルート上の備前市香登西に小字地名「車路」が存在することで、あるいは吉井川から方上津への陸上輸送に車両を使用したことを示しているのかもしれない。

以上、推測に推測を重ねた感もあるが、美作国の国府や郡家から、美作国の国津である備前国方上津までの貢進物輸送においても河川交通＝水運が利用された可能性があることについて、ここでは指摘しておきたい。

四　建築・造船用材の調達と運漕

1　石山寺造営用材の運漕

最後に取り上げる事例は、山国で伐採した建築・造船用の木材を平地部や海浜部に運ぶため、河川交通を利用したと考えられる種々のケースである。

これまでに取り上げてきた各事例は、地域間で共通する例が少ないため、各地域の特殊なケースと見なすことも可能であり、列島社会一般に適用することはなかなか難しい。しかし、建築・造船用材の運漕は、「山国の河川交通」に関して普遍化しうる事例になるものと思われる。なぜならば、建築や造船に用いる材木は主に山国の産品である一方、それを部材とする建物や船舶の多くは平地部や海浜部で造られるからであり、かつ、その材木を供給地から需要地へ必ず運搬しなければならないからである。しかも、建物や船舶の主要部材―例えば古代建築の柱や準構造船の船底部は巨木をほぼ丸ごと使用するので、木材を切り分けてしまうと意味がなくなる。すなわち、巨木をそのままの形で輸送する必要が生じるのである。そういった丸太材輸送に最もよく使われたのは、筏《いかだ》を組んで河川を流下させるなどといった水運であろう。現在は鉄道や大型トラックによる運搬も行われているが、これらは明らかに産業革命以降の輸送方法であり、前近代においては、ほとんどの区間で水上輸送を用いたであろうことは容易に推測できる。

さて、古代における建築用木材の輸送について、比較的まとまった形で史料が残っているのは、正倉院文書に含まれている造石山院所《ぞういしやまいんしょ》関係の文書群である。石山院（石山寺）は、滋賀県大津市の瀬田川西岸にある寺院で、天平勝宝元年（七四九）に良弁《ろうべん》が開基したと伝えられ、天平宝字五～六年（七六一～七六二）に造東大寺司《ぞうとうだいじし》管下の造石山院所が本堂などを建立している。その造営関係文書群の中でも同六年閏十二月二十九日付「造石山院所解《げ》案」は、五年一二月一四日から六年八月五日に及んだ造営の報告書案ともいうべきもので、作業内容の細部をかなりのところまで復原することができる。そこで、まず供給地から需要地への輸送の様子を連続して押さえるために、この「造石山院所解案」に見える木材輸送事例の中から、甲賀山作所《さんさくしょ》（飯道《はんどう》山北麓にあたる湖南市三雲付近か）で伐採した木材を石山に輸送したケースの一つを取り上げてみたい。ついで、丸太材など大型木材の輸送に用いられた代表的な方法である筏について、他の正倉院文書に見える記述も総合しながら、その様相をみてみたい（図4）。

甲賀山作所から石山への木材輸送に関して今回取り上げるケースは、輸送手段等によって、おおよそ①「木本（伐採地点）」→「車庭（車両集積所）」、②「車庭」→「三雲川津《みくものかわつ》（河川港）」、③「三雲川津」→「夜須潮《やす》（野洲川河口港）」、④「夜須潮」→「院家《いんげ》（造石山院所）」という四つの区間に分けて考えることができる。また、このときの輸送では複数の種類の部材を運んでいるが、最も大型で重量があり、運搬に工夫が必要なのは柱材だと思われる。そこで柱材を中心に、それぞれの区間ごとの運搬方法についてやや詳しく検討してみよう。

①**「木本」→「車庭」**　造石山院所関係文書では木材の伐採地点を「木本」と表記しており、「木本より車庭に運ぶ」（『大日本古文書』一六巻一九〇頁（以下、「大日古一六―一九〇」などと略す））といった表現がよく見られる。このときに運んだ柱材は、いずれも直径一尺二寸（約三五・五㎝）で、長さ一丈三尺（約三・八四ｍ）のものが二本、一丈五尺（約四・四三ｍ）のものが一四本、一丈七尺（約五・〇三ｍ）のものが六本、計二二本である。そして、「運夫」・「夫六十六人」・「根別九人」・「日三度」などとあるので、この二二本を、六六人の人夫が手分けして、柱材一本を九人で担ぎ、一人あたり三往復して運んだらしい。また「木本」→「車庭」間については、「木本より道に運

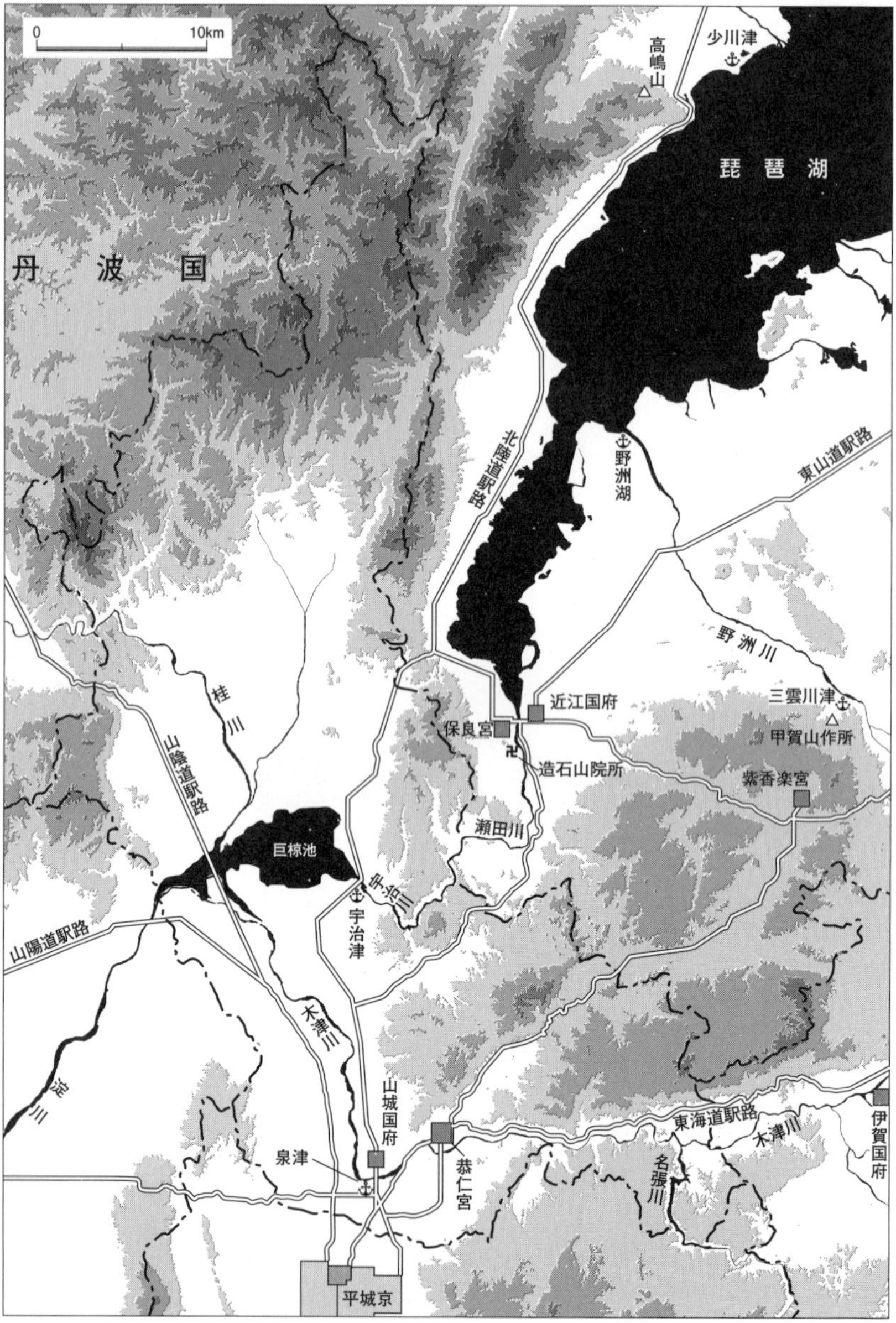

図４　奈良期における淀川水系の材木運漕ルート

ぶ」、「道より車庭に運ぶ」と区分して記述する別のケースもあり〔大日古五―九二〕、伐採地点―おそらくは山の斜面から至近の山道へ丸太材を降ろし、ついで車庭まで運んだ様子が具体的に分かる。

②「車庭」→「三雲川津」　柱材のような重量物や、「架二百枝」といった多数ある部材については、車両を使って運んでいる〔大日古一六―一九〇～一九二〕。それ以外の部材は「夫」・「枝別〇人」とあるので、やはり一人～数人で担いで運んだらしい。柱材については「車十一両〔両別二根〕」とあるので、一両当たり二本を積んでいるが、車両の動力については記されていない。また、「三雲」は野洲川中流域の左岸に位置する現在の湖南市三雲に相当するので、「三雲川津」は湖南市三雲付近にあった河川港であろう。この三雲は、後に平安京からの東海道駅路が通過する土地でもあり、水陸交通の要所といえる。なお、「三雲川津残柱十三根」ともあるので、このとき運ばれた柱材二二本のうち一三本はこの三雲川津に留め置かれている。

③「三雲川津」→「夜須潮」　つづく③と④に関する史料は、①・②について見てきた史料〔『正倉院文書』続修第三十五巻裏〕と一連の文書と考えられるものの、現状では別の巻〔『正倉院文書』続修第三十六巻裏〕に入っているもの〔大日古一六―二〇二〕となる。先に見たように柱材のうち一三本は三雲川津に留め置かれたので、輸送した柱材は九本となるが、その他の部材の内訳は①・②に関する史料と完全に一致している。

　このうち③については、「三雲川津より夜須潮に漕上する材二百四十枝」、「夫三十二人〈十六人をもって二箇日に至る〉」とあり、柱九本を含む二四〇本の部材を一六人で二日間、のべ三二人日の労力で運搬している。このうち「夜須潮」とあるのは、「夜須湖」と記述した別の文書もある〔大日古一五―四一五〕ので「夜須湖」の誤記と考えられ、「野洲の湖」、すなわち野洲川が琵琶湖に流れ込む河口付近に位置した港のことを指したものと思われる。

④「夜須潮」→「院家」　同じく④についても、「夜須潮より院家に上漕する材二百四十物」、「夫二十四人〈八人

をもって三箇日に至る〉」とある。注目されるのは運搬に関わった人数で、③に比べて一日あたり八人と、半数の人員で済んでいる。この点から、同じ水上交通ではあっても、「夜須湖」で輸送手段の切り替え、おそらくは河川用船舶から湖上用船舶に材木の積み替えが行われたことが推測される。他の文書〔大日古五―三四九、一六―一九八～一九九など〕から、あるいは柱材を筏に組み、その筏に他の部材を積んで輸送したということも考えられるが、③・④の記事に筏関係の記述が全く見えない点は注意されよう。とくに湖上交通の場合、河川のように流力を利用することができないので、筏での輸送は必ずしも有効とはいえない。にもかかわらず運搬要員が半減しているのは、このケースでは柱材以外の部材を多数運ぶ必要があったため、船舶に材木を積載して運んだことを示しているのではなかろうか。

2　桴運漕をめぐる人と物

次に、造石山院所関係文書を中心に正倉院文書中に散見される筏による材木輸送に関して、それに携わった人々や畿内周辺におけるルート、そして筏運漕に用いる物品などについて見ていこう。

正倉院文書では、筏を指すものとして「桴《いかだ》」という漢字を使用し、その桴の運漕に携わった人のことを「桴工《いかだのたくみ》」と表記している。こういった「〇工」の用例を見てみると、「仏工」・「画工《えだくみ》」・「押金薄工《きんぱくをおすたくみ》」「漆工」など専門的な職人を指していることが多い。この点から桴工も、桴の運航に関わる専門的な技能を有する人々のことを意味していると考えることができる。

この桴工の専門性を、より直接的に示している例もある。石山院造営終了に伴う残材の泉津（木津川市木津）への廻漕に際して、天平宝字六年八月九日、曰佐真月《おさのまつき》・土師石国《はじのいわくに》・民鎰万呂《たみのかぎまろ》・但波清成《たんばのきよなり》の四名が運漕を請け負うための解（上申書）を提出した〔「曰佐真月・土師石国等解」〈大日古五―二六一〉〕。また、これに先立って土師石国と民鐙万呂の二人が勢多（瀬田）から宇治までの運漕を請負っているが、このときは実施されず、二人は仮に銭一〇〇文を与えられて宇治へ帰されている〔「造石山院所解」〈大日古五―二五六〉、「造石山院所解案」〈大日古一五―二一九〉〕。これらの運漕請負は造石山院所からの桴工派遣要請に宇治麻呂《うじのまろ》が応えたものである（加藤友康、一九八一）が、応諾のために宇治麻呂が七月十九日付で提出した「宇治麻呂解」〈大日古五―二五二〜二五三〉には「桴流川道知人」という文言が見える。これは、文字通り「筏流しの河道を（良く）知る人」という意味であろう。これらの点から、残材廻漕のために派遣された曰佐真月・土師石国・民鎰万呂・但波清成は、宇治付近を拠点とする人々であり、かつ勢多―宇治―泉という河川交通路を熟知した桴工だったということが分かる。ちなみに、彼ら四人について別の文書は「桴師」という表現を用いている〈大日古五―二六五〉。

それでは、彼らを派遣した宇治麻呂とは何者であろうか。この宇治麻呂については、天平宝字五年十一月二日付「山背《やましろ》国宇治郡大国郷家地売券《ばいけん》」〈大日古一五―一二七〜一二九〉に見える「大国郷戸主従八位上宇治連麻呂《うじのむらじまろ》」と同一人物であることが判明している（吉田孝、一九六五）。そして、天平十二年（七四〇）正月十日付「山背国宇治郡加美郷長解案」に見える「主帳无位宇治連千庭」と氏姓を同じくする有位者であることから、郡司氏族に連なる宇治郡の有力者であったことは間違いない。すなわち宇治連麻呂は、曰佐真月ら桴工に対して命令を下せる立場にあったとみられるのである。このような立場に相当するのは、「桴領調足万呂《つきのたりまろ》解」に見える「桴領《いかだのうながし》」という肩書き〈大日古二五―三〇三〉であろう。「領」は、郡司の長官職が「大領」、次官が「少領」とされるように、一定の集団のリーダーを表す際に用いられる役職名である。さらに、図4を見ても分かるように宇治は、桂川・宇治川・木津川などが合流する巨椋《おぐら》池に接しているうえ、駅路が通る水陸交通の要地である。その宇治を経由する交通を「仕切る」立場にあった宇治連麻呂は、あるいは肩書き以上の実力者だったのではなかろうか。

それでは、彼らはどのようなルートを使って泉津に残材を運んだのであろうか。石山院がある勢多付近は、琵琶湖から流れ出す唯一の河川である瀬田川の上流に当たる。その瀬田川を下っていくと宇治川となり、宇治連麻呂らが拠点とする宇治に達する。この宇治から、巨椋池を経由して木津川を遡上すれば平城京の外港であった泉津に到達することになる。このうち勢多から宇治までについては、瀬田川・宇治川を流下することになるので、桴を操る技術は必要になるものの、動力に関する問題は生じない。問題となるのは、巨椋池が広がる宇治付近から木津川を遡上する区間であろう。

これについては、天平宝字六年の「造金堂所解案」の一部と目される史料〔大日古一六―三〇六～三〇七〕の記述が参考となる。この史料には、伊賀・丹波・高嶋という三つの山から切り出した木材を泉津に運漕した際の経費等が記されている。このうち高嶋山は滋賀県高島市の岳山と推定され、高嶋山から泉津への「桴二十四床」の運漕を二つの区間に分けて「少川津《おがわのつ》（高島市小川）より宇治津に漕ぎ下す」、「宇治津より泉津に曳き上ぐ」と記している。この点から、宇治津から泉津までは、人力もしくは畜力を用いて引き上げる方法で遡上したことが判明する。

ちなみに丹波国内に存在したと思われる丹波山からの運漕については、「桴八十三床」を「山川津より葛野井に漕ぐ」、「葛野井より泉津に曳き上ぐ」と、やはり二区間に分けて記す。葛野井の正確な位置は不詳であるが、桂川が「大井河」や「葛野川」とも称されたことを考えると、おそらくは桂川が巨椋池に合流する地域付近に位置していたと思われる。したがって、丹波山からの運漕は、桂川を使って巨椋池付近まで「漕ぎ下し」、そこから木津川を「曳き上」げるという、高嶋山・勢多方面からの運漕と同様な手法を用いて泉津に到ったものと考えられる。

一方、伊賀山からの運漕については、「桴一百五十七床」を「山川津より泉津に漕ぐ」とのみ記録されている。

この伊賀山については、弘仁六年（八一五）四月二五日の東大寺権別当実忠注進状に見える「伊賀杣《いがのそま》」（『東大寺要録』）や、康保元年（九六四）九月二十三日付「伊賀国名張郡司解案」（『平安遺文』二七八）に東大寺所領として見える板蝿杣《いたばえのそま》の前身かと思われるが、詳細は不明である。ただし、伊賀国からは名張川や木津川を使って流下すれば泉津に至るので、一区間しか見えない先の記述はこうした状況を反映したものであることは間違いない。なお、丹波山・伊賀山双方に共通する出港地として「山川津」という名称が見られるが、これはおそらく「山の川津」を意味する一般名詞であり、固有の地名ではないだろう。

桴に関する話題の最後に、桴を組んだり運用したりする際に使う物品について簡単に述べておきたい。正倉院文書中には、「桴編料葛」（大日古五―三四九）・「桴料葛」（大日古五―二二九）・「桴葛」（大日古五―八一）や、「桴棹」（大日古五―一八四・三四八、一六―一八九）といった用語が見られる。

前者の桴葛《いかだのかずら》は、桴を組む際に丸太と丸太を結ぶロープとして用いる葛《かずら》＝つる草のことであろう。これを「葛《くず》」と読んだとしても、長さ一〇m近くなるつる状の茎を持つマメ科の植物のことになるので、実際の用途は同じである。この葛を使って桴を組むことを「桴編」（大日古五―八一・三四九）・「編桴」（大日古一五―四六二）と表記したと思われる。「桴を編んだ」わけである。また、「桴貫」（大日古一六―一九九・二〇六）という表現もあり、これは桴を編む葛を通すために、丸太材に穴をあける工程のことを指しているのだろう。

後者の桴棹《いかだのさお》は、桴を操るために用いる棹のことと思われ、いずれの用例も「桴棹を採る」とあるので、丸太材から加工したものではなく、手頃な太さと長さを持つ自然木を採集し、棹として利用したものだろうと推測される。

3　造船用材の運漕

最後に、正倉院文書などで細部まで検討できる建築用材とは異なり、ごく大雑把な把握しかできないが、山国で伐採した材木を用いて造った遣唐使船に関しても触れておきたい。

遣唐使船の造船地については安芸国がよく知られているが、『続日本紀』天平四年（七三二）九月四日条には「使を近江・丹波・播磨・備中等の国に遣わし、遣唐使のために舶《ふね》四艘を造らしむ」という一見奇妙な記述が見られる。このうち播磨国と備中国については海岸線を有するので、あるいは実際に造船が行われたのかもしれない。しかし、丹波国は完全に内陸部に位置する山国である。また近江国は琵琶湖を有するので、そこで造船することは可能かもしれないが、遣唐使船のような大型の構造船を海洋まで持っていく手段が無い。

それでは、この記事をどのように解釈すればよいであろうか。注目されるのは、丹波国や近江国が先に述べた建築用材の調達地と共通する点である。したがって造船用材の調達を命令した記事であり（青木和夫ほか、一九九〇）、両国で伐採した木材を桂川と淀川、宇治川と淀川をそれぞれ使って大阪湾に運漕したと考えるのが妥当であろう。おそらくは播磨国と備中国についても、造船地ではなく、用材の調達地だったと思われる。

以上、長々と「山国の河川交通」に関して個別事例を述べてきたが、取り上げた諸問題には相互の関連性が無いため、これらを総合した結論を述べることもできない。はたして筆者としての役割を果たし得たものか自信を持てないが、読者各位の寛恕を請う次第である。

参考文献

青木和夫・稲岡耕二・笹山晴生・白藤禮幸校注、一九九〇『新日本古典文学大系・続日本紀』二（岩波書店）
飯泉健司、一九九四「播磨国風土記・佐比岡伝承考―風土記説話成立の一過程―」（『古代文学』三三）
井上通泰、一九四三『上代歴史地理新考（東山道）』（三省堂）
今泉隆雄、一九九五「秋田城の初歩的考察」（虎尾俊哉編『律令国家の地方支配』吉川弘文館）
小口雅史、一九八六「最上川延喜式内水駅補考」（『文経論叢』二一―三、弘前大学人文学部）
加藤友康、一九八一「日本古代における労働力編成の特質」（『歴史学研究』別冊特集地域と民衆―国家支配の問題をめぐって―）
坂江　渉、二〇一二「『播磨国風土記』からみた地域間交通と道」（『条里制・古代都市研究』二七）
龍野市教育委員会、一九九三『播磨国鵤荘現況調査報告』五（兵庫県龍野市誉田町福田・内山地区現況調査報告書）
中村太一、一九九四「古代東国の水上交通―その構造と特質―」（関和彦編『古代王権と交流2　古代東国の民衆と社会』名著出版）
新野直吉、一九六三「令制水駅の実地研究」（『日本歴史』一八四）
一九六四「水駅ならざる水駅」（『歴史』二六）
二〇〇三「陸奥・出羽地域における古代駅路とその変遷」（『国史学』一七九）
藤岡謙二郎・足利健亮・桑原公徳、一九六三「古代東北の地域中心に関する若干の歴史地理学的調査と問題点」（『人文地理』一五―三）
森嘉兵衛、一九五九『郷土の歴史』東北編（宝文館）
森田　悌、一九八五「古代水運に関する二、三の問題」（『金沢大学教育学部紀要〈人文・社会〉』三四）
山田安彦、一九七八「出羽国」（藤岡謙二郎編『古代日本の交通路』Ⅱ、大明堂）
吉田　孝、一九六五「律令時代の交易」（彌永貞三編『日本経済史大系』１）
吉田東伍、一九〇二『大日本地名辞書（奥羽）』（冨山房）

渡部育子、一九八五「律令制下の海上交通と出羽―古代出羽における海上交通の意義をめぐって」(『日本海地域史研究』七)

3 九世紀山麓駅家の経営
―駅戸制度のオモテとウラ―

永田英明

はじめに

九世紀中葉、東山道駅路最大の難所である神坂峠の西麓にあたる美濃国恵奈郡では、元来の農業生産力の低さと駅伝馬制運営にかかる過重な負担に天候不順による飢饉が重なり、地域社会自体が深刻な危機に直面し駅戸たちの集団逃亡が頻発した。一方でこうした状況に対応して美濃国府や中央政府が様々な施策をおこない、東山道駅路機能の維持を図っていたことも事実である。この美濃国恵奈郡の問題については、平安前期における政治的転換の象徴的な事例としてとりあげた佐藤宗諄の研究（佐藤宗諄、一九七九）をはじめ、すでに先学が注目するところとなっている（野村忠夫、一九七一。大日方克己、一九八五）。

筆者もこうした先行研究にならってこの問題をとりあげたことがあるが（永田英明、二〇〇四。以下「前稿」という）、この九世紀恵奈郡における駅家経営の歴史的位相を知るためには、当然ながら、八世紀から十世紀に至る時期の駅家経営の構造や特色の把握と比較が必要となる。この点についてはすでに前稿で私見を述べてはいるが、『倭名類聚抄』（以下、倭名抄と略す）に見える「駅家」郷との関係をはじめ若干説明が不足している部分もあり、拙稿に対する疑問なども提示されている。そこで本稿では、律令制下における駅家経営の基本構造について前稿での補足を中心に私見をあらためて整理し、これをふまえたうえで、九世紀山麓地域の駅家で起こっていた出来事とその歴史的位置を考えてみたい。

一　駅戸と駅家と「駅家」郷

1　駅戸と駅家

前稿で述べた古代駅家の経営構造に関する理解を端的に述べると、以下のようにまとめられる。すなわち古代の駅家は施設としての駅家に人的基盤としての駅戸、財政基盤としての駅起田・駅起稲などを集約的に付属させた「ヤケ」である。人的基盤としての駅戸は一般の郷と異なる「駅家」を本貫とする形で独自に戸籍に編成される集団で、駅家の位置を意識して口分田を班給されるなど彼らは地理的にも駅家を核に編成され、逃亡対策でも一般公民より法的規制が強かった。駅戸集団の規模は駅家の規模（配置される駅馬数）に応じて大小あり実際の規模も郷より小さいなど、一般の郷（里）と編成原理を全く異にしているが、一方で郡家を核とする地域支配機構の中で郷（里）に準じる位置を与えられ、駅戸集団の長である駅長もまた一方で郷長（里長）に準じる役割を駅戸集団に対し果たしていた。こうした駅家経営のモデルは律令制形成以前からのミヤケの経営方式にあると考えられる。

以上の理解は現在も改める必要はないと考えるが、後述する倭名抄の「駅家」郷の理解にもかかわるので、以下四点について補足確認したい。

表1　「駅戸」の用例（表2掲載のものを除く）

出　典	用　例	備　考
続日本紀 天平元．8．癸亥条	又左右両京今年田租。在京僧尼之父今年所出租賦。及到大宰府路次**駅戸**租調。	天平改元詔
続日本紀 天平宝字2．8．庚子条	又百官司〈乃〉人等諸国兵士鎮兵伝**駅戸**等今年田租免賜〈久止〉宣天皇勅衆聞食宣。	孝謙譲位詔
続日本紀 宝亀4．2．己未条	先是播磨国言。餝摩郡草上駅。**駅戸**便田。今依官符捨四天王寺。以比郡田遥授駅戸。由是不能耕佃。受弊弥甚。至是勅班給駅戸。	草上駅戸（駅子）口分田を駅家付近に復旧
続日本紀 延暦5．9．丁未条	摂津職言。諸国**駅戸**免庸輸調。其畿内者本自無庸。比于外民労逸不同。逋逃不禁。良為此也。駅子之調請従免除。許之。自余畿内之国亦准此例。	畿内駅戸(駅子)の調免除
類聚三代格 大同元．6．11官符	**駅戸**百姓逓送使命、山谷嶮深人馬疲弊	山陽道国司の海路赴任
類聚三代格 弘仁13．1．5官符	・応駅戸給借貸并口分田授一処事(事書き) ・天下重役莫過**駅戸**	駅子口分田の駅家近側への集授と駅戸借貸制
続日本後紀 承和7．6．庚申条	詔曰。(中略)又免除五畿内七道諸国去承和二年以往調庸未進在民身者。但東海。東山。山陽三道**駅戸**田租。限三ケ年。殊従原免。	
本朝文粋 天暦10．7．23詔	東海東山山陽三道。**駅戸**田祖。限三箇年。殊従原免。	
延喜式 主計寮	美濃国坂本**駅戸**。信濃国阿知**駅戸**。太宰陸奥漏刻守辰丁為見不輸。	
保安元年　摂津国税帳	借貸料稲捌仟束書生料陸仟束**駅戸**料弐仟束	駅戸借貸

第一は、すべての駅家には付随する駅戸がある、という点。「駅戸」の語は律令法では厩牧令駅長条に駅長選出の母体集団として登場するのが唯一の用例だが（凡駅、各置二長一人一。取二駅戸内家口富幹レ事者一為レ之。）、駅長がすべての駅に設置される以上、その選出母集団である「駅戸」もすべての駅に設定されているはずであり、つまり律令法はすべての駅に「駅戸」があるとの前提に立っている。実際の用例を見ても、「駅戸」の語は駅家での人馬継立を担う労働力として、改元・即位や飢疫にともなう広域的・全国的な政策の対象となっており（表1）、全国的・普遍的な制度であったと考えるのが自然である。なお「駅戸」の語は、ややもすれば個々の「戸」をイメージして論じられがちであるが、実際の用例からみ

表2　史料に見える駅戸の所属表記と倭名抄の「駅家」

史料上の表記（必要部分のみ抽出）※カッコ内は史料の年紀		倭名抄の「駅家」郷等			対応する延喜式駅 ※カッコ内は同一郡（国）内の駅
表記	出所・出典	所属国郡	表記	駅名と同名郷	同じ駅名
参河国額田郷山綱駅家戸主物部刀良戸口※1（天平勝宝二・四・一九）	正倉院丹裏文書	参河国額田郡	駅家（急・名）	なし	山綱
駅評人	伊場木簡	遠江国敷智郡※3	駅家（急・名）	なし	（栗原）
駅家玉作部□□〔稼万ヵ〕	伊場木簡	遠江国敷智郡	駅家（急・名）		（栗原）
駅家人大湯□□□	御殿二之宮遺跡	遠江国磐田郡	駅家（急・名）	なし	（引摩）
策覃郡宅□駅菱子	長屋王邸跡	武蔵国埼玉郡	なし	なし	なし（駅路廃止）
上総国市原郡大倉駅家長〈戸主〉日奉部安麻呂嫡※2	正倉院丹裏文書	上総国市原郡	なし	なし	なし（駅路は通過）
横川駅戸主大初位下山前連魚麻呂戸口同姓広継（天長一〇・二・三〇）	正親町家旧蔵文書（平安遺文1―54）	近江国坂田郡	駅家（急）	なし	横川
横川駅家戸主秦仲麿戸口大初位下小長谷造福成（承和二・二・一〇）	正親町家旧蔵文書（平安遺文1―57）	近江国坂田郡	駅家（急）	なし	横川
可児郡駅家郷戸主守部麻呂之賤（天平勝宝二・四・二二）	東南院文書	美濃国可児郡	駅家（急）	（可児）	（可児）
割附駅家里戸主丈部禰麻呂為戸	多賀城市山王遺跡出土漆紙文書	陸奥国某郡	所属郡不明		
庚午年玖拾巻〈管郷捌拾陸／駅家戸肆〉天暦五年戸籍玖拾弐巻〈管郷八十四／駅家戸四〉	長元元年上野国交替実録帳	上野国碓氷郡	駅家（急）	（坂本、野後）	（坂本、野後）
		上野国群馬郡	駅家（急）	（群馬）	（群馬）
		上野国佐伊郡	駅家（急）	（佐井）	（佐位）
		上野国新田郡	駅家（急）	（新田）	（新田）
若狭国三方郡葦田駅子三家人国□調塩三斗	平城宮木簡（概報19―22）	若狭国三方郡	駅家（急）	（弥美）	（弥美）
玉置駅家三家人黒万呂御調三斗（天平四・九）	平城宮木簡（一―346）	若狭国遠敷郡	なし	玉置	（濃飫）

若狭国遠敷郡野駅家〈大湯坐連…〉	平城宮木簡（概報15―8）	若狭国遠敷郡	なし	野里	濃飫
松原駅〈戸主鴨郡□戸口…〉（天平八）	二条大路木簡（概報31―28）	越前国敦賀郡	なし	なし	松原、（鹿蒜）
松原駅家戸主□□同秋□	平城宮木簡（三）	越前国敦賀郡	なし	なし	松原、（鹿蒜）
返駅子戸主大神部宿奈戸同発太調三斗	平城宮木簡（概報12―16）	越前国敦賀郡	なし	鹿蒜	鹿蒜、（松原）
敦賀郡返駅戸〈□人万呂□三斗〉	二条大路木簡（概報31―9）	越前国敦賀郡	なし	鹿蒜	鹿蒜、（松原）
桑原駅家子戸主丸部度口分（天平神護二・一〇・二一）	東南院文書	越前国坂井郡	なし	なし	（阿味、三尾）
桑原駅子戸主丸部度口分（天平神護二・一〇・二一）	東南院文書	越前国坂井郡	なし	なし	（阿味、三尾）
丹生郡管郷十八・駅三、割九郷一駅、更建一郡、号今立郡。（弘仁一四・六・四）	日本後紀	越前国丹生郡	なし	（丹生・朝津）	（丹生・朝津）
		越前国今立郡	なし	なし	（淑羅）
安宅駅戸主財豊成戸五斗	長岡京太政官厨家跡出土木簡（一）	加賀国能美郡	なし	なし	安宅、（比楽）
江沼郡潮津駅人神人石末呂一石	長屋王邸跡（概報21―31）	加賀国江沼郡、石川郡	なし	なし	潮津、（朝倉）
四沼郡□…□駅子神人久治…□	長屋王邸跡（概報27―20）	加賀国江沼郡、石川郡	なし	なし	（潮津・朝倉）
江沼郡管郷十三・駅四、割五郷二駅、更建一郡、号能美郡。（弘仁一四・六）	日本後紀	加賀国江沼郡	なし	なし	（朝倉、潮津）
		加賀国能美郡	なし	なし	（安宅、比楽）
深見村郷駅長等（嘉祥二）	加茂遺跡出土木簡	加賀国加賀郡	駅家（急・名）	なし	（深見）
加賀郡管郷十六・駅四、割八郷一駅、更建一郡、号石川郡。（弘仁一四・六）	日本後紀	加賀国加賀郡	駅家（急・名）	（田上）	（田上、深見、横山）
		加賀国石川郡	なし	―	なし（駅路は通過）
駅子委文部豊足十束代稲籾一尺	柴遺跡出土木簡	但馬国朝来郡	なし	（粟鹿）	（粟鹿）
高田駅家戸主枚田…（天平勝宝九・八）	正倉院蔵鳥兜残欠	但馬国気多郡	なし	高田	なし（駅路は通過）
狭結駅高年已下…（天平一一）	出雲国大税賑給歴名帳	出雲国神門郡	なし	狭結	狭結、（多伎）
多伎駅高年以下…（天平一一）	出雲国大税賑給歴名帳	出雲国神門郡	なし	多伏	多伎、（狭結）
布勢駅戸主□部乙公戸参拾人…	小犬丸遺跡出土木簡	播磨国揖保郡	なし	布勢	布勢、（大市、越部）

史料上の表記（必要部分のみ抽出）※カッコ内は史料の年紀		倭名抄の「駅家」郷等			対応する延喜式駅※カッコ内は同一郡（国）内の駅
表記	出所・出典	所属国郡	表記	駅名と同名郷	同じ駅名
讃容郡駅里鉄十連	大宮大寺跡木簡	播磨国佐用郡	なし	中川	（中川）
備中国小田郡駅家□中	平城宮木簡（概報19―24）	備中国小田郡	駅家（急）／駅里（名・高）	小田	（小田）
□□□（小田駅か）日下部□麻呂	二条大路木簡（概報31―30）	備中国小田郡	駅家（急）／駅里（名・高）	小田	小田
安諦郡駅戸桑原史馬甘…（天平四・一〇）	二条大路木簡（概報24―30）	紀伊国在田郡	なし	―	なし（駅路廃止）
阿波国那賀郡薩麻駅子戸鵜甘部□麻呂…（天平七）	平城宮木簡（概報19―32）	阿波国那賀郡	なし	なし	なし（駅路廃止）
阿波国那賀郡武芸駅子戸主生部東方戸同部毛人調堅魚…（天平七・一〇）	平城宮木簡（概報19―25）	阿波国那賀郡	なし	なし	なし（駅路廃止）
阿波国那賀郡駅子	長屋王家木簡（概報21―34）	阿波国那賀郡	なし	―	なし（駅路廃止）
附進出駅人海部□	観音寺遺跡出土木簡	阿波国名方郡	なし	―	
伊与国神野郡駅家品除…	平城宮木簡（一―418）	伊予国新居郡	なし	―	（新居）
□河…□□□駅子大神仲面戸口同…	平城宮木簡（概報19―35）	不明	所属郡不明	―	
□目駅戸漢人小弓□	平城宮木簡（一―452）	不明	所属郡不明	―	
駅家郷石部足嶋	二条大路木簡（概報31―32）	不明	所属郡不明	―	
□□（駅ヵ）里戸□□□（味酒部ヵ）	二条大路木簡（概報30―33）	不明	所属郡不明	―	

※1　「参河国額田郷山綱駅家戸主物部刀良戸口」は、大日本古文書およびそのもととなった『正倉院御物　丹裏墨古文書』乾冊（東京大学史料編纂所）、および宮内庁正倉院事務所監修『正倉院御物』の翻刻に記される表記に従った（同書には写真も掲載されるが当該箇所は紙の折り目にあたり判読不能）。しかしこの表記だと郡名が全く欠落してしまい不自然である。「○○郷××駅家」と郷の下に駅家を表記する事例は他にないことからみても、「参河国額田郡山綱駅家」の誤りである可能性が高いと思われる。

※2　大日本古文書では「上総国市原郡大倉駅家〈戸主〉」と記すが、そのもととなった『正倉院御物　丹裏墨古文書』乾冊（東京大学史料編纂所）、および宮内庁正倉院事務所監修『正倉院御物』（毎日新聞社刊）の写真版・翻刻によって「駅家長」であることが明白であり、これに従う。

※3　地方遺跡出土の木簡については、郡名・駅名が表記されていない場合出土した遺跡の場所を所属郡として表記した。

ると、駅に所属する人間（集団）という意味で「駅子」と通用しながら使われており（表1）、駅戸の「戸」は駅家の戸籍に編成されていることとのかかわりでとらえるべきと思われる。

第二に、駅戸の所属表記法に多様性がある点。かつて坂本太郎は古代史料における「駅家」の語に「普通の郷とは独立した行政地域」としての意味があるという重要な指摘をおこなった（坂本太郎、一九二八）。「行政地域」というとらえ方にはなお検討の余地があるが、少なくとも駅が「郷」と区別される人間編成の単位であることは、荷札木簡や各種の文書史料などに一般の郷（里）ではなく「駅」に所属する人々の事例が多数見えることからも裏付けられ、こうした「駅」に所属する人々が「駅戸」と考えられる。しかしここではさらに、木簡や文書資料にみえる駅戸の表記法にはいくつかバリエーションがあることに留意したい（表2）。

具体的には、「××郡××駅（家）戸主云々」といった、一般の公民でいう「○○郷」の部分を「○○駅（家）」と記すタイプのほかに、「駅（家）子」（「桑原駅家子戸主…」「□駅子神人久治…」など）、「駅（家）戸」（「安諦郡駅戸」「駅家戸」など）、「駅（家）人」（「駅家人」「江沼郡潮津駅人」）等の表記も珍しくなく、必ずしも表記法が統一されていない。駅戸・駅子等の表記は「駅」との所属関係を、個々の人間の身分（駅子・駅戸）で表現したものと言えよう。

これらの間に、駅戸編成の実態的な相違があるとは考えがたい。たとえば越前国返（鹿蒜）駅家の荷札木簡表記に「返駅子」「返駅戸」の二種類が見えるなど同一の駅家でも多様な表記が使われているし、比較的事例が多い越前国（のち加賀国）江沼郡のように「潮津駅人神人石末呂」「□駅子神人久治…」（平城京長屋王邸出土の白米木簡）、「安宅駅戸主財豊成」（長岡京太政官厨家跡出土木簡）など同一郡内に多様な表記が見られるのも珍しくない。ここにあげた諸駅は『日本後紀』弘仁十四年（八二三）六月丁亥条に「加賀国江沼郡管郷十三、駅四、割二五郷一駅一更建二一郡一号二能美郡一」と見える「駅四」（『延喜式』兵部式にみえる朝倉・潮津・安宅・比楽の四駅）に含まれるが、この記事の「駅」は郷と並ぶ郡の構成要素としてあげられており、「駅四」は人間集団としての「駅」を意味する。江沼郡内の四駅はいずれも馬数五疋の北陸道駅家でそこに規模や性格の相違があるとは考えにくい。但しこうした表記の多様性自体は、一般の郷の所属表記では見られないものであり、それは同時に、人間集団としての「駅」を単純に「郷」の一種と位置づけることができないことも意味しよう。

第三に、駅戸の編成は個々の駅家を単位におこなわれるという点。荷札木簡などの表記でも、「敦賀郡返駅戸」「安宅駅戸主財豊成」など個々の駅家を単位に表記がなされている事例が多い。また同一郡内に複数の駅家がある場合でも駅戸の編成が個々の駅単位におこなわれていることは、天平十一年（七三九）の出雲国大税賑給歴名帳（正倉院文書正集三三）で神門郡内の各郷に並んで「狭結駅」「多伎駅」の駅戸がそれぞれ列挙されていることから明らかである。

若干気になるのは、「（××郡）駅家（駅戸・駅子）」のように固有地名を冠さず単に「駅家」「駅戸」等と記す荷札木簡等の表記例である。「（××郡）駅家里」「（××郡）駅家郷」といった表記もこの類型に入れてよい。一見するとこれらは個別の駅家との対応関係が不明瞭だが、実際には事実上特定の駅家に対応するものが多い（表2）。たとえば「備中国小田郡駅家」は『延喜式』兵部式に見える小田駅（岡山県矢掛町毎戸遺跡に比定される）との対応が明らかであるし、「（美濃国）可児郡駅家郷」も延喜式の可児駅に対応する。伊予国の「神野郡駅家」もまた、『延喜式』に見える新居駅家との対応が考えられる。こうした固有名詞を冠しない駅戸表記のなかには、郡名や郷名と同じ名前を有する駅家の事例が少なくなく、小田郡内には小田郷、可児郡内には可児郷がある（倭名抄―以下同じ）。神野郡は大同四年（八〇九）に嵯峨天皇の諱を避け新居郡に改称しており、「新居」という駅名もこのとき「神野」

から変更された可能性があろう。同郡内には新居郷もあるがこれももとは神野郷かもしれない。

同一郡内に複数の駅家がある事例としては、例えば長屋王家木簡に見える「阿波国那賀郡駅子」という表記の木簡がある。しかし同郡内にはほかに「阿波国那賀郡薩麻駅子戸鵜甘部…」「阿波国那賀郡武芸駅子戸主…」（ともに天平七年）といった木簡も見つかっており、那賀郡内で個々の駅を単位とする駅戸編成がおこなわれていたことも疑いない。これをふまえるならば、これらと別に郡全体で駅戸編成がおこなわれたとみるよりも、先にあげた事例と同様特定の駅に付随する駅戸とみるべきであろう。

第四に、駅戸は駅家が所在する郡内で確保する原則であること。荷札木簡等に見える駅戸表記のほとんどは、『延喜式』などの資料から確認できる駅家施設と同一郡内に比定できる。但し若干問題となるのが二条大路木簡に見える「紀伊国安諦郡駅戸桑原史馬甘戸同広足調塩三斗／天平四年十月」という木簡で、紀伊国在田郡（安諦郡）が『延喜式』兵部式により復原できる南海道駅路から外れた場所にあることを根拠に、安諦（在田）郡に設定された駅戸が、南海道沿いのほかの郡（那賀郡・名草郡）に動員（ないし経費の負担を課）された事例とみる見解もある（栄原永遠男、二〇〇九）。しかし駅家に関する諸負担が駅家所在郡によってまかなわれる原則であったことは、郡内の負担軽減策を理由に駅家施設の他郡への移設がしばしばおこなわれていることからも明白と考える。たとえば延暦七年（七八八）に備前国和気郡内の吉井川以西を新たに磐梨郡として分置する際、両郡で「労逸」を均しくするため、河東（分割後の和気郡域）に二つ設置されていた駅家の一つをわざわざ河西（分割後の磐梨郡）に移設しており（『続日本紀』延暦七年六月癸未条）、承和七年（八四〇）にも駿河国駿河郡の駅家にかかる負担を軽減するため同郡内にある三駅のうちの一つをわざわざ伊豆国田方郡に遷すことが申請されている（『続日本後紀』承和七年十二月癸卯条）。郡域を超えた駅戸の動員が可能であれば、駅戸の設定郡を変更すればすむはずでわざわざ駅家を移建する必要はない。

　高橋美久二が述べるように、八世紀段階の駅路は我々が現在『延喜式』によって確認できる駅家の配置状況よりも多様な連絡路・支路を張りめぐらせており、在田郡にも、南海道本道から紀伊半島沿岸部を南下し、熊野から伊勢方面に接続する駅路が通過していた可能性はある（高橋美久二、二〇〇七）。よって安諦郡駅戸の事例も郡域をこえた駅戸動員の確実な事例とは言えない。駅戸は同一郡内の公民を編成するのがやはり原則であり、これは、駅家の経営が「郡」という枠組みを前提に成り立っていることを示しているのである。

2　倭名類聚抄の「駅家」郷と駅戸集団

　倭名抄二十巻本巻六〜巻九の全国郷名記載（以下高山寺本の項目に従い「郷里部」と呼ぶ）には、全国の郷名のなかに並んで「駅家」等の表記が散見される（以下倭名抄に見えるこれらの記載を「駅家」郷と呼ぶ）。これらについては前節で述べた駅戸集団＝駅家との関係が想定されるが、『延喜式』兵部式所載の全国の駅名が四〇二、倭名抄高山寺本（以下「高本」）道路部所載の全国駅名が三九四あるのに比し倭名抄郷里部の「駅家」郷は最も多い大東急記念文庫本（以下「急本」）でも七九と非常に少なく、両者の関係をどう理解するかが問題となる（表3）。

　かつて坂本太郎は倭名抄の「駅家」郷について、①行政区画としての「駅家」そのもの、②「駅家」に隣接する、「駅家」とは異なる郷、という二つの可能性を想定し、結論としてこの両者が混在していたのではないか、との見通しを示されていた（坂本太郎、一九二八）。しかしその後は「駅家」郷が「郷」であるとの前提に立った議論が多く、たとえば福田和憲は前述した「駅家」郷の分布状況と、駅戸戸数を駅馬数と同数とする理解を根拠に、これを各駅に設置される駅戸集団ではなく一般の「郷」と考え、郡名や郷名との関係から駅家郷の形成事情について考察している（福田和憲、一九八三）。一方「駅家」郷を駅戸集団とみる立場からは、「駅家」郷の分布状況と『延喜式』駅数の相違から、逆に駅戸はすべての駅家に設置されていない、との結論が導かれている（原京子、二〇〇二）。このように『延喜式』等に見える駅の分布状況と「駅家」郷の分布の相違が理解のポイントになっているが、「駅家」郷を「郷」とみる立場からも「駅家」とみる立場からも、その分布状況の論理を明快に説明できている状況とはいえない。たとえば「駅家」郷は東海・東山・山陽三道に多く分布することが指摘されているが、これら三道でもすべての国に「駅家」郷があるわけではなく、逆にそれ以外の地域にも数は少ないが「駅家」郷は存在する。駅馬数との対応も見いだしがたく、その分布状況に一定の論理を見いだすことは難しい。そもそも倭名抄の「駅家」郷の分布状況は、議論の前提にできるほど信頼できる情報なのだろうか。筆者はむしろこのこと自体をもう少し詰めて考える必要があると思う。

この点を考える上でまず重要なのが、倭名抄諸写本のなかの名古屋市博物館本（以下「名本」）の記載である。名本は永禄九年（一五六六）の書写にかかる二十巻本系統の古写本で、各条項の内容記述を欠いた略本であるが、「国郡部」に全国の郷名を掲載しており高本・急本との比較が可能である。写本系統としては高本に近く急本とやや距離があることが指摘されており（名古屋市博物館、一九九二。宮澤雅俊、一九九三）、実際名本の郷名記載はたしかに高本と共通する部分が多い。但し「郡家」「駅家」「神戸」「余戸」等、具体的な地名と結びつかない郷名（以下「非固有名詞郷」）の扱いには相違がある。高本はその冒頭に「有レ郡謂二之郡家一、有レ駅謂二之駅家一、以レ寄二諸社一謂二之神戸一、不レ入二班田一謂二之余戸一、異名同除而不レ載一」とあることからこれらを記さない原則と考えられるが（実際には四例の記載がある）、名本には一九〇程度が記載され、うち駅家に関するものは六一を占めている。

これらの非固有名詞郷は急本にも記されているが、急本のそれは二六〇を越え、「駅家」郷も七九を数えるなど

国名	延喜式駅　数	倭名抄「駅家」等郷			
		急本	名本	高本	内訳・備考
丹波	8	0	0	0	
丹後	1	0	1	0	与謝郡（名）
但馬	7	1	2	1	七美郡（急・名）、養父郡（名・高） ※名本・高本の養父郡は「駅里」
因幡	4	0	0	0	
伯耆	5	0	0	0	
出雲	6	0	0	0	
石見	6	0	0	0	
播磨	9	0	0	0	
備前	4	1	0	0	津高郡（急）
備中	4	3	3	1	都宇・後月郡（急・名）、小田郡（急・名・高） ※名本・高本の小田郡は「駅里」
備後	3	3	3	0	安那･品治･葦田郡(急･名)　※名本安那･葦田郡は小文字
安芸	13	2	2	0	安芸･佐伯郡(急･名)　※名本は安芸･佐伯郡が小文字
周防	8	4	2	0	玖珂・熊毛郡（急・名）、都濃郡２（急） ※急本都濃郡に２つの「駅家」、名本熊毛郡は小文字
長門	15	5	3	0	豊浦・美禰・阿武郡（急・名）、厚狭・大津（急） ※名本はすべて「駅子戸」
紀伊	2	2	2	0	名草・海部郡（急・名）　※名本名草郡は「駅戸」
淡路	3	0	0	0	
阿波	2	0	0	0	
讃岐	6	0	0	0	
伊予	6	0	0	0	
土左	3	0	0	0	
筑前	19	0	0	0	
筑後	3	0	0	0	
豊前	9	0	0	0	
豊後	9	0	0	0	
肥前	15	0	0	0	
肥後	16	0	0	0	
大隅	2	0	0	0	
薩摩	6	0	0	0	
日向	15	0	0	0	
壱岐	2	0	0	0	
合計	402	79	61	4	

表3　倭名抄「駅家」郷等と延喜式駅

国名	延喜式駅　数	倭名抄「駅家」等郷			
		急本	名本	高本	内訳・備考
山城	1	0	0	0	
河内	3	0	0	0	
和泉	2	0	0	0	
摂津	3	2	1	0	西成郡（急・名）、豊島郡（急）
伊勢	7	5	3	0	鈴鹿・飯高・度会郡（急・名）、河曲・安濃郡（急）
志摩	2	1	1	0	答志郡（急・名）
尾張	3	2	1	0	山田郡（急）、愛智郡（急・名）
参河	3	3	3	0	碧海・額田・宝飫郡（急・名）
遠江	5	5	5	1	浜名郡（急·名·高）、敷智·磐田·佐野·蓁原郡（急·名）
駿河	6	1	1	0	富士郡（急・名）
甲斐	3	0	0	0	
相模	4	4	4	1	足下郡（急・名・高）、足上・大住・高座郡（急・名）
武蔵	4	4	4	0	都築・橘樹・荏原・豊島郡（急・名）
安房	2	1	1	0	平群郡（急・名）
上総	4	0	0	0	
下総	5	1	1	0	葛飾郡（急・名）
常陸	7	1	0	0	志太郡（急）
近江	11	4	0	0	野洲・神埼・犬上・坂田郡（急）
美濃	10	7	2	0	各務·賀茂郡(急·名)、不破·大野·方県·可児·土岐郡(急)
飛驒	3	0	0	0	
信濃	15	0	0	0	
上野	5	4	3	0	碓氷・群馬・佐井郡（急・名）、新田郡（急）
下野	7	3	2	0	足利郡（急）、都賀・河内郡（急・名）
陸奥	24	8	9	0	白河・磐瀬・信夫（安達）・柴田・黒河・色麻・玉造・栗原郡（急・名）、白河郡（名） ※名本には白河郡に二つの「駅家」あり ※急本では名本信夫郡の郷名が安達郡にあり ※名本では小文字の「駅家」が7例あり（白河郡2、磐瀬・信夫・柴田・黒河・栗原郡各1）
出羽	11	0	0	0	
若狭	2	1	1	0	三方郡（急・名）
越前	8	0	0	0	
加賀	7	1	1	0	加賀郡（急・名）
能登	2	0	0	0	
越中	8	0	0	0	
越後	11	0	0	0	
佐渡	3	0	0	0	

名本より若干多い。では名本にも元々急本と同様の非固有名詞郷がありその一部が脱落したのかというと、事はそう簡単ではない。たとえば名本に存在し急本に見えない「駅家」郷記載として、陸奥国白河郡（名本に二つの「駅家」があるが急本は一つだけ）、同色麻・玉造・栗原郡（名本に「駅家」あるが急本になし）、丹後国与謝郡（同上）、但馬国養父郡（名本に「駅里」。急本無し）などがある。

このこと自体は単なる転写の過程での出入りという説明も可能だが、さらに重要なのは、急本と名本の間で表記に重大な相違が（特に「駅家」郷に関連して）見られる点である。じつは名本の「駅家」郷記載には多様性があり、「駅家」以外に「駅戸」（紀伊国名草郡）、「駅子戸」（長門国豊浦・美禰・阿武郡）、「駅里」（但馬国養父郡・備中国小田郡）といった記載が見られる。このうち「駅里」は高本にも記載されている一方、急本では養父郡にはなく小田郡には「駅家」とあり、「駅里」は高本・名本系統特有の表記とみることができる。それ以外は急本にも対応する記載があるが、急本の記載はすべて「駅家」である。統一的な「駅家」記載から多様性のある名本の記載を生むことは困難であり、名本系統の記載内容が急本系統の表記に整理されることはあっても、その逆はあり得ない。

また名本にある六一の「駅家」郷のなかには、一般郷名の前後に本文と同筆の小文字で「駅家」と記される例をも一一含んでいる（表3参照）。この小文字の「駅家」記載については直前の郷名の注記として評価する説もあり（関口功一、一九九五など）、たしかに名本自身はこれらを前後の郷名の注記と意識している可能性が高い。しかし急本ではこれらが独立した「駅家」郷として記されている例も少なくなく、また「駅家」注記直前の郷名が必ずしも『延喜式』駅名と一致していないことも考慮すると、これらの注記的な「駅家」記載を直前郷名の注記とみることはやはり難しく、本来は単独の「駅家」郷であったと考えた方が自然である。小文字で記されているのは名本に至る書写の過程で既存の写本にこれらの「駅家」記載が挿入されたことを意味していると思われ、名本は親本における追記挿入の形態をそのまま写しているとみられる。

さらにもう一つ注目されるのが、名本・高本の郷里部末尾に記される「以上三千七百三十五郷」という記載である。これは両本に実際に記載されている郷数とは異なっており、両者に共通する祖本から引き継いだ記述と考えられるが、この数値は、非固有名詞郷を原則として掲載しない高本の郷数（三七〇八郷）に近接し、また坂上康俊が指摘するように、『宋史』日本伝に記された、奝然入宋時に彼が献上した統計データに見える郷数（三七七二郷）とも近い（坂上康俊、二〇〇七）。

雍熙元年（九八四）、日本国僧奝然与其徒五六人浮海而至、献銅器十余事并本国職員令・王年代紀各一巻。（中略）畿内有山城大和河内泉摂津凡五州共統五十三郡。（略）是謂五畿七道三島、凡三千七百七十二都〔郷カ〕、四百一十四駅、八十八万三千三百二十九課丁。課丁之外不可詳見。皆奝然所記。（『宋史』巻四九一、日本伝）

本稿の関心からこの記事で郷数と一緒に注目したいのは、郷数・課丁数に挟まれるかたちで駅数があげられている点である。前掲の越前・加賀国の分郡記事で郷・駅が併記されていることからみても、ここでいう「四百十四駅」は人口データの一環として駅戸集団としての「駅」の意味で挙げられていると考えるべきであろう。とすれば、これが「三千七百七十二郷」と明確に区別されていることが注目される。これは前述した倭名抄の三七三五郷が、「駅家」等をほとんど含まない高本の実際の郷数に近いことに通じる。このことを重視すれば、倭名抄の「駅家」郷記載が少ないのも、省略の結果ではなくむしろ祖本の本来の形に不十分な追記がおこなわれた結果である可能性の方が高いのではあるまいか。

なお宮澤雅俊は、高本と急本の郷名記載について郷名や訓の有無・相違および記載順序の検討などから、両者の郷名記載は典拠となる原資料に相違があり、高本の記載の方が古態を残し先行形態に近く、急本郷名部はその不備を修正するために別の資料によって入れ替えたものとの想定をされている（宮澤雅俊、一九七六）。急本が依拠したデータの信頼性はまた別の問題だが、少なくとも急本の「駅家」郷分布が倭名抄本来の記載であるという保証はないのである。

一方で名本に見える「駅家」郷の表記が多様性を持つことは前述したが、これは前節で述べた八・九世紀の一次史料に見られる駅戸集団の所属表記のあり方に通じる。たとえば木簡に見える「紀伊国安諦郡駅戸」と名本に見える紀伊国名草郡の「駅戸」（急本では「駅家」）を比べると、両者が別の内実をもつものとはとても考えがたい。名本のこうした記載の多くは急本の「駅家」郷と重なっているわけであるから、結局倭名抄の「駅家」郷自体は、やはり前節で述べた駅戸集団としての「駅」を指しているとみるのが最も自然である。しかし、木簡その他の資料から存在が確認できる駅家（駅戸集団）の事例と対比しても、倭名抄の「駅家」郷記載がすべての駅家（駅戸集団）を網羅していないことも明白である（表2）。よって倭名抄の「駅家」郷の分布から駅戸集団の状況を論じるのは危険である。

平安時代前期の「駅家」（駅戸集団）の分布状況を示す史料としてむしろ拠るべきは、前述した奝然入宋時の宋への報告データであろう。四一四駅という数値は、『延喜式』兵部式所載の駅数（四〇二）や高本の駅数（三九六ただし一部脱落もあるとみられる）に近似し、それよりも若干多い程度である。この統計データの年代については、十世紀に入ってからの数値とする説（坂上康俊、二〇〇七）と九世紀前半のデータとする説（吉川真司、二〇一一）とがあるが、駅家に即していうならば、九世紀を通じて駅家は整理改廃の傾向にあったと考えられるから、『延喜式』より前の九世紀段階にさかのぼる可能性が高い。しかしいずれにしても重要なのは、この数字が全国すべての駅数とみられる点であろう。つまり全国すべての駅家に、郷と区別される人間集団として「駅」を設定しそこに駅戸を編成する、という方式が九世紀段階でも維持されていたことが確認できる。先にあげた十世紀段階での「駅戸」の用例からすれば、おそらくはこの制度自体は十世紀でも変わらなかったと思う。

以上はあくまで「制度」の話である。このことをもって、大宝・養老令制による駅家経営の構造そのものが一貫して強力に維持され続けていた、と主張するつもりは毛頭ない。しかしこのことを前提に、制度と現場で実際に進行している事態との関係について考えていくことが、むしろ重要ではないかと考える。

二　九世紀山麓地域の駅家経営 ―美濃国恵奈郡を素材に―

1　九世紀恵奈郡の駅家と駅子

前節での検討を前提に、この「駅戸」体制の九世紀山麓地域での実態を、冒頭でも述べた美濃国恵奈郡の駅家経営を素材にして考えてみたい（図1参照）。

恵奈郡は東山道最大の難所である神坂峠の西麓に位置し、郡内にはもともと大井（駅馬数十疋）・坂本（駅馬数三十疋）の二駅を抱えていた（『延喜式』兵部式）。これらの駅にも駅ごとに「駅戸」が置かれていたことは、『延喜式』主計式勘大帳条において見不輸として扱われる身分の中に「美濃国坂本駅戸、信濃国阿知駅戸」が見え、明らかである。同じく『延喜式』の民部式には美濃国坂本・土岐・大井三駅と信濃国阿智駅の駅子の課役免除が見え、阿知駅については延暦十八年（七九九）に調庸免除となっていることが知られる（『日本紀略』延暦十八年九月十三日条）から、坂本駅など恵奈郡の駅戸（駅子）の課役免除もこの頃までさかのぼる可能性がある。

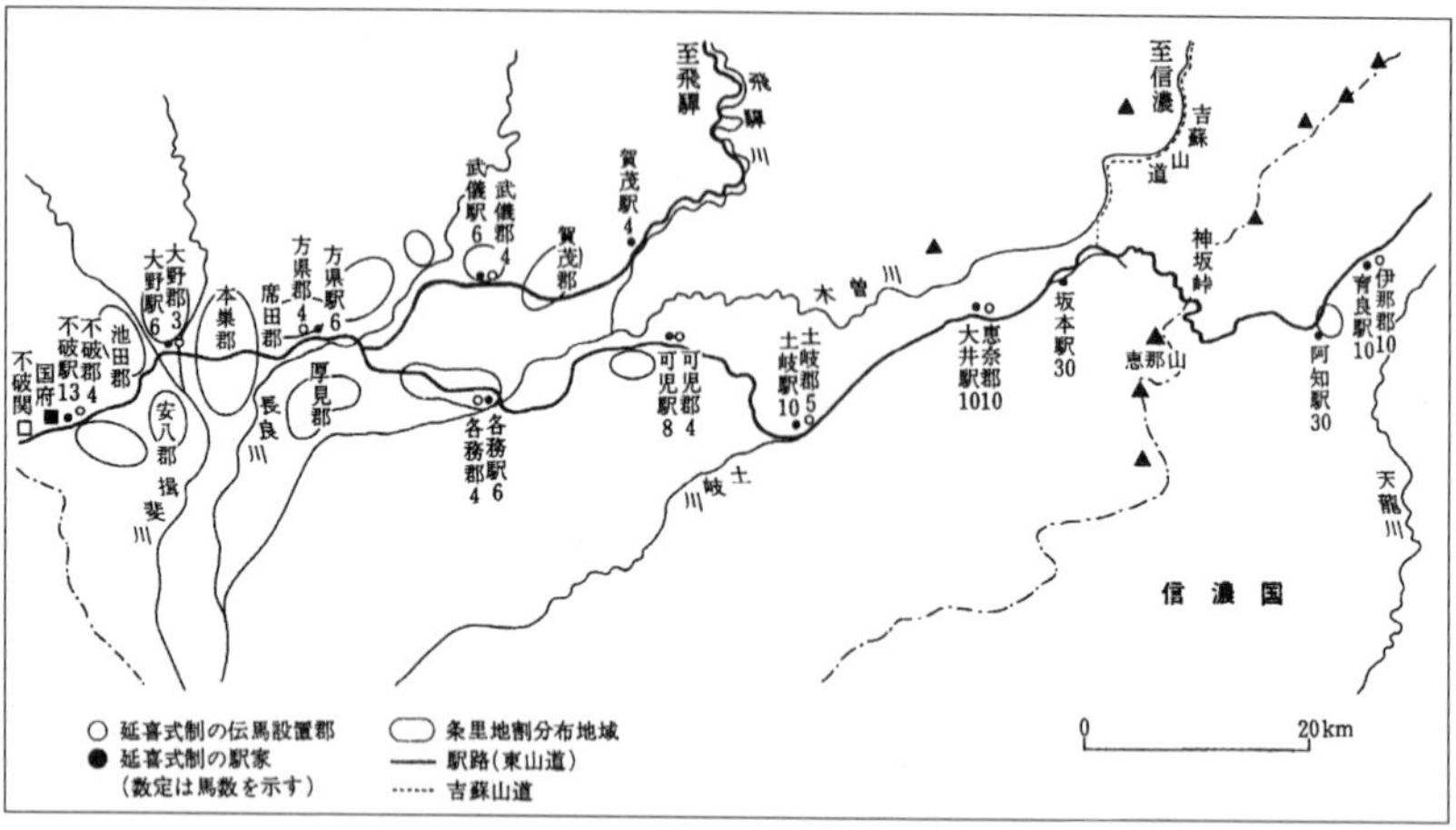

図１　美濃国諸郡と東山道（永田英明2004より転載）

恵奈郡における駅家経営の危機が最初に史料上に登場するのが『続日本後紀』承和七年（八四〇）四月二十三日条である。大井・坂本駅の疲弊により駅子が集団的に逃亡し東山道の逓送機能が停止するという状況に至り、美濃国府はこの状況を打開する手段として「席田郡人国造真祖父」を派遣し、その「教喩」によって逃民を帰住させることに成功した。そこで承和五年（八三八）十一月、美濃国司は史生一員を減員してかわりにこの真祖父を「駅吏」に任用し史生と同等の待遇を与えたいという申請を中央に行ったが、政府は史生の減員を認めず真祖父一身のみの任用を認めたという。大井駅家の崩壊、坂本駅子の集団的逃亡が承和五年のどのくらい前から発生していたのかわからないが、天長末～承和初年頃であろうか。

その後承和六年（八三九）には飢饉を理由とした賑給、同十一年（八四四）からは三年間の給復がなされておりこの間政策の眼目は駅家の復興から恵奈郡そのものの復興へと拡大されているが、嘉祥三年（八五〇）五月二十八日官符（『類聚三代格』）が引用する美濃国司解が「国司存恤に勤むといえどもなお散亡を致す。逓送に人乏しく往還擁多し」と述べることからすると、真祖父の「駅吏」任用後も実際は駅子の逃亡は収まっていないことがわかる。おそらく承和期以降美濃国恵奈郡、さらには土岐郡においては慢性的に駅子が不足し東山道駅路運営の妨げになっていたと思われる。

五位の借授を条件に、三年期限で恵奈郡の興治を請け負う者を美濃国内諸郡司から募るという斉衡二年（八五五）正月二十八日官符（『類聚三代格』）は、こうした状況下における恵奈郡の状況を「今彼の課丁を検ずるに、惣じて二百九十六人なり。就中二百十五人駅子となし、八十一人調庸を輸す。これを諸郡に比するに衰弊もっとも甚だし」と、課丁数の減少という観点から述べている。この数字が持つ意味について今少し検討してみよう。

まず一方駅子数二一五人という数値であるが、森田悌（森田悌、一九七三）により八世紀後半以降駅子には駅馬数の六倍を基準とする標準法定数が定められていたとみると、恵奈郡の場合坂本駅だけで標準法定数は三〇疋×六＝一八〇人。大井駅（この時点で消滅している可能性があるが、『延喜式』には掲載されている）を加えても四〇疋×六＝二四〇人となる。二一五人という数字は、この標準値に近い、ないしはそれ以上の数値であると考えられる。

一方の恵奈郡全体の二九六人という課丁数について。鎌田元一は八世紀前半の一郷平均課丁数を二〇九人と試算しており（鎌田元一、一九八四）、また弘仁六年の陸奥国課丁数を倭名抄郷数で割った平均値は二一六、承和五年段階の近江・丹波国の一郷あたり課丁数はそれぞれ一六三、一〇七という数値が吉川真司によって提示されている（吉川真司、二〇一二）。ばらつきが目立つが一五〇～二〇〇程度と仮定すると二九六人という数値はだいたい一・五～二郷分程度ということになる。倭名抄（急本）には恵那郡には六郷あるのでその課丁数は前述の試算でだいたい九〇〇～一二〇〇程度。しかもそこには「駅家」郷は記されていないから、前節の結論を前提にこの時期にもなお駅子を「駅家」郷に編成するという制度が維持されていたとすれば、これに前掲の法定数を加えた一一八〇～一四四〇人程度がもともとの恵奈郡全体の課丁数ということになる。つまり恵奈郡全体としては四分の一から五分の一程度に課丁数が減っており、しかも倭名抄に掲載されている六郷の課丁数は駅子以外の八一人ということになるから その場合は実に一〇分の一以下ということになる。しかし史料上に再三駅子の逃亡が記されているにもかかわらず、その中で駅子数のみが減っていないのである。

前述のように、駅家機能の維持のため各駅には備えるべき駅子数（駅戸数）が定められており、二一五人という駅子数はこの法定数に規制された数値とみられる。その数値はおそらく中央の許可なくして変更することはできず、これにともない、一般の課丁数が現実にはあの手この手で減省されていったにもかかわらず、駅子数については、たとえば駅家の廃止など前提条件そのものに変動がない限り、減損は認められなかったのではあるまいか。貞観六年（八六四）に駿河国駿河郡において郡内課丁数の減少により所定の駅子数が満たせないことへの対応策として駅家そのものの廃止がおこなわれている（『日本三代実録』貞観六年十二月十日条）ことも、こうした政策の存在を逆に裏付けてくれる。

そこで次に問題となるのが、二一五人という駅子の数が当時実際に存在している駅子の数なのか、という点であるが、これはかなり疑問である。二一五人という数値はあくまで、減省を認められず毎年の大帳作成時に固定的に引き継がれている帳簿上の数値に過ぎず、現実には生身の人間として把握・徴発することが不可能な「無身」の駅子がかなりの程度含まれていたのではないか。前述のように遅くとも承和初年（八三〇年代半ば）頃以降、恵奈郡では駅子の逃亡が慢性的に発生していた。もちろん国造真祖父の件や嘉祥三年官符に見られるような逃亡駅子の帰住政策もはかられていたが、それが十分に継続的な効果を発揮していたとは考えがたい。「逓送に人乏し」というのがむしろこの間の恒常的な実態なのである。

二一五人という数値については、かつて大日方克己が、郡内課丁の激減にもかかわらず駅子の補充が郡を単位としておこなわれ続けた結果と述べた（大日方克己、一九八五）。筆者もこの大日方説を継承しつつ、駅子＝駅戸は「駅家」に編成されているという前節で述べた理解と多賀城市山王遺跡から出土した八世紀前半（郷里制廃止以前）の漆紙文書に見える「駅家里」への正丁の移動記載（「割附駅家里戸主丈部禰麻呂為戸」）を根拠に、駅子の死亡や除帳などに応じた駅子数維持のための補充が八世紀前半の段階からおこなわれていたことを前稿で論じた。美濃国恵奈郡でも、駅子の死亡・除帳に応じて郡内の他の郷から「駅家」への課丁の補充をおこなうのが本来の原則であったと考える。しかし現実にそのような作業が承和～斉衡年間の恵奈郡でおこなわれていたと主張するつもりはない。むしろ、駅子数の減省は認めないという政策の下、逃亡その他の要因ですでに生身の人間として把握できなくなってからすでに相当の年数が経過しているにもかかわらず、帰住させるべき駅子＝駅戸として依然として帳簿上存在し続けているという人々が、二一五人のなかにかなり含まれているのではなかろうか。

2　転換点としての九世紀恵奈郡の駅家経営

恵奈郡（および土岐郡）の状況に対する美濃国府の対応として重要なのは、この地域での在地の郡司を核とした復興を放棄し、美濃国府主導で、西濃地域の富を活用したテコ入れが図られている点である。承和年間に恵奈郡に派遣された「駅吏」国造真祖父は美濃国西部の席田郡の出身であり、斉衡二年官符で「興治」を請け負う主体としてあげられる「諸郡司」も、具体的には美濃国中・西部の郡司を念頭に置いていると考えてよかろう。これらはすなわち生産力の高い西濃地域の富の活用を意図したものと考えられる。また『延喜式』雑式にはこのほかに美濃国の掾・目が交代で土岐・恵奈郡の「両郡雑事并駅家逓送事」を検校するという規定がある。この規定の成立年代は不明だが、恵奈・土岐二郡の復興政策が史料上確認できるのが承和から貞観期にかけの時期であることからすれば、この過程で成立した方策が貞観式を経て延喜式に引き継がれたと考えられよう。あるいは前述の国造真祖父の「駅吏」任用の後を承けて成立したのかもしれない。佐藤宗諄はこうした恵奈郡の状況を、国家支配への「富豪」利用に象徴される承和期の政治的転換を示す事例として位置付けているが、きわめて重要な視点と考える（佐藤宗諄、一九七七）。

ここで、こうした恵奈郡駅家経営の状況を、十世紀との関係という視点から考えてみたい。その重要なヒントになるのが、永延二年（九八八）の「尾張国郡司百姓等解文」第十一条の記事である。この記事についてもかつて検討を加えているので、その結果を基に、十世紀段階での尾張国における駅家労働力編成の構造を整理すると、以下の通りとなる。

①「駅子」は戸籍や計帳の上では一応存在しているが、その実体はすでに無い。
②一方で駅家にかかわる労役の需要は存在する。
③そこでこれをまかなうために、尾張国府では、「功粮」を支払って、籍帳上の「駅子」とは全く別に「駅子」を編成している。
④無主田化した駅子（駅戸）口分田を国衙みずから国内負名らに耕作させ、そこからの地子をこの「駅子功粮」に充当することになっている。

先に述べたように「駅戸」という概念は十世紀にも存在し、「駅子」も本来はこの「駅戸」と重なるものであったはずである。しかしここでは籍帳における駅子（駅戸）と、駅子口分田の耕作者と、力役負担を実際に担う「駅子」とが、みな分離してしまっている。駅子口分田の耕作を担うのはいわゆる富豪層であり、この富豪層の田地経営による収穫が労働力編成の財源となっているわけである。また労役に従う「駅子」は、もちろん「駅家」に編成された駅戸とは無関係に、「功粮」による雇傭関係として国衙が把握・編成した人々とみられる。

もちろんこうしたシステムを律令制にみえる駅家制度に「とってかわった」整ったシステムとして理解することはできない。むしろこうした形での経営は非常に不安定であり、「尾張国解文」でも当時の国守藤原元命がこの方式に従わず駅子功粮を下行しないことが告発されている。「尾張国解文」ではこうした方式が「古より」おこなわれていたとあり、つまり十世紀末の時点ではこうしたシステムはすでに過去のものになりつつあったのである。

前稿では、このほかに延喜年間の駿河国においても、駅子の逃亡によって「逓送乏人」という状況の中で人馬の「借雇」がおこなわれていることを指摘し（『別聚符宣抄』延喜十四年〔七九五〕六月十三日官符）、こうした方式が少なくとも九世紀末から十世紀の初めにはすでに各地でおこなわれていたのでは、という見通しを述べた。

もう一度九世紀の恵奈郡に戻ってみよう。恵奈郡においても本来の駅家経営は、駅を単位とした駅戸が編成され、彼らには一般の公民と同様に口分田が支給されたはずである。これによって生活を支えるというのが一応の建前であったろう。駅子口分田は前稿で詳論したように原則として駅家に近い地域に設けられ、少なくとも同一郡内に設けられるのが原則であったと考えられる。恵奈郡を含む東濃地域はもともと農業生産力の低い地域で豊かな生産力を誇る西濃地域と対照的な関係にあり、郡内に十分な口分田が確保できなかった可能性もある。しかし前稿でも触れた播磨国草上駅子のように（九条家本『延喜式』紙背文書　宝亀四年〔七七三〕二月十四日太政官符、『続日本紀』宝亀四年二月己巳条）、他の郡内に口分田が設定されるという形態は、当の駅子たちにとって大きな負担となるものであり、また駅戸口分田を駅家付近に集中させることを命じた弘仁十三年〔八二二〕正月五日官符が、陸奥出羽按察使として東山道を赴任した際の経験をもとにした藤原緒嗣の奏状に基づいている（佐藤宗諄、一九七七はこれを坂本駅付近での経験によるものと想定している）ことをふまえても、恵奈郡駅子の口分田もできるかぎりは駅家付近や恵奈郡内で確保する原則であったと思われる。つまり、恵奈郡という枠組みの中で駅家経営をおこなうのが本来の原則であった。

しかし承和年間以降、国造真祖父の登用や美濃国内郡司による恵奈郡興治の請負など、恵奈郡という枠組みを超えた規模で、西濃地域の経済資源を活用したテコ入れが国府主導で図られていく。駅家機能の維持という観点から言えば、この間の最重要課題は「逓送」に従事する労働力の確保がと思われるが、それはどのようにおこなわれたのか。一つは承和七年太政官奏で語られているような逃亡駅子の帰住を図る政策であろう。西濃の豪族の登用により、彼らの財力が逃亡駅子の食料給付・生活支援などに充当された可能性はあろう。

しかし前述した逃亡駅子の慢性的不足という状況からすれば、一方で、「駅子」以外からの労働力調達が図られた可能性もあるのではないか。すでに多くの指摘があるように、九世紀における公民制支配の変容を示す施策として、税制や給付など民政にかかる施策の対象が「不論土人浪人」等の形で様々な身分を対象におこなわれていくことがあげられる。こうした施策が恵奈郡・土岐郡の駅家経営維持においてもおこなわれた可能性は十分考えられる。その際の労働力招致の手段としても、西濃地域の富が活用された可能性が考えられよう。また前述した「尾張国解文」の状況を参考にすれば、恵奈郡駅子二一五人（さらには土岐郡の駅子）の「駅子口分田」という名目で国府自らが国内の富豪層を募って国内田地の賃租経営をおこない、その財源を土岐恵那二郡の駅家経営の財源として充当する、という方式が採用された可能性もある。その場合の「駅子口分田」は、実際には必ずしも土岐・恵奈郡内に設けられていたとは限らず、西濃地域の田地が利用された可能性もあるかもしれない。

いささか想像を膨らませすぎたかもしれないが、九世紀半ばから後半の東濃地域では、形式上は八世紀以来の駅戸制度が維持されていた一方で、その裏ではすでにこうした体制への転換が先行的にはじまっていたのではなかろうか。さらに想像をたくましくすれば、東濃地域のみでなく、足柄峠、碓氷峠などなど、幹線道上の峻険な峠道を控えた山麓の地域社会においても、比較的早い時期から、こうした構造転換が進行していたのではないか。駅家を支える在地の厳しい状況と、一方で厳然と存在する制度への需要。両者の狭間で、こうした山麓地域から、駅家経営の構造的な転換がはじまっていたと考えることも、あながち間違っていないのではないかと思う。

おわりに

山麓地域における駅家経営の問題は、山国の地域社会に特有の問題を映し出すとともに、国家と地域社会の関係を考える典型的な素材でもある。山脈越えの道は、峻険であるほどルートは限定され固定的になるが、それは山脈によって分断された地域をつなぐ限られた線であり、個々の地域を越えた公共性を帯びやすい。それが広域的な幹線道として位置づけられるほど、その維持管理もまた広域的な公権力によるいわば「上からの」課題として、山麓の地域社会に直接に課されていくのである。幹線道を帯びる山麓の地域社会は、その意味で国家と地域社会の関係、両者の間に生じる様々なせめぎあいを最も鮮明に映し出す場といってよい。その分、政治的・社会的変化の影響も受けやすいのである。「山国の交通路」のもつ政治性が、そこに現れている。

〔付記〕本稿は平成二四年度日本学術振興会科学研究費助成事業（基盤研究（C）課題番号二三五二〇七九九）による成果の一部である。

参考文献

大日方克己、一九八五「律令国家の交通制度の構造―逓送・供給をめぐって―」（『日本史研究』二六九）

鎌田元一、一九八四「古代日本の人口」(『律令公民制の研究』塙書房、二〇〇一年に所収)
栄原永遠男、二〇〇九「古代山陽道と野磨駅家」(『山陽道野磨駅家跡国史跡指定記念シンポジウム記念講演記録集』上郡町教育委員会)
坂上康俊、二〇〇七「奈良平安時代人口データの再検討」(『日本史研究』五三六)
坂本太郎、一九二八『上代駅制の研究』(『坂本太郎著作集』八 古代の駅と道、吉川弘文館、一九八九年に所収)
佐藤宗諄、一九七七「承和期の政治的特質」(『平安前期政治史序説』東京大学出版会)
関口功一、一九九五「『和名類聚抄』国郡部に関する二・三の憶説」(『古代史研究』一三)
高橋美久二、二〇〇七「都と地方間の交通路政策」(『国立歴史民俗博物館研究報告』一三四)
永田英明、二〇〇四『古代駅伝馬制度の研究』(吉川弘文館)
名古屋市博物館編、一九九二『和名類聚抄』
野村忠夫、一九七一「東濃における駅家の衰微と濃飛諸郡の分立」(『岐阜県史』通史編 古代)
原　京子、二〇〇二「古代駅家経営の変遷―駅戸・駅子を中心として―」(『地域史研究あらかわ』五)
福田和憲、一九八三「駅戸と駅家郷」(遠藤元男先生頌寿記念論文集『日本古代史論苑』国書刊行会)
宮澤雅俊、一九七六「倭名類聚抄二十巻本諸本の類別」(『倭名類聚抄諸本の研究』勉誠出版、二〇一〇年に所収)
一九九三「倭名類聚抄二十巻本諸本再考」(『倭名類聚抄諸本の研究』勉誠出版、二〇一〇年に所収)
森田　悌、一九七三「古代駅制の考察」(『解体期律令政治社会史の研究』国書刊行会、一九八二年に所収)
吉川真司、二〇一一「九世紀の調庸制」(『仁明朝史の研究』思文閣出版)

4　川を上り峠を越える製塩土器

平野　修

はじめに

近年、海をもたない中部・東日本の内陸地域で、七世紀後半代から九世紀代における固形塩の容器としての製塩土器（以下、便宜的に「製塩土器」と呼称する）の出土事例が増加している。都城や調塩諸国における塩の移動やその手段、同じ国内における沿岸地域と内陸部の塩の地域間交流などについては、文献史料には散見される。しかし文献史料でも、海をもつ国ともたない国との塩をめぐる交易の状況を記す史料は皆無に等しく、それは考古資料としての製塩土器も同じ状況であった。

塩に関わる考古学的研究は、これまで海をもつ地域での塩生産と土器製塩に関する研究や、都城出土の製塩土器と木簡資料の分析から、各地域からの塩貢納体制解明に向けての研究などが中心であり（山中章、一九九三。秋山浩三、二〇〇七など）、海をもたない中部・東日本の内陸地域の塩に関わる問題はあまり論議されてこなかったのが現状である。本稿では近年、山梨県で確認事例が増加している製塩土器資料から、内陸地域の古代交通について考えてみたい。

一　製塩土器に関わる名称について

製塩土器とは、周知のとおり塩づくりのための土器である。岩本正二によれば（岩本正二、一九八三）、製塩土器の用途は土器製塩の上で二つに大別できるとし、一つは、塩水を煮沸煎熬し塩の結晶を取り出す容器と、もう一つは、同一容器あるいは別の容器で作製した塩を焼塩処理し粗塩を精製する容器があるという。しかし両者の機能的識別は困難なことが多く、明確に区別はできないとしている。海水からの塩づくりとはまったく縁のない内陸地域で出土する製塩土器は、生産用具であり、また運搬・保管具であるとみて良かろう。そして、たんに土器だけが移動してきたのではなく、土器の中に塩が入った状態で運ばれてきたとみるのが自然であろう。製塩土器の一つの用途である煎熬段階での土器は、長時間火にかけられ、さらに塩の結晶化により土器自体がかなりのダメージをうけるため、そのまま運搬容器としては使用できないはずである。よって煎熬し粗塩作製専用の鍋のような大きな土器と、「焼塩土器」や「堅塩土器」などと呼ばれる焼塩処理し固形塩にするための小さな土器があったと考えられる。

本稿で対象とするのは後者の土器が中心となるが、渡辺誠は、近世の「焼塩壺」と「焼塩土器」を比較して、古代の「焼塩土器」は、近世の「焼塩壺」とニガリの成分量などが異なることから、「やきしお」ではなく「かたしお」であり、「焼塩土器」と呼ぶことは適切ではないと指摘している（渡辺誠、一九八七）。よって本稿では、渡辺の見解に沿って古代の「焼塩土器」は「堅塩土器」と認識するものの、混乱をさけるため、従来どおりそれらを総称するかたちで「製塩土器」という名称を用いる。

二　山梨県における製塩土器と出土遺跡

図１　山梨県内製塩土器出土遺跡分布図
（『図説山梨県の歴史』河出書房新社1990に加筆）

さて、海をもたない山梨県では、現段階（二〇一二年五月時点）では未報告のものも含め、九遺跡から製塩土器が出土している。以下、各遺跡の状況を概観してみたい。

①向第一遺跡　本遺跡は、南アルプス市十日市場に所在し、櫛形山に端を発し富士川（釜無川）に注ぎ込む滝沢川右岸に立地している。八世紀前半代の竪穴建物跡一軒と、平安時代の溝状遺構が数条検出されている。単独存在する八世紀前半代の竪穴建物跡から、地元産の土師器坏・甕や須恵器坏に混じって製塩土器が出土しており、一見、縄文式土器の薄手土器と見紛うような土器小片群が竪穴覆土層中から出土し、当時の報告書では当該製塩土器を「極めて軟質な焼成」、「小礫が混入するなど粗い胎土、非常に歪ん

だ成形で、器種器形を想定し得ない」と報告している（田中大輔、二〇〇二）。本県ではじめて「製塩土器」として認知された資料群である。

②東出口遺跡　本遺跡は、南アルプス市下宮地に所在している。向第一遺跡と同じ滝沢川右岸に立地しており、向第一遺跡とは数百mしか離れていない。八世紀前半から十世紀代にわたる竪穴建物跡三四軒、掘立柱建物跡が一棟、炭焼遺構と思われる土坑・ピット百基以上、溝状遺構・自然流路も三十数条検出されている。

製塩土器は出土した遺構は、これら遺構群から小片となって出土しており、器厚は二〜三㎜ほどで概して薄手である。口縁部の形態は、内外に屈曲・湾曲・直立するものなどさまざまで、その内外面に横位・斜位ハケメ痕跡を残すものがあるが、大方は指頭調整やナデ調整のみで、土器胎土には砂粒を多く含み、あきらかに地元土器の様相とは異なっている。色調は明黄褐色や浅黄橙色等を呈する。時期としては、出土状況から各遺構に確実に伴うとは思われないが、八世紀前半代および九世紀前半代の遺構周辺からの出土が多いため、その頃の時期としか言えないのが現状である（平野修、二〇〇八）。

③野牛島・西ノ久保遺跡　野牛島・西ノ久保遺跡は、南アルプス市野牛島地内所在し、甲府盆地の西部、釜無川（富士川）右岸の御勅使川扇状地上に立地している。同地区内における工業団地造成工事に伴い四万四千㎡という広大な範囲が発掘調査されている。奈良・平安時代を中心とする遺構群が検出されている。特にⅢ区、Ⅴ区、Ⅵ区とよばれる地区では、奈良・平安時代の竪穴建物跡四〇軒、掘立柱建物跡三棟、大溝、炭焼窯などが検出され、大溝からは八世紀前半〜九世紀前半の須恵器大甕が破砕した状態で多量に出土したり、竪穴建物内からも焼成不良の土師質須恵器がまとまって出土していることから、土器焼成窯は確認されなかったものの、本遺跡は須恵器生産に関わる遺跡とみられる。

本遺跡で出土した製塩土器資料は、破片数で七〇六点、総重量にして二kgを超えている。本遺跡出土の製塩土器群の特徴について、調査担当者である櫛原功一は報告書の中で次のように指摘している（櫛原功一他、二〇〇九）。

一、口径十cm以下の小形円筒形で、平底。口縁は薄く尖り、体部にわずかなくびれをもつもの、内湾するものもあること。

二、内外面に指頭痕が残り、一部に内面布目痕があることから型起こし成形が考えられるほか、少数ではあるがハケメ調整したもの、接合帯の痕跡を残すものがあること。

三、色調は内外面褐色で、被熱痕は弱いかほとんど認められないが、一部に独特の赤味をもつもの、黒色・灰白色付着物例がある。また断面中が灰色、表裏面褐色を呈したサンドイッチ構造の色調例があり、二次焼成痕とも考えられること。

四、軟質で表面が剥離したものがほとんどで、胎土は楕円形の粘土状物質を多量に含むもの、細かな砂粒を多く含むもの、丸みのある砂粒やチャート片、砂岩の大きな岩片を含んだものなど数種類に分類が可能である。また在地的な胎土をもつものも含まれること。

五、時期は八世紀前半例と九世紀代の二時期に大別でき、器形・胎土で区別が可能である。

六、一cm未満の小片化したものが多いこと。

七、竪穴・溝から出土し、竈内からも出土していることから、竈での焼成が行われた可能性があること。

④宮ノ前遺跡・宮ノ前第五遺跡　両遺跡は、韮崎市藤井町に所在し、巨麻郡家およびその関連遺跡とみられている遺跡である。富士川と合流する塩川右岸の中州状の微高地に立地している。表層には条里型地割も展開する当該地域は、通称「藤井平」ともよばれ、現在でも山梨県内有数の穀倉地帯となっている。当該地域一帯には宮ノ前遺

跡・同第五遺跡の他、宮ノ前第二・第三・第四遺跡・後田遺跡、北後田遺跡、堂の前遺跡などがあり、宮ノ前遺跡群として捉えられる。その中心的遺跡である宮ノ前遺跡では、八世紀前半代～十一世紀前半代までを中心とする竪穴建物跡四百棟以上、掘立柱建物跡五四棟、条里型地割に関わる溝状遺構などの遺構群とともに円面硯、転用硯、石製腰帯具、「宅」・「介」といった墨書土器などの多量の遺物も出土している。また、表層に展開する条里型地割については、宮ノ前遺跡の発掘調査の結果、八世紀末～九世紀初頭頃に小規模な範囲にわたる条里型地割の施工と、十世紀後半以降における大規模な施工の実態が確認されている。古代甲斐国巨麻郡家関連の遺跡であると注目されている宮ノ前遺跡内の八世紀代から九世紀前半段階の掘立柱建物跡群と竪穴建物群は、郡家館施設や在地豪族層の居宅、官衙施設の造営や維持、そしてさまざまな生産労働に出仕した人びとの住まいであったとみられている。

宮ノ前第五遺跡では、八世紀前半代～九世紀前半代を中心とする竪穴建物跡一二軒、掘立柱建物跡一棟、溝状遺構などの遺構群検出されている。出土遺物として特筆できるものとして、前述した野牛島・西ノ久保遺跡で生産されたと思われる須恵器大甕があり、さらに漆塗りパレットに使用された土師器坏とともに漆紙なども出土しており、手工業関連遺物の出土が目立っている（山下孝司、一九九七）。

製塩土器は、二〇〇八年段階に南アルプス市向第一遺跡の出土資料が製塩土器として認知されたのを契機に、韮崎市教育委員会が、宮ノ前遺跡出土土器資料の再調査を実施したところ、五〇棟以上の竪穴建物、溝状遺構、旧河道から総重量一kgを超える製塩土器片を確認している。筆者も韮崎市教育委員会の閏間俊明氏のご厚意により、それら資料群を実見させていただいたが、今後それらの資料化を進める予定である。

一方、宮ノ前第五遺跡の製塩土器は、報告書の中では一二号住居址出土土師器の一つとして資料化されていたが、特に製塩土器とは報告されていなかった。しかし実測図や観察表の胎土表記を見る限り、野牛島・西ノ久保遺跡等で確認された製塩土器群と極めて酷似していたため、これも韮崎市教育委員会の閏間俊明氏のご厚意によって当該資料を実見させて頂いたところ、これまでに県内で確認されている製塩土器と特徴が同じであったことから、製塩土器として筆者が報告している（平野修、二〇一〇b）。出土している多くの製塩土器資料が小片であるなか、本資料は破片資料でありながら口縁部から底部まで遺存し、現段階では全体像が把握できる数少ない資料として注目できる。口径九・六cm、底径五・一cm、器高八・八cmを測り、口唇部は「く」の字状に内彎し、胴部はテーパーなコップ形を呈する。内外面ともにナデ調整で、底部は平底で、外面には不鮮明ではあるが木葉痕が残る。土器全体の状況は、野牛島・西ノ久保遺跡で櫛原氏が観察したように、断面中が灰色、表裏面褐色を呈したサンドイッチ構造の色調で、二次焼成痕が明確であり、底部外面黒色化し被熱痕跡がみられる。その所属時期としては、本資料が出土している一二号住居址の他の土器資料の時期が八世紀前半代であり、当該時期の所産と考えている。

⑤西田町遺跡　西田町遺跡は、甲府盆地東南部、笛吹川の支流である日川・金川と御坂山地に囲まれた緩やかな北西向き斜面上に立地する。現在の行政区域では笛吹市東原字西田町・竹原田字川原口丁にあたり、東西約四〇〇m、南北約二〇〇mと遺跡は広範囲にわたっている。西田町遺跡はその範囲内において過去二度の調査が実施されており、ここに紹介するのは、二〇〇八年の発掘調査で出土した八世紀後半〜十世紀代を中心とした集落から出土した資料である。製塩土器は竪穴建物および土坑覆土内や、遺構外から小片が計四点出土している。被熱痕跡を留めたナデ整形の薄手の小破片である。所属時期については、各遺構の覆土中出土であることから明確にし得ないが、九世紀前半代の遺構群が多いことから当該時期頃の所産と考えられる。西田町遺跡は、「御幸道」とよばれる陸上交通路と、旧河道を利用した水上交通路の結節点とも言える交通の要衝の場にあり、さらに甲斐国府や国分僧尼寺にも近接し、本遺跡の集落の人々は、遺構・遺物の様相から、これら官衙や寺院に近在するそれらの造営や維持、

経営に深く関与していた可能性が高い（平野修、二〇一〇a）。

⑥西川遺跡　西川遺跡は、南都留郡富士河口湖町河口字西側に所在する。遺跡の東方には旧鎌倉街道が南北に縦断しており、それは古代東海道の支路である御坂路（甲斐路）とも目されている。河口は、『延喜式』にみられる三駅の一つである河口駅の比定地であり、船津という地名も残ることから、津の存在も推測される。中世以降には、富士信仰に伴って中部・北陸方面の道者たちが多く詰めかけたといい、彼らが寄宿する御師集落が近世を通じ繁栄した地域でもある。

さらに『日本三代実録』貞観六年（八六四）五月二五日条にみえる、富士山噴火の翌年に建立されたとされる浅間神社の比定社でもある河口浅間神社が本遺跡の東方に鎮座し、地元では未報告ながら、その河口浅間神社の境内地や、御師集落南端にある善応寺の墓地から、平安期の墨書土器が出土している事例も知られており、古代の遺跡が存在することは周知されていた。個人住宅新築に伴う試掘調査で、八世紀後半から九世紀前半代を中心とする土師器と須恵器が百点余り出土し、その中から三点ではあるが製塩土器が認められた。いずれも大きさが三㎝内外の口縁部、胴部の小片である。胎土や調整方法など甲府盆地内で確認されている資料とほとんど変わりはなく、その所属時期については、伴出している土器とほぼ同時期（八世紀後半～九世紀前半）の所産と考えられる（杉本悠樹、二〇一一）。

⑦三ヶ所遺跡　三ヶ所遺跡は、甲府盆地の北東部の山梨市三ヶ所に所在し、市道改良工事に伴って二〇〇八～二〇一〇年まで三次にわたって発掘調査が実施されている。九世紀後半から十世紀前半代を中心とする集落跡の一部を検出し、「東大」と書かれた墨書土器の他、土師器製仏鉢形土器などが出土している（櫛原功一他、二〇一二）。このことから僧侶が本遺跡集落に出入りしていたことがうかがわれ、隣接する夢窓疎石開山と伝えられる中世寺院

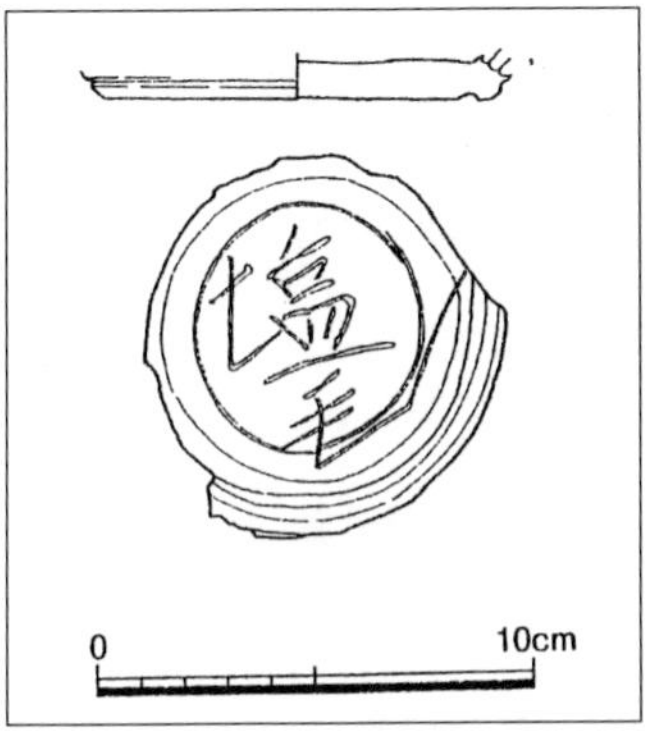

図2 三ヶ所遺跡第3次3号竪穴出土「塩毛」刻書土器実測図
（櫛原功一他、2012文献より作成）

の清白寺との関連性も示唆される。

二〇一〇年の発掘調査では、平安時代の竪穴建物跡の覆土内から、製塩土器小片とともに、九世紀前半代の土師器高台坏の底部に「塩毛」と書かれた刻書土器が出土している。製塩土器の出土は、笛吹川左岸と重川右岸地域では初めての事例である。一方、刻書土器の「塩毛」の「毛」は、容器としての「笥」を意味すると考えられ、こうした製塩土器と、「塩毛」刻書土器の出土から、本集落では塩を使用した祭祀がおこなわれ、加えて祭祀に使用された塩は、製塩土器で持ち込まれた特別な塩であった可能性が高い。

⑧石之坪遺跡（西地区） 本遺跡は、韮崎市円野町上円井に所在し、近世段階の駿州往還沿い、富士川の上流である釜無川右岸の河岸段丘上に立地している。一九九八年に韮崎市教育委員会がほ場整備事業に伴い発掘調査を実施し、縄文時代の竪穴建物跡五五棟、九世紀後半から十二世紀代の竪穴建物跡三六棟などを検出している（閏間俊明、二〇〇一）。

前述した宮ノ前遺跡の出土土器資料の再調査の際に、本遺跡でも再調査を実施したところ、竪穴建物跡から筆者計測で総重量五七・一g程度の製塩土器片が出土していることが判明した（筆者も同教育委員会の閏間俊明氏のご厚意で資料を実見することができた）。現段階では製塩土器の富士川上流域での最北端出土地となっているが、その北方の上流域には古代の勅旨牧の一つである「真衣

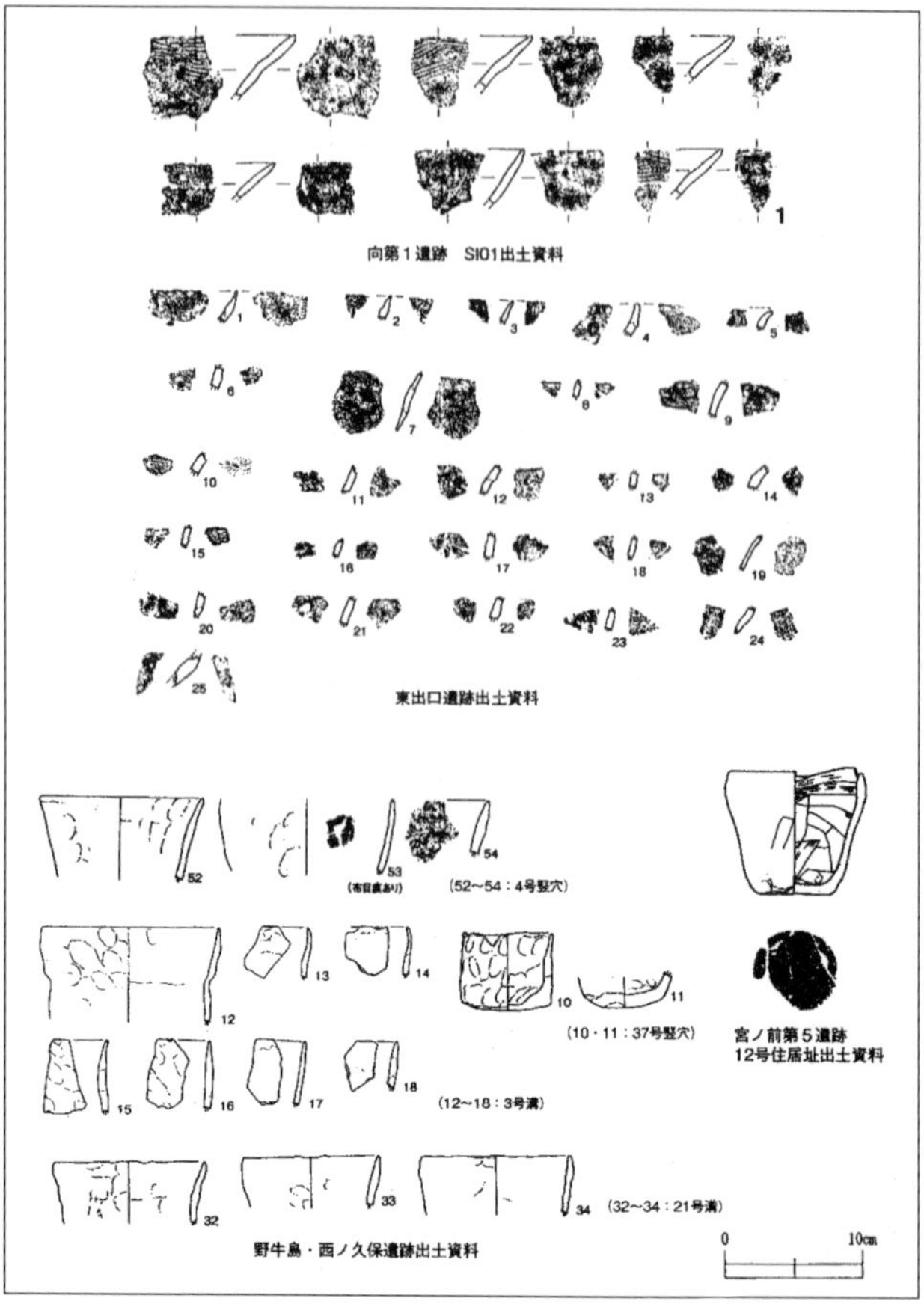

図３　山梨県内出土の製塩土器（各報告書より作成）

野牧」の推定地や、それに関連する集落遺跡が多く存在していることから、出土土器の再調査をおこなえば、製塩土器の分布域がさらに広がる可能性もある。製塩土器の詳細な時期は不明だが、九世紀後半代の竪穴建物跡が検出されていることや、本遺跡に隣接する石之坪遺跡東地区では、仏教関連遺物である須恵器壺Gが出土していることから、九世紀代の所産と推測している。さらに南方に位置する半縄田遺跡では、九世紀前半代の掘立柱建物跡から瓦塔片が出土していることから、九世紀代において当該地域が、仏教信仰色の濃い地域であることもうかがえる。

⑨江曾原遺跡　本遺跡は、山梨

市江曾原に所在し、笛吹川右岸の西北西から東南東に楔状に開析された谷の中央部分に位置する。谷の開口部の幅は約八㎞に及び、条里型地割が表層に展開している。その正面には笛吹川が西流し、さらに貞観元年（八五九）に宇佐八幡宮より笛吹川中洲の大井俣の地に勧進したのが始まりだとされる窪八幡神社も当該地に鎮座している。発掘調査は地盤改良工事に伴って昭和二〇年代に実施されたもので、その後一九八七年（昭和六二）に、同市所在の日下部遺跡の調査報告書の付編とその報告が掲載されている。調査面積は百㎡ほどと狭い範囲にもかかわらず、竪穴建物跡が三棟、掘立柱建物跡二棟をはじめ「湧井」とされる井戸遺構や溝状遺構などが検出されている。多量の土師器・須恵器などに混じり、墨書土器の他、モモ核やウマの歯なども出土している。製塩土器は、本遺跡の発掘調査を実施した野沢昌康山梨県考古学協会名誉会長（二〇一一年二月死去）が、かつて本遺跡地内で表面採取した遺物群の中から確認されたものである（平野修、二〇一二）。製塩土器は、四㎝ほどの細片で、にぶい橙色を呈し弱く被熱している。内外面ともにナデ調整で胎土白色粒子をやや多く含んでいる。

三　山梨県における製塩土器の出土傾向とその搬入状況

1　出土傾向について

このように山梨県内では、二〇一二年前半期段階で計九遺跡で製塩土器が確認されており、富士川およびその上流域の釜無川、その支流である塩川流域を中心に製塩土器の分布が認められる。さらに甲府盆地の西縁を八ヶ岳南麓から南北に流下する釜無川と合流して富士川となる甲府盆地を東西に流下する笛吹川流域や、富士山北麓域の、古代東海道の支路である御坂路（甲斐路）沿いの富士河口湖町でも、近年少量ではあるが認められている。このことから、まだ未確認地域である甲府市域を中心とする荒川流域の甲府盆地中央部や、相模川上流域である桂川流域の山梨県東部地域でも、今後確認される可能性は極めて高いと予測され、それに伴い製塩土器の出土量も今後増加していくと予測される。

現段階での製塩土器の出土量からみると、野牛島・西ノ久保遺跡や、宮ノ前遺跡および宮ノ前第五遺跡などが所在する富士川流域と、その支流である塩川流域の古代甲斐国巨麻郡域に所在する遺跡から集中的に出土していることが看て取れる。八世紀前半段階から九世紀代にかけて、富士川を介して他国からの製塩土器（塩）を需要していた可能性が極めて高い。そしてその集積地の一つとして野牛島・西ノ久保遺跡が担っていたことも推察される。野牛島・西ノ久保遺跡では、前述のとおり、須恵器生産や炭生産などもおこなっていたことから、巨麻郡内の基幹産業を担う大規模手工業生産拠点であったと言っても過言ではない。さらに同遺跡では、竪穴建物の竈からも製塩土器の出土がみられることから、竪穴建物内での固形塩の焼き直し作業がおこなわれていた可能性が高く、固形塩の再加工も含めた塩の集積地であった可能性も高い。そして宮ノ前遺跡や宮ノ前第五遺跡も、野牛島・西ノ久保遺跡と同様な性格が考えられることから、巨麻郡家が八世紀から九世紀にかけて、固形塩の集積と再加工を一手に担っていた状況が推測される。

一方、笛吹川流域の西田町遺跡や三ヶ所遺跡は、国府や国分僧尼寺、いわゆる村落寺院との関わりが強い集落遺跡であり、水陸交通の要衝にあたる遺跡でもある。しかし製塩土器の出土量からみるとその量はわずかであり、消費が中心であった可能性が高い。また富士北麓地域の御坂峠の南方に位置する西川遺跡は、駅家ないし津に関わる遺跡とみられることから、集積と消費の両面が考えられる遺跡である。しかし調査面積が狭小なため判断が難しく、今後の調査の進展を待って判断したい。

2　製塩土器の搬入状況について

南アルプス市の野牛島・西ノ久保遺跡出土の製塩土器を（財）山梨文化財研究所の河西学が胎土分析をおこなった結果、推定される土器の製作場所は、南関東から東海地域の可能性と甲府盆地が挙げられている（河西学、二〇〇九）。また、製塩土器に詳しい岩本正二氏からは、奈良県田原本町に所在する清水風遺跡の第五次調査で出土している製塩土器が形状が、野牛島・西ノ久保遺跡の製塩土器と酷似しているのではないかと指摘を受けた。早速、同遺跡の製塩土器を報告書で確認したところ、細片化した資料が多い中、野牛島・西ノ久保遺跡出土資料と器形や整形調整技法、胎土の状況が酷似した製塩土器が八点資料化されていた（清水琢哉、二〇〇八）。製塩土器は運河的な流路遺構から出土しており、共伴している土師器・須恵器はいずれも八世紀前半代のものである。さらに報告書では、奈良県立橿原考古学研究所の奥田尚による胎土分析がおこなわれており（奥田尚、二〇〇八）、その結果では相模湾沿岸東部付近の産、つまり相模国産とされている。そして近年、東海大学の田尾誠敏氏から、韮崎市の宮ノ前第五遺跡で出土している鉢形もしくはコップ形を呈する製塩土器と、形態・規模的に酷似した土器資料が、神奈川県小田原市の曾我遺跡・永塚下り畑遺跡の報告書の中で「鉢形土器」として報告されている（川又隆央、二〇〇二）とのご教示を得た。現段階では、報告書での確認に留まっているため、今後、資料の実見や可能ならば胎土分析等をおこない分析を進めていきたい。

しかし甲斐国に持ち込まれている製塩土器のすべてが相模国産とは断定できない。いずれにしても甲斐国の場合、持ち込むルートとしては、富士川や相模川を利用した水上ルートや同河川沿いの陸上ルート。東海道支路御坂路（甲斐路）をはじめとした主要交通路を利用陸上ルートに限定されることから、相模国をはじめ駿河・伊豆などの沿岸諸国から持ち込まれた可能性は高い。しかしながら相模を除く各諸国では、まだ野牛島・西ノ久保遺跡タイプの製塩土器の存在は確認されておらず、こうした諸地域における製塩遺跡と製塩土器の確認が急務である。

ところで甲斐国では、先述した胎土分析の結果、他地域産の製塩土器の他、甲斐国内産の製塩土器が存在する可能性があるが、こうした状況は美濃国でもみられる。美濃国内で生産された製塩土器である「美濃式製塩土器」を提唱し、この問題にいち早く取り組んだ森泰通によれば（森泰通、一九九七・二〇一〇）、七世紀後半から九世紀にかけて、愛知県の知多・渥美式に特徴的な棒状脚をもたない、おそらく丸底の製塩土器が、木曾川の上流域の可児市宮之脇遺跡、長良川上流域の関市重竹遺跡といった、川船がさかのぼり得る終港付近に集中して出土しているという。これら遺跡では、一棟の竪穴建物跡から二〇個体を超える美濃式製塩土器が出土することも珍しくないため、「村落内の自家消費ではなく、尾張などから運び込まれた粗塩を再加工して、固形塩を製作し供給する拠点として機能していた」と想定している。さらに宮之脇遺跡で再加工され美濃式製塩土器に入れられた堅塩が、今度は木曾川を下って愛知県一宮市の八王子遺跡まで運ばれているという不自然な状況がみられるとしている。こうした状況を森は、両地域を支配するそれぞれの豪族層が瓦生産や美濃須衛須恵器の供給に伴い木曾川を介してつながっていたと想定している。また関市重竹遺跡の場合でも、長良川の対岸に位置する武儀郡家である弥勒寺東遺跡でも美濃式製塩土器が多数出土しているが、これは歴史的にも都と結びつきが強く、祭祀や食風面においても中央指向の強いムゲツ氏が、重竹遺跡に堅塩生産を担わせたのではないかと想定している。このように、甲斐国でも、胎土分析の結果から、美濃国と同じように沿岸部から運ばれてきた固形塩を、甲斐国内産の容器に入れ替えている、もしくは、甲斐国内産容器をあらかじめ塩原産国に送り込んで、それを甲斐国内に運び入れていることなどが推測されよう。

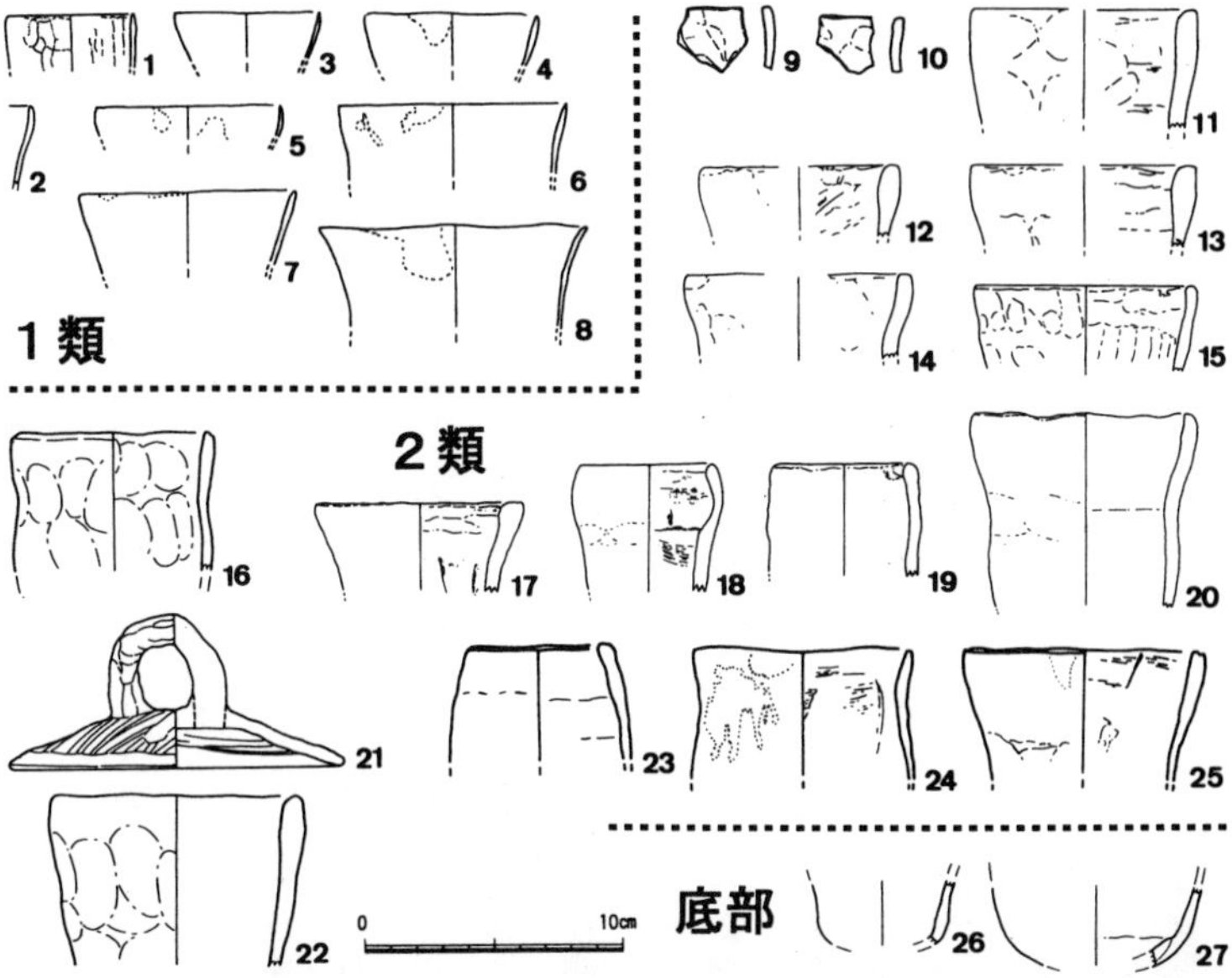

1:城之内遺跡　2:弥勒寺跡　3-8:宮之脇遺跡B地点　9・10:曽根城跡　11-14:御望遺跡　15:芥見長山遺跡　16:前洞遺跡　17-20・26・27:重竹遺跡　21・22:今遺跡　23-25:宮之脇遺跡A地点（1-15・17-21・23-25:各報告書より転載）

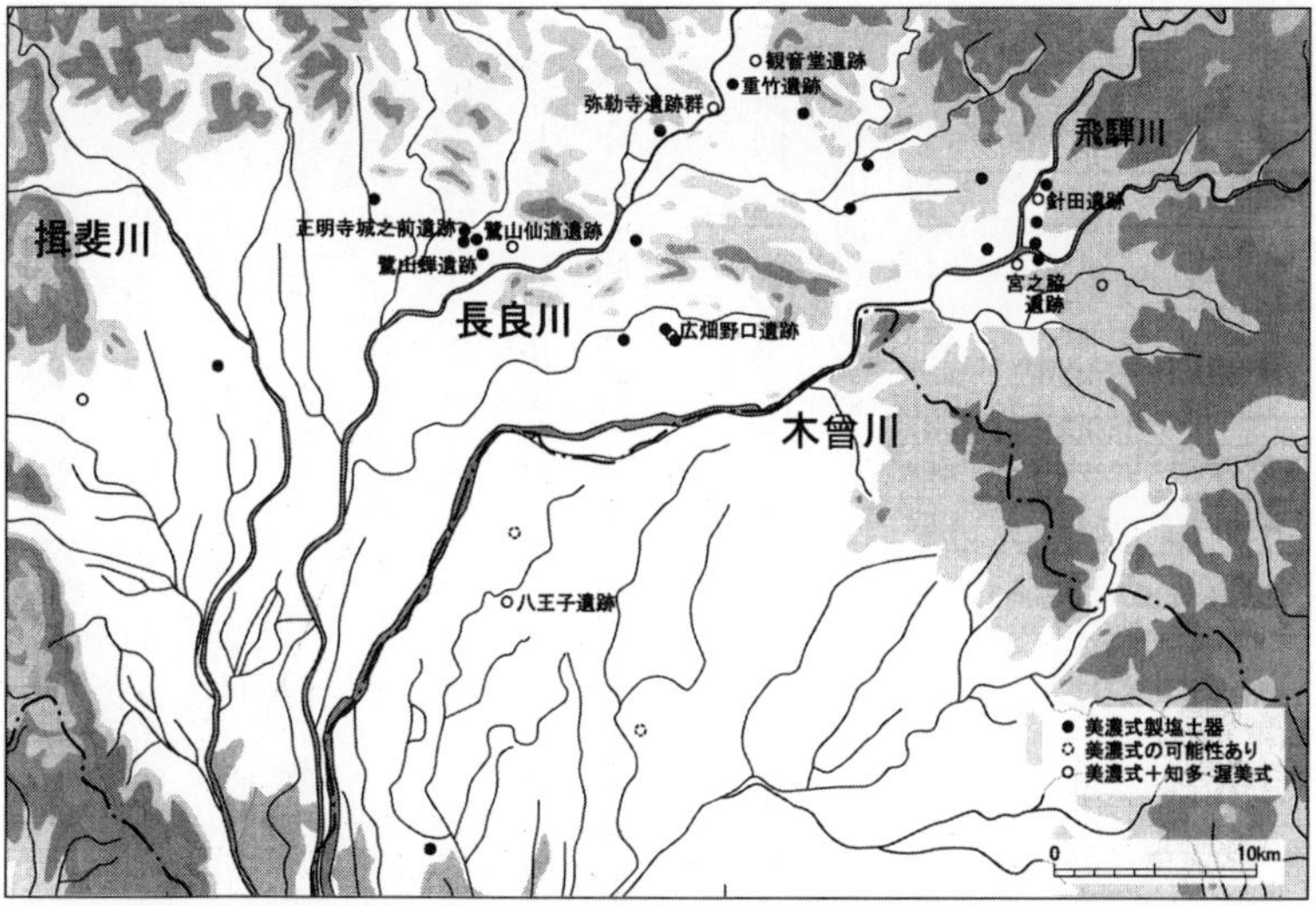

図４　美濃式製塩土器とその分布（森泰通、2010文献より作成）

四　峠を越える甲斐の塩

八世紀から九世紀段階の甲斐国内で出土する製塩土器は、相模国などの沿岸諸国から富士川などを介し川を上る水上ルートと、官道を介し峠を越える陸上ルートによって持ち込まれていた。特に水上ルートの場合、それらは甲府盆地の西部の南アルプス市から韮崎市にかけて一旦集積され、再加工され、そこからさらに盆地内の陸上ルートないし河川を利用した水上ルートを介し、盆地東部の官衙および寺院、それら関連集落に供給されていたのではないかと推測できる。しかし、御坂峠南方に位置する西川遺跡でも製塩土器が存在することから、東海道本路から支路である御坂路を通り、籠坂峠を越え人馬によって塩生産地からダイレクトに西川遺跡に持ち込まれた可能性と、甲府盆地から御坂峠を越えて持ち込まれた可能性も推測できるので、今後の胎土分析や、周辺遺跡の発掘調査の進展の状況をみて検討していかなければならない。

ところで近世段階において、富士川の物流拠点となった場所に「鰍沢」という場所がある。当該地は富士川と笛吹川の合流箇所にほど近い場所にあり、富士川舟運の拠点ともなった鰍沢河岸が設置され栄えた。本河岸は年貢米の輸送にも利用され、甲府藩をはじめとして信州諏訪藩領・松本藩領の米蔵も置かれていた。反対に鰍沢に陸揚げされるのは主に塩であり、そのため鰍沢河岸で扱われる荷を端的に表すのに「下げ米・上げ塩」という言葉がよく用いられた。鰍沢の塩蔵で荷づくろいされた塩が信州各地にも運ばれたとされている。現に信州（長野県）の高遠町では、塩のことを「鰍沢」とも呼んでいたそうである。また、山路直充によれば信州をさらに離れた飛騨高山でも塩のことを「甲州塩」とよんでいたらしく（山路直充、二〇〇四）、確実に近世段階には、人の背、馬の背を使用し、急峻な峠を越えて甲斐国から信濃国へ、さらに飛騨国へも塩が運ばれていたのである。

この状況を古代に遡らせることは可能であるが、対する信濃国や飛驒国で、まだ野牛島・西ノ久保遺跡タイプの製塩土器資料の存在は知られていないため、推測の域は出ない。しかし古代における両地域間の交流は、さまざまな手工業生産物における技術交流の状況からうかがうことができる。一つには、山路直充が指摘しているように（山路直充、二〇〇四）、信濃国の鐙瓦の瓦当紋様と製作技法が、甲斐国巨麻郡内の天狗沢瓦窯へ伝播していること。そしてもう一つには、甲斐型坏と駿東型坏の成立に関わって、両地域の土師器製作集団が、胎土こそ異なるが、器形や暗文・ミガキ技法といった技術で共通したつくりの土師器が、駿河と甲斐両地域分布していることが挙げられる（田尾誠敏、二〇〇八）。特に甲斐国側では、宮ノ前遺跡などが存在する巨麻郡藤井平地域を中心に分布しており、土師器製作に関わる両地域間の技術交流がうかがわれるのである。

こうしたさまざまな手工業生産物における技術や情報、そして人的な交流が活発におこなわれていたことが推測されることから、塩においても、川を上り峠を越える交流があったとみるのが自然であろう。平川南は、甲斐国は東国において東海道と東山道の結節点と評価しているが（平川南、二〇〇四）、まさにその状況を物語っていると言えよう。

おわりに

十世紀以降の製塩土器のあり方は、まだ解明できていない。つまり土器製塩としての製塩土器も、容器としての製塩土器も見いだせないのである。おそらく俵などによる塩の供給は当然続いていたと思われるが、鉄釜などの普及による、土器製塩の消滅と堅塩製作用土器の衰退ということがその背景にあるのかもしれない。いずれにしても、古代甲斐国における製塩土器のあり方は、甲斐国が東海道と東山道の結節点であるという平川の評価にふさわしく、古代から近世という長きにわたって、塩が水上ルートである川を上り、最終港あたりで陸揚げされ、そこからさらに陸上ルートを使い峠を越えていった状況が、製塩土器のあり方から想定されるのである。今後、信濃・飛驒両国での製塩土器の発見が待たれるとともに、生産地での土器製塩の実態解明が待たれる。

最後に本稿を草するにあたっては、岩本正二、櫛原功一、河西学、田尾誠敏、森泰通の各氏には製塩土器に関する貴重なるご教示を賜った。また、閏間俊明、杉本悠樹の両氏には製塩土器資料の実見に際して、格別なるご配慮を賜った。ここにご芳名を記し御礼を申し上げたい。

参考文献

秋山浩三、二〇〇七「第Ⅴ部第三章　土器製塩と塩の消費形態」（『日本古代社会と物質文化』青木書店）
岩本正二、一九八三「七～九世紀の土器製塩」『文化財論叢』（同朋舎）
閏間俊明、二〇〇一『石之坪遺跡（西地区）』（韮崎市教育委員会・峡北土地改良事務所）
奥田　尚、二〇〇八「清水風遺跡出土の製塩土器の表面にみられる砂礫」（『田原本町文化財調査年報一六　二〇〇六年度』田原本町教育委員会）
河西　学、二〇〇九「第三節　野牛島・西ノ久保遺跡出土の胎土分析」（『野牛島・西ノ久保遺跡Ⅲ・Ⅴ・Ⅵ区』南アルプス市埋蔵文化財調査報告書二〇、南アルプス市・南アルプス市教育委員会他）
川又隆央、二〇〇二「鉢形土器について」（『下曾我遺跡　永塚下り畑遺跡第Ⅳ地点』鎌倉遺跡調査会・下曾我遺跡発掘調査団）
櫛原功一他、二〇〇九『野牛島・西ノ久保遺跡Ⅲ・Ⅴ・Ⅵ区』（南アルプス市埋蔵文化財調査報告書第二〇集、南アルプス市・南アルプス市教育委員会・（財）山梨文化財研究所）
二〇一二『三ヶ所遺跡（第三次調査地点）―市道小原東東後屋敷線改良に伴う発掘調査報告書―』（山梨

清水琢哉、二〇〇八「清水風遺跡出土の製塩土器」（『田原本町文化財調査年報一六　二〇〇六年度』田原本町教育委員会）
杉本悠樹、二〇一一「富士河口湖町西川遺跡出土の古代製塩土器について」（『山梨県考古学協会誌』二〇）
田尾誠敏、二〇〇八「静岡県における甲斐型土器の流通」（『山梨県立博物館　調査報告書2　古代の交易と道　研究報告書』山梨県立博物館）
田中大輔、二〇〇二『向第1遺跡』（若草町埋蔵文化財調査報告書三、若草町教育委員会他）
平川　南、二〇〇四「第五章第七節　甲斐の交通」（『山梨県史』通史編一、山梨県）
平野　修、二〇〇八『東出口遺跡』（南アルプス市埋蔵文化財調査報告書一八、（株）パナホーム山梨・南アルプス市教育委員会・（財）山梨文化財研究所）
二〇一〇ａ「第Ⅳ章第五節　その他の土器（製塩土器）」（『西田町遺跡（第二次・第三次）』笛吹市文化財調査報告書一三、（株）くろがねや・笛吹市教育委員会・（財）山梨文化財研究所）
二〇一〇ｂ「考古学からみた古代内陸地域における塩の流通―八世紀から九世紀代における甲斐国の事例を中心に―」（『帝京大学山梨文化財研究所研究報告』一四、帝京大学山梨文化財研究所）
二〇一二「野沢昌康先生考古資料コレクションについて　四・奈良・平安時代　（一）江曾原遺跡出土資料」（『山梨県考古学協会誌』二一）
森　泰通、一九九七「東海地方における消費地出土の製塩土器―特に固形塩の問題をめぐって―」（『製塩土器の諸問題―古代における塩の生産と流通―』塩の会シンポジウム実行委員会）
二〇一〇「東海地方における古代土器製塩覚え書き二〇〇九―内陸部から出土する製塩土器の意味を考えるために―」（『東海土器製塩研究』考古学フォーラム）
山下孝司、一九九七『宮ノ前第5遺跡』（韮崎市教育委員会）
山路直充、二〇〇四「甲斐における瓦葺き寺院の出現―天狗沢瓦窯出土の鐙瓦の祖型をおって―」（『開発と神仏との

かかわり』帝京大学山梨文化財研究所・古代考古学フォーラム実行委員会）
山中　章、一九九三「古代宮都の『製塩』土器小考」（『平安京歴史研究』杉山信三先生米寿記念論集刊行会）
渡辺　誠、一九八七「粗塩・堅塩と焼塩のこと」（『考古学ジャーナル』二八四）

5　大和と河内の峠道

近江俊秀

はじめに

大和と河内は、北は生駒山、南は二上山から葛城・金剛山によって隔てられ、奈良盆地の河川の唯一の出口である大和川沿いであっても、山並みが迫っているため、一旦山中に入り峠を越し、河内平野へ出ることになる。そのため、この二つの地域を画する山中には、複数の峠道がある。

また、大和と河内の交通には、しばしば大和川の水運が利用されていたと指摘されているが、少なくとも古代における大和と河内間の河川交通の記事は、唯一、『日本書紀』仁徳紀に見られる、淀川から木津川を経由するもののみであり、大和川の河川交通の存在を直接、裏付ける史料は無い。一方、『日本書紀』に見える大和と河内間の峠道は、当麻径、竜田、大坂、懼坂道、石手道があり、特に竜田、大坂のふたつの峠は、複数の記事にその名が現れている。このことから、大和と河内の交通は、専ら峠越えのルートが利用されていたと考えられる。そして、これらの峠の往来記事を見てみると、その整備状況や、往来の頻度は時代によって異なるようで、特に公的な利用に関しては、時期によって特定の峠道が重点的に利用されているようである（図1）。

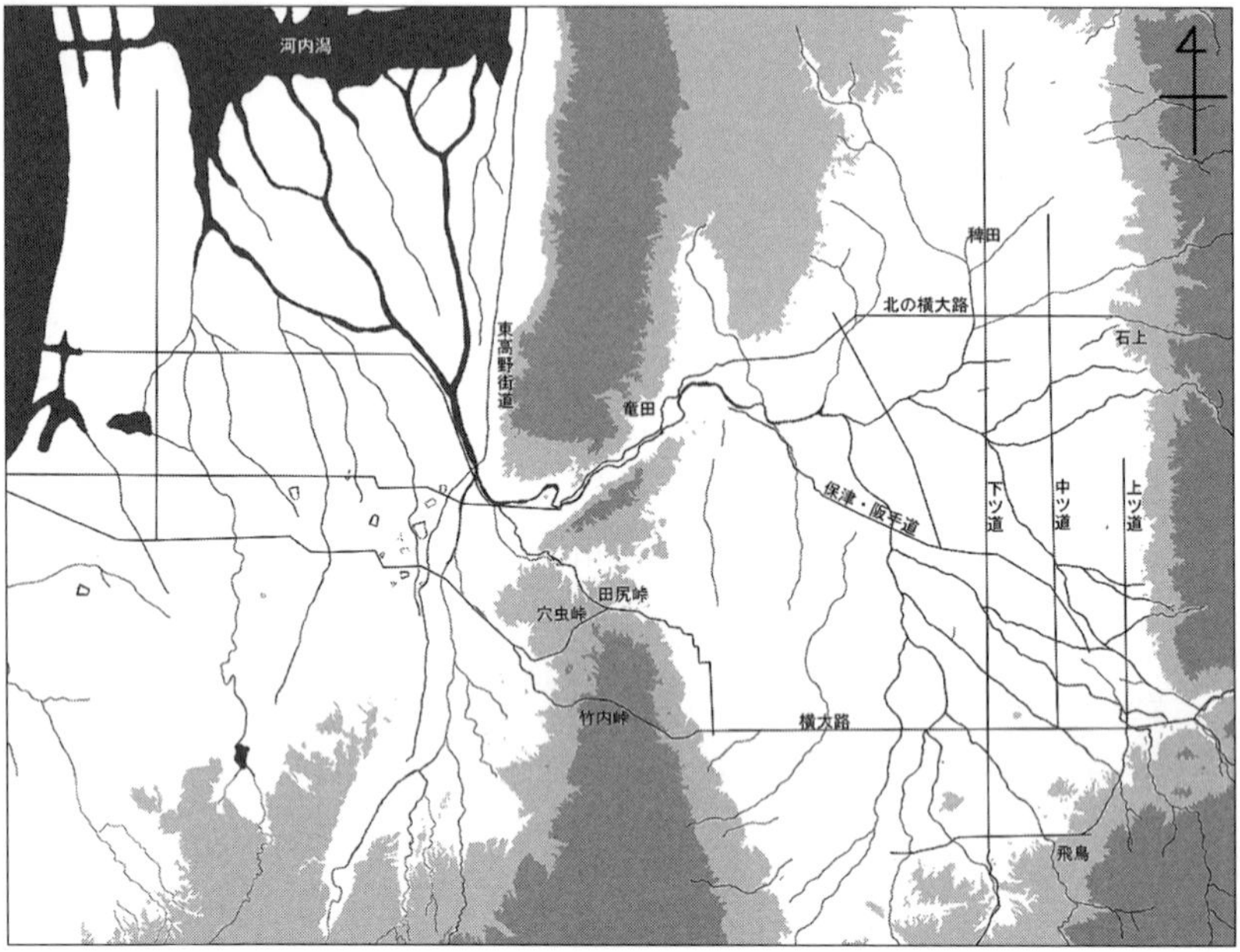

図１　大和・河内の道路網

本稿では、史料にみえる大和と河内の往来記事や発掘調査成果の分析をつうじて、峠道の整備や利用について検討するとともに、峠の周囲における遺跡や遺物のあり方から、古代交通上の峠の役割について考えてみたい。

一　往来記事の検討

1　履中天皇が通った峠

『日本書紀』履中即位元年、住吉仲皇子の反乱を受けた履中天皇は、大和の地に避難する。埴生坂を越え、飛鳥山の麓にたどり着いた一行は、そこで出会った少女に、これから向かおうとする大和への道の様子を聞く。その問いに対して少女は、大坂ではなく当麻の道、つまり竹内峠を通るようにと勧める。

兵《つはもの》を執《と》れる者、多《さは》い山中に満《いは》めり。廻《めぐりかへ》り

て当摩径《たぎまのみち》を踰《こ》えたまへ。

ここで注意しなければならないのは、当摩道ではなく径と表記されていることである。『日本書紀』に見えるミチの表記法を調べると、径とは小道あるいは辺境のミチを指す場合に用いられていることから、この時期、竹内峠を越え当麻に向かう道は、間道であったということがわかるのである。結局、天皇一行は竜田を通って石上への行くことになるのであるが、この記事から当時の大和と河内を結ぶ主要ルートは大坂であり、その他、間道として当麻、竜田のふたつの道が利用されていたことが知られる（図2）。

大坂とは埴生坂と飛鳥山との位置関係から、現在の穴虫峠を指していると思われる。この峠を越え、大和に入ると、大坂の名を冠するふたつの神社がある。ひとつは、香芝市逢坂にある大坂（逢坂）山口神社、もうひとつは穴虫にある大坂山口神社である。大坂山口神社は、『延喜式』にもその名が見える式内社であるが、どちらが本来の式内社であったかは定かでない。また、穴虫峠の北方には、関屋の地名が残り、後述するように天武天皇が大坂に置いたとされる関との関係を想像させる。

竜田は「神武即位前紀」に現れる。ただし、ここで記されている道の姿は、狭く険しく人が並んで歩くことができず、神武天皇の軍は途中であきらめ引き返したという。当然、この記事は信憑性に乏しいものであるが、後に大和と河内をむすぶ重要路線のひとつとなる竜田越えのルートが整備される以前の姿を示していると考えられる。竜田を通過するルートの整備は、遅くとも六世紀後半には行われていたようであり、石上に本拠を置く物部氏の成長に伴い、物部氏の河内の本拠地である渋河の地と石上とを結ぶ交通路として利用されていた形跡がある（加藤謙吉、一九九一）。また、上宮王家の斑鳩進出もこのルートとの関係が想定される。

なお、史料に見える竜田越えのルートは大和川右岸を通過するものであったと想定されるが、大和川左岸を通過

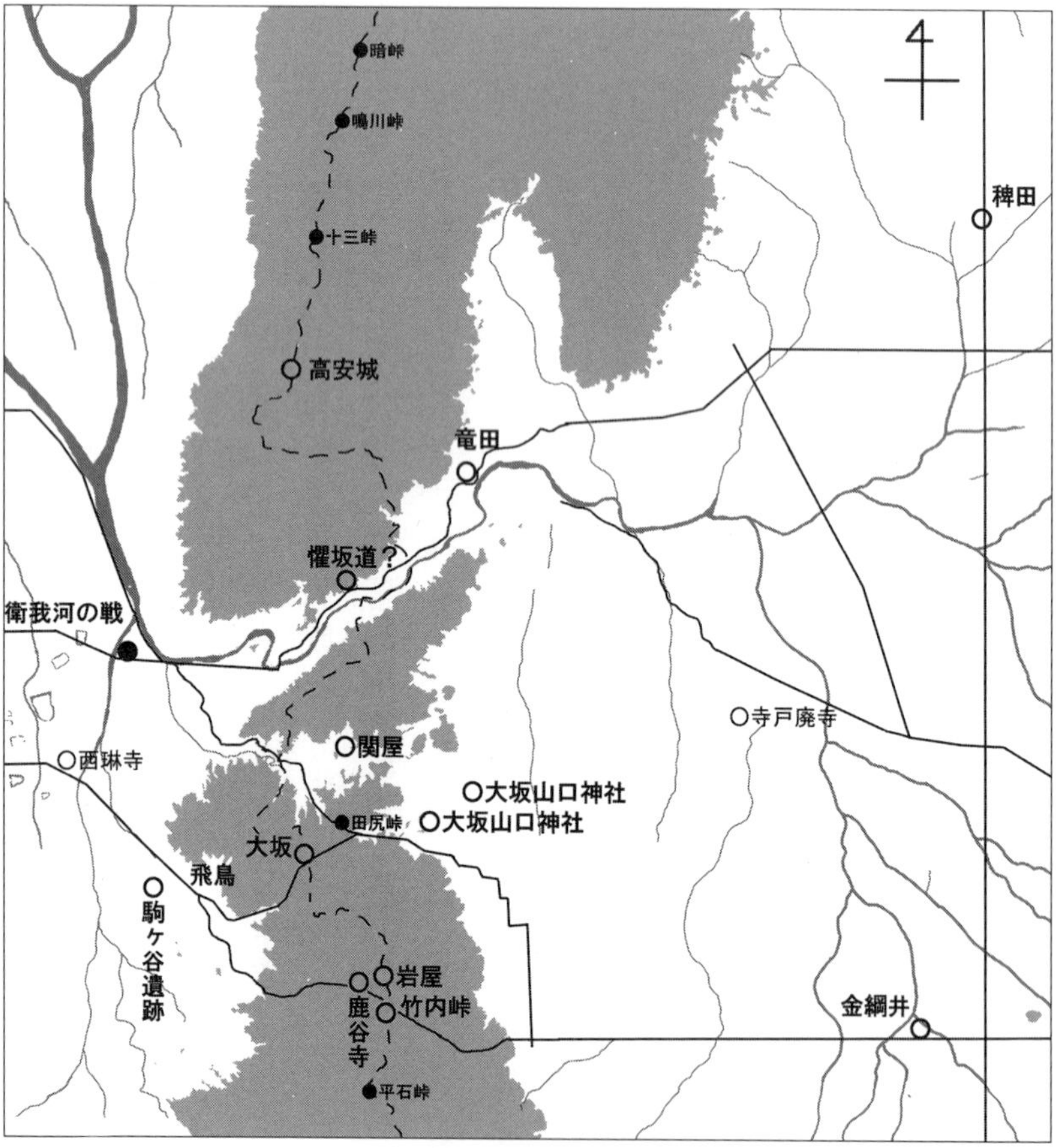

図2　主要な峠と関連遺跡

する別の路線も存在したと考えられる。広陵町に所在する寺戸廃寺は七世紀前半の寺院跡であるが、ここから出土する軒丸瓦は羽曳野市西琳寺などから出土するものと類似しており、両地域の直接的な交流が窺われる（奈良県立橿原考古学研究所附属博物館、二〇〇〇）。寺戸廃寺が所在する広瀬は、六世紀後半に敏達王家が進出したことが知られており、この地と河内との交流の背景には敏達王家の存在が想定される。また、広瀬の地と飛鳥とは下ツ道と保津・阪手道とによって直結されていた可能性があり、石上―竜田というルートとは別に、飛鳥―広瀬というルートを通り大和川付近を通過し、河内に入るルートも存在していた可能性が高い（近江俊秀、二〇一一）。

2　推古朝の峠

『日本書紀』推古二一年（六一三）一一月条に、

難波より京に至るまでに大道を置く。

という記事が見える。この記事は、最初の官道敷設の記事であるとも評価されており、そのルートは横大路を通り、竹内峠を越え、河内に入り現在の竹内街道、難波大道を経由して難波津に至るものであったと考えられている。この見解を最初に示したのは岸俊男である（岸俊男、一九七〇）。岸は『古事記』崇神段に見える宇陀墨坂神と大坂神が、それぞれ大和の東と西の門戸にあたり、その位置関係から、両者が横大路によって結ばれていると考えた。また、「天武紀上巻」に見える金綱井が、横大路と下ツ道の交差点付近にあたること、大伴吹負の軍事活動の記事から推定される金綱井から当麻衢というルートが、横大路にあたることなどから、遅くとも近江遷宮以前には、横大路が南北三道とともに、奈良盆地における主要道路網を形成していたと考えた。さらに巨視的にみると、柳本―馬見―古市―百舌鳥という大和と河内の大古墳群は、横大路とその延長ライン上で東西一直線に並ぶことから、四～

表１　難波津から飛鳥へ路線比較

	路線名	概算延長（難波～下ツ道）	最高所	標　高
A	八尾街道	40.9km	田尻峠	120m
B	長尾街道	41.9km	田尻峠	120m
C	竹内街道～長尾街道	44.9km	穴虫峠	140m
D	竹内街道	42.2km	竹内峠	288m

五世紀には、横大路の前身となる道路が存在した可能性を指摘している。

なお、岸は、史料に見える大坂は、穴虫峠を指すことを認めながらも、横大路との接続は竹内峠が自然であり、かつ竹内峠は、蘇我氏の河内における本拠地である磯長を通過すること、孝徳天皇の大坂磯長陵の治定陵が竹内峠越えのルート上にあたることから、ある時期、竹内峠を越えるルートを大坂道と呼んだ可能性を指摘している。

筆者も推古朝の大道が竹内峠を越えていたという考えには異存なく、そう考えることによって磯長の古墳群の存在や蘇我氏の河内における本拠地である石川との関係を合理的に説明できると考えている。つまりこの記事は、履中朝では小道（径）にすぎなかった竹内峠越えのルートが、主要道として整備されたことを示すのである。

しかし、竹内峠は標高二八八ｍであり、竜田や大坂よりも倍以上の高さである（表1）。また、天武八年（六七九）には、竜田山と大坂山に関が置かれるが、竹内には置かれた形跡がなく、以後の往来記事も乏しい。そういったことから筆者は、竹内峠越えのルートが主要道として理由された時期は、蘇我氏が権勢を誇った推古から皇極朝に限られると考えている。そして、『日本書紀』白雉四年（六五三）の記事に見える

処処の大道を修治る。

という記事は、竹内峠を通るルートから穴虫峠を通るルートに再び、主要ルートを移し替えたことを示しており、『日本書紀』に見える大坂とは特定の路線のことを示す固有名詞ではなく、その時々の主要な峠を指しており、「大道」もそれと同様であると考え

ている（近江俊秀、二〇一〇）。

3　天武朝前後の峠

壬申の乱のさいの大海人方の将軍、大伴吹負の軍事行動の記事は当時の大和の交通網を知る上で格好の素材である。稗田の地で河内からの大友軍の侵攻を知った吹負は、軍の一部を竜田に向かわせる。その後、この軍の一部は石手道と大坂の防衛にあたり、残りは高安城を奪取し、さらに衛我河のほとりで大友軍と戦うが、敗れて懼坂道まで退却している。

ここに見える石手道とは、竹内峠あるいは岩屋を越えるルートと考えられ、大坂は先述のとおりである。ここに軍を派遣したのは、河内から直接、飛鳥古京に攻め込まれることを恐れたためと考えられ、このことはこのふたつの峠が当時の大和と飛鳥とを結ぶ主要ルートであったことを示すと考えられる。事実、後に竹内峠を越えて大和に入るルートと大坂を越えて大和に入るルートが合流する当麻衢で、大友軍と大海人軍の決戦が行われている。

一方、懼坂道は大和川右岸に沿ったルートと考えられており、稗田から河内へ向かう最短ルートである。また、戦後、大坂とともに竜田に関が置かれたところを見ると、竜田を越えるルートは天武朝には河内と大和とを結ぶ重要なルートとされていたことが分かる。

なお、竜田は奈良時代になると、西海道節度使として派遣された藤原宇合が利用するなど西国へ向かう主要道として利用された。『日本霊異記』（中田祝夫校注・訳、一九七五）では、竜田へつながる道は、

其の路鏡の如くにして、広さ一町許なり。直きこと墨縄の如し。辺に木草立てり。（下巻第16）

と表現されているように、大規模な官道として整備されていたことが知られる。

4　往来記事から見た大和・河内の峠道の変遷

ここまで見てきたとおり史料からは、峠道の状況や重要度が時代によって変化していることが分かる。竹内峠は、履中朝では小道であったのが、推古朝では大道となり、最も重要な峠道と位置づけられていた可能性が高い。その後も河内と飛鳥とを結ぶ重要路線として機能していたようであるが、天武朝になると関が置かれた大坂、竜田よりも位置づけは低下したようである。

一方、竜田は遅くとも六世紀後半には、石上と河内、飛鳥と河内とを結ぶルートとして重要視されるようになり、天武朝には主要ルートのひとつとして関が置かれ、都が平城の地に遷った後は、それまでの大坂（穴虫峠）に代わり大和と河内とを結ぶ主要ルートとして機能するようになる。

このように、史料からは複数の峠道が同時に機能していることが分かるが、路線としての重要度や公的交通における利用頻度は時代によって変化しているのである。この変化は、遷都など都鄙間交通の起点となる場所の移動により起こるだけでなく、標高二八八ｍの竹内峠越えのルートがある時期に、標高一二〇ｍの大坂に代わって大道となったように、沿線の豪族の勢力の消長などによっても起こりうると考えられる。そして、往来の険しさという要素は、主要ルートの決定にさいしては、さほど勘案されておらず、それよりもどこを通過するかという点が重視されていたと考えられる。

二　峠道の整備

1　鴨神遺跡

御所市鴨神に所在する鴨神遺跡では、古墳時代の道路跡が一三〇mの長さで検出されている（奈良県立橿原考古学研究所、一九九四）。遺跡は、奈良盆地の南の玄関口とも言える風の森峠に位置し、調査地点は風の森峠の頂部を中心に広がる集落に西接する場所である（図3）。

発掘された古墳時代の道路の路線は一部に切通しが認められるものの、線形が基本的には自然地形に合致し、幅員を明示する側溝などの施設を有さない。道路が機能した時期は、出土遺物などから遅くとも五世紀後半以前には整備され、六世紀後半には廃絶していることが判明している。なお、この道路は古墳時代の大豪族、葛城氏が当時の外交窓口である紀ノ川河口と本拠地である葛城の地を結ぶために整備したと考えられるが、葛城本宗家滅亡後は葛城の地は王権の直轄地となっているので、五世紀後半以降は王権による管理が想定される。

現在でも、風の森集落の中央部を南北に縦断する直線道路が残る。この道路は高野街道と呼ばれ、近世まで大和と紀伊を結ぶ主要ルートとして利用されていた。また、一九九一年にこの街道に近接する場所で行われた発掘調査では、八世紀前半から中頃の大量の土器が出土しており、その中に硯や墨書土器が含まれることから、峠の通行を管理する役所的な施設が存在した可能性が指摘されている。このことは、奈良時代においても風の森峠を通過するルートが重要な路線として機能していたことを示すものである。

鴨神遺跡では、古墳時代の路線が廃絶した後、奈良時代の土器の出土までの間の遺構・遺物は検出されていないが、七世紀後半代において紀ノ川流域の古代寺院と葛城山麓の古代寺院との間で同笵関係が認められるものがいくつかある。例えば、かつらぎ町佐野廃寺と御所市朝妻廃寺の複弁七弁蓮華文軒丸瓦や、和歌山市上野廃寺と王寺町

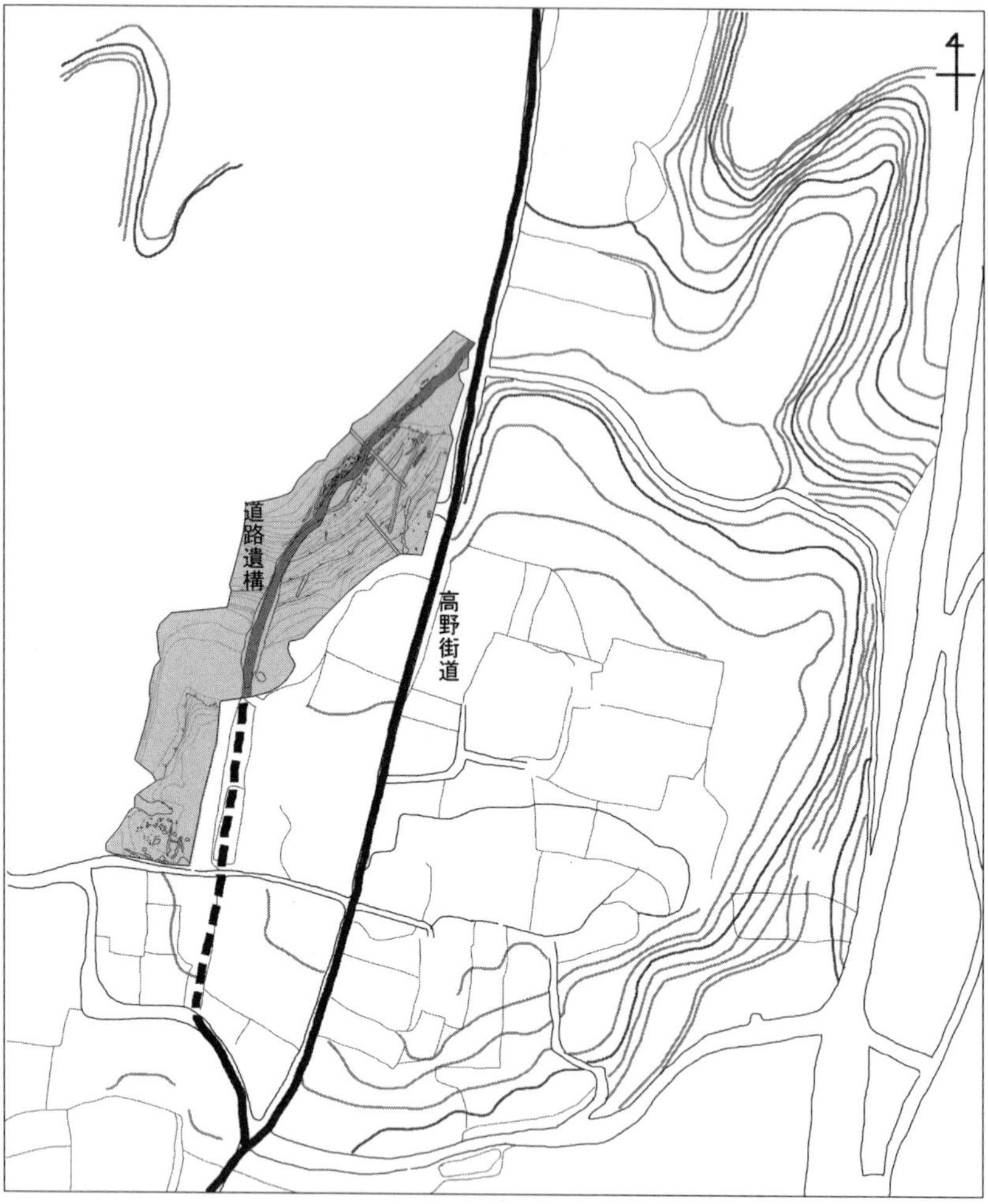

図３　鴨神遺跡の道路跡と高野街道

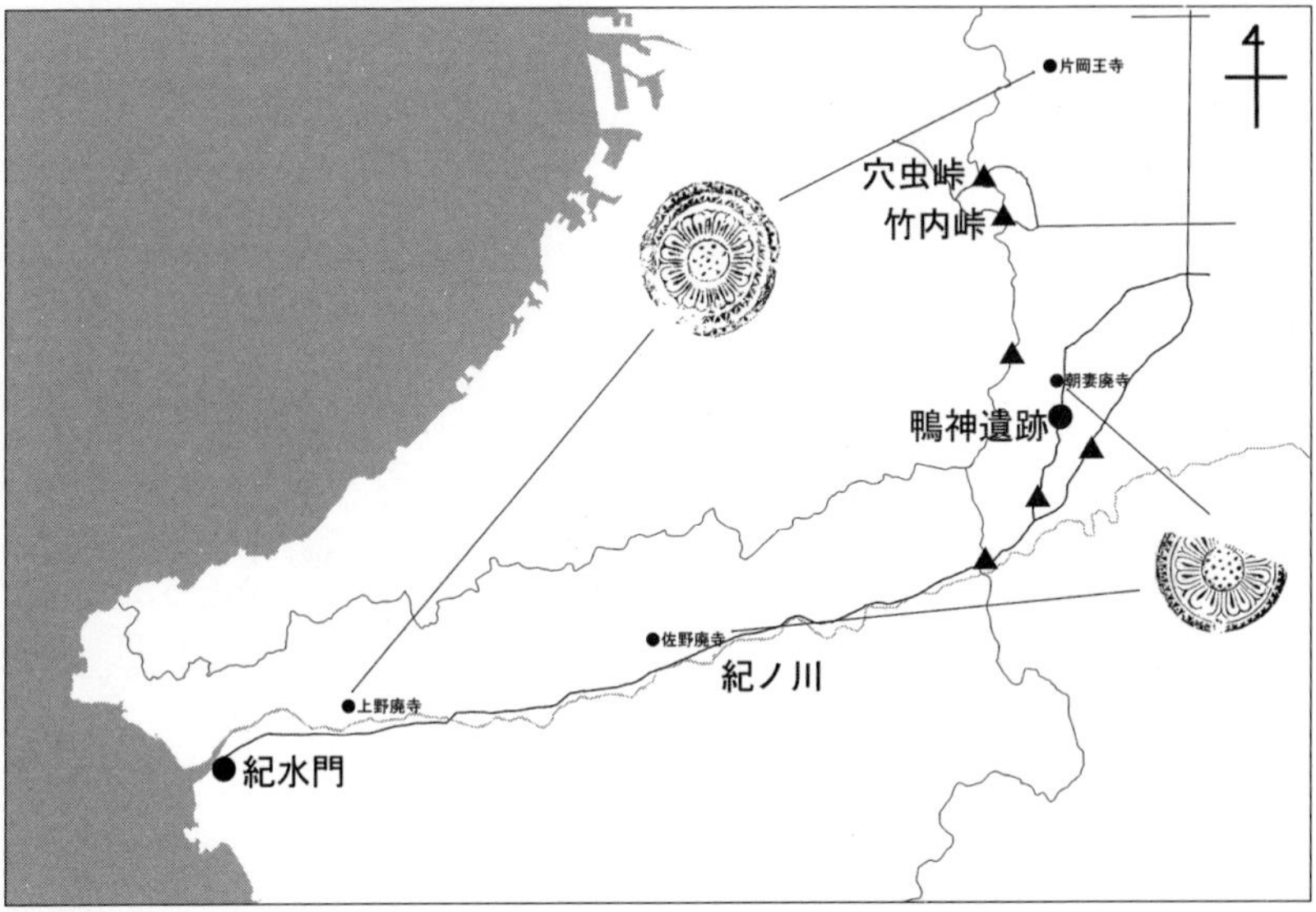

図４　大和と紀伊における瓦の同笵関係

片岡王寺の複弁八弁蓮華文軒丸瓦がそれであり（小谷徳彦、二〇〇二）、これらはいずれも飛鳥など他地域では認められないものであることから、両地域間における直接的な交流によりもたらされたと考えられる。その場合、交流のために用いられたルートは、紀ノ川沿いから金剛・葛城山麓を通過するルートであったと考えられる（図４）。

これらのことから、鴨神遺跡で検出された道路が六世紀後半に廃絶した要因は、路線そのものが廃止されたのではなく、路線の部分的な付け替え、さらに言えば峠の頂上付近の自然地形に沿って造られた路線が、直線的な現在の高野街道に付け替えられたため、不要となった部分のみが廃絶したと考えられよう。

2　平野部の道路の様相

奈良盆地には上ツ道・中ツ道・下ツ道の南北三道と横大路・北の横大路の東西二道をはじめとする正方位直線道路網が遅くとも七世紀後半には存在していたことが、

壬申の乱の記事から知られる。これらの整備時期については、諸説あるが、私はこれらの道路が七世紀初頭に前後して成立した可能性が高いと考えている。このことについては、いくつかの論文で詳しく述べたのでここでは繰り返さないが（近江俊秀、二〇〇九・二〇一二）、鴨神遺跡の道路遺構の廃絶の要因を直線道路への付け替えに求めるならば、これもこの時期に大がかりな道路網の整備が行われたことを示す傍証のひとつとなろう。

先に見たように、公的な交通における峠道の変化は交通の起点の変化や社会的な変化と連動しており、その点においては平野部の道路のあり方と何ら変わりはない。

三　峠道と遺跡

1　峠の頂の遺跡

信濃と美濃の国境にある標高一五八五ｍの神坂峠は、峠の祭祀に係る遺跡としてあまりにも著名である。東山道最大の難所とも言われるこの峠の頂上付近からは、滑石製の模造品や、灰釉陶器や須恵器、土師器などをはじめとする古代から中世にかけの多量の遺物が出土している（市澤英利、二〇〇八）。このような遺跡は、他にも信濃と上野の国境にあたる入山峠や雨壺峠が著名であるが、大和でも本格的な発掘調査は実施されていないものの、いくつかの遺跡が知られている。

岩屋峠では峠の頂付近に奈良～平安時代のものと考えられる須恵器や土師器の分布が認められ、そこから河内側へやや下ったところには、凝灰岩をくり抜いた石窟と石塔からなる岩屋がある。また、宇陀と奈良盆地の境にあたる女寄峠にある女寄遺跡は古墳時代中期の集落跡とされるが、峠に関わる祭祀が行われた可能性も想定されている。女寄峠は「神武即位前紀」に見える神武天皇が女軍を配した道と伝えられ、奈良盆地からこの峠へ向かう沿線には、後、終末期古墳が点在している。この他、宇陀と吉野の境にあたる関戸峠の頂付近にも祭祀遺跡の存在が指摘されている。

しかし、これ以外の峠では未だ祭祀遺跡の存在が確認されておらず、大坂、竜田、竹内峠、日下直道、墨坂など史料からその利用が認められる峠の頂でも、それは同様である。

2　峠の麓の遺跡

先に紹介した女寄峠の奈良盆地側の麓に位置する粟原カタソバ遺跡は、交通に関わる遺跡として注目される（奈良県立橿原考古学研究所、二〇〇三）。遺跡は女寄峠を望む南東から北西方向に伸びる丘陵の北東斜面を中心に広がっており、宇陀から女寄峠を下ってくると、真正面にこの遺跡が見えるという位置関係である。この遺跡は、五世紀中頃に成立するが、五世紀後半になると祭祀関係の遺物が認められるようになる。

祭祀遺物には、滑石製品や手づくね土器があり、滑石製品の大半は小玉と双孔円盤であるが、剣形、楯形などの模造品も含まれる。これらは、祭祀遺物は意図的に破砕されたと考えられる多量の土器とともに出土しており、交通に関わる祭祀が行われた可能性が考えられる反面、出土地点が河川に近接することから水に関わる祭祀遺構とする見方も可能である。

この遺跡は六世紀代には横穴式石室を持つ古墳が造られるようになり、集落遺跡としては一旦、廃絶するようであるが七世紀初頭頃に、丘陵の北東斜面を削って、全長約三〇m、高さ最大二・九mの範囲で貼石が施され、その

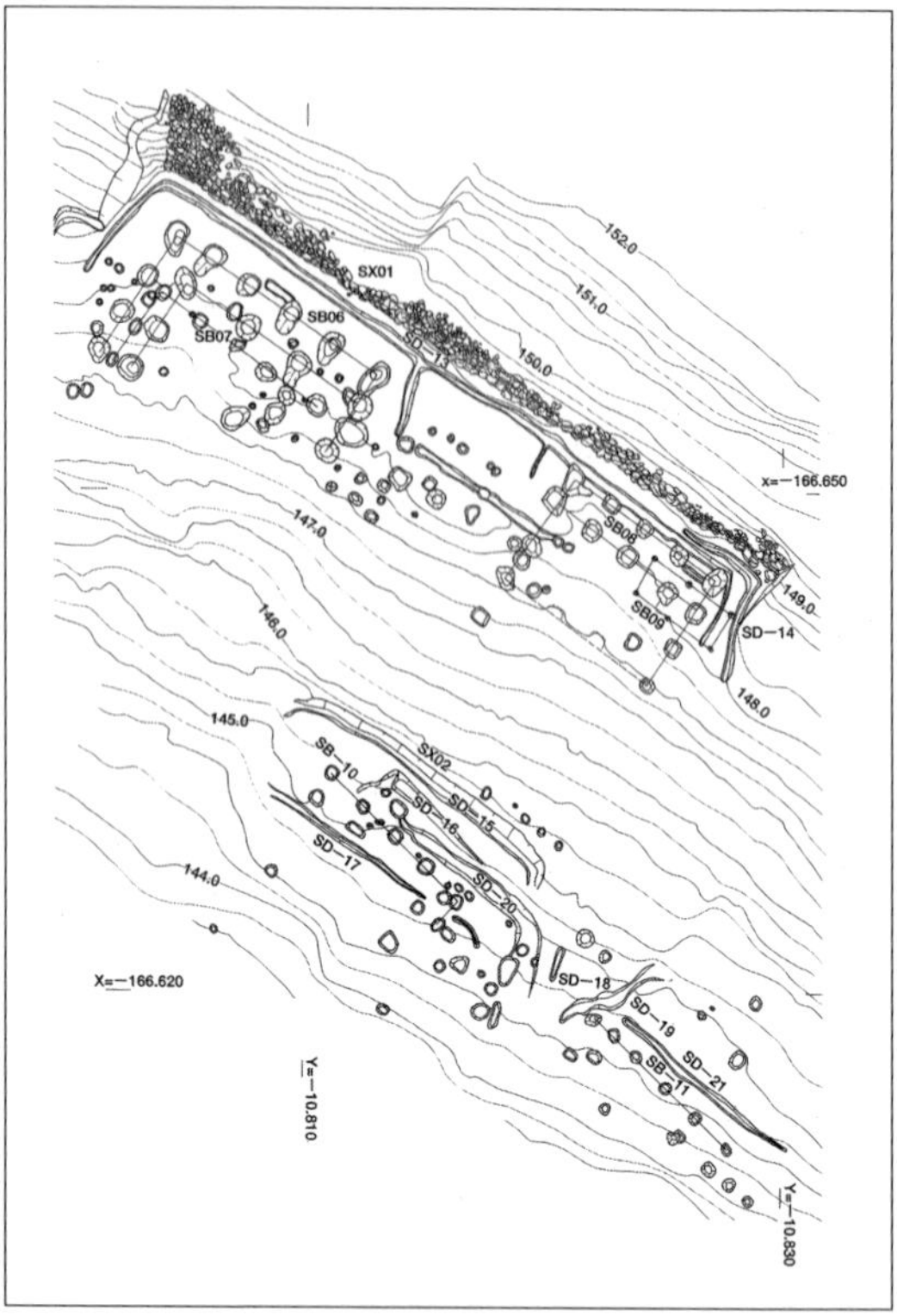

図５　栗原カタソバ遺跡

前面には大型の掘立柱建物が数棟造られる（図５）。発掘調査では、この遺構の性格を特定するには至らなかったが、この施設が女寄峠に面して造られていることから、交通に関わる公的な施設である可能性は高いと考えられる。

この他にも、大坂や竹内峠の大和、河内双方の麓には、公的な性格が想定される遺跡が存在する。大坂と竹ノ内峠越えのルートが合流する地点から、やや西に位置する羽曳野市駒ヶ谷遺跡では七世紀中頃から九世紀までの間、倉と考えられる総柱建物などが継続的に営まれていることに加え、出土遺物に奈良三彩の小壺や「古厨」と書かれた土器などがあることから、通行に関わる公的な性格を持つ遺跡である可能性が示されている（大阪府文化財センター、一九九九）。

大坂の大和側では、発掘調査がさほど進んでいないため、明確な遺跡は確認されていないが、先述のように関屋の地名や大坂の名を冠する神社の存在は、公的施設の存在を予想させる。また、竹内峠の奈良盆地側の登り口付近では、かつて塑像の羅髪をはじめとする飛鳥から奈良時代の遺物が出土した事例もあり、これも交通に関わる遺跡である可能性が考えられる。

東国から柳生を経由し奈良盆地へ入るルート上に位置する阪原阪戸遺跡では、古墳時代中期から奈良時代の遺構・遺物が検出されている（奈良県立橿原考古学研究所、一九九三）。これらは、最大幅一〇mを測る大きな溝を中心に認められており、溝の中層と下層からは配石や石組みが検出され、埋土中層からは斎串や木簡が、下層からは手づくね土器や石製模造品が出土している。水源の祭祀であるという見方が有力だが、遺跡の立地から峠を越えるさいの禊ぎの場であったする見方もある。

以上のように、主要な峠の麓には通行を管理するための公的施設や、通行に係る祭祀遺跡が存在する場合が認められる。特に、大坂のような重要な峠にはどちらか一方だけではなく、双方の登り口付近にそういった施設が置かれていた可能性がある。

3　境界としての峠

古代交通研究会第一六回大会における鈴木景二報告の中で、「坂」は幅のある境界であり、坂が境界の双方の地域に属さない特殊空間であることが、坂、峠路に神が鎮座し、祭祀が行われたことと関係するとの指摘があった（鈴木景二、二〇一二）。このような視点で大和と河内の境界における遺跡の状況を改めて見直すと、双方の山麓部には古代寺院や古墳が分布し、かつ山中には岩屋や鹿谷寺、戒那山寺、高宮廃寺のような特殊な寺院の分布が認められ、巨視的に見ると大和・河内を画する山中は、信仰の空間として利用されていたと考えられる。

もちろん、山中には古くから集落も点在しており、信仰の場として世間から隔絶されていたものではない。しかし、山中や山麓の集落で使われていた遺物のあり方を見ると、これらの集落が大和、河内の他の集落とは異なる様相を呈していたことが、特に中世においては顕著に窺うことができる。

一一世紀後半から一四世紀前半にかけて、畿内の日常雑器は、瓦器椀、土師皿、土釜、すり鉢によって構成されるようになる。そのうち、瓦器椀、土師皿、土釜の三種は在地で生産されたものを、その地域で消費するのが基本であり、特に瓦器椀においては奈良盆地では大和型、河内・和泉では和泉型、北河内では楠葉型といった具合に、その分布範囲は明確に分かれている。そのため、大和で和泉型や楠葉型の瓦器椀が出土することは極めて希であり、逆に河内で大和型が出土することも希である。

ところが、大和と河内を画する山中では、両者がほぼ同じ比率で混在する傾向が窺われる。八尾市高安には横穴式石室を持つ古墳が複数存在し、そこから瓦器椀など中世の土器が出土する場合が多いが、河内愛宕塚古墳の代表されるように、これらの古墳から出土する大和型瓦器椀と和泉型瓦器椀の比率はほぼ半々である（八尾市立歴史民俗資料館、一九九六）。この傾向は高安山麓を南北に走る東高野街道（古代の南海道）以東の山中でのみ認められ、東高野街道の西、河内平野ではほぼ和泉型によって占められるようになる。つまり、東高野街道を境に和泉型が独占的に分布する地域と大和型と混在する地域とが明確に分かれるという傾向が見られるのである。

一方、大和でも平群町の山中に所在する久安寺モッテン墓地などからは、和泉型瓦器椀が一定量出土している。河内と異なり、分布範囲の境界は判明していないが、いずれにせよ、山中においては大和型の独占的な流通という傾向は認められない。

中世土器の流通に関しては、荘園領主などの権門との関係で説明される場合が多く、特に大和は興福寺などの寺社勢力が土器の生産や流通にも、大きな影響を与えていたと考えられている。そういった中で、大和、河内の境界地域が双方の地域の土器を共に取り入れていたということは、この地域が大和、河内いずれの地域にも属さない特殊な地域であったことを示すのかも知れない。もしそうだすれば、境界の双方の地域に属さない特殊空間を考古学からも把握できる可能性があるということもなる。

おわりに

峠道というテーマに対し、大和と河内の峠道の話を中心に雑駁ながら論を進めてきた。公的交通という視点における峠道は、平地の道路と同様、その時々の社会・政治情勢や遷都など交通の起点の移動などにより、変化を繰り返すものであり、とりわけ特殊な要素は認められない。

しかし、境界としての峠の役割を考えると、交通管理のためにその麓には公的な施設が置かれたり、また祭祀の場が設けられたりするなど路線全体の中でも、様々な配慮が行われたということが分かる。そして、そのことは考古学的にはなかなか証明しづらい。いつの時期にどの道路が重要視され、重点的に用いられたのかという問題を考えるための重要な要素となる。さらに、峠という境界の双方の地域に属さない特殊空間の範囲は、遺跡の分布や遺物のあり方を検討により、考古学的にも把握することができる可能性があると考えられる。

参考文献

市澤英利、二〇〇八『東山道の峠の祭祀』（新泉社）
大阪府文化財センター、一九九九『駒ヶ谷遺跡』
近江俊秀、二〇〇九「下ツ道考」（『古代文化』六一―二）
二〇一〇「「大道」考」（『古代文化』六二―二）
二〇一一「古道と開発」（『考古学雑誌』九五―一）

二〇一二『道が語る日本古代史』（朝日新聞出版）
加藤謙吉、一九九一『大和政権と古代氏族』（吉川弘文館）
岸　俊男、一九七〇「大和の古道」（橿原考古学研究所編『日本古文化論攷』吉川弘文館）
小谷徳彦、二〇〇二「瓦からみた紀ノ川流域の古代寺院」『帝塚山大学考古学研究所研究報告Ⅳ』
鈴木景二、二〇一一「峠・境と古代交通」『山国の古代交通』（古代交通研究会第一六回大会資料集）
中田祝夫、一九七五『日本霊異記』（小学館）
奈良県立橿原考古学研究所、一九九三「阪原阪戸遺跡」（『奈良県遺跡調査概報』一九九二年度第一分冊）
一九九四『鴨神遺跡』
二〇〇三『粟原カタソバ遺跡』
奈良県立橿原考古学研究所附属博物館、二〇〇〇『王家の寺々』
八尾市立歴史民俗資料館、一九九六『河内愛宕塚古墳の研究』

6　峠・境と古代交通

鈴木景二

はじめに

古代交通史研究の主たるテーマは、古代国家の交通制度の研究、それを実現すべく設定された官道とくに直線道路のルート復元、関係施設の探求などである。こうした問題設定からは、峠・境をめぐる事象は研究対象になりにくく、それはもっぱら民俗学や古典文学の面から取り上げられることが多い（鏡味完二、一九五二）。しかし、峠や境に関する事象は古代史全般においてさまざまな問題を提起しうると思う。筆者は、古代の境界・峠についての研究を、古代交通、特に地域間交通の研究にも寄与するものとしたいと考えている。いまだに体系的な研究には至らないが、機会を与えられたので、これまでに得られた知見をもとにして概要を報告することにしたい。なお、古代にさかのぼる可能性のある峠やその地名は多数あるので、個々の事例の紹介や考証はここでは省略する。

一　峠という語彙

峠とは、いうまでもなく坂道が頂点に達して傾斜が逆転する地点を指す語で、多くは山越えの道が山稜の鞍部を

また ぐ地点である。稜線は地域を区画する境界線である場合が多いので、峠はおのずから交通路と境界線の交点となり、境界空間としての性格を帯びる。

ところで「峠」の語は、交通路の象徴的な地点を指す語であるから、かなり古くからあったというイメージがあるかもしれないが、平安後期以降に現われた言葉とみられ、それ以前は「坂」であったとされている（辻村太郎、一九四七。戸田芳実、一九九二）。語源は「手向《たむ》け」とされ、通行者が山越えの行程において、その地の神に手向けをして旅の安全を祈ったことに由来するというのが通説で、「峠」という漢字も国字とされる（山中襄太『地名語源辞典』・『日本国語大辞典』）。「手向け」の用例としてよく知られるのは左記の『万葉集』の歌謡である。

①田口広麻呂の死にし時に刑部垂麻呂が作る歌一首
百足らず　八十隈《くま》坂に　手向けせば　過ぎにし人に　けだし逢はむかも　（巻三―四二七）

②父君に　我れは愛子ぞ　母刀自に　我れは愛子ぞ　参ゐ上る　八十氏人の　手向けする
恐《かしこ》の坂に　幣奉り　我れはぞ追へる　遠き土左道を　（巻六―一〇二二）

③かしこみと　告らずありしを　み越路の　たむけに立ちて　妹が名告りつ　（巻十五―三七三〇）

④（前略）砺波山　手向けの神に　幣奉り　我が乞ひ祷まく（後略）　（巻十七―四〇〇八）

①・②は手向けという行為を詠んでいて、地点呼称ではない。①の行為の場は隈の坂とされ、黄泉国への坂（『古事記』には黄泉比良坂とみえる）が観念されていると考えられている。③は配流される中臣宅守の歌で、「たむけ」が地点呼称として詠まれている。また、秘めていた妹の名を口にしたというように、「手向け」が特別な場であったことを窺わせる。④は上京する大伴家持を送る立場の大伴池主の長歌の一部で、手向けの地点に神が鎮座し、行旅の安全を祈念することが分かる。後述する信濃国の神坂《みさか》を詠んだ防人歌も同様である。ちなみに砺波山（倶利伽

羅峠付近にあたる）の神は『日本三代実録』元慶二年（八七八）五月八日条に「越中国正六位上手向神」とあり、独立した神格とされている。

このように坂の途上の神を祀る（手向ける）地点の呼称であった「たむけ」は、平安時代後半の史料にみられる「たけ」「たわ」にあたると考えられる。『中右記』天仁二年（一一〇九）十月の藤原宗忠の熊野参詣記録には、現在の岩神峠（和歌山県中辺路町）を「石上之多介」と記す。また上多和・逢坂峠付近の行程を「過二柚多和・大坂一、此坂中有二大樹一、虵形懸、伝二昔女人化成一云々」と記している。前者の峠にあたる部分を「タケ」、後者の峠付近を「タワ」「大坂」としている。また後者の記述によれば坂の中に大樹があり蛇形が懸けてあったという。民俗事例にみられる道切の蛇縄らしい。この大樹もしくは蛇形は、昔女人が変化したものという伝えがあった。越中の立山登拝道にあった女性が変身したという美女杉の説話と同類であり、この付近が聖域への境界であったことを推測させる。

峠の付近をタケといった事例は他にもある。たとえば加賀・越中境界の倶利伽羅峠の西裾には「竹橋」という集落があり、この地名はすでに『源平盛衰記』に見えている。原義は「タケ」の端であると思われる。また建武二年（一三三五）、足利尊氏と新田義貞が戦ったことが『太平記』に見える、相模・駿河国境足柄峠の西裾の「竹之下」は、「タケ」の下であろう。

このように後に峠と呼ばれる地点は、平安時代後期には、タケ、タワと呼ばれた。いっぽうの「峠」の語の古い例は、『堀河百首』（一一〇六年頃）の「あしがらの山のたうげ」（『新編国歌大観』四、一三七六番）とされる。また長野・群馬県境碓井峠に鎮座する熊野神社所蔵梵鐘の正応五年（一二九二）の銘文（『鎌倉遺文』一七八七〇号）には、「奉施入臼井到下今熊野大鐘事」とあり、現地で確認できる「到下」の事例となる。

古代に手向けの行われた地点「たむけ」は、平安以降、タケ、タワとよばれた地点に対応するらしく、そのうちのタケが峠の語に至った可能性が高い。ただし『古事記』（垂仁段）には山の稜線の撓んだ部分を、山の「多和此二字以音」と記しており、鞍部を指す「たわ」という語も奈良時代以前からあったことが確かである。柳田國男はむしろ「撓む」と同根らしい「たわ」「たを」という地名を峠の語源とみている（柳田國男、一九一〇）。

ところで東山道神坂峠付近の祭祀遺跡の分布をみると、峠路をめぐる祭祀は峠地点だけではなく、前後の途上においても行われていた（大場磐雄・椙山林継、一九六九）。こうした状況からすると、手向けを行う地点は頂上だけではなかったらしい。それにもかかわらず、手向けを行った地点の呼称が峠の語源になったとすると、祭祀の場が頂上地点に収束していったことが想像される。

二　峠路の呼称

峠は山の稜線をこえる道の頂点部分であり、現代の感覚ではその前後の傾斜路それぞれが坂（上り坂・下り坂）である。しかし、前掲①・②の歌の「坂」を、その観点で見ると傾斜路の途中で祭祀を行っていることになり、峠の祭祀のイメージにはそぐわない感がある。峠の祭祀の歌としてよく知られている次の防人歌も同様である。

④ちはやぶる　神のみさかに　幣祀り　いはふ命は　母父がため　（巻二十―四四〇二）

古代の坂の史料をみると、『古事記』（崇神段）に、宇陀の墨坂神に赤色の楯矛、大坂神に黒色の楯矛を祀ったという記述があり、『日本書紀』大化改新詔の畿内の北の境界に「合坂山」とあり、『養老令』公式令51朝集使条には東山道の「坂」が見える。これらをみると古代の「坂」は、後世の坂が一方向の傾斜路を意味するのとは異なり、また「手向け」の地点のみを指す語でもなく、境界を意味する語であることが推定される。古代の「坂」は、境界の峠とその前後の交通路のある範囲をさす語であったと考えられ、現代語でいえば峠路という語がふさわしい。

古代の坂の事例を求めると、前掲の事例のほかにも『万葉集』などに多く見ることができ、『承徳本古謡集』にも「みさか」「くまさか」「甲斐のみさか」が記されている。ほかにも例えば『出雲国風土記』に「御坂」「三坂」、『播磨国風土記』に「三坂」（辰巳和弘、二〇〇三）、『延喜式』神名帳に「御坂」「深坂」「青坂」「大坂山口」「小坂」などを含む神名がみえる。『和名抄』郷名にも「御坂」「三坂」「大坂」「小坂」「坂本」などの郷名が見える。なお、同書には、美濃国恵奈郡淡気郷（遺称地は、恵那市山岡町上手向《とうげ》）・下総国岡田郡手向郷（遺称地は、下妻市田下《たげ》）の二ヶ所のタムケ郷も見られる。坂に対してタムケのつく郷名がごくわずかであるのは、地点呼称であるタムケに対して坂が広がりを持つ概念であったことを示すのであろう。

これらの事例のうちには、オオサカやミサカという坂の名称を多く見ることができる。この二種の意味について、筆者はかつて信濃国の事例から、次のような結論を得ている（鈴木景二、一九九八・二〇〇〇・二〇〇四・二〇〇九）。オオ（現在の地名では大・逢・相・青などの字があてられる）サカとは、ある地域の中心地から隣接地へ行く主要道が通る峠路を指す。ミ（御・三・深・水・味などの漢字があてられる）サカとは、同様の峠路を神の鎮座する聖域という面からとらえた呼称である。

また、『古事記』崇神段の墨坂は隅《すみ》のサカ、「気比神楽歌」（『承徳本古謡集』）のクマサカは隈《くま》のサカの意味と考えられる。両者はともに、ある地域の隅（スミ）、ある地域の中心から離れ奥まったところ（クマ）を越える峠路を指す語と考えられる。

三　その他の古代の峠路の呼称

古代の峠路の呼称である「坂」のほかにも、峠あるいは峠路や境界を指すとみられる古語がある。古代の史料で確認できるのは、「うすひ」である。景行紀のヤマトタケルの物語でアヅマとの境として碓日坂が見える。この坂は後の東山道碓氷峠（現在の入山峠とするのが通説）である。この事例だけでは碓日という固有地名のようであるが、『和名抄』郷名に碓井郷（筑前国嘉麻郡）があるように、ある地勢を指す語であるらしい。大田南畝は、東海道鈴鹿峠の東下の神社を「笛吹大明神」ということ、上野の碓氷峠を笛吹峠ともいうことから、なんらかの関連があるのではないかと述べている（『改元紀行』大田南畝全集八）。つまり「笛吹」と書いて「うすひ」と読むことがあり、笛吹峠は碓氷峠と通用するというのである。鈴鹿峠もかつての「うすひ」峠であったことが考えられる。古道上の笛吹峠の例は、『太平記』の「笛吹峠軍の事」に埼玉県鳩山町と同県嵐山町の境の鎌倉街道笛吹峠をあげることができよう。ここもまた古代のうすい峠であったと推定できる。他にも神奈川県箱根町の碓氷峠のように、多くの事例を見出すことができる。

足柄峠も、かつてうすい峠であった可能性がある。ここは『古事記』のヤマトタケルの物語に「足柄之坂本」、『万葉集』に「足柄の御坂」（巻十四—三三七一）と見える古代の坂であるが、その峠には新羅三郎笛吹《ふえふき》石という巨石が現存する。この石の周辺からは須恵器が採取され峠の祭祀の磐座であるとみられている（直良信夫、一九六一）。この石に笛を吹くという伝説が付属しているのは、この付近が「笛吹《うすい》」と呼ばれていたからではないだろうか。ここもまた、古くは「うすひ」坂であったらしい。

峠もしくは峠路を指す可能性のある地名として、「くらがり」もあげることができる。この峠名は古代の史料で確認できないので、中世以降に成立した可能性もある。著名なのは奈良街道が奈良県と大阪府の境界生駒山南麓をこえる暗がり峠である。また京都盆地から亀岡へ越える山陰道老ノ坂峠を越えたところに鎮座する王子神社は「くらがりの宮」「位有宮」と呼ばれたという（『京都府の地名』平凡社）。また静岡県の東海道薩埵峠の東下に鞍佐里《くらさり》神社が鎮座する。「くら」は『古事記』に大山津見神の子として「天之闇戸神」「国之闇戸神」が見え、『万葉集』の歌に「うくひすの　鳴くくらたにに」（巻十七―三九四一）とあることから、谷を指す語とされる（『日本国語大辞典』）。「くらがり」の語幹は、これに由来すると思われる。各地の鞍掛峠もこれに類する地名かもしれない。

以上のように、平安時代前期までの峠路を指す語は「坂」であり、おなじく峠路付近を指す可能性のある語が「うすひ」「くらがり」である。いま各地に見出される某坂峠やうすい峠、くらがり峠などは、これらの語の本来の意味が忘れ去られて語尾に「峠」が付加された結果なのであろう。言い換えれば、こうした各地の峠名は、古代にさかのぼる峠路の証である可能性が高いということになろう。

四　古代の峠路の性格

山道の峠は国域から村域さらには行政以外の地域まで、さまざまなレベルの境界となっていることが多い。このような境界について柳田國男、折口信夫らは、境界設定をめぐる民間伝承にもとづき、かつて境界は線ではなく幅をもつ空間と観念されていたことを明らかにしている（柳田國男、一九二九。折口信夫、一九五二）。前述のように峠路は、古代では「坂」である。坂と境が同根もしくはきわめて近い関係にある語であることも指摘されている（石井進、一九九五。赤坂憲雄、一九八九）。これらを総合すると、坂とは幅をもつ境界地帯であったと考えられる。古代以来と考えられる各地の峠地名のあり方に、そのことを確認できる事例が見られる。福岡県みやこ町と香春町の

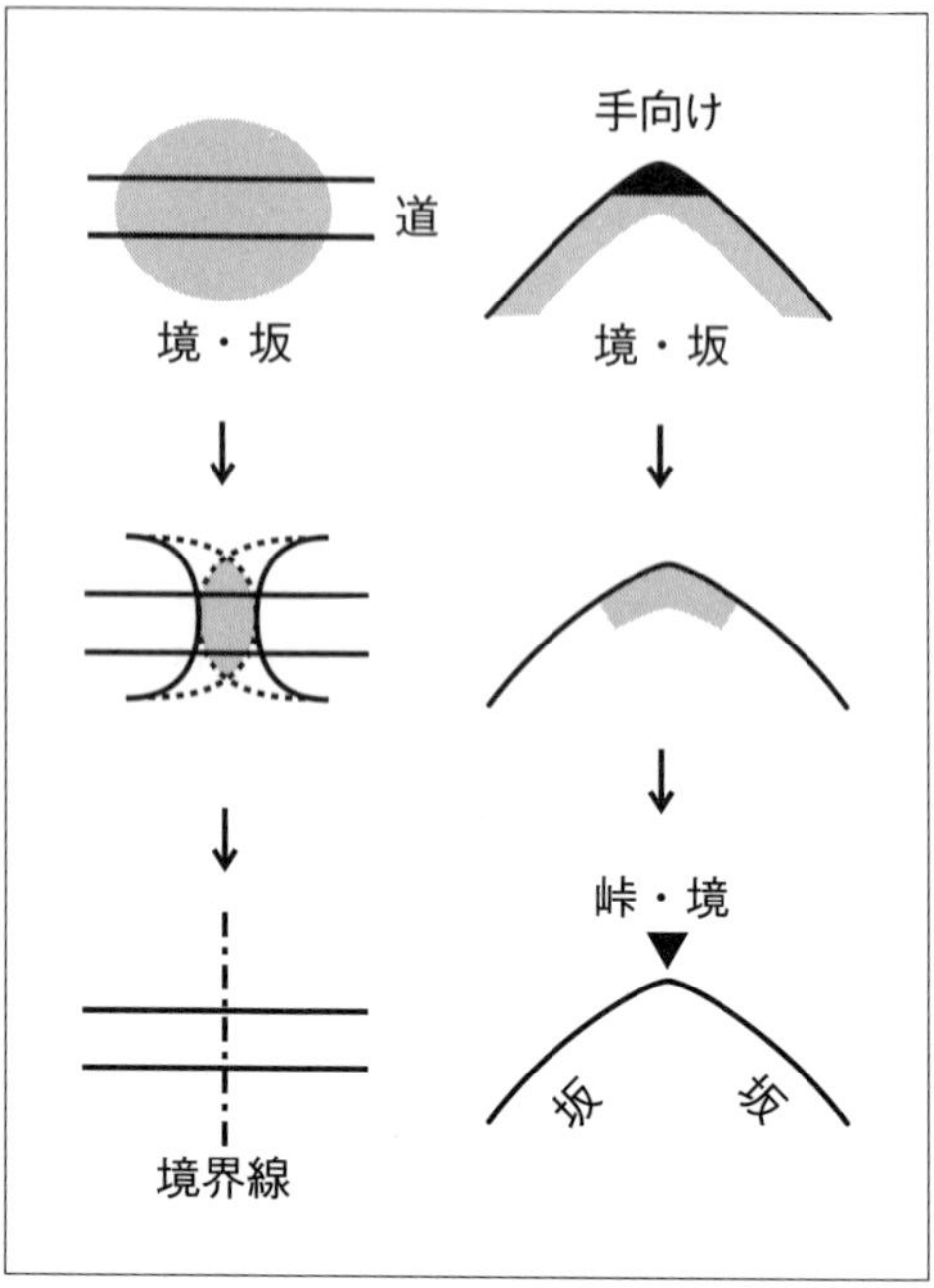

図1　境・坂・峠の模式図

境を越える大坂峠は、康平五年（一〇六二）に橘為仲が越えたことが知られる確実な古代の「おおさか」である。現地の「大坂」の地名は町境の峠を挟んで東西二ヶ所あり、犀川大坂と柿下大坂として区別している。この状態は、もとは峠の双方が「おほさか」という一つの境界地帯であったことを示している。福井県と石川県の境界（越前・加賀国境）の熊坂峠は『承徳本古謡集』に見え、平安時代末以前にさかのぼる「くまさか」である。この両側にもそれぞれ熊坂の地名がある。

　地名は、ある地域を他の地域と区別するための呼称であるから、境界をまたいで同一地名が付けられたとは考えにくい。むしろこれらの事例は、古代以来の幅のある境界そのものであった大坂や熊坂の地域内において、境界の幅が徐々に狭められてついに線となったこと、山稜線は地形上明瞭であるからから境界線になりやすく、それが結果的に稜線と一致したことを物語っている。その背後には土地の用益権の占有の進展があるとみられる。境界は交通路上において強く認識されるから、境界確定は交通路上において行われたであろう（折口信夫、一九五二）。稜線を横断する交通路は、交差する境界線によって双方に区別して観念されることになる。これによって坂という概念は、上りもしくは下りのいずれかの傾斜道路を指すものへと変化したのであろう。ちなみに、北国街道の長野・新潟県境の長野側にも熊坂がある。ここは境界の片方だけであるが、関川という河川に境界が収斂したものである。

先学の研究を手掛りとしてみてきたように、古代の坂は幅を持つ境界地帯であり、その両側のいずれにも属さない空間であった。境・峠路に神が鎮座し祭祀が行われたことも、その特殊な空間の性格と関係している。そこには境界を象徴する大樹あるいは大きな岩や石が、鏡石という名称や有名人の腰掛石・鞍懸岩などの伝説をともなって残存している場合が多い。岩石は、峠の祭祀の対象となる磐座であったと考えられている。こうした坂を越える際には、信濃の神坂のように手向けの祭祀などの通過儀礼が行われた。古代の史料上では、言挙げの儀礼が想定される。越路の手向けに立って、妹の名を口にしたという万葉歌の事例に加え、記紀にみえるヤマトタケルの物語では、碓日坂（日本書紀）・足柄坂（古事記）において、彼は三度、「あづまはや」と声に出したという。「あづま」の地名起源説話であるが、足柄坂・碓日坂は、『養老令』公式令51朝集使条に見られるように、日本海側の神済（現在の富山・新潟県境から親不知付近）とならぶ列島規模の境界地帯である。この説話は、古くはヤマト政権の使者（ミコトモチ）、降っては令制下の国司が東国へ入る際に、両峠において言挙げなどのような通過儀礼を行っていたことを推測させるものである。後世まで国司が赴任する際、任国に入る境界で境迎（坂迎）の儀礼を行っていたこともよく知られている。承徳三年（康和元・一〇九九）、因幡国に赴任した平時範が因幡国境で行った儀礼が『時範記』（早川庄八、一九六二）に記されている。その舞台となったのは、岡山・鳥取県境の志戸坂峠で、日記には「鹿跡《ししと》御坂《みさか》」と記されている。ミサカにおける坂迎の実例となる。

これ以外で峠や境の通過儀礼とみられるのが、矢を射たてる儀礼である。各地の峠路や境界に矢立という地名が多く残り、儀礼に関わるとみられている（柳田國男、一九一七・一九三六）。笠金村が、近江・越前国境のミサカにあたる塩津山を越えた際に詠んだ歌「ますらをの　弓末振り越し　射つる矢を　後見む人は　語り継ぐがね」（『万葉集』巻三―三六四）はその実例である。射られた矢を後人が見るとあるから、この矢は峠路の特別な樹木などに射立てられたのであろう。後世の民俗儀礼ではあるが、諏訪社の薙鎌打ち神事を想起させる。十一世紀後半の『橘為仲集』に、陸奥国司が入国時に武隈で松を植える慣例が見られる（『新編国歌大観』三、一一三九番）。これも矢立の儀礼の名残ではないだろうか。

五　古代峠路の地名と古代交通路研究

前述の古代の峠路のついての諸事象は、古代の社会文化史上の論点となりうると考えるが、古代交通史の研究上ではいかなる意義を持つのか。改めて見通しを述べておきたい。

まず、古代の峠路を指す地名が古代交通路のルート復元の手段として有用であると考えられる。七道などの官道のルート上に、みさか、たていし、せんどう、くるまじ、つくりみち、などの地名が遺存し、それがルート復元の手掛かりとなることは、すでに共通認識となっている（木下良、二〇〇九・二〇一三）。これらと同様に、官道とみられる峠路以外にも古代峠名が見られることを手掛かりにして、古代地域間交通路の推定が可能となる。地域の交通路はいくつも想定できるが、おお坂、み坂などを通る交通路はそのうちの主要な道であろうから、その地名による交通路復元は、地域社会の主要道の復元としての意味を持つ。福岡県の宗像社の西南、福津市と宗像市の境界を越える県道は大坂越えと通称され、古代にさかのぼる交通路であると推測できる。この大坂は、その北側に名《な》児山《ちごやま》という山があることから、大伴坂上郎女が「名児山を超」えた（『万葉集』巻六―九六三）という道にあたるとみてよく、古代道の指標としての地名「大坂」の有効性を証するに足る事例である。

また、おお坂・み坂などは律令制以前にさかのぼると思われるから、ヤマトとの政治的交通路とは別次元の、地域主体の交通路の復元の手掛かりになると思われる。たとえば、前述の近江・越前の境界の深坂峠は『延喜式』主税上の雑物運漕路に該当するが古代の北陸道ではない。この道は『万葉集』の笠金村の歌に「塩津山　うち越え行けば　あが乗れる　馬ぞつまづく　家恋ふらしも」（巻三―三六五）と詠まれた道と見られ、「深坂」峠はおそらく「みさか」峠であり、「気比神楽歌」のうち大化前代にさかのぼると推定される歌の「みさか」にあたるとみてよい（鈴木景二、二〇一一）。これにより大化前代の主要交通路を復元できる。この道は古代以来、琵琶湖水運と相まって日本海航路と畿内をつなぐ大動脈であるにもかかわらず、北陸道には設定されなかった。律令国家の主要官道の設定の方針を検討する材料となり、官道を相対化して考える視点を提供する事例である。前述の豊前の大坂峠は、その北方を直線の駅路が並行して通っている点でも興味深い。国家的要請によって設定された交通路と地域社会本来の交通路が並行するあり方を考えることのできる事例である。

飛驒国は、七道制では東山道の美濃国から分岐する支道の終点である。しかし、国府などが所在したとみられる岐阜県高山盆地付近は日本海側の水系に属し、太平洋側より日本海側の方が近いから、地域社会の交通体系としては北接する越中国との交通路が想定される。飛驒から越中への飛驒街道に大坂峠があるのは、その傍証となると思われる（鈴木景二、二〇〇〇）。官道・駅路とは別の古代交通路を想定できるのである。

このような事例のほかにも、複数の坂地名が近接して分布するところがある。前述の加賀・越前の熊坂は国道八号線、北陸本線が通るが、その北方に並行して北国街道が通り、そこに大坂の地名がある。福島県の白河付近は白河関が置かれたように坂東と陸奥の境界である。線としての境界は、奥州街道上の関の明神や近世の境界碑のある地点（福島・栃木県境）である（岩田孝三、一九七〇）。江戸時代にはここに境界を示す巨石があり（鈴木景二、二〇一〇）、この地点がかなり古い境界であることが推測できる。しかしここから北約四・五km付近には、「大坂」「三坂」の地名が隣接して存在している。こうした事例は境界地帯の広がりに由来すると解釈すべきか、あるいはレベルの違う境界が併存しているとみるべきか、いまだ定見を得ていないが興味深い事例である。

む す び

古代の峠路をめぐるいくつかの事象について思うところを述べてきた。古代史の研究は、中央集権体制である律令国家のあり方に影響され畿内を中心に進められる面があるが、それを相対化する視点を得ること、史料の少ない古代の地域社会の様相を追及すること、制度面が把握しやすい奈良時代が中心となりがちな研究に対し、前後の時代へ連続する視点を持つこと、以上のような方面への進展も必要であろう。こうした視点は歴史研究だけではなく、文化財としての歴史の道を現代に生かすことへも寄与するのではないだろうか。

参考文献

赤坂憲雄、一九八九『境界の発生』（講談社学術文庫　二〇〇二年）
石井　進、一九九五「坂と境界」（『石井進著作集』一〇、岩波書店、二〇〇五年に所収）
岩田孝三、一九七〇『増補改訂　関址と藩界』（校倉書房）
大場磐雄・椙山林継編、一九六九『神坂峠―昭和四三年度神坂峠祭祀遺跡発掘調査報告書』（阿智村教育委員会）
折口信夫、一九五二「民族史観における他界観念」（中公文庫『折口信夫全集』一六、中央公論社、一九七六年に所収）
鏡味完二、一九五二「峠の地名」（『地理学評論』二五―一〇）
木下　良、二〇〇九『事典　日本古代の道と駅』（吉川弘文館）
二〇一三『日本古代道路の復原的研究』（吉川弘文館）

鈴木景二、一九九八「地方交通の諸相」（『古代交通研究』八）
二〇〇〇「古代の飛騨越中間交通路―飛騨の大坂峠―」（『富山史壇』一三二）
二〇〇〇「加賀国南部の古代中世交通路と駅家―潮津駅と篠原遺跡―」（『加能史料研究』一二）
二〇〇四「古代豊前の「大坂」峠―古代の坂と峠―」（『郷土誌さいがわ』二二）
二〇〇九「越中国成立前後の諸問題」（木本秀樹編『古代の越中』高志書院）
二〇一〇「加賀藩士の会津若松城訪問記―青地礼幹『青地紀行』―」（『歴史春秋』七一）
二〇一一「気比神楽歌にみる古代日本海交通」（『古代文化』六二―四）
辰巳和弘、二〇〇三「『み坂』に立つ存在（もの）―風土記のまなざし」（『国文学　解釈と教材の研究』四八―一四）
辻村太郎、一九四七『地形の話』（古今書院）
戸田芳実、一九九二『歴史と古道』（人文書院）
直良信夫、一九六一『峠路』（校倉書房）
早川庄八、一九六二「時範記　承徳三年春」（『日本古代の文書と典籍』吉川弘文館、一九九七年に所収）
柳田國男、一九一〇「峠に関する二三の考察」（『秋風帖』　ちくま文庫『柳田國男全集』二、筑摩書房、一九八九年に所収）
一九一七「矢立杉の話」（ちくま文庫『柳田國男全集』七、筑摩書房、一九九〇年に所収）
一九二九「行逢坂」（『日本の伝説』　ちくま文庫『柳田國男全集』二五、筑摩書房、一九九〇年に所収）
一九三六『地名の研究』（ちくま文庫『柳田國男全集』二〇、筑摩書房、一九九〇年に所収）

7　静岡県西部における古代・中世の山地の交通路

松井一明

はじめに

古代・中世の交通路の分析をするうえでは、道路遺構の発見がもっとも直接的な証拠となるが、山地の遺跡で道路遺構が発見されることは不可能に近い現状にある。山地における交通路を考古学の方法で復元するためには、遺跡群の分析と土器などのモノの移動の分析から導き出す方法が考えられる。なお、筆者は全国的な山地での遺跡群の傾向を紹介するデータは持ち合わせてはいないので、筆者のフィールドである静岡県西部（北遠地域）の山地遺跡群を一事例として取りあげたい。

北遠地域の山地は、大河川である天竜川を中心に太田川などの数本の中小河川が形成した谷地形からなる。交通路の復元をするにあたり、その河川を利用した川筋ルートと、山々をつなぐ稜線に存在する尾根筋ルートが予測される。こうしたルートは現在でもそれぞれ単独に利用されるものでなく、複合的に利用されており、古代・中世においても同様な山地の交通網を形成していたとみられる。本稿ではこうした地形に合わせた交通路によって古代・中世の遺跡群がネットワーク化されていたものと仮定し、交通路の復元を試みたい。

一　山地集落群からみた交通路

北遠地域の山地における奈良時代の遺跡は、平野部に近い旧天竜市二俣地区を除き皆無といってよい。ただし、旧春野町気多川流域には古墳時代後期の群集墳である仇山古墳群があるため、気多地域には引き続き奈良時代の集落があったと推測される。平安時代前期になっても遺跡の増加は少なく、旧水窪町の大原遺跡（図1の3）、旧佐久間町半場遺跡（9）、旧春野町堂平遺跡（52）などで、平安時代前期の土師器や灰釉陶器が出土している。これらの遺跡はいずれも平安時代後期に継続する集落である。また、堂平遺跡からは平安時代前期の縄目叩きの平瓦が出土しており、遺跡の名前の通り古代寺院が存在していた可能性が指摘される。この遺跡は仇山古墳群の近くにあり、古代において北遠地域の中でも最も中心的な集落のあった地区である可能性を指摘しておきたい。

山地における本格的な集落展開は、平安時代後期～中世になってからのことである。平安時代後期になると図1に示したように、河川ごとに集落群として展開するようになる。ただし、遺跡の分布に粗密がある原因の一つに、旧春野町と森町域では町史編纂事業に伴い悉皆調査（『春野町史』・『森町史』）によるデータが反映されており、それ以外の地域は町史や遺跡地図、筆者の分布調査に基づき作成したことがあげられる（『佐久間町史』。向坂鋼二、一九八一など）。以下、平野部に近いほうからの水系ごとに、遺跡群の説明をしていきたい。

旧天竜市の二俣川水系では、山下遺跡（25）、西台寺山遺跡（26）、八幡西遺跡（27）、田組遺跡（29）、比原遺跡（25）が、ある程度の規模になりそうな集落（採集される遺物の範囲が広く数量も多い）で、小規模集落（採集される遺物の範囲が狭く数量も少ない）として高岡遺跡（24）があげられる。いずれも中世に継続する集落である。平安時代後期の集落が六遺跡に対して、中世の集落は六遺跡で、この流域の拠点集落は平安時代後期から中世へ継続する

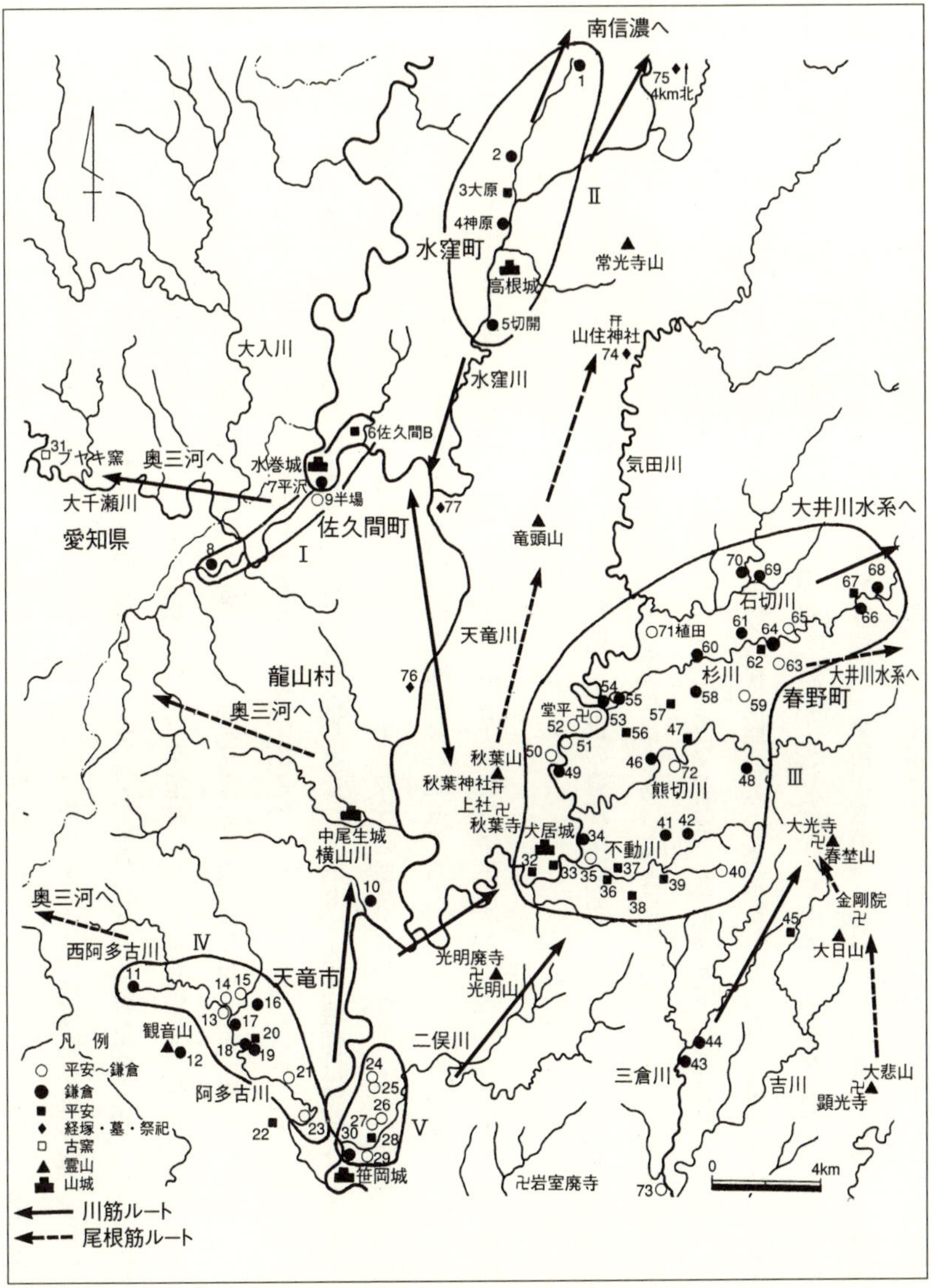

図１　北遠地域の山地交通路想定図

地域と見られる。この水系の地理的条件は山深い場所ではなく、平野部に近い広い谷間であるため水田耕作可能な平地が認められる。平野部の集落ほどの生産量はないが、水稲耕作に依存することは可能な集落群と思われる。

旧天竜市の阿多古川水系では懐山遺跡（11）、森脇遺跡（13）、天神森遺跡（15）、白野遺跡（16）上界戸遺跡（23）が拠点集落である。これらの集落の周辺には、小規模集落の上ノ平遺跡（14）、鐘鋳場平遺跡（17）、市場遺跡（18）、金原遺跡（19）、上野遺跡（14）が展開している。平安時代後期の集落が七遺跡に対して、中世の集落は一〇遺跡となり、拠点集落はいずれも平安時代から中世に継続する集落であるが、小規模集落のほとんどは中世から出現したものである。地理的条件は、上界戸遺跡より上流は狭い谷地形となっており、水田耕作は望めない水系といえる。

森町の三倉（原野谷川上流）川流域の尺平遺跡（44）、旧三倉小学校校庭遺跡（43）などは、いずれも小規模集落で中世から始まっている。川の規模も小さく、水田耕作に向かない流域である。ただし、最上流域の山上には、平安時代～中世に営まれた山寺である春埜山大光寺や大悲山顕光寺などが存在しており、この流域からこれら山寺に至るルートが存在していた可能性は高い。

旧春野町の気多川水系には、かなりの数の平安時代後期～中世の遺跡が展開している。本流域には先に挙げた寺院遺跡と見られる堂平遺跡をはじめとして、上流域から拠点集落をあげると植田遺跡（71）、篠原遺跡（55）、山路遺跡（54）、仇山遺跡（52）、里原遺跡（51）、平尾遺跡（35）があげられる。篠原遺跡と山路遺跡以外は平安時代後期～中世へと継続性が認められる。小規模集落は、平安時代後期のみの集落として観音谷遺跡（33）、御堂平遺跡（32）、中世のみの集落として舟木遺跡（34）、宮川遺跡（49）があげられ、これらの小規模集落は平安時代後期～中世への継続性のないものが多い。ちなみに、平安時代後期の集落が六遺跡に対して、中世の集落も六遺跡と、中世段階の集落数の増加は認められないが、これら多数の拠点集落は基本的には中世へ継続しており、北遠地域では最も人口密度が高い地区と見られる。気多川流域は支流である石切川、杉川、熊切川、不動川流域にもかなりの数の集落が点在しているが、いずれも小規模で中世から始まる集落が多い。以下支流域ごとに説明を加えたい。

不動川流域では拠点集落はなく小規模集落のみが知られている。平安時代後期のみの集落である川奥遺跡（39）、平野遺跡（38）、平野北遺跡（37）、平野西遺跡（36）、平安時代後期からの継続集落である胡桃平遺跡（40）、中世から始まる砂川遺跡（42）、和泉平遺跡（41）が確認されている。平安時代後期の集落が五遺跡に対して、中世の集落は三遺跡と、この地区だけ中世集落の減少が見られる。

熊切川流域でも拠点集落は平安時代後期からの継続集落である塩沢遺跡（72）以外は、小規模集落が主体で平安時代のみの田黒遺跡（47）、中世から始まる牧野遺跡（48）、長命寺遺跡（46）が確認されている。平安時代後期の集落が二遺跡に対して、中世の集落は三遺跡と中世集落の増加が確認できる地域である。

杉川流域では拠点集落と見られる杉グミノ沢遺跡（63）以外では、いずれも小規模集落が展開する。平安時代後期のみで廃絶する小規模集落としては高取遺跡（67）、宝原遺跡（62）、平安時代後期から中世に継続する居寄遺跡（65）、中世から始まる麦島遺跡（68）、中村第二遺跡（66）、門島遺跡（64）、高杉遺跡（61）、瀬居遺跡（60）などが存在する。中世へ継続する集落が少なく、平安時代後期の集落が四遺跡に対して、中世の集落は七遺跡を数え、中世段階に二倍近く増加している地区となっている。なお、杉グミノ沢遺跡は杉川流域というよりも、杉川の南に展開する東西方向に延びた山の尾根上に位置している。この尾根筋ルートには、いずれも小規模集落ではあるが、平安時代後期の宝沢遺跡（57）、平木開拓遺跡（56）、中世に継続する集落の行師平遺跡（59）、中世から始まる五和遺跡（58）が確認でき、尾根筋ルートの交通路の存在を示す遺跡群となっている。

石切川流域の石切東遺跡（69）、石切第一遺跡（70）は、いずれも中世から始まる小規模集落で、平安時代後期の集落はない。河川規模が小さいため、遺跡の立地可能な場所が少ない流域と考えられる。

このように気多川水系は天竜川の支流ではあるが、本流域は河川規模としては大きく、水田耕作が可能な場所も比較的多くあるため、寺院を含む拠点集落を中心として集落群が形成されている。支流域については杉川や熊切川のような河川規模の大きな流域には拠点集落が最低一ヵ所程度は存在するが、水田耕作可能な場所は少なく、畑作や狩猟採集などの山の生業を主体とする小規模集落が展開していたと見られる。また、杉グミノ沢遺跡のような尾根筋ルートに展開する集落群の存在も注目される。おそらく、このルートは大井川水系に通じるものと推測される。

旧佐久間町の天竜川水系および旧水窪町の水窪川水系の集落群については、冒頭でも述べたとおり詳細な分布調査がなされていないため、主要な集落の様相しか明らかになっていない。旧佐久間町域では平安時代後期の拠点集落としては佐久間B遺跡（5）や半場遺跡（9）などがあげられるが、中世に継続するのは半場遺跡のみである。中世段階での拠点集落としては平沢遺跡（7）があげられる。いずれも段丘上の遺跡で、水田耕作というより畑作などの山の生業により成り立っていた集落と見られる。

水窪川流域での拠点集落は平安時代後期の大原遺跡（3）、中世の神原遺跡（4）、切開遺跡（5）のほか、小規模集落として中世から始まる桂山遺跡（1）、切開遺跡（2）があげられる。いずれも段丘上に立地する遺跡で、水田耕作可能な低地には恵まれていない。詳細な動向はわからないが、中世段階で集落数や規模が拡大する地域と思われる。

以上の平安時代後期～中世の集落群の動向を、拠点集落と小規模集落の比較から検討すると、気多川本流域に北遠地域では最も有力な拠点集落群が形成されていたことがわかる。また、その支流域においても河川規模に合致した拠点集落を中心として、小規模集落が展開する様相が明らかとなった。本稿では詳細な検討はできなかったが、阿多古川、水窪川、旧佐久間町域でも同様な集落群の展開があったと考えられる。

さて、これらの平安時代後期～中世集落群は、大雑把には旧佐久間町の天竜川水系の半場遺跡や佐久間B遺跡あたりの地域（Ⅰ）、旧水窪町の水窪川水系の大原遺跡を中心とする地域（Ⅱ）、旧春野町の堂平遺跡を中心とする気多川水系とその支流の地域（Ⅲ）、旧天竜市の阿多古川水系の天神森遺跡を中心とする地域（Ⅳ）、旧天竜市の二俣川水系の地域（Ⅴ）の五地域に分けられる。北遠地域の古代行政区は、平野部を含む八世紀初頭には成立していた鹿玉郡と、元慶五年（八八二）に磐田郡が分割され成立した山香郡が該当すると考えられる。阿多古川水系の遺跡群は鹿玉（荒玉）郡碧田郷に比定したい（松井一明、一九八九）。山香郡は大峯、気多、与利、岐番の四郷が知られており、このうち気多郷は気多川水系の遺跡群に間違いなかろう。大峯は旧龍山村大嶺地区とも言われているが、現在のところ有力な平安時代の遺跡は見つかっていない。ただし、大嶺周辺の神社には、平安時代後期～鎌倉時代の和鏡が多数残されているため（柴田稔、一九八〇）、今後平安時代の集落遺跡が発見される可能性がある。与利郷と岐番郷についてはまったく根拠はないが、水窪川水系、旧佐久間町内天竜川水系の遺跡群がいずれかの郷に該当すると見たい。ただし、これらの遺跡群は、採集された遺物から見ると元慶五年に成立していた遺跡は数少なく、むしろ一〇世紀以降の集落群が主体となっており、提示した史料とは齟齬をきたしているため検討の余地がある。

つぎに、これらの遺跡群をつなぐ交通路の復元をしてみたい。前掲の図1に示したように、阿多古川水系のⅣ集落群は、西へは中代峠を越えて奥三河地域へ至るルート、二俣川水系の集落群は、北東方向の峰峠を越えて気多川水系のⅢ集落群に至るルートが考えられる。気多川水系のⅢ集落群は、東への二本松峠を越え大井川水系へのルート、北へは秋葉神社下社から北上し水窪水系や旧佐久間町域のⅠ集落群に至るルートが考えられる。杉川の南に展開する山上に位置する集落群から、東へは大井川水系、西には気多川水系に至る尾根筋ルートの存在も明らかとなった。このルートの遺跡群の内容からは、尾根筋ルートも平安時代後期には確立していたと見られる。ただし、今回の集落群の分析よる尾根筋ルートの復元は、このルートのみしか指摘できないが、その他の尾根筋ルートについては山寺や山城との関係で考察することが有効である。この点については後述する。水窪川流域のⅡ集落群は北方面としてはヒョー越峠から南信濃に至るルート、旧佐久間町域遺跡群は西方面へは天竜川支流の大千瀬川水系経由で、東栄町などの奥三河地域方面に至るルートが存在していたと考えられる。

以上のように北遠地域の集落群間の交通路を復元すると、北に南信濃へ至るルート、南に浜松や掛川などの平野部に至るルート、西に奥三河方面、東には大井川上流域に至る多方面の交通路が、網目のように山地に展開していたことが考えられる。つぎに山地での窯業遺跡の成立を手がかりに、こうした交通路の存在を補強してみたい。

二　窯業遺跡からみた交通路

北遠地域では窯業遺跡が営まれた事例はないが、奥三河地域では東栄町ブヤキ窯と旧足助町塩狭間窯が窯業遺跡として知られている。ブヤキ窯は、図2に示したように一二世紀後半に該当する山茶碗や小碗・小皿を生産した窯である。東海地域の山茶碗には、いくつかの地域色が認められており、ブヤキ窯の製品は西遠江・三河国地域で主体的に分布する渥美・湖西型の山茶碗ではなく、均質手（北部系）の特徴を示しており、瀬戸北部〜東美濃で生産された東濃型山茶碗と呼ばれる範疇の製品に該当する。ブヤキ窯の窯工人は遠江・三河国の平野部からのルートではなくて、瀬戸北部・東美濃より奥三河地域をへた山地ルートからやってきたのであろう。ブヤキ窯の製品は地元の北設楽郡下の集落ばかりでなく、北遠地域でも少数ではあるが確認できているため、奥三河・北遠地域の交通路を使った流通が想定できる（松井一明、二〇〇二）。

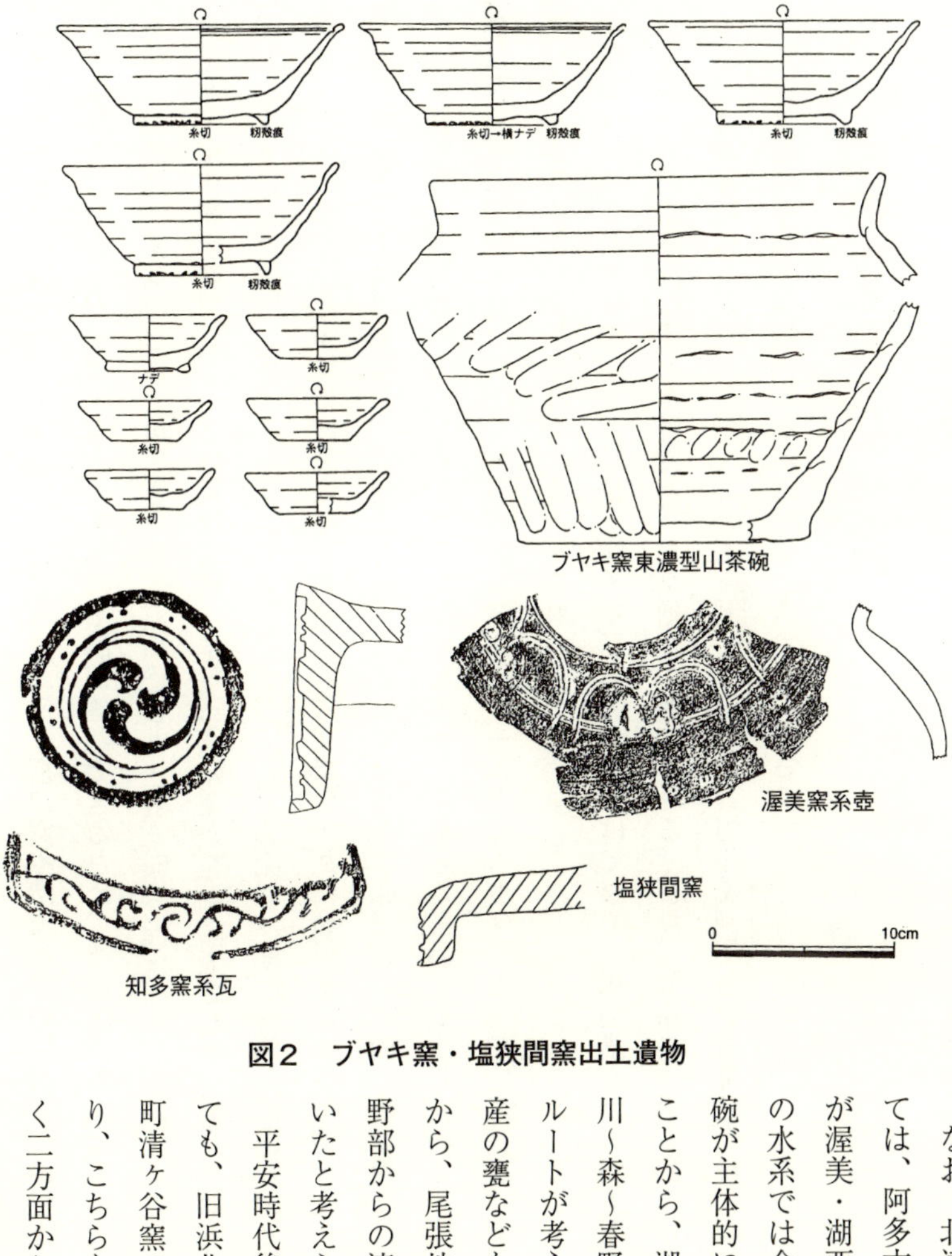

図２　ブヤキ窯・塩狭間窯出土遺物

なお、北遠地域の山茶碗については、阿多古川水系と二俣川水系が渥美・湖西型山茶碗、それ以外の水系では金谷産の東遠江型山茶碗が主体的に分布する地域であることから、湖西～浜北～天竜と掛川～森～春野の二方面からの流通ルートが考えられる。また、知多産の甕なども一定量出土することから、尾張地域からの山間部や平野部からの流通ルートも存在していたと考えられる。

平安時代後期の灰釉陶器についても、旧浜北市宮口窯と旧大須賀町清ヶ谷窯の製品が確認されており、こちらも山茶碗の流通と同じく二方面からのルートが想定される。北遠地域では南信濃にも多数搬入されている東美濃型の灰釉陶器はほとんど見られないため、平安時代には東山道地域と東海道地域を越えて、灰釉陶器が多量に流通することはなかったようである。宮口窯や清ヶ谷窯の製品については、東海道沿いの、静岡県中・東部だけでなく、関東・東北地域への搬出が確認できるため、遠江国以外へは東海道の陸路や、太平洋の海路を使った流通が指摘できる（田中広明、二〇〇一。松井一明、二〇〇四）。

旧足助町塩狭間窯群では、一二世紀代に該当する三基の窯が発掘調査されている（足助町教委、一九八三）。図2に示したように、塩狭間三号窯より渥美窯の影響を受けた蓮弁文壺と、瀬戸南部・知多地域と同じ尾張型の山茶碗・小碗、同一・二窯では、安城市広全寺や、大高山五号窯出土の瓦に類似する知多窯系軒丸・平瓦が焼かれている。この瓦の供給先は不明であるが、立地条件を考えるとそれほど遠距離地の寺のために焼かれたものとは思えない。また、足助町桜ヶ入窯からも一二世紀前半の知多産の甕に類似した製品も焼かれている。つまり、塩狭間・桜ヶ入窯群は渥美窯の影響も受けつつ、知多半島の窯工人が主体となり開窯したと想定される。製品の大多数は地元奥三河地域の集落や寺院に供給されていたと見られる。

このように奥三河地域の窯業遺跡は、知多半島方面からだけでなく、東美濃からの窯工人の移動が確認されることから見ても、山間部にそれを可能とした交通路が想定される。また、製品の流通も窯の存在する奥三河地域だけでなく、北遠地域にも広がっていたことも確認できるため、河川を利用した交通路だけでなく、尾根筋ルートを利用した交通路の存在も視野に入れることができるのである。

三　山寺からみた交通路

平安時代になると北遠地域では、いくつかの山寺が成立する。このうち遺物が確認できる山寺は少ないが、図3

図3　顕光寺と大光寺出土遺物

に示した掛川市大悲山顕光寺、旧春野町春埜山大光寺が俎上にあげられる（松井一明、二〇一一）。

顕光寺は平野部から離れた標高六七三ｍの大悲山の山頂部に立地しているため、深山タイプに分類できる山寺である。現在の寺の建物は山頂部よりやや降った南側に延びた尾根筋に建てられているが、遺物採集地点は山頂部の平場である。遺物は九世紀末葉の灰釉陶器から一三世紀前葉の山茶碗が採集されているため、平安時代前期には成立していた山寺である。この山寺に至るルートを検討すると、南からは三倉（原野谷）川水系からのルート、さらには北方面へのルートとしては、大日山金剛院をへて大光寺に至る尾根筋ルートの存在が想定される。

標高八八三mの春埜山山頂に位置する大光寺は、顕光寺よりもさらに平野部から遠いうえに標高が高い場所に立地している深山タイプの山寺である。現在の寺の建物はほぼ山頂部の尾根筋に建てられており、周辺地形から見ても古代・中世段階の寺も現在の建物の位置に存在していたと想定される。遺物は一〇世紀末葉の灰釉陶器から一三世紀前葉の山茶碗が採集されているため、平安時代後期には成立していた山寺と見られる。この山寺に至るルートを検討すると、西方面は気多川水系から不動川水系に至るルート、南は三倉川水系からのルートが考えられる。尾根筋ルートとしては、大日山金剛院から顕光寺に至るルートの存在が想定される。また、東の尾根筋からは大井川流域に、西へと続く尾根筋からは気多川を渡り秋葉山から竜頭山方面にいくことも可能である。

このように、本稿では遺物が確認できる二寺からの交通路の想定しかできないが、竜頭山の山頂部にも山寺らしい遺跡があり、秋葉山から竜頭山、山住神社に至る山岳宗教ルートが存在していた可能性が指摘される。秋葉神社や秋葉寺の成立は文献資料などからは中世後期段階に成立していたのは確実であるが、平安時代まで遡るかどうかは分からない。しかしながら、山住神社については山香郡の式内社に列せられていることから、平安時代に現在位置に存在していたならば、竜頭山の尾根筋ルートが古代に遡る可能性も残されている。

このように、北遠地域では平安時代後期には、集落群間の交通路の他に、山寺や神社をつなぐ宗教の道としての交通路が存在していた可能性が指摘できる。中世以降については、秋葉山を中心とした修験の道が次第に整備されていったものと想定される。今後、山地での尾根筋ルートの交通路については、山間部に成立する山寺の考古学資料をもとに検討が進められる事を期待したい。

四　山城からみた交通路

最後に戦国時代の交通路を考えるうえで参考となる、山城の位置について考えてみたい。まず、尾根筋ルートを考えるうえで参考となる山城は、旧龍山村中尾生城である。中尾生城は標高四七九m築かれた山城で、白倉川からの標高差は実に二五〇mを測る。この山城の立地は川筋の交通路から想定すると、隔絶した位置にあるようにも見えるが、尾根筋ルートから想定してみると、西へは白倉川に沿った尾根筋ルートを使い八峠越えで東栄町方面へ、東へは天竜川を渡り秋葉山南麓から旧春野町犬居方面、北上すると旧佐久間町方面、南下すると二俣方面に至るルートの交差点にあることが分かる。

こうした視点で他の拠点城郭の築城位置を見てみると、交通路と密接に関わっていることが分かる。北遠地域最北の水窪川水系にある旧水窪町の高根城は、南信濃からの山岳ルートである大崩峠とヒョー越峠経由のルートの合流地点に築城されていることが分かる。さらに水窪川水系を南下すると天竜川水系に至るルートと合流する。旧春野町の犬居城は、高根城のある水窪川水系より天竜川水系を南下し、気多川水系に至るルートの入口に築城されている。犬居城から南下すると浜北や森町方面に至るルート、東には気多川を遡り大井川水系に至るルート、西には中尾生城を経由して奥三河地域に至るルートが考えられる。つまり、北遠地域の拠点城郭は、古代・中世に存続した拠点集落の間近にあるとともに、交通の要衝の地にあることが分かる（松井一明、二〇〇二）。このように戦国時代の交通路は、塩の道に代表されるような物資流通ための交通路や、修験の道のような山岳宗教のための交通路だけでなく、甲斐・信濃国を領有した武田信玄・勝頼親子と徳川家康の攻防戦の際の軍事用の交通路としても利用されることにより、さらに整備が進んだものと思われる。

おわりに

北遠地域の山地交通路の整備は、集落群の形成が認められた平安時代後期に始まったと見られる。中世になるとさらなる集落の増加があり、拠点集落の継続性も認められた。しかしながら、小規模集落については継続性のあるものは少ないため、頻繁な集落移動が示唆された。このことは畑作などの山の生業に依存していたため、安定した集落が営むことができなかったためであろう。ただし、こうした小規模集落は一定の範囲内で移動しているため、拠点集落の関係とともに、他の集落地域に至るための交通路の影響下での移動と考えられる。

さて、一二世紀の窯業遺跡が奥三河地域で成立することは、この時期の山地での飛躍的な人口増加により（『北設楽郡史』）、山茶碗の流通増が見込まれたためであろう。ただし、中世になされた小規模集落の頻繁な移動に見られるように、一定地域での安定的な集落の維持ができなかったせいで、山茶碗の消費が思ったほど増加しなかったためか、短時間の操業で終わっている。

また、山間地での集落群の増加と安定は、山寺や神社などの宗教施設も充実させ、平野部の寺院との関係を結んだ宗教ネットワークに伴う交通路の整備についても指摘することができた。古代の山林修行の場としての山寺の成立は、北遠地域の場合は平安時代前期に始まり、平安時代後期に増加していったのである。中世段階には山林修行の場に加えて、修験道の普及による新たな宗教の道が構築されたと考えられる。

今回取り上げた北遠地域での古代・中世の山地交通路の復元を、遺跡群、窯業遺跡、山寺、山城を手かがりに試みてみた。実際の道路遺構や踏査により交通路の復元を検討したものではないため、想像の域を出ない部分もあろうかとは思うが、遺物等の流通を検討すると、山地での人々の生活を支えるための交通路の存在を抜きにしては語れないと思われる。山地での交通路復元は平野部と違って地理的な制限があるため、一見すると容易だと考えられるが、反対に落とし穴も存在する。実際山間地での遺跡の分布踏査をしてみると、遺跡が所在する場所は川筋というよりもやや標高が高い尾根筋の中腹にある場合が多く、さらに杉グミノ沢遺跡のように尾根筋上に遺跡群を形成する事例もあることから、川筋を利用した交通路のみで語ることは危険である。今後は、現況の集落とごく最近まで使っていた山道の聞き取り調査、遺跡群の詳細な分布調査から導き出した交通路の復元を行う必要性を痛感している。本稿が各地域での山地における交通路の復元方法の手がかりとなれば幸いである。

参考文献

足助町教育委員会、一九八三『塩狭間古窯』
柴田　稔、一九八〇「原始・古代」（『龍山村史』）
田中広明、二〇〇一「関東地域の施釉陶器の流通と古代の社会（二）」（『研究紀要』一六、埼玉県埋蔵文化財事業団）
松井一明、一九八九「遺跡に見る奈良～平安時代のむら」（『浜北市史』通史編上）
二〇〇二「山間部の中世集落―北遠地域を中心に」（『東海の中世集落を考える』東海考古学フォーラム）
二〇〇四「宮口古窯跡群灰釉陶器・山茶碗はどこに流通したか」（『浜北市史』資料編　原始・古代・中世）
二〇一一「遠江・駿河の山林寺院（静岡県）」（『佛教藝術』三一五、毎日新聞社）
向坂鋼二、一九八一「古代の天竜市域」（『天竜市史』上）
『北設楽郡史』（原始―古代、一九六八年）
『佐久間町史』（上、一九七二年）
『春野町史』（資料編一　原始・古代、一九九四年）
『森町史』（資料編一　考古、一九九八年）

〔コラム〕山国の紀行

―『更級日記』にみる坂・関・富士山―

『更級日記』は菅原孝標《たかすえ》の娘が自分の半生を自叙伝的に記述した作品で、成立は康平二年頃（一〇五九）、作者五十二歳の時である。

　作品の冒頭部分は、上総介の任期が終り上京する父（孝標）にともなわれての東海道の旅日記ではじまる。寛仁四年（一〇二〇）九月、作者十三歳である。

　足柄山は四～五日にわたり、おそろしいほど暗い所である。ようやく入った麓でさえも、空の様子ははっきりと見えないほど木が茂り、月もない暗い夜に闇にまぎれるように、あそび（遊女）三人が現れた。（中略）早朝から足柄山を越えた。麓よりも山の中のおそろしさは言い様がない。雲を足の下に踏んで山を越えた。

（意訳は筆者による）

　当時、十三歳の作者にとって足柄山（古代では峠と記さず、山・坂と記している）は、おそろしい不気味な山であった。

　その理由として①山が深く越えるのに四～五日もかかる、②木々が茂り暗い、③山が高く登り下りが厳しいの三点があげられよう。

　古代の足柄山は交通の難所であった。『古事記』のヤマトタケル伝承ではヤマトタケルが足柄の坂本に到り、食事を取っている時、「坂の神」が白い鹿となって現れた。ヤマトタケルは食べさしの蒜《ひる》の端を持ち鹿の目を打ちこれを殺し、足柄山に登り、「吾妻はや」と言った。さらにここから甲斐へ出て酒折《さかおりの》宮《みや》へ行った、と伝える。足柄山は「坂の神」の支配する山で、ヤマトタケルは、「坂の神」を殺して通行したのである。足柄山は相模から駿河だけでなく甲斐へ通じる交通路であった。中世では相模国では足柄山を越える道を「甲州道」とよんでいるように甲斐国への主要道であったことがわかる（阿部正道『かながわの古道』一九八一）。

足柄山（坂）には神がいて、通る人々は「みさかかしこむ」（坂の神を恐れる）という心を持っていた。

足柄の御坂畏み　曇り夜の　我が下ばへを　こちでつるかも　（『万葉集』巻一四—三三七一）

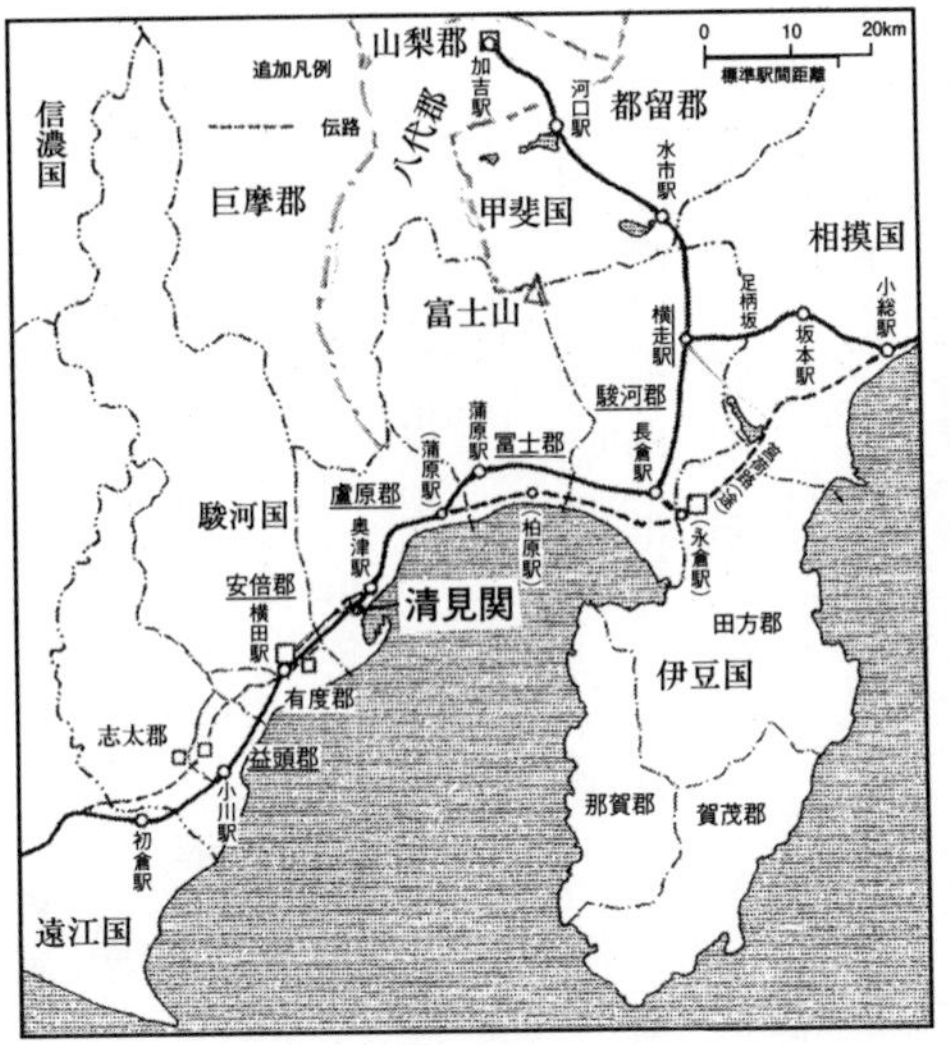

図1　駿河・伊豆・相模の古代交通路
（木下良『事典日本古代の道と駅』に加筆）

足柄の神の御坂の恐ろしさに、曇り夜のような私の秘めた思いを、とうとう口に出してしまった。

（伊藤博『萬葉集釋注』集英社）

足柄関　『出雲国風土記』によると国の堺には関が置かれていたことがわかる。足柄山も主要官道の国堺の場所であり八世紀前半には関が設置されていたと思われる。

足柄関の史料上の初見は昌泰二年（八九九）の太政官符で、相模国足柄坂・上野国碓氷坂に関を置き坂東諸国の群党・凶賊の通行を取り締まっている。足柄関は坂本駅家付近（南足柄市関本）に置かれた。足柄関は駿河国との通行と甲斐国との通行をともに監視する役割りを果した。『更級日記』には、足柄関は記されていないが、同じ寛仁四年に相模守大江公資とともに、ここを通行した女流歌人相模の歌集には、足柄関がよまれている。

行きかひ《(甲斐)》の　道のしるべに　あらましを　へだてけるかな　足柄の関

くやしさも　忘られやせむ足柄の　関のつらさ

を　(伊豆)いづになりせば。　(『相模集』)

横走関・清見関　ようやく足柄山を越えて関山に泊った。ここからは駿河国である。横走　関《よこはしみのせき》の近くに岩壺《いわつぼ》という所があり、大きな四角い石の穴のあいている所から清く冷たい水が湧き出ている。(中略) 清見関は、片方は海であり関屋(関所の建物)が多く建ち並んでいて、海岸まで釘《くぎ》貫き(柵列を立てる)している。

横走駅は静岡県御殿場市駒門付近に推定され、横走駅家と近接していた。横走関の任務は伊豆国・駿河国と甲斐国の交通の監視にある。清見関《きよみがせき》は静岡市興津の清見寺《せいけんじ》の下の海岸ぞいと推定される。現在の国道一号線・東海道線が狭い所を通過する交通の要所である。清見関の任務は、足柄関をさけて箱根路を経て東海道を通過する物資・人間集団の監視である。天暦一〇年(九五六)の駿河国司解(『朝野群載』)によると、駿河国は東に相模国足柄関、国内に清見関・横走関が置かれているが「坂東暴戻の類、地を得て往反し、隣国奸猾の徒、境を占めて栖み集う」という情勢であった。

当時、清見関・横走関の警備は厳重であった。海岸まで柵列を立て並べているという清見関の描写は、交通史上、重要である。

富士山の噴火活動　富士山は駿河国にある。私が成長した上総国では西に見えていた。山の様子はたとえようもない。(中略) 山頂は少し平坦になっていて、そこから煙が立ち昇り、日が暮れると火が燃え立つのがみえる。

富士山の描写は簡潔である。作者が富士山のふもとを通ったのは年表の⑦～⑧の間にあたり、火山活動が活発な様子がわかる。

富士山の噴火活動は八世紀～十一世紀末頃までの三百数十年の間に九回の噴火・爆発が記録されている(年表)。平均して四〇～五〇年に一度、噴火している。こうした活発な火山活動は大きな災害をもたらし、人々に山への畏れと、それを鎮めるための信仰が生れた。

天地の別れし時ゆ　神さびて高く貴き　駿河な

年表　古代の富士山の噴火・噴煙　①〜⑨は噴火の回数を指す

年（年号）	内　容
719（養老３）〜	富士山の燃ゆる火がよまれている
728（神亀５）	『万葉集』319、2695、2697
①781（天応元）	富士山噴火し、灰を降らし、木を枯らす（続日本紀・日本紀略）
②800（延暦19）	富士山噴火す。砂礫、灰が降る（紀略）
③802（延暦21）	富士山噴火す。山の東下に新山できる（富士山記） 噴火により塞がれた足柄路を廃し、箱根路を開く（紀略）
803（延暦22）	箱根路を廃し足柄の旧路を復旧する（紀略）
④826（天長３）	北西麓で噴火
834〜848（承和年中）	山峰より珠玉落ちきたる（富士山記）
⑤864（貞観６）	富士山噴火し、溶岩本栖湖に流れ、甲斐国境に達す（三代実録、紀略）
865（貞観７）	甲斐国八代郡に浅間神社をまつり、官社とする（三実）
877（元慶元）	都良香「富士山記」成立
⑥937（承平７）	富士山噴火、北麓で岩石流　水海を埋める（紀略）
⑦999（長保元）	富士山噴火（本朝世紀）
1020（寛仁４）	『更級日記』の作者、富士山のふもとを通る
⑧1032（長元５）	富士山の噴火、溶岩流、峰より山脚まで達す（紀略）
⑨1083（永保３）	富士山噴火す（扶桑略記）

る富士の高嶺を　（『万葉集』三一七　山部赤人）

日の本の大和の国の鎮めとも　います神かも
宝ともなれる山かも　駿河なる富士の高嶺は見れと飽かぬかも

（同三一九　高橋虫麻呂）（『萬葉集釋注』）

延暦二一年（八〇二）の噴火により足柄路の西側の駿河国側が塞がれたため、箱根路を開いた。翌年足柄路は復旧したが、箱根路は駅使など公的使者の他は、ひきつづき使用したようである。

『更級日記』の旅日記の部分は、地名等に不明な点がみられるが、記述は適確であり十一世紀前半の交通史の史料として、貴重である。（佐々木虔一）

参考文献

荒井秀規他編、一九九七『神奈川の古代道』（藤沢市教育委員会）
鳥養直樹、二〇〇四『足柄の里と坂の古代的世界』（小田原ライブラリー）

Ⅲ　生業と信仰

1　杣と木材の採取と運送

小笠原好彦

はじめに

日本古代の七世紀には、畿内を中心に、竪穴住居から掘立柱建物へ住居様式が大きく変化した。それにともなって、柱・桁・梁・垂木・板など整形され、しかも規格的な建築材が大量に必要になった。それらの建築材は、居住地域の周辺に広がる山地から伐木して調達することになった。とりわけ、畿内では六世紀末に飛鳥に宮都が遷され、さらに七世紀末には条坊制をもつ藤原京への遷都にともなって、宮殿・中央官衙の諸施設や集住する官人層の居宅を構築するために、大量の整形された建築材を必要とする状況がうみだされた。

しかも、藤原京以降の平城京・難波京・恭仁京・長岡京・平安京への遷都では、造営にともなって必要とした膨大な量の建築材は、都城周辺の山地にしばしば採材施設の杣を設けて供給する体制がとられることになった。

ここでは、古代の山国というわけではないが、大和と近江を中心に、七・八世紀の畿内とその周辺の杣での木材生産と運送に関連することを述べることにする。

一　杣と木材の採取

日本の古代宮都は、六世紀末に大和盆地の東南部の磐余から、飛鳥川流域に遷った。それに先立つ崇峻元年（五八八）、蘇我馬子は飛鳥川の東岸に飛鳥寺の建立を計画し、百済から工人らを招来して本格的な寺院造営がおこなわれた。それを契機として、畿内では蘇我傍系氏族や上宮王家などによってあいついで寺院造営が進展した。この飛鳥寺の造営に導入された高度な建築様式・技術は、寺院の堂塔のみでなく、飛鳥の王宮の殿舎や周辺に集住して居住した有力氏族の居宅にも広く導入されていったものと推測される。

ところで、多くの殿舎が構築された宮室や寺院の伽藍の造営には、複数の大きな建物を構築することから、規格的な建築材を大量に調達することが不可欠なことであった。

飛鳥寺の造営では、『日本書紀』崇峻三年（五九〇）一〇月条に、冬期に杣山に入り、伐木し、建築材の作材がおこなわれたことが記されている。だが、この記事では、杣山でどのように作材がすすめられたかは記されていない。七世紀の宮室の遷宮や有力氏族による寺院の造営の場合もまた同様で、杣で建築材の作材がどのようにおこなわれたかはほとんど知りえない。

しかし、平城京遷都後の八世紀後半にあたる天平宝字年間におこなわれた平城京での法華寺金堂の造営や、近江に保良宮・京の造営がおこなわれたことから、その近くの石山寺の大改修にともなって設けられた山作所による建築材の作材に関連する史料が『正倉院文書』に多く残されている。とりわけ石山寺造営に対する山作所による作材の内容がよくわかる。

天平宝字五年（七六一）にはじまった石山寺の大改修では、仏堂・法堂・経蔵・僧房・食堂・板倉など二六棟の建物が構築された。これらの造営事業を担った造東大寺司は、天平宝字五年一二月、近江の甲賀郡に甲賀山作所を設けたが、さらに同六年（七六二）一月に新たに瀬田川に近い田上山《たなかみやま》に山作所を設け、この田上山作所を中心に石山寺の木材の作材をおこなうことにした（福山敏男、一九四三）。

石山寺造営に対する杣山での建築材の作材をみると、まず甲賀山作所での伐木では、それに先立って山口神祭と鉄製刃器の修理がおこなわれた。山口神祭は、杣山で木工工人らが伐木するにあたっておこなう祭祀である。この祭祀では、天平宝字五年一二月二七日の「丹波広成解」に、玉三二九、五色帛幣五尺、色紙二枚、神鏡一隻、鈴一隻などを購入した費用が請求されている（『大日本古文書』四―五二七・五二八）。また、これに関連し、さらに「甲賀山作所十二月正月告朔解」には、山口神奉料として粉酒四升が購入された（『大日古』五―九〇）。

杣山での山口祭祀に関連する史料は、『延喜神祇式』に、伊勢大神宮の式年遷宮に関連する「山口神祭」と、臨時祭に「造遣唐使船木霊并山神祭」がある。前者は、祭具に鉄人像・鏡・鉾・長刀子など、後者は五色玉・鈴・鏡・糸・絁・綿・五色薄絁・木綿などを用いている。これらの祭具をみると、甲賀山作所の山口神祭は、玉・鏡・鈴が「造遣唐使船木霊并山神祭」と共通しており、杣山の神霊に対する祭祀としておこなわれたものとみなされる。また、作材の開始には、鉄工工人を雇って鉄製要具の斧・手斧・鉾などの刃器の修理がおこなわれ（『大日古』五―九三）、ほかに楔も準備された。

杣山での伐木や作材に使用する古代の木工具には、鉄斧・手斧《ちような》・鉇《やりがんな》・鑿《のみ》・錐・鋸などがある。鉄斧は大阪府紫金山古墳、岡山県金蔵山古墳などの副葬品には、柄をさしこむ袋部からそのまま刃部にいたるものと、肩部が張りだす形態のものがある。前者は樹木の伐木に、後者は大阪府七観山古墳・山梨県大丸山古墳・滋賀県北谷十一号墳などの鉄製柄がつく手斧からみると、手斧として使用された可能性が高い。手斧は柄に直行する刃をつけ、木材の表面の粗い調整に、鉇はさらに狭い面積の表面の仕上げに使用された。
七・八世紀の木工具の出土例は乏しいが、平城京右京八条一坊十三坪の井戸ＳＥ一三〇五から無肩袋状式の鉄斧が出土している。また、左京四条三坊九坪（東堀河）の調査で、溝ＳＤ〇四から、銙帯金具などとともに手斧一点が出土している。しかし、古墳の副葬品と異なり、都城遺跡や集落遺跡、生産工房などから鉄製木工具が出土する例は少ない。

杣山では、鉄斧で伐木され、さらに小型の鉄斧類で不要な枝が切り払われ、丸太材に仕上げられた。さらに特定の用途をなす建築材に作材するには、縦挽き鋸がまだないので、楔によって丸太材を縦割りし、分割された。それをもとに、斧、手斧、鉇、鑿などの木工具で、しかも、それらの大小のものによって粗く建築材に仕上げられた。木材の切断には鋸も六世紀の奈良県烏土塚古墳などから出土しており、補助的に使用された。

さて、甲賀山作所では、鉄製刃器が準備された他に、丸太材の分割や規格品を製作するための用具として墨壺や墨縄が準備された。そして、祭祀をおこなった直後の天平宝字五年一二月二七日ごろから翌年一月一四日までに柱二二根・柱料桁六枝・桁二一枝・角木（隅木）四枝・架（垂木）一〇〇枝の二五三物が作材され、檜皮《ひわだ》六二囲が採取された（『大日古』五―九一・九二）。

このように石山寺の造営では、まず甲賀郡の甲賀山作所で建築材が作材され、檜皮が採取された。しかし、これらは柱二本が野洲川の三雲川津に近い三雲寺の門まで運びだされただけで、三月半ばまで杣山の車庭に留められ、石山寺へは漕運されなかった。

そして、何らかの理由によって、石山寺造営の用材は、瀬田川に近い田上山に山作所が設けられ、長上一人、領《うながし》二人の監督のもとに、一月一六日から司工二人、鉄工一人、様工六人、雇工三人、仕丁四人、雇夫一〇人によって、作材と檜皮の採取、さらに漕運する作業がおこなわれた。これらの職掌のうち、長上は造東大寺司の木工長上で、作材する全体を監督する。領は司工、様工・雇工らに作材する内容を指示しておこなわせ、さらに仕丁、雇夫らに材木の運送や漕運その他の雑役を指示した。

この田上山作所では、まず山作所の宿所、炊事用の大炊所が作られた。ここでも伐採作業に先立って、山口神祭の祭祀がおこなわれた。しかし、これには幣帛が準備されたのみで、簡略化しておこなわれた（『大日古』五―七七）。続いて、ここでも、伐木する鉄製刃器として斧五個、鉼一個が製作された。また、その後の天平宝字六年三月一三日には、造石山寺所から木印一柄が充てられている（『大日古』一五―一六二）。

田上山作所からは、天平宝字六年一月二八日に雑材六三物が石山寺に運ばれたのを初めとして、五月一八日まで、およそ五〇回にわたって雑材一二九〇物が作材され、採取した檜皮六八一囲が運搬された。これらの木材は、造石山寺所からだされた符によって、作材する建築材の寸法と員数（数量）が指示された。ちなみに田上山作所では、「柱・桁《けた》・架（垂木《たるき》）・棉梠（木負《きおい》）・角木（隅木《すみぎ》）・長押《なげし》・佐須（叉首《さす》）・久礼（榑《くれ》）・薄風（破風《はふ》）・机板・温船板《ゆふねいた》・歩板《あゆみいた》・蘇岐板《そぎいた》・波多板《はたいた》・比蘇《ひそ》（檜曾）・扇（扉《とびら》）・目草《まぐさ》（戸口上の材）・樋《とい》・小舞《こまい》」などが作材され、檜皮が採取された。これらの木材は、建物の骨格をなす柱と軸部を構成するもの、その上部の屋根を構築するもの、足場など工事の補助材などがふくまれていた。

石山寺の造営では、前述のように甲賀郡の甲賀山作所で作材作業が開始しながら、それを中止、変更して瀬田川に近い田上山作所で石山寺の建物構築に必要とする大半の建築材の作材がおこなわれた。しかし、それのみでなく、田上大石山の山作所で檜榑の作材と檜皮を採取、石山寺近くの立石山・小石山の山作所で黒木の柱・桁・古万比（小舞）、佐須などを作材し、さらに高島山作所で椙榑《すぎくれ》を大量に購入して石山寺へ漕運した他に、信楽で板屋二棟を購

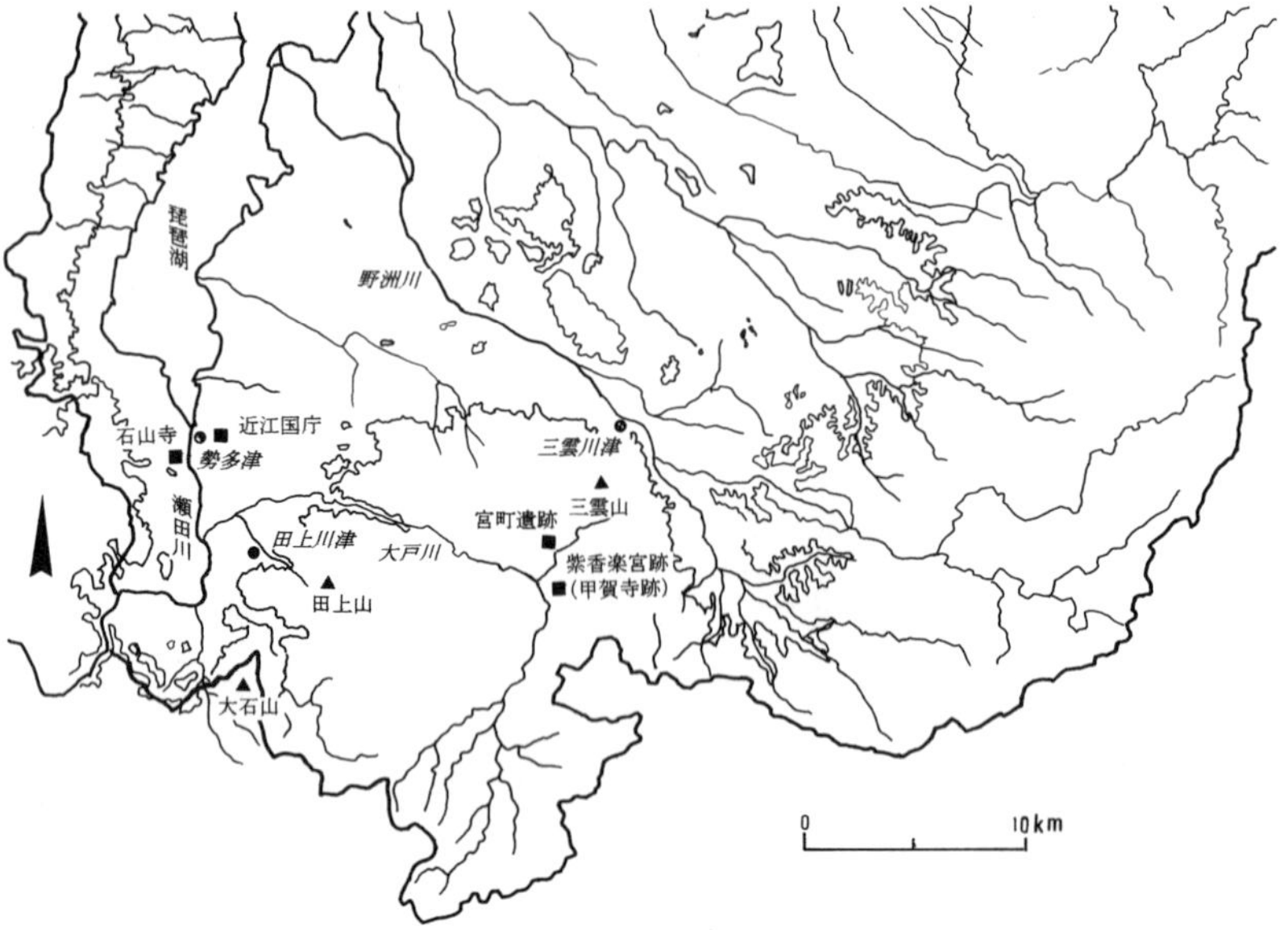

図1　石山寺造営と山作所の所在地

入し、解体して漕運されている（図1）。

石山寺の造営では、造東大寺司の木工が不足していたことから、田上山作所での伐木、作材は、前述した様木工（請負木工）や雇木工らを中心に作業がすすめられた。これらの様木工、雇木工らが使用する工具は、山作所のものの他に、自前の、あるいは様木工の長が所有するものが使用されたものとみなされる（西山良平、一九七七）。

ところで、前述の作材した木材のうち、「榑」は、建築材そのものではなく、建築材を製作する素材名であった。この榑は、石山寺の造営では、田上山作所でも檜榑の一部が作材されたが、田上大石山作所で大量の檜榑を作材し、さらに高島山作所で榲榑（杉榑）が大量に購入されている。榑は、天平宝字六年正月二七日の「高島山作所解」に、

高島山作所解　申且進上榑事
合弐伯玖拾肆材長一丈二尺已上一丈三尺已下
右件榑、付仕丁生部石代、且進上如件、以解、
天平宝字六年正月廿七日勝屋主

と、榑の法量が記されている（『大日古』五―七二・七三）。

この榑の木材に関連する出土資料には、長岡京左京三条四坊十五町、同四条四坊三町から見つかった井戸枠材に使用されたものがある。これには、板材に焼印されたもの、刃物によって記号が刻まれたもの、鋭利な刃物で平行線を刻んだものなどがあり、岡田文男によって栈穴《えつりあな》などを目安に接合して枠材が復元され、『延喜木工寮式』に記す榑の法量の「一丈二尺、幅六寸、厚四寸」とほぼ一致することが明らかにされている。また、接合された材には、一材に数個所も刃物で刻まれ、表裏で異なる捺印が施されていることから、これらは榑の作材にあたった様工、様工の長、さらに山作所領による確認作業にともなったものと理解されている。そして、前述したように、造石山寺所から田上山作所に木印が充てられており、さらに三月三〇日の「山作所作物雑工散役帳」によると、山作所でも木材に打つ鉄製印一個が製作されている（『大日古』五―一八〇）ので、焼印の刻印は山作所の領によって捺印されたものとみなされている（岡田文男、二〇〇五）。

また、九世紀前半の榑に関連するものが、瀬田川沿いの滋賀県関津遺跡で、井戸枠材の下端に一辺五cmほどの桴用の方形孔があけられているものが見つかっている。これらは六枚が接合され、幅一五cm、厚さ八cmに復元されている（滋賀県教委、二〇一〇）。

また、作材にともなって文字を捺印したとみなされる平城京出土の例に、長屋王邸の北、左京二条二坊五坪の東辺に建てられた二面庇付の桁行二〇間以上の長大な建物SB五二五〇の柱穴に礎板として置かれた一辺が一三cmの角材がある。これには全長〇・七八mの端部に栈穴をとどめ、手斧削りした後に、四個所も「大」字が捺印されていた（奈文研、一九九一）。さらに、右京二条二坊三坪で見つかった井戸SE五一四の井戸枠材には、捺印したもの、平行線を刻むもの、「×」を部材の端部付近につけられているものなどがあり（奈良市教委、一九九七）、いずれも杣での作材にともなってつけられたものとみなされる。

二　杣山の木材と運送

杣山で伐採された樹木は、枝を除去し丸太材にされた。そして、そのまま運ばれる場合、さらに杣山で加工を加え、建築材に粗く作材される場合とがあった。石山寺の造営では、大半が柱・桁・長押・架（垂木）・棉梠（木負）などの建築材に作材して運ばれた。

これらの丸太材や建築材を目的地へ運ぶには、杣山から山裾の平端地までおろす必要がある。これには、山作所の仮設置場から材引道が作られた。その運搬には、肩に担いで、一定間隔に細い丸太材を敷きつめた材引道を曳いて、あるいは修羅に積んで一定量をまとめて曳きおろされた。

石山寺の田上山作所では、木材を杣山から材引道で引き下ろし、そのまま川津まで運んでいる。これは、田上山作所の場合は、伐木や作材したところとさほど離れていないところに川（天神川）があり、この川津（湖南アルプス登山口付近か）で桴《いかだぐみ》組し、さらに大戸川・瀬田川によって漕運されている。

しかし、石山寺の造営に際し、最初に伐木し、作材をおこなった甲賀山作所の場合は、作材された木材は、木もとから山裾の車庭まで運び、さらに少し距離を隔てた三雲川津へ運送する必要があった。そこで、「造石山院所解案」によると、杣の木もとから「車庭」までは、人力によって柱二二根・桁二一・角木四枝・架二百枝・柱料桁六枝が運ばれた。また、「車庭」から三雲川津までは少し距離があったようで、柱二二根を車一一両で、桁二一枝を二二人、角木四枝を四人で、架二百枝は九五枝を車六両、一〇五枝を二一人と車と人力を併用して運ばれている（『大日古』一六―一九〇）。

これらをみると、柱は根別九人で、車での輸送は一両で二根を運んでおり、その効率は一八倍であった。また、架の場合は、車による運送は車一両で一五枝ないし一六枝を運び、人力では一枝を運ぶのに一人の割合であり、車は一五～一六倍の効率があった。

ところで、『正倉院文書』には、天平六年（七三四）の興福寺西金堂造営に関連する「造仏所作物帳」に、嶋宮から藁、山口から瓫坏《しのつき》を焼く薪橡《たきぎのとち》、河内の肩野（交野）から瓫坏用の粘土、泉津から檜久礼《ひのきくれ》（榑）・波多板《はたいた》・燭松《ともしびのまつ》・岡田焼炭を車で輸送した史料がある（『大日古』一―五五七、五五九・五六〇）。

また、天平宝字三・四年（七五九・七六〇）に、造東大寺司が法華寺金堂の造営に際し、生馬鷹山（生駒高山）から架・炭、登美銭司村から和炭、佐保山馬庭坂から白土、西市から米、山背輪束山（和束山）から和炭・炭、泉狛村から鋳型の粘土、河内の知識寺から生銅、さらに東大寺へ返済する瓦類、石灰、鉄爐などを車で輸送したことが記されている（『大日古』一六―二八五・二八六）。

これらは平城京のみならずその周辺地域でも、大量の諸物資の運送に、しばしば車が利用されていたことを示している。

建築材を運ぶ際に、人力と、車によるものとの違いに対しては、天平宝字六年三月一八日の「造石山院所符案」では、

符　甲賀運材領橘守金弓

（中略）

一車負材法　柱二根　七八寸二丈三尺已下桁二枝

一丈六尺架方三寸各十六枝下已十四枝已上、三尺檜皮五十囲已下卅五囲已上。

右、泉負法如レ右、宜下承二知状一施行上、又夫日功十四文已下十二文已上、食日五升已下四升已上、随二人等一耳。

右、宜三早速令二運出一、月廿五日以前参向、不レ得二延廻一。今具状、故符。

主典安都宿禰　案主下

三月十八日辰時　以時使検校

とある（『大日古』一五―一六九・一七〇）。これは、造石山寺所が甲賀山作所領の橘守金弓あてに木材の運送を命じたもので、ここでは人力と車を利用する際の基準として、泉津での車負（車載）法を引き合いにだしている。

前述した甲賀山作所の車庭から三雲川津への柱や架などの車による輸送は、これに基づいて運ばれた。この基準は、その後の『延喜木工寮式』の雑材積では、人力は人別三二〇〇～二六〇〇（立方）寸、車は両別二七〇〇〇（立方）寸と記されており、車が八・四から一〇・三倍となっている。

このように、柱をはじめ木材の運送では、車による輸送が割安で、しかも大量に運搬することができたことになる。しかし、その利用は、加藤友康が述べるように、地方の正税帳には車の利用はみられないし、車の輸送には道路整備が条件となっており、河川が阻害しないのも重要なことであった（加藤友康、一九七七）。特に、古代国家は大きな河川に架橋することに消極的であった（舘野和己、一九九八）ので、車による遠隔地への輸送には、道路整備と通行を阻害する大きな河川がないことが条件になっていたことになる。

さて、石山寺の造営では、田上山作所の木もとから川津まで木材が曳き下ろされた。この川津は地名が記されていないが、田上山の裾を流れる天神川の津であったとみてよい。この川津から石山寺までは八㎞ほどで、川津から石山寺へは桴組によって漕運され、時には人力で運ばれ、車は利用されていない。これは、瀬田川には勢多橋が架けられていたが、途中で架橋していない天神川もしくは大戸川の河川を越える必要があった。また、桴の方が大量に、安い経費で石山寺に運送できたことによるものであろう。

ところで、古代に使用された車に関連する出土資料は少ないながら、奈良県小立古墳、平城宮跡、兵庫県吉田南遺跡などの例がある。これらのうち、小立古墳は飛鳥の山田寺跡の東北一kmにある全長三四・七mの五世紀後半の帆立貝式古墳で、家・蓋《きぬがさ》・短甲・馬・鶏などの形象埴輪がともなっている。車の資料は、この古墳の周濠を覆う七世紀後半の埋土から外輪三点、内輪三点、輻《ふく》七点、楔八点が出土している。外輪の一つは、中央部で幅九・四cm、厚さ三・八cm、長さ六一・四cmあり、中央と両側の三個所に輻を入れる枘穴があり、中央の突起部両側に内輪をはめこむための入枘があり、端部は両側とも出枘状をなしている。

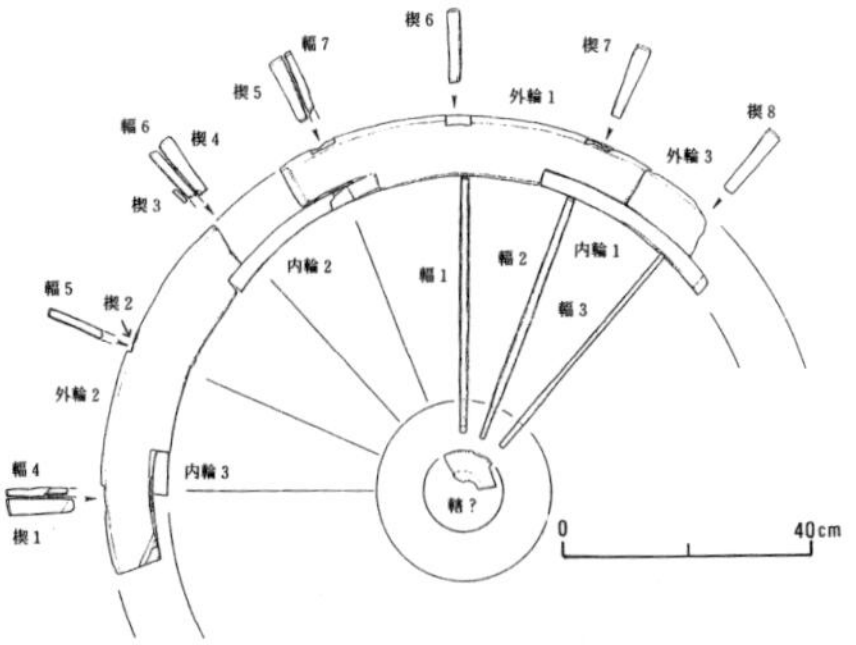

図2　奈良県小立古墳出土の木製車輪

また、内輪の二つは外輪と組みあって出土し、両端に出枘と二個所に輻を差し込む枘穴がある。輻は輪木に差し込むように長い枘をなしていた。楔は輻に外輪部から打ち込むものである。これらの木製品によって、直径一・一八八mの車輪が復元される（図2）。この車輪は人が乗るよりも、土木工事などの資材を運ぶのに利用されたものとみなされている（橋本輝彦、二〇〇四）。

吉田南遺跡の出土例は、八世紀後半から九世紀の丸木を輪切りにした車輪で、両面の中央に円筒状に軸受けを突出させた径約〇・六mの小型のものである。平城宮跡のものは、八世紀後半から九世紀前半の車輪の一部が出土したもので、全体は知りえない（奈文研、一九八五）。

このように、車に関連する資料はなお乏しいが、前述のように、『正倉院文書』によると、畿内やその周辺では、木材をはじめ重量のかさむ物資の運送にしばしば使用されていた。しかし、その輸送は、道路整備と河川が阻害しないことが条件となっており、古代では牛馬の利用とは異なり、地方での利用はごく限られたであろう。

さて、杣山で伐木した丸太材や作材した木材を遠隔地へ運送するには、大半は杣山に近い川岸の津で桴組みし、漕運された。そして、桴を組むには、丸太材や柱材などを固定するために、V字状に横につながるように栈穴などを抉り、縄で固定された。

いま、七・八世紀の古代遺跡から見つかっている掘立柱建物や塀などに使用された柱の柱根に、桴組した栈穴などの仕口をとどめる例を少しとりあげてみよう。

近畿の七世紀の遺跡で、桴用の仕口をとどめる柱根が見つかっている主な遺跡には、奈良県稲淵川西遺跡、飛鳥京跡、藤原宮跡、藤原京跡などがある。

稲淵川西遺跡は、飛鳥宮跡の南一・二km、稲淵川の西岸にある宮殿遺跡で、前殿・後殿とその東に脇殿二棟からなる掘立柱建物が四棟と石敷広場が検出されている。前殿では側柱と入側柱の柱穴を組にして掘り、他の建物の入り側柱列は布掘りして柱を据えていた。これらの建物では柱根が多く残り、前殿・後殿の柱根の下端に栈穴をとどめていたものがある（奈文研、一九七七）。

飛鳥京跡では、飛鳥宮の内郭の東を画す施設に東一本柱列SA六一〇一がある。一九六一年（昭和三六）度調査では、径〇・三五m大の柱根七本が検出され、方形あるいは長方形の栈穴が抉られていた（図3）。また、内郭の東北隅に設けられた井戸SE六〇〇一の南に建つ桁行七間、梁行四間の東西棟建物に残る柱根にも、いずれも栈穴があった。さらに、内郭北辺の中央部に配された桁行二四間、梁行二間の長廊状建物SB六二〇五では、東妻柱列

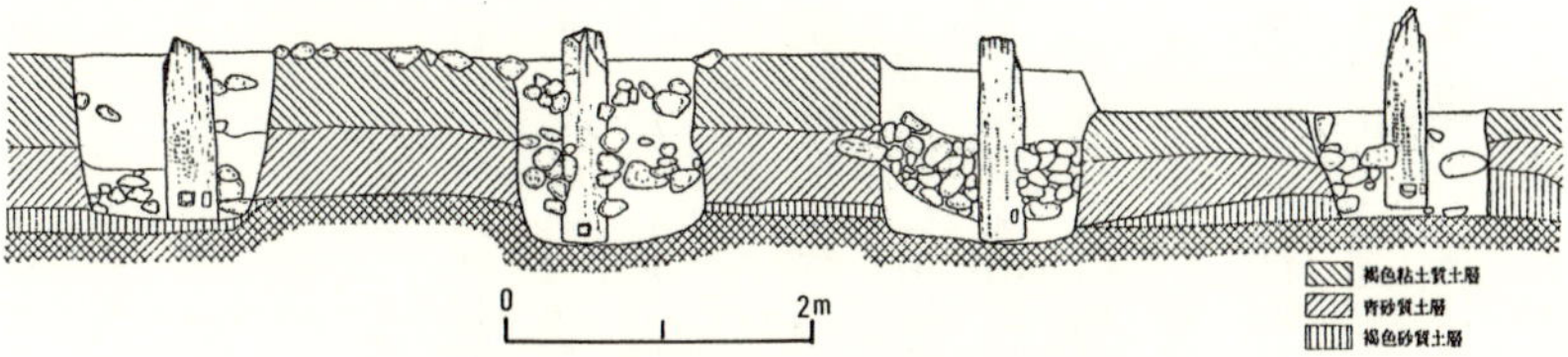

図３　飛鳥宮の東一本柱列と柱根

のうち、妻柱の柱根のみ栈穴をとどめていた（奈良県教委、一九七一）。

藤原宮跡では、柱根の下部に、栈穴を抉るものの他に、朝堂院東地区で検出された東西塀ＳＡ一〇三四〇のヒノキの柱根には、下端部の少し上に、幅四cmの狭い溝を一周めぐらしたものが見つかっている。

また、藤原京跡では、藤原宮朱雀門の西南、日高山瓦窯の西にあたる藤原京右京七条一坊西南坪で、正殿を中心に、後殿、脇殿などを左右対称に配した一町規模の邸宅が見つかっている。この正殿ＳＢ四九〇〇と後殿ＳＢ四九三〇の柱穴からは一二本の柱根が検出され、そのうち後殿の柱根に「□本久口□木」と文字を刻み、ついで手斧で削り、栈穴を抉ったもの、「木」と文字を刻み、栈穴をあけたものがある。前者は栈穴のすぐ下を鋸で切断し、建てる際に切り揃えられていた。

つぎに、八世紀では奈良県平城宮跡、平城京跡、法隆寺東院跡、滋賀県宮町遺跡、長岡宮跡、長岡京などから出土した例がある。

平城宮跡では、多くの掘立柱建物が構築されており、柱穴に柱根が残る例が少なくない。これまで四六五本以上の多くの柱根が検出されており、径〇・二一～〇・三〇ｍのものが四三・三％、〇・三一～〇・四〇ｍのものが二〇％、〇・四一～〇・五〇ｍのものが五％、それ以上太いものは四本にすぎないという。

その一例として、第一次大極殿院のⅠ期には、東面回廊ＳＣ五五〇〇の下に設けた木樋暗渠に、長大な複数の木樋に柱材を転用したものがある。これらは、柱を半割して中を刳りぬき、屋根を支えた腕木や土壁の下地の間渡しを通した仕口の穴を塞いでおり、これらの基部に桴の栈穴をとどめるものが二本ある。その一本には「八十」と刻まれていた。また、第一次大極殿院のⅠ―三期に東を画した南北塀SA三七七では、一〇本の柱根が残っており、うち三本に桴の栈穴が抉られていた（奈文研、一九八二）。他に、宮の西端部に置かれた馬寮の東を画する南北塀SA五九五〇でも、一部に柱根が残っており、栈穴を抉るものがある。

平城京跡でも多くの柱根が見つかっており、左京三条四坊十二坪では一六棟の掘立柱建物などが検出され、南側の南庇付東西棟建物SB〇一の柱穴などに柱根がよく残っていた。左京四条二坊一坪では、奈良時代後半の邸宅にめぐらされた東回廊SC三八六〇の柱穴に、栈穴をとどめる柱根がみつかっている。

また、右京では、四条一坊八坪で、奈良時代前半の桁行五間、梁行二間の掘立柱建物SB〇八五九の柱穴に柱根がよく残っていた。これには栈穴を抉ったものと、柱根の下端部に狭い溝を一周めぐらせたものとがある。他に、唐招提寺でも、寺院造営前に建てられた掘立柱建物SB〇四のヒノキの柱根に、栈穴が抉られたものがある。

斑鳩町にある法隆寺東院は、一九三四年（昭和九）から解体修理がおこなわれ、この際に、浅野清によって礼堂下から東院創建時の桁行七間、梁行二間の掘立柱様式による中門の柱穴から、柱根一五本が検出された。それらの半数のものに栈穴が抉られていた（浅野清、一九四八）。

また、宮町遺跡は、国史跡紫香楽宮の北一・五㎞で見つかった紫香楽宮の遺跡である。これまでの調査では、遺跡の北端部付近で見つかった塀SA〇七〇九から栈穴を留める柱根二本が検出されている。これらは周辺の山から大戸川を漕運したものか、天平一六年（七四四）に、にわかに大規模な紫香楽宮（甲賀宮）を造営するのに際し、恭仁宮から運ばれたものであろう。

さらに、長岡宮跡では、第二三一次調査で北辺官衙地域から見つかった桁行七間、梁行二間以上の南北棟建物S

B二三一〇〇の礎石建物に、その下に掘られた柱穴に据えた礎板一〇点のうち七点に、栈穴が抉られていた。これらは柱を分割したもので、接合され、径〇・四三mほどの柱材に復元されたものがある。しかも、これには柱頭部に頭貫の落とし込み穴、それと直交する頭貫を貫通する貫板穴があるので、栈穴は、建物を解体し、長岡宮へ運ぶため、桴に組む際に抉られた可能性がある（向日市教委、一九九一）。また、長岡京では、左京四条一坊十二・一三町で見つかった桁行二間以上、梁行二間の掘立柱建物SB一六一五九の柱根に栈穴が抉られていた。

一方、地方では、宮城県郡山遺跡、静岡県御子ヶ谷遺跡、伊場遺跡などから栈穴を抉った柱根が検出されている。これらのうち、郡山遺跡は、多賀城に移転する以前の陸奥国衙、あるいは名取郡衙とみなされているものである。柵木をめぐらして区画するⅡ期官衙の西南隅に建てられた楼状建物SB〇五一と南面の材木列SA三三に栈穴を抉るものがある（仙台市教委、二〇〇五）。

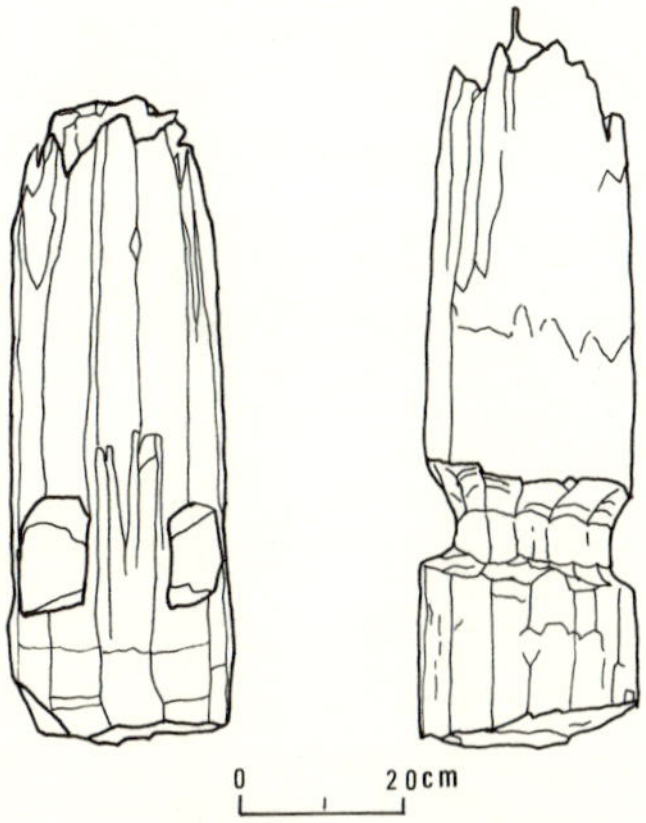

図4　静岡県御子ヶ谷遺跡の柱根

御子ヶ谷遺跡は、出土した多くの墨書土器から駿河国志太郡衙に想定されているものである。掘立柱建物三〇棟、塀などが検出され、柱穴に一〇〇本ほどの柱根と柵・板塀・井戸などに四〇本ほどの支柱が残っていた。西側に建てられた最も大型な東西棟建物SB〇・四では、〇・三八m大の柱根が残り、これらには栈穴を抉るものと、深く溝を一周めぐらすものとがある（図4）。他の建物にも両者の仕口がみられるものがあり、八世紀を中心としたものである（藤枝市教委、一九八一）。

伊場遺跡は、大溝、掘立柱建物が検出され、木簡、墨書土器などが出土した遺跡で、遠江国敷智郡衙、栗原駅家などに想定されている遺跡である。掘立柱建物に柱根が一部残っており、下端部に栈穴を抉るものと溝を一周めぐらすものとがある（浜松市教委、一九七七）。

以上のように、桴を組むために木材に仕口を施したものには、七世紀のものは飛鳥宮、稲淵川西遺跡、藤原宮・京のような宮殿遺跡や都城に関連する遺跡から顕著に見つかっている。これには大半は栈穴を抉り、まれに下端に溝を一周するものがある。これらの桴用の仕口をもつ木材は、大和北部、伊賀や山背など、飛鳥・藤原京から隔てた山地で伐木され、河川を漕運して運ばれたものとみなされる。また、『万葉集』に収録された「藤原宮役民の歌」（巻一―五〇）に詠われたように、田上山の木材も漕運されており、近江のものもふくまれているであろう。

さらに、八世紀には、平城宮の官衙建物や区画する塀、平城京の官人層の居宅に構築された建物や塀などの柱材に栈穴をとどめた柱根が顕著にみられる。また、ごく一部には柱根の下端に狭い溝を彫るものもある。これらは、いずれも大和および周辺山地から、桴によって漕運して供給されたものとみてよい。

しかし、平城宮や平城京に構築された掘立柱建物の柱根には、特に報告されていないが、桴用の栈穴などの仕口がないものも多い。このことは、近隣の山地から、桴組による漕運とは異なる人力、牛馬など多様な運送手段で陸路を運ばれたものもきわめて多かったものとみてよい。ただし、栈穴のないものには、当初の建物には桴穴の仕口をとどめながら、その下端部を切断し、再び建物の柱材として利用されたものもふくまれているであろう。

八世紀には各地に国衙、また七世紀後半からは評衙・郡衙の地方官衙が設けられた。これには、郡山遺跡、御子ヶ谷遺跡・伊場遺跡にみるように、多くの大型掘立柱建物や板塀などが構築されている。これらの施設はしばしば建替えられており、これらの建築材は、周辺の杣山から陸送するのみでは調達が難しく、少なからず距離を隔てた山地から、河川によって漕運されたものも少なくなかったことを示している。そして、桴を組む仕口には、御子ヶ谷遺跡・伊場遺跡では、栈穴を抉るほかに溝を一周めぐらすものも検出されている。

これまで見つかっている柱根のうち、栈穴を抉る時期的に最も遡る例には、奈良県唐古遺跡のほぼ中央部に建てられた弥生中期後半の桁行六間、梁行二間の掘立柱建物ＳＢ一二〇一に、柱根の一本に栈穴が抉られたものがある（田原本町教委、二〇〇七）。これはいずれも径〇・八ｍ大の巨木で構築された大型建物である。このような太い柱を必要としたことから、柱材の一部を集落から遠く隔てた山地に求めたものであろう。

これに続く古墳時代に営まれた大和や畿内の掘立柱建物による集落の調査例は乏しいが、その一例に奈良県南郷安田遺跡で見つかった桁行六間、梁行六間の大型建物がある。これは五世紀中ごろに大和盆地の西南部に建てられた首長居館の建物に想定されており、一〇数本の柱根が残っていた。これらはヒノキ材で、柱根にはいずれも桴を組む仕口がないので、遠距離ではなく、葛城山麓など周辺の山地から伐木し、陸送したものであろう。

このように、桴による漕運は、木材を生産する杣山と伐木した木材を利用する対象地との距離、また漕運に適した河川の存在と深く関連するものであったとみてよい。伐木する杣山が近い場合は、その多くは人力、牛馬、可能な場合は車が使用されたものとみなされる。

この桴は複数の木材を葛縄で組んだ。これには端にあけた栈穴、あるいは一周させた溝に葛縄を絡めて縛られた。栈穴を対にあけたものでは、そこに葛縄を通し、数本の木材を繋ぎ、それを縦、横に複数で連接して編成されたものと推測される。

石山寺の造営では、田上山作所は桴によって頻繁に石山寺へ建築材を漕運した。『延喜木工寮式』では、桴一基に榻榑五〇材（各長一丈二尺。広六寸、厚四寸）、積にして十二万（立方）寸としている。これは、車では、一両に榑十六材、旧材で積三万（立方）寸、雑材で積二万七千（立方）寸としており、桴は車の約三倍を掲載することができたことになる。しかも、柱や多くの建築材は長大で重量があり、また車載のように道路整備を必要としないので、遠距離の場合には最も適した運送方法であった。

しかし、石山寺の造営では、最終段階に残材を勢多津から宇治津へ廻漕した際に、「博風一枝、析板（蘇岐板）六十枚」が流失した（『大日古』五―二六三・二六四）。そのため、桴工らは、「比木五枝、蘇（岐）板三拾枚」を賠償しなければならなかった（『大日古』五―二七二）。

おわりに

小稿では、古代に建物を構築するため、山間の杣山での樹木の伐採と木材の運送に関連することを述べた。これらの建築資材の運送では、杣山から陸路を利用して運ぶことが多かったと想定されるが、飛鳥や平城京、また地方官衙では大量の木材を必要としたことから、しばしば遠隔地から漕運されている。また、近江の石山寺の造営では、杣山を近くの田上山に設けたにもかかわらず、大半は漕運されている。古代の木材の伐採と運送には、それぞれの地域の陸路・水路の整備と深くかかわりをもって行われていたものとみてよいであろう。

本稿の作成には、資料に関連し、櫻井信也氏・森智美氏の協力をえた。記して感謝したい。

参考文献

浅野　清、一九四八『法隆寺東院に於ける発掘調査報告書』（国立博物館）
岡田文男、二〇〇五「林業―榑の生産と流通」（『暮らしと生業』列島の古代史二、岩波書店）

加藤友康、一九七七「日本古代における輸送に関する一試論―『輸送手段』の分析を中心として―」（『原始古代社会研究』五、校倉書房）
滋賀県教育委員会、二〇一〇「関津遺跡Ⅲ」（『ほ場整備関係遺跡発掘調査報告書』三七―四）
仙台市教育委員会、二〇〇五『郡山遺跡発掘調査報告書　総括編（一）』
舘野和己、一九九八『日本古代の交通と社会』（塙書房）
田原本町教育委員会、二〇〇七『唐古・鍵遺跡Ⅰ』
奈良県教育委員会、一九七一「飛鳥京Ⅰ」（『奈良県史跡名勝天然記念物調査報告書』二六）
奈良国立文化財研究所、一九七七「稲淵川西遺跡」（『飛鳥・藤原宮発掘調査概報』七）
一九八二「平城宮発掘調査報告ＸⅠ」（『奈良国立文化財研究所学報』四〇）
一九八五『木器集成図録　近畿古代篇』
一九九一『平城宮跡発掘調査概報』
奈良市教育委員会、一九九七『奈良市埋蔵文化財調査概要報告書』
西山良平、一九七七「奈良時代の『山野』領有の考察」（『史林』六〇―三）
橋本輝彦、二〇〇四「奈良県桜井市・小立古墳出土の車輪について」（『古代交通研究』一三）
浜松市教育委員会、一九七七「伊場遺跡遺構編」（『伊場遺跡発掘調査報告書』二）
福山敏男、一九四三『日本古代建築史の研究』（桑名文星堂）
藤枝市教育委員会、一九八一『日本住宅公団藤枝地区埋蔵文化財発掘調査報告Ⅲ―奈良・平安時代編―』
向日市教育委員会、一九九一『向日市埋蔵文化財調査報告書』三二

2　牧と馬
—馬の文化の受容と地域間交流—

傳田伊史

はじめに

大陸の騎馬文化の中ではぐくまれた乗馬の風習やその前提となる馬の生産が、日本列島で本格的に始められたのは五世紀だといわれる。この馬の文化を最も早く受容したのは、朝鮮半島に近接する北部九州の地域と考えられるが、本州においても、五世紀には馬の文化を受容した地域があらわれる。本稿では、主として河内と信濃をとりあげ、近年の発掘調査などによる成果をもとに、この馬の文化の受容過程と、それが地域に与えた影響について考えてみたい。なお、本稿では、「後の令制国に該当する地域」という意味で、令制下の国名表記を令制期前の時期における地域表記にも用いることとする。

一　河内の牧

日本列島における馬の文化の受容が、朝鮮半島からの馬及び馬の文化を保持した人の移住によりはじまったことは、次にあげる『日本書紀』応神一五年八月丁卯条などからうかがえる。

百済王遣二阿直伎一、貢二良馬二匹一。即養二於軽坂上廐一。因以二阿直岐一令二掌飼一。故号二其養レ馬之処一、曰二廐坂一也。

（中略）其阿直岐者、阿直岐史之始祖也。

『古事記』応神段にも「亦百済国主照古王、以二牡馬壱疋、牝馬壱疋一、付二阿知吉師一以貢上。此阿知吉師者、阿直史等之祖。」とある。応神紀にみえる「軽」の地とは、現在の奈良県橿原市大軽町あたりとされる。これらの記事に象徴されるように、畿内において大和は馬の飼育の中心地域であったが、既に指摘があるとおり、古代の文献に散見される馬に関係する史料から、大和とならんであるいはそれ以上に馬の飼育の中心地域であったと考えられるのは河内である。河内では、讃良郡、古市郡の地域を中心に、馬飼部が設置され、馬氏や馬飼氏などの氏族が多く居住していた（佐伯有清、一九七四）。近年、この河内地域の発掘調査によって、馬の文化を受容する過程の実相が明らかになってきている。

河内国讃良郡にあたる河内平野北東部の生駒山地西麓の氾濫原には、大阪府寝屋川市長保寺遺跡、讃良郡条里遺跡、四条畷市蔀屋北遺跡、中野遺跡、奈良井遺跡、鎌田遺跡などの諸遺跡が存在している。これらの諸遺跡からは、五世紀中ごろから六世紀末までの集落跡にともなって、韓式系土器（朝鮮半島から舶載された土器、もしくは朝鮮半島の技術で日本で製作された土器）、馬具など馬に関連した資料、さらには馬の骨そのものなどが出土している。これらの諸遺跡の分布から、河内北部にあたる現在の寝屋川市南部から四条畷市全域にかけての地域に馬を飼育する牧が形成されていたと考えられている。当時の河内平野には、大阪湾から入り江状に広がる河内湖とよばれる大きな湖が存在していた。牧は生駒山地の西麓部から、この山麓部へ湾入していた河内湖の最奥部沿岸にいたる地域に立地していたと考えられ、その具体的な範囲は、北は讃良川、南は権現川、東は飯盛山麓、西は河内湖にいたる南

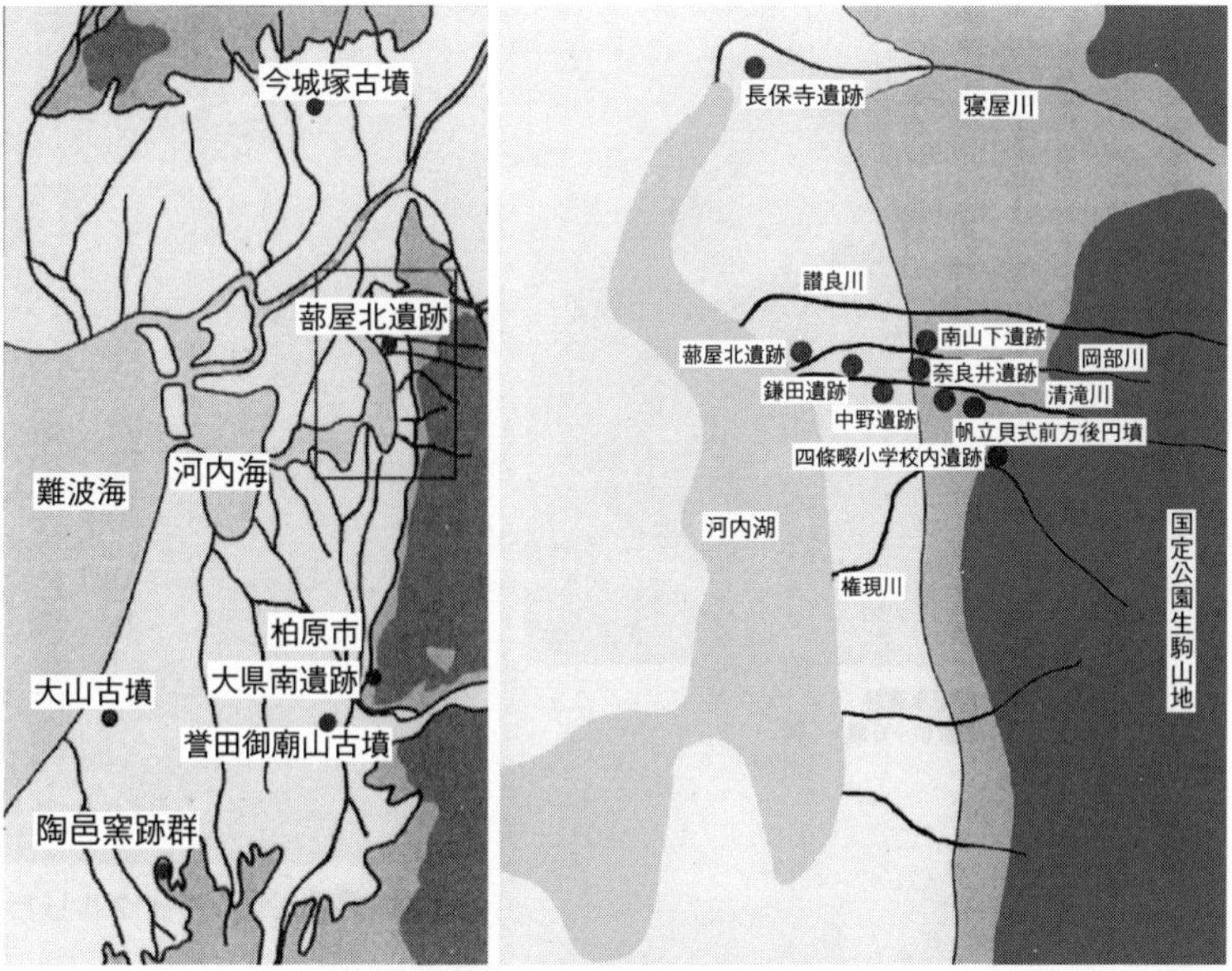

図１　蔀屋北遺跡周辺遺跡分布図（野島稔、2008より）

北三km、東西二kmと推定されている。

この牧の形成過程については、主要な遺跡の一つである蔀屋北《しとみやきた》遺跡の様相がてがかりになる。蔀屋北遺跡は、牧と推定される地域の北西部に位置し、河内湖沿岸の湿地帯に形成された自然堤防上に立地していた。報告書（大阪府教委、二〇一〇・二〇一二）によれば、蔀屋北遺跡で出土した土器は一期から五期までの五段階に分けられ、この区分に従って約一五〇年にわたる遺跡の様相を以下のように時系列に概観することができる。

一期（五世紀初頭から前半）…渡来人を含む少数の人びとが散在して居住していたと考えられる。

二期（五世紀中ごろ）…建物遺構が検出されるようになり、渡来人の集団居住による集落の形成がみられるようになる。

三期（五世紀後半から六世紀初頭）…一期・二期とは異なる渡来人の集団が新たに移住し、この人びとによって牧の経営が拡大されたと考えられる。この新来の集団は独自の統一された韓式系土器を使用し、また出土がほとんど大阪府下に限られるU字形板状土製品も二〇個体弱がみつかっている。このU字形板状土製品は竈の焚き口部分を保護する枠であり、大韓民国の出土類例との対比から、三期に新たに移住した集団は、朝鮮半島全羅南道栄山江流域と強いつながりをもつ人びとの集団であったと考えられている。

四期（六世紀前半から中ごろ）…集落全体の規模が若干縮小し、出土土器も韓式系土器の消滅と在地土器への同化が進む。

五期（六世紀後半から末）…韓式系土器は土師器の器種として型式変化する。北東居住域に建物構成、遺物等すべての面で遺跡内の他域とは隔絶した屋敷地が出現し、三期以来の渡来人集団の指導者が在地支配層に成長した姿を体現しているとされる。集落は六世紀末に出水により消滅したと推定されている。

次に、蔀屋北遺跡から出土した遺物のうち、とくに牧の形成や経営に関わると思われる特徴的なものについてみていくことにする。蔀屋北遺跡では集落内で二七基の井戸が検出されているが、そのうち八基に井戸枠があり、さらにそのうちの七基の井戸枠には船材が転用されていた。このように井戸枠に転用された船材は、前述した牧の範囲内にあって蔀屋北遺跡と同様に河内湖沿岸地域に立地していたと考えられる讃良郡条里遺跡、長保寺遺跡でも出土している。船材が出土した蔀屋北遺跡の七基の井戸は、井戸枠内や井戸枠下土坑から出土した土器などから、いずれも牧が拡大発展する二期・三期のものであることが判明している。出土した船材が元々構成していた船は、丸太を半円柱状に割って刳り貫いた部材に竪板や舷側板などの部材を取り付ける準構造船とよばれる船である。古墳時代の準構造船は、船形埴輪や古墳石室・土器などに描かれたものからその姿を推しはかることができるが、蔀屋北遺跡の三期の井戸一基から出土した船材は船底部にあたり、その構造上の特徴から宮崎県西都原古墳群出土の船形埴輪などにみられるゴンドラ状の準構造船の唯一の実物資料として貴重なものだとされる。部材から想定される船は全長一〇mを超えるかという大型船であり、これらの大型の準構造船は外洋航海が可能であったと考えられている。前述のように当時の河内湖は大阪湾と水路で結ばれていたので、蔀屋北遺跡などを含むこの北河内の牧と、朝鮮半島との間は、大型の準構造船によって直接航行することが可能であった。蔀屋北遺跡から出土した船材には五世紀中ごろに廃棄・埋没した井戸の井戸枠として転用されていたものもあるので、それ以前より準構造船による航行が行われ、それが牧の形成・発展に大きく関わっていたと考えられる。とくに三期の新来の渡来人集団の移住は、朝鮮半島全羅南道栄山江流域から準構造船による航海をへて直接北河内の牧に移り住む形で行われた可能性が高い。また、次に述べる遺跡の様相から、当該期のこれらの人びとに馬飼いとしての性格が色濃いことからすれば、前掲の『日本書紀』応神一五年八月丁卯条にみられるように、人の集団とともに、牧にとって最も重要な馬そのものもまた準構造船によって朝鮮半島から当地の牧へ運ばれることがあったと想定することができよう。

蔀屋北遺跡では弥生時代から近世までの動物遺体が出土しているが、多くは五〜六世紀の時期のものであり、その中で圧倒的多数を占めているのが馬歯骨である。前述した牧の範囲の中央部に位置する奈良井遺跡では、一辺四〇mほどの溝に囲まれた祭祀場とみられる遺構がみつかっているが、その溝から六頭以上の馬歯骨が出土し、なかには切断された頭骨のみのものもあった。蔀屋北遺跡でも五世紀中ごろから後半にかけて馬の全身または頭骨を埋めたとみられるものが四例確認されており、あるいは祭祀に起因するものかと考えられている。その一つである五世紀中ごろから後半とみられる土坑には、左側を下にして横臥した状態のほぼ全身骨格が遺存していた。計測、分析から、この埋葬馬の年齢は五〜六歳、体高は一二七㎝で、宮崎県串間市の在来馬である御崎馬の小さい体格の個体に相当するとされている。このような蔀屋北遺跡及び周辺遺跡における馬骨の出土状況は、牧で相当数の馬が飼育されていたことを示す直接的な証左であるといえよう。

蔀屋北遺跡の集落の西を限る大溝からは、鑣轡《ひょうぐつわ》、輪《わ》鐙《あぶみ》、鞍などが出土している。鑣轡は鉄製で左右一対の左半分の部分と右側の一部が出土した。轡は馬の口にかませ手綱をつけて馬を制御するための金具であり、鑣は馬の口にかませる轡の銜の部分を固定するもので鹿角が用いられている。出土した鑣轡は銜と引手が遊環でつながれており、これは百済及び伽耶の轡にみられる特徴であることから、朝鮮半島南西部からの移入品もしくは移入品を模倣制作したものと考えられている。また破損によって五世紀中葉に廃棄されたとみられることから、五世紀前半ごろの作例と想定されている。輪鐙は木製のものが二点出土している。鐙は鞍にまたがった際に足をのせる部分であるが、残存状況のよい一点には皮紐がむすばれて実際に使用された跡が認められ、磨り減りぐあいから右足用と考えられる。出土層位から三期、すなわち五世紀後半から六世紀初頭のものとされる。鞍は後輪の部分で、輪鐙と同じく木製であるが、内外面に黒漆が塗られ丁寧に仕上げられている。鑣轡と同じく二期以前、五世紀前半のものと想定されている。これらの出土した馬具はいずれも装飾品あるいはその部材ではなく、乗馬に必要な実用品であることが注目される。またこれら馬具を含む手工業品の製作に関連して、蔀屋北遺跡の出土遺物の中には、鉄鏃の未製品、鉄滓、羽口、筋砥石、大量の木屑、使い込まれた刀子などがみられ、集落の中に鍛冶、木工などの各種工人が存在していたことにも注目しておきたい。

そのほか特徴的な遺物として、大量に出土する製塩土器があげられる。蔀屋北遺跡では小型製塩土器が大量に出土した製塩土器廃棄土坑が見つかっている。こうした製塩土器廃棄土坑は二期から現れ、三期には一五ヵ所にものぼる廃棄土坑が検出されている。なかには製塩土器の破片とともに大量の炭を検出した土坑があり、ここでは製塩の最終段階である焼き塩の作業が行われたと想定されている。このように大量に製塩土器が廃棄されているということは、ここで塩が大量に消費されていたことを示している。塩の一部は集落の人びとの食用に、あるいは他所へ流通することがあったとも考えられるが、大量の塩を必要とした第一の理由は、やはり馬の飼育のためであったと考えるべきであろう。

動物にとって、体液の浸透圧の維持、体液量の調整、食物の消化吸収、神経伝達など生理的役割をはたす塩の摂取は不可欠のものである。馬の場合、塩が欠乏すると食欲低下から成長不良を起こし、毛並みが荒れる。馬は他の動物と比べて発汗量が多く、気温や運動量によっては多くの塩が失われる。このため、不断に必要量の塩を摂取しなければならない。先にふれた在来馬の御崎馬には、人為的管理がほとんど加えられていないが、その成馬は一日に約四〇kgの草を食べる。都井岬の自然環境に適応したあり方で必要な塩、ミネラルの摂取量を確保しているものと思われる。しかし、閉鎖的な空間で繁殖と育成を行う牧の場合、飼い葉や塩を人間の手で与える必要がある。廏牧令廏細馬条には、

凡廏、細馬一疋、中馬二疋、駑馬三疋、各給㆓丁一人㆒。穫丁毎㆑馬一人。日給㆓細馬、粟一升、稲三升、豆二升、塩二夕㆒。中馬、稲若豆二升、塩一夕。駑馬、稲一升。乾草各五囲、木葉二囲。周三尺為㆑囲。青草倍之。皆起㆓十一月上旬㆒飼㆑乾。四月上旬給㆑青。（後略）

とあって、廏での馬や廏務員の数、飼料などが定められている。これによれば、飼料である穀物、草などとともに、細馬（＝上馬）と中馬には塩が与えられることになっていた。令に規定される量を、近代量の約四割とし、古代の製塩で得られる塩の比重をほぼ一・〇と考えると（橋本壽夫、二〇〇九によれば、現代の食塩や精製塩などのサラサラした塩の場合は、その比重は約一・三だとされる）、細馬に与えられる二夕は約一四・四g、大さじ一杯弱であり、中馬に与えられる一夕は約七・二g、小さじ一杯半ほどになる。現代の廏舎では固形塩をおいて自由に舐めさせるこ

とが多いが、飼料に混ぜて塩を与える場合は、飼料の〇・五～一・〇％の塩を加える。在来馬として御崎馬よりやや大きい木曾馬は、一日に乾し草を約七～一〇kg食べるが、もし、これに塩を混ぜて与えるとすれば、計算上では一頭あたり一日に三五～一〇〇gの塩が必要となる。いずれにせよ、牧で相当数の良馬を円滑に飼育しようとすれば大量の塩を確保しなければならない。蔀屋北遺跡において、製塩土器が大量に廃棄された多数の土坑が存在する状況は、まさに牧の経営での塩の重要性を如実に示しているということができるのである。

以上、報告書などに従って蔀屋北遺跡の様相について述べてきたが、それによって得られた五～六世紀の牧の知見についてあらためて確認しておきたい。まず第一には、準構造船の船材の出土からうかがわれるように、牧の形成、発展が、朝鮮半島からの人びとの直接的な集団移住によるものであることである。ただし、蔀屋北遺跡などから出土する船材が必ずしも同時期のものばかりではなく、時期差がみられることからすれば、牧のある北河内の地域と朝鮮半島の地域との間の関係は、移住という一方向のみで語られるものではなく、これら準構造船によって人や物が両地域を往来する双方向の関係であったと考えるべきであろう。

次に、移住した渡来人の集団には、馬の繁殖、育成の知識・技術をもつ、いわゆる馬飼とよばれる人びとが含まれるとともに、馬そのものも搬送されてきたと考えられる。また、乗馬には轡、鞍、鐙などの馬具が必要であり、馬の生産だけではなく、育成や人が乗るための馴致も牧において行うとすればこれらの馬具は日常的消耗品である。したがって、こうした手工業品の知識・技術も、広い意味での馬に関する知識・技術に含まれるものであり、渡来してきた集団の中には、これらを供給するための鍛冶、金工、木工などの知識・技術をもつ工人が含まれていたと考えるべきであろう。したがって当時にあって牧の形成とは、その地域における手工業生産の新しい知識・技術の伝来、普及をも意味していたと考えられる。

次に、おびただしい数の製塩土器の廃棄からうかがわれるように、馬の飼育、牧の経営において、塩を確保することが極めて重要であったと考えられることである。前述の手工業品の原材料や部材などは他地域で調達されたものも多かったと考えられるが、塩もまた同様のことが想定される。蔀屋北遺跡では製塩の最終段階の焼き塩が行われていたことは間違いないが、製塩土器の中には当遺跡特有の北河内周辺のもののほかに、紀淡海峡産など他地域のものも出土している（藤田道子、二〇一一）。牧では相当量の塩が必要であり、牧での製塩に加え、他地域からも塩・製塩土器を搬入していたのであろう。したがって牧の経営の実際を考える場合には、人の移動や物の流通など他地域との関係を考えていく必要があるといえよう。

蔀屋北遺跡では、馬に関わる遺物は集落跡から出土しており、この集落が朝鮮半島から移り住んだ馬飼及びそれに関わる人びとのものであったことが明らかになった。また馬飼の集落としての最盛期は五世紀中ごろから六世紀初頭にかけてであり、この時期に牧での馬の本格的な生産及びその利用がはじめられたことを示している。この河内の牧の様相をふまえた上で、次に朝鮮半島からより離れた東の地域である信濃の様相についてみていくことにしたい。

二　信濃の牧

信濃の地域には、蔀屋北遺跡のように遺構、遺物によって五～六世紀の牧の形成、発展の様相をうかがうことのできる遺跡は今のところない。したがって、当該時期の馬に関わる全体的な様相を述べていくことにする。信濃では馬具の出土や馬の埋葬例が少なからず確認されているが、五世紀後半代では千曲川水系の長野盆地と天竜川水系の飯田盆地の二地域に馬具の分布が認められる。したがって信濃の中でも、馬の生産が始められたのは、まずはこの両地域であったと考えられる。

なかでもその分布の核を形成しているのは、後の信濃国伊那郡の南部、下伊那地域である。下伊那地域では五世紀後半からある意味で唐突に多くの古墳築造がはじまり、六世紀前半には横穴式石室を内蔵する前方後円墳に引き継がれていく。また、前方後円墳のみならず、古墳時代中期の特徴的な副葬品である小型仿製鏡や短甲なども、五世紀中ごろを境として下伊那地域に集中している（松尾昌彦、一九九三）。このような地域の激しい社会変動ともいえる状況の変化のもとで、五世紀中ごろから後半において馬骨等が出土するようになる。これまでの調査によれば、馬の埋葬は飯田市の座光寺地区、上郷地区、松尾地区に存在する五世紀中ごろから後半を中心とする四古墳（墳丘墓）群で三〇例確認されており、そのうち六例に金属製の馬具が伴う。これらの古墳群はすべて天竜川右岸の地域にあるが、長野県埋蔵文化財センターの二〇一一年の発掘調査により、天竜川左岸の地域でも、六世紀と推定される鬼釜古墳の周溝内の土坑から、馬骨とともに鞖《しおで》金具、雲珠《うず》が出土した。天竜川左岸では初例ということで注目されるが、これについては報告書などによる今後の詳細な分析を待ちたい。

座光寺地区の新井原・高岡古墳群では、新井原二号古墳の周溝内から三頭、高岡四号古墳の周溝内から一頭、単独土坑三基から各一頭、計七頭の馬の埋葬が確認されている。新井原二号古墳の周溝内からは木芯鉄板張輪鐙、鞍覆輪とみられる鉄製品が出土し、高岡四号古墳の周溝内からは鑣轡が出土している。また、四号土坑では馬具を装着した形で馬が埋められており、鉄地金銅張ｆ字型鏡板付轡、剣菱形杏葉《ぎょうよう》、辻金具が出土している。

上郷地区の宮外垣遺跡は低墳丘墓群であるが、墳丘墓二基の周溝から各一頭、単独の土坑四基から各一頭、計六頭の馬の埋葬が確認されている。このうち墳丘墓（ＳＭ〇三）の周溝に掘りこまれた土坑からは、馬歯骨とともに、鉄製のｆ字型鏡板付轡、剣菱形杏葉、辻金具、鞍金具、環状雲珠、木芯鉄板張輪鐙が出土しており、馬一頭の全身と、その脚元にこれらの馬具をまとめて埋葬した可能性が考えられている。なお、同遺跡のＳＫ一〇で検出された馬歯骨は比較的残存状態がよく、年齢一一歳前後の牡で、体高は前述した蔀屋北遺跡の土坑の全身骨格と同じ約一二七㎝とされている。

松尾地区にある物見塚古墳は五世紀中ごろの円墳で、周溝内に馬一頭の埋葬が確認され、鑣轡が出土している。物見塚古墳に近接する位置にある茶柄山古墳群では、九号古墳の周溝内と墳裾から七頭、単独の土坑三基から各一頭、計一〇頭の馬の埋葬が確認され、その一つである土坑一〇から三環鈴が出土している。

このほか川路地区の月の木一号古墳では、馬歯骨は確認されていないが、周溝内から鉄製楕円形鏡板付轡が出土している。これらの馬の埋葬に伴う馬具のうち、最も古い時期のものは物見塚古墳と高岡四号古墳の鑣轡で、新井原二号古墳から出土した木芯鉄板張輪鐙もこれらに相前後する時期のものとみられている。それに次ぐ段階のものと考えられるのが、新井原・高岡古墳群四号土坑、宮外垣遺跡墳丘墓（ＳＭ〇三）、茶柄山古墳群土坑一〇から出土した馬具である。新井原・高岡古墳群四号土坑と宮外垣遺跡墳丘墓（ＳＭ〇三）のｆ字型鏡板付轡、茶柄山古墳群土坑一〇の三環鈴は、いずれも他地域の同種のものと比較した上では古式の様相をもつものとみられている。月の木一号古墳出土の鉄製楕円形鏡板付轡は、五世紀代でもさらにその次の段階の時期のものとみられている。

以上のように、下伊那地域の五世紀代の馬具は、下伊那地域の古墳の主たる埋葬施設から埋葬者の副葬品として出土した例はなく、埋葬された馬に伴う形での出土が多い。また、馬も墳丘内に埋葬された例はなく、いずれも周溝内、墳裾、古墳（墓）周辺の土坑で検出されている。さらに、馬の埋葬に関わると思われる古墳（墓）自体も、円墳もしくは低墳丘墓であり、地域の首長墓に比定される前方後円墳や帆立貝形古墳に伴う馬の埋葬例は確認されていない。このことは、当該時期の下伊那地域において、馬や馬具が首長などの特定個人の威信財であったのではないことを示している。人や馬の死、あるいは儀礼に際して、それらを一体のものとして埋葬する文化を保持していたのは、馬や馬具を実用に供した人びと、すなわち馬飼集団であったと考えられる。馬や馬とともに馬具を埋葬した古墳（墳丘墓）群は、こうした馬飼集団の集落に近い墓域であったということができよう（飯田市教委、二〇〇七）。

前述したように、五世紀の日本列島における馬の文化の受容が、それらを保持した朝鮮半島からの人びとの移住によってはじまったと考えられることからすれば、下伊那地域の馬飼集団も渡来人あるいは渡来系の人びとであった可能性は高い。馬飼集団が集落を形成して馬の生産をはじめた時期は、物見塚古墳と高岡四号古墳の鑣轡や、新井原二号古墳の木芯鉄板張輪鐙から五世紀中ごろとみられており、蔀屋北遺跡の二期に重なる。飯田市恒川遺跡群の新屋敷遺跡から出土した両耳付壺の蓋を、蔀屋北遺跡三期でふれた朝鮮半島全羅南道栄山江流域産の五世紀中ごろの土器とする見解もある（酒井清治、二〇〇二）。

このような状況は、下伊那地域とともに、早い時期から馬の生産がはじめられた長野盆地においても同様であったと考えられる。長野盆地周辺で出土した五世紀中ごろから後半にかけての主な馬具として、まず同市飯綱社古墳で一八七五年（明治八）に発見されたといわれる鉄製の輪鐙・鞍金具と蛇行状鉄器があげられる。蛇行状鉄器は鞍に取りつける旗竿あるいは天蓋（傘）の柄とみられるが、これらの馬具は五世紀中ごろを相前後するものとされる。中野市林畔一号古墳と長野市上池ノ平五号古墳は、ともに屋根の形に石を組み合わせた合掌形石室をもつ円墳であるが、いずれも五世紀後半の鑣轡が出土しており、朝鮮半島南部地域の系統のものとされる。長野市榎田遺跡では木製の鞍と壺鐙が出土している。鞍は後輪の部分で粗い加工の痕がみられることから未完成のものと考えられる。壺鐙には黒漆が塗られており、いずれも五世後半のものとされる。榎田遺跡から南西約五㎞には、五〇〇基を越える群集墳である大室古墳群があり、積石塚や、林畔一号古墳、上池ノ平五号古墳にもみられる合掌型石室をもつ古墳が含まれる。積石塚や合掌型石室は朝鮮半島の墓制の系譜につながるものとされ、また『延喜式』にみえる信濃国の一六の御牧の一つである「大室牧」との関係で、大室古墳群を渡来系の馬飼集団の墓域とする見解がある（桃崎祐輔、二〇〇九）。以上から、長野盆地でも五世紀中ごろには、渡来人あるいは渡来系の人びとによって馬の文化がもたらされた可能性が高いと考えられる。

前節でみたように、河内の牧の場合、蔀屋北遺跡などから出土した準構造船や韓式土器などによって、渡来人の馬飼集団との関係は明確である。また、手工業品の原材料や塩など牧の経営に必要な物資の流通などもある程度想定することができる。しかし、信濃の場合は、牧やそれに関わる集落の比定などを含め、牧の形成やその実態について具体的に明らかにされているわけではない。そこで次節では、牧をめぐる信濃の地域と朝鮮半島、あるいは日本列島の他地域とのつながりについてみていきたい。

三　信濃からみた地域間の交流

『日本書紀』の継体天皇から欽明天皇にかけての記事に、「斯那奴阿比多」「科野次酒」「科野新羅」など科野（斯那奴＝シナヌ）をなのる人物があらわれる。彼らは明らかに信濃にゆかりがある人物であると考えられるが、「次酒」と「新羅」は、百済の官位をもっており百済の高官として用いられた、倭系百済官人ともいうべき人物で、ほかに『日本書紀』にみえる「河内部阿斯比多」「竹斯物部莫奇委沙奇」などと同じく出身地によってその名がよばれていたと考えられている。継体天皇から欽明天皇にかけての時期は六世紀初めから中ごろにあたるが、この時期以前より、朝鮮半島では、北方の強国である高句麗が南方の百済・新羅、特に百済に対する圧力を強めていた。一方、

表一　『日本書紀』にみえる倭系百済官人

朝鮮半島の情勢	物部連・穂積臣	科野（斯那奴）	許勢（巨勢）	紀臣	葦北君
任那・高句麗との紛争（継体朝）	**（下）哆唎国守穂積臣押山**（継体六年四月、同七年六月、同所引の百済本記では委意斯移麻岐弥、同二十三年三月）	**日本斯那奴阿比多**（継体十年九月）			
新羅の金官加羅統合に伴う緊張（安閑・宣化朝）					**火葦北国造刑部靫部阿利斯登**（欽明天皇一二年条）
新羅の対任那勢力拡張（欽明二年四月～同七年六月）	**中部（物部）奈率己連**（欽明三年七月、同六年五月） **物部連奈率用奇多**（欽明五年二月、同六年五月） **物部施徳麻奇牟（連）**（欽明四年九月、同一五年一二月） **物部奈率奇非**（欽明五年三月）	**施徳科野次酒**（欽明五年二月）	**許勢奈率奇麻**（欽明五年三月）	**紀臣奈率弥麻沙**（欽明二年七月、四年四月）	
対高句麗戦（欽明八年四月～同十二年三月）		**日本（斯那奴）阿比多**（欽明十一年二月・四月所引百済本記）	**許勢奈率奇麻**（欽明八年四月）		
対新羅戦（欽明十三年五月～同十七年正月）	**物部烏**（欽明十五年二月） 東方領**物部莫奇武連**（欽明十五年十二月）	**上部徳率科野次酒**（欽明十四年正月） **上部奈率科野新羅**（欽明十四年八月）			
その他（敏達十二年）					**達率日羅**（火葦北国造阿利斯登の子）

朝鮮半島南方において百済、新羅両国は、勢力拡張のために激しくせりあっていた。このような朝鮮半島情勢の緊迫化をうけて、ヤマト王権は百済に兵、馬、弓矢、船などの軍事援助を行い、かわりに百済から先進文物を導入していた。彼らはそうした百済とヤマト王権との間の軍事、外交の最前線に従事していたのである。

表一から明らかなように、倭系百済官人として登場するのは科野（斯那奴）のほかに物部、紀、穂積、巨（許）勢、葦北の五氏のみである。このうち多くの人物がみえるのは物部氏や穂積氏の物部系の氏で、科野（斯那奴）氏はそれに次いで多くの記事に登場する。信濃が日本列島の内陸に位置する地域であるにもかかわらず、それにゆかりのある人物が倭系百済官人として登場してくるのは、当時のヤマト王権において、彼らが物部氏と同様に軍事面で大きな役割を担っていたためであり、その背景には、彼らの故地である信濃が、軍事行動の要である騎馬兵力を支える馬の生産地であったことがあると思われる。前節で述べたように五世紀代に信濃に馬の文化をもたらしたのは渡来人あるいは渡来系の馬飼集団であったと考えられ、この馬飼集団の人びとと朝鮮半島の地域との関係は、蔀屋北遺跡の様相でみられたように、移住という一方向のみではなく、当時の国際関係のなかで両地域を往来する双方向の関係として存在していたのではないかと思われる。そして、馬の生産を中心としてヤマト王権の軍事面に深く関わる信濃と、朝鮮半島の特に百済・加耶との間のそのような五世紀以来の関係性の中から、六世紀代に入ると百済において科野（斯那奴）をなのる倭系百済官人のような人物が登場してきたのではないかと考える（傳田伊史、二〇〇一）。

同様に、六世紀には信濃とヤマト王権との間にも新しい形の結びつきが生まれたと考えられる。七世紀後半以降の史資料によって、令制下の信濃国では一〇郡の内、安曇・佐久・高井をのぞく七郡に、金刺舎人または他田舎人をなのる豪族が郡司層として存在していたことが確認できる。彼らの氏族名に付されている「金刺」や「他田」は、ヤマト王権の中枢ともいうべき大王の宮号に由来する名称で、「金刺」は六世紀中ごろの大王である欽明天皇の磯城嶋金刺宮にちなむ。「他田」は六世紀後半ごろの大王である敏達天皇の訳語田幸玉宮にちなむ。つまり、彼らの氏族名は、彼らの祖先が欽明天皇や敏達天皇の宮に仕えた由緒正しい一族であるということを示すものなのである。このように信濃の豪族は、六世紀中ごろ以降、ヤマト王権の職制に組みこまれる形で編成され、大王の宮に出仕し、人的・物的な負担をするようになったと考えられる。こうした豪族とは、数一〇mの古墳を築造する小地域の中小首長であり、その古墳に馬具が副葬されているように、彼らこそが、信濃のそれぞれの地域において、馬の生産を掌握していた主体的存在であり、それを基盤とする騎馬兵力を構成しうる存在であった（傳田伊史、二〇〇一）。

信濃では下伊那地域と長野盆地を中心に分布した馬具が、六世紀末から七世紀にかけて信濃全域に拡がりをみせる。つまりこの時期以降は信濃各地で馬の生産がおこなわれるようになったと考えることができる。その背景の一つには、信濃の各地域の豪族がこのように金刺舎人や他田舎人などとしてヤマト王権に組織的に組み込まれたということがあったと考えられる。ただし、馬生産の地域的な広がりを、その地域の特色としてとらえようとする場合に、これまで述べてきた騎馬兵力などの武力的な要素に加えて、他の面にも留意する必要があると考える。

いうまでもなく、信濃は内陸の山岳地帯にあって隣の地域と行き来するためには、多くの場合山地の峠を越えていかなければならない。千曲川や天竜川などの大河もあるが、河川の流路の大部分は勾配のきつい急流で、水運が可能なのは諏訪湖などの湖沼のほかに、長野盆地や下伊那地域などの河川の一部区間にすぎない。このような地理的特性をもった地域では物資の運搬における馬の役割は大きい。事実、信濃国、長野県では、近世の中馬の発達にみるように、内燃機関をもつ鉄道機関車や自動車などが登場するまで、馬が運搬の主役であった。既に述べたように、牧の経営は自給自足の閉鎖的な生産体制では成り立たず、馬具などの手工業品の原材料、塩など牧が必要とする物資を他地域から搬入しなければならない。そしてその運搬には当然馬が用いられたであろう。馬の生産が始まり、馬の往来が行われるようになると、駄馬の有益性についての認識とその利用は、運搬路に沿った地域から地域へと信濃全域に急速に広まったものと考えられる。下伊那地域と長野盆地を中心にはじまった馬の生産は信濃全域に拡がり、その伝統が、令制下の牧、『延喜式』にみられる御牧、さらには中世へと継承され、信濃の大きな歴史的特徴の一つとなる。その背景には、もちろん気候や地形、植生など生産に適した要因もあったと思われるが、このように流通面において馬がはたす役割が、他地域に比べてかなり大きかったということもあるのではないかと思われる。

またこうした流通や運搬を通じた地域間の関係は、信濃内で完結するわけではなく、山に隔てられたより遠方の地域に及ぶものである。たとえば、馬の生産飼育に欠かせない塩は、海に面していない信濃で生産することはできず、かなりの必要量を海洋沿岸の生産地から調達しなければならない。江戸時代に例をとると、信濃国に塩がもたらされる主な経路には次のようなものがあった。

①矢作川を船で溯り、足助（愛知県豊田市）から伊那街道を経由
②富士川を船で溯り、鰍沢（山梨県富士川町）から甲州街道を経由
③利根川を船で溯り、倉賀野（群馬県高崎市）から北国街道を経由
④糸魚川（新潟県糸魚川市）から千国街道を経由
⑤高田（新潟県上越市）から北国街道を経由

古墳時代と江戸時代とでは、塩の生産地やその生産量は大きく異なると思われるが、沿岸部から信濃へ塩が入ってくる経路は、地形的にみてそう大きな差異はないと考えてよいと思われる。信濃の各地の牧と、これら三河、駿

河、甲斐、上野、越後などの地域との間の荷の往来にも馬が用いられたとすれば、五世紀中ごろ以降には信濃の牧がこれらの地域を通じて、塩などの必要物資を調達し、たとえばその代価のような形で、これらの地域に馬や馬具などの牧の生産成果品が供給されるというような地域間関係が存在していた可能性は高いと考えられる。

以上のように、馬の生産を契機として、五・六世紀の信濃では、信濃の各地域、信濃と周辺地域、さらには信濃と畿内、朝鮮半島との間に新たな関係が生まれ、そのもとで馬の生産だけではなく地域間の人、思想、文化、技術の移動が活発におこなわれたことが想定できよう。

おわりに

日本の古代社会の形成は大陸文化を受容する過程の上になされてきたが、本稿では五・六世紀における馬の文化の受容といった観点から、それが地域社会にもたらしたであろう変動と、それによって生まれる地域間の新たな関係について考察を試みた。蔀屋北遺跡に代表される近年の発掘調査の成果によって、馬の文化の受容過程はかなり明らかになったと思われる。また、古代の日本列島にあって、馬の生産ではおそらく質量ともに他の地域を凌駕していたと思われる信濃での馬の文化の受容の様相は、在地社会の大きな変動と、朝鮮半島にまで及ぶ広域な地域間交流が生じたことを想定できるものであった。

本稿では主に河内と信濃の地域を対象としたが、馬の文化の伝来の問題を考える上で欠くことのできない九州や朝鮮半島など他の地域についてとりあげることができなかった。その点はご寛恕いただき、大方のご教示、ご叱正を賜れば幸甚である。

参考文献

飯田市教育委員会、二〇〇七『飯田における古墳の出現と展開』
大阪府教育委員会、二〇一〇『蔀屋北遺跡Ⅰ』（大阪府埋蔵文化財調査報告二〇〇九―三）
　二〇一二『蔀屋北遺跡Ⅱ』（大阪府埋蔵文化財調査報告二〇一一―一）
佐伯有清、一九七四「馬の伝承と馬飼の成立」（森浩一編『日本古代文化の探求　馬』社会思想社）
酒井清治、二〇〇二「長野県飯田市新屋敷遺跡出土の百済系土器」（『駒澤考古』二八）
傳田伊史、二〇〇一「五・六世紀のシナノをめぐる諸問題について」（地方史研究協議会編『生活環境の歴史的変遷』雄山閣）
野島　稔、二〇〇八「王権を支えた馬」（入間田宣夫・谷口一夫編『牧の考古学』高志書院）
橋本壽夫、二〇〇九『塩の事典』（東京堂出版）
藤田道子、二〇一一「蔀屋北遺跡の渡来人と牧」（『ヒストリア』二二九）
松尾昌彦、一九九三「中部山岳地帯の古墳」（小林達雄・原秀三郎編『新版　古代の日本』七　中部、角川書店）
桃崎祐輔、二〇〇九「牧の考古学―古墳時代牧と牛馬飼育集団の集落・墓―」（『日韓集落研究の新たな視角を求めて』日韓集落研究会）

3　山国の寺
―情報伝播からみた山国の交通―

山路直充

はじめに

山国の寺というと、山林修行や山中に堂舎が点在する寺を連想することが多い。しかし、丘陵で平地となる場所や盆地には、平地の寺と同じ堂舎配置の寺が建立された。ここでは、そのような寺の造営から山国の交通を考えたい。具体的には、寺の屋根に葺かれた瓦の文様や製作技法の伝播から、交通を捉える。

瓦の生産は、飛鳥寺の創建にともなって崇峻元年（五八八）に百済の瓦博士が伝えたことから始まる（『日本書紀』）。古代において瓦は伝統的な葺材ではなく、調達するには粘土・燃料・窯・工人の確保から始めなければならなかったので、一般にも広まらなかった。まして、瓦は大きくて重い。その重量を支えるには、基壇のような基礎工事をはじめ柱や屋根などの小屋組みに堅牢さが求められた。つまり、古代における瓦葺き建物は、建築に相応の資力を必要とした特殊で非日常的な建物であった。それが歴史資料としての特性となって、瓦の生産・使用・景観などさまざまな視点から歴史を考えることが可能となる。

本書のテーマとなる山国の交通を瓦から捉えると、この特性から、瓦当文様や工人の移動を含め生産技術の伝播

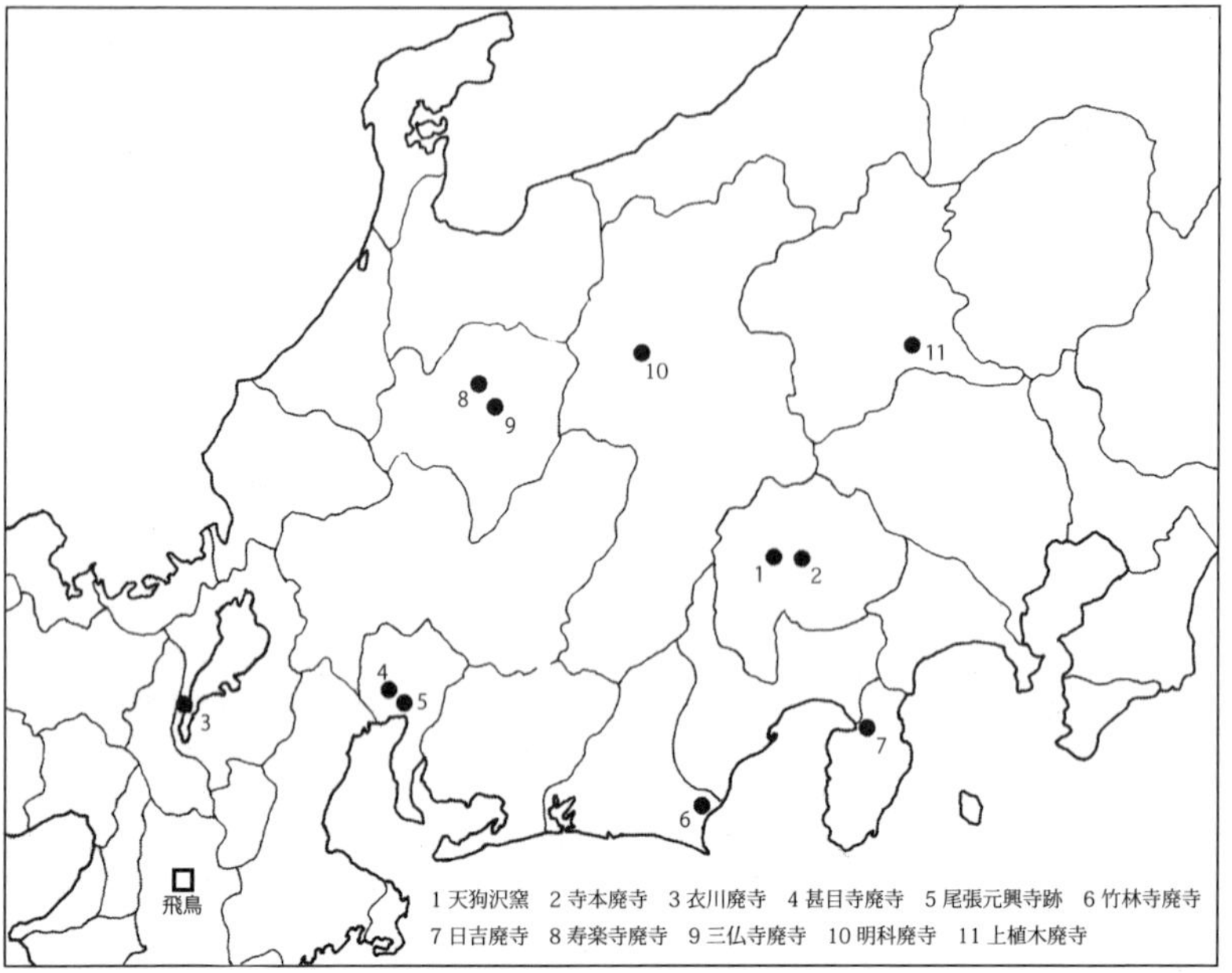

図1　今回取り上げる寺

を、地域への新たな情報の伝播とみなすことができる。とくに初期の瓦生産は、在地にとってまったく新しい情報で、特質化しやすい。今回は甲斐天狗《てんぐ》沢《さわ》窯と寺本廃寺の軒丸瓦の祖型を追って、テーマに迫ってみたい。その伝播ルートは駅路と異なる在地の多様な交通路を示している。

一　天狗沢窯の軒丸瓦

天狗沢窯とは　山梨県甲斐市（甲斐国巨麻郡）に所在する瓦と須恵器を焼成した窯で三基の登窯や数条の溝などが確認されている（敷島町教委、一九九〇）。遺構の変遷は、一号窯（〔半〕地下式無階有段登窯）・一号溝・大溝・方形竪穴状遺構→三号窯（半地下式無階無段登窯）・三号溝→二号窯（半地下式無階無段登窯→半地下式有階無段登窯）・二号溝であった。一号窯では、瓦と須恵器、二・三号窯では瓦が焼成された。窯の構造は一号窯が瓦専業窯を意識しているので、瓦の焼成を目的に築造されたとみるべきであろう。とすると、一号窯で焼成した最も古い須恵器の年代が天狗沢窯で初めに瓦を焼成した年代の下限となる。その年代は、現状では諸説あり七世紀後葉～八世紀初めと幅が大きい。瓦の供給先は不明である。

天狗沢窯の軒丸瓦　軒丸瓦の瓦当文様は報告書で笵の彫り直しが指摘されるが、筆者には確認できなかったので、ここでは別の笵として扱い、一型式二種とする。

軒丸瓦の瓦当文様は、

Ⅰａ　有段素文縁素弁八葉蓮華文。外区は段をもつ素文縁。蓮子は一＋六。花弁は平ら。間弁の先端は左右に大きく開くが、不整形で外区立ち上がりに接続する。報告書ではｂ類。

Ⅰｂ　素文縁素弁八葉蓮華文。蓮子は一＋六。花弁は中央が凹み、間弁は弁端が開かず弁央の凸線のみである。報告書ではａ類。

製作技法は、Ⅰａ・Ⅰｂとも縦置き型一本作りである。

Ａ１　瓦当部裏面の布目は綴じ合わせた痕跡がなく、粘土円筒を瓦当部裏面に接合するもの（Ａ１ａ）と、瓦当部側面に接合するもの（Ａ１ｂ）がある。Ａ１ａは瓦当部裏面下半に半裁した粘土円筒があまり残らないが、Ａ１ｂは周堤状にやや残り突出する。報告書ではｂ型式。

Ａ２　模骨に布を被せない。瓦当部側面に粘土板を円筒に巻きつけ、瓦当部裏面下半に半裁した粘土円筒が周堤状にやや残り突出する。報告書ではａ型式。

軒丸瓦Ⅰａは技法Ａ１ａ・ｂ。軒丸瓦Ⅰｂは技法Ａ２が多く、一部が技法Ａ１ｂである。軒丸瓦の出土量はⅠｂが多い。なお、丸瓦には模骨の枠板痕跡を残すものがあるが、軒丸瓦丸瓦部としては確認していない。

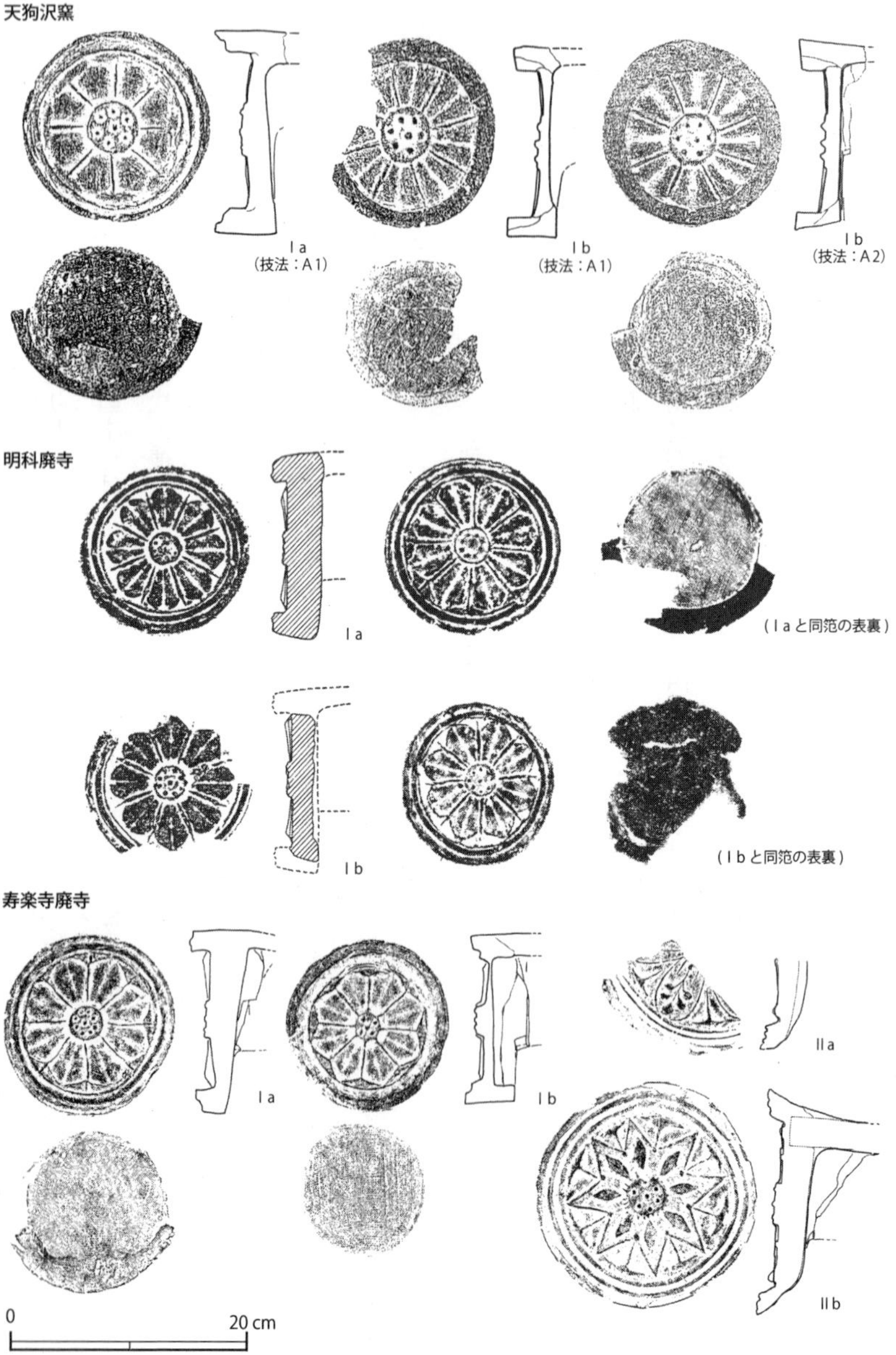

図２　明科廃寺式と関連の軒丸瓦

二　天狗沢窯の軒丸瓦の祖型

祖型に対する従来の説　天狗沢瓦窯の軒丸瓦の瓦当文様と製作技法について、櫛原功一は信濃明科《あかしな》廃寺（長野県安曇野市）、飛騨寿楽寺廃寺（岐阜県飛騨市）、近江衣川《きぬがわ》廃寺（滋賀県大津市）との関連を指摘した（敷島町教委、一九九〇。櫛原功一、一九九二）。櫛原は瓦当文様の変化を衣川廃寺→寿楽寺廃寺→明科廃寺→天狗沢窯と捉え、縦置き型一本作りの軒丸瓦は寿楽寺廃寺・明科廃寺・天狗沢窯に共通し、大津京の南滋賀廃寺などにみられることから、「おそらく衣川廃寺のモチーフが南滋賀廃寺の『一本造り』技法を採用して杉崎廃寺、明科廃寺を経る中で天狗沢にもたらされたのであろう。（中略）本瓦窯も東山道ルートでの技術導入がはかられたと考えられよう」とした（櫛原功一、一九九二。櫛原は寿楽寺廃寺を杉崎廃寺と表記する）。なお、櫛原の指摘以前に、三好博喜が明科廃寺の軒丸瓦について寿楽寺廃寺や衣川廃寺の軒丸瓦との関わりを指摘していることも付け加えておきたい（三好博喜、一九八四）。

上原真人は中央の瓦がもとになって成立した各地の瓦の展開を四類型で示し、その第Ⅱ類（同じ系統の文様が、畿内から延びる旧交通路に沿って線的に分布する場合、これもそれぞれの土地で第二、第三世代を生んで、面的に広がることはない）の例証として、衣川廃寺→寿楽寺廃寺→明科廃寺→天狗沢窯の事例を示し、七世紀第Ⅲ四半期の類型とした（上原真人、一九九七）。

明科廃寺の軒丸瓦　明科廃寺は発掘調査によって瓦のほか瓦塔が出土し、礫敷きや掘立柱建物を確認している（明科町教委、二〇〇〇）。軒丸瓦の瓦当文様は三型式七種がある。今回取り上げる軒丸瓦は四種に分けられるⅠのうちのⅠaとⅠbである。

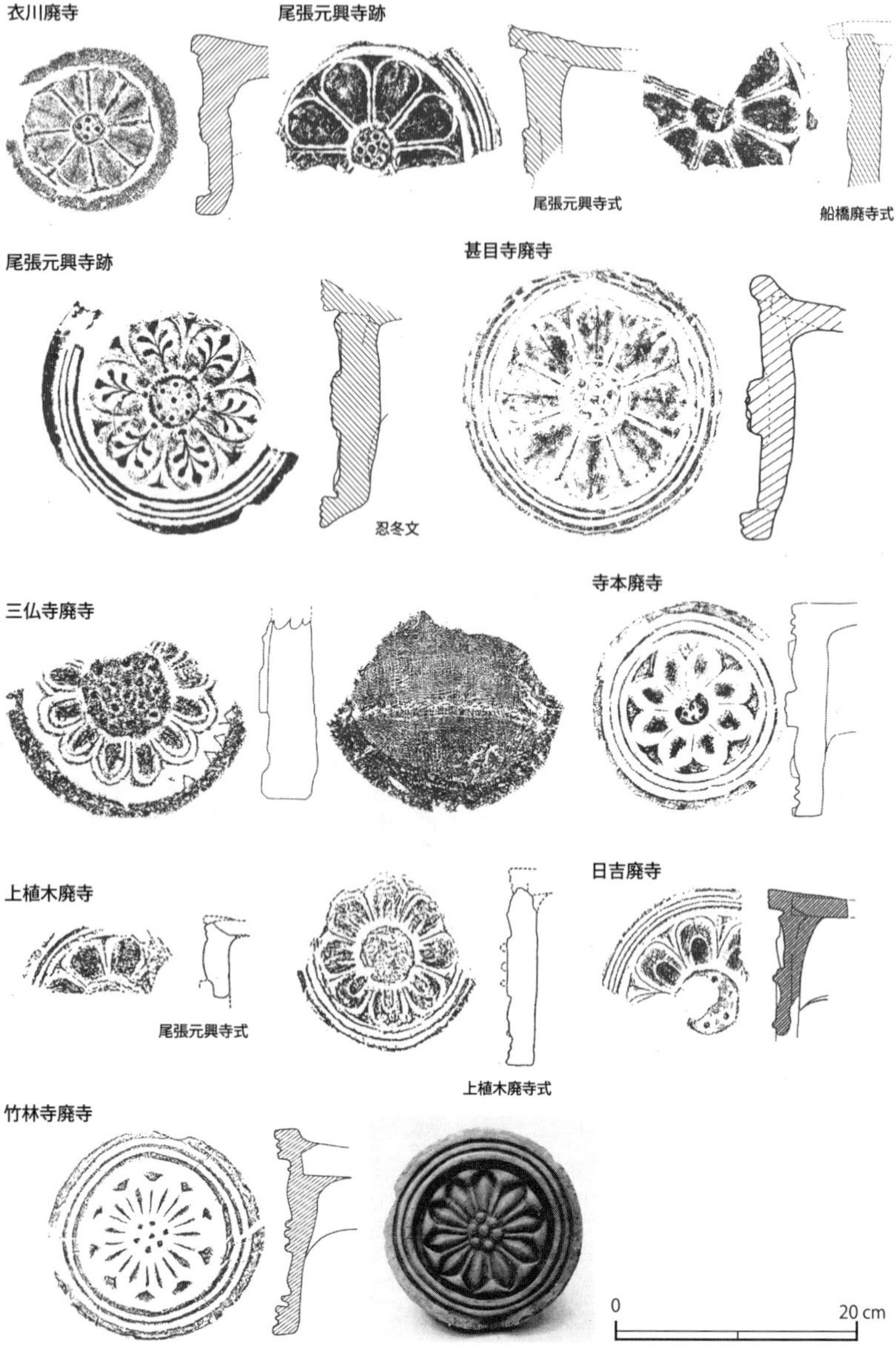

図３　明科廃寺式と寺本廃寺に関わる軒丸瓦

Ｉａ　二重圏線文縁素弁八葉蓮華文。蓮子は一＋八。花弁は中心が凹む。間弁の先端は外区立ち上がりに接着し、左右には丸みをもって広がる。報告書は第一型式第一類。

Ｉｂ　二重圏線文縁素弁八葉蓮華文。蓮子は一＋八。花弁はＩａと同じく中央が凹む。間弁は先端が開かず、弁央が凸線のみで表現される。面径はＩａよりも小ぶりである。報告書は第一型式第二類。

製作技法はＩａ・Ｉｂとも縦置き型一本作りで、天狗沢窯のＡ１ａと同じく、粘土円筒を瓦当部裏面に接合し、半裁した下半部はあまり残らず、裏面とほぼ同じ高さになる。出土量はＩａが多い。丸瓦には、天狗沢窯と同様に模骨の枠板痕跡を残すものがあったが、軒丸瓦丸瓦部としては確認していない。

寿楽寺廃寺の軒丸瓦　寿楽寺廃寺は太江廃寺ともいわれ、朱鳥元年（六八六）に僧行心が流された「飛驒国伽藍」（『日本書紀』）の有力候補地の一つである。発掘調査がおこなわれ、講堂・回廊・僧坊の一部などが確認された。出土墨書土器に「高家寺」墨書土器があり（岐阜県文化財保護センター、二〇〇二）、古代ではこの寺院が飛驒国荒城郡高家郷にあったことがわかる。廃寺周辺の字名「太江（タイエ）」はその名残であろう。

軒丸瓦は伝世資料も含め、三型式七種の瓦当文様がある。今回取り上げる軒丸瓦は、そのうちのＩとⅡ。

Ｉａ　二重圏線文縁素弁八葉蓮華文。明科廃寺Ｉａと同笵だが、笵傷が進行しており後出する。報告書ではＩ型式。

Ｉｂ　有段素文縁素弁六葉蓮華文。外区は段をもつ素文縁。蓮子は一＋四。花弁は中心が凹む。間弁は外区の立ち上がりに接続し、左右に直線的に開く。報告書ではⅡ型式。

Ⅱａ　三重圏線文縁六葉忍冬蓮華文。報告書ではⅤ型式。尾張元興寺跡（愛知県名古屋市中区）出土の四重圏線文縁六葉忍冬蓮華文と同文（梶山勝、一九九七）。花弁・間弁を除いた瓦当面内区を赤彩する。

Ⅱｂ　三重圏線文縁単弁八葉蓮華文。Ⅱａの変化した文様。報告書ではⅥ型式。Ⅱａと同じく、花弁・間弁を除いた瓦当面内区を赤彩する。

軒丸瓦全体ではⅠｂの出土量が多い。

製作技法は、Ⅰａ・Ⅰｂは縦置き型一本作りで、瓦当部裏面に布の綴じ合わせた痕跡はなく、無絞りである。Ⅰａ技法は天狗沢窯Ａ１ａと同じで、瓦当部裏面下半がほぼ平らになるのに対し、Ⅰｂの技法は天狗沢Ａ１ｂと同じだが、瓦当部裏面下半の突出は大きく、一部には粘土円筒の接合の際に押圧が強いため、瓦当部裏面が円筒の模骨にそって盛り上がる場合が認められる。Ⅱは接合式で瓦当部下半を指先で撫でるのが特徴である。丸瓦には、模骨の枠板痕跡を残すものがあるが、軒丸瓦丸瓦部としては確認していない。

逆転する型式変化　寿楽寺廃寺と明科廃寺での同笵とその前後関係が明らかになったことで、櫛原や上原が指摘した、寿楽寺Ⅰｂ→寿楽寺Ⅰａ→明科Ⅰａ→（明科Ⅰｂ）→天狗沢Ⅰａ1という変化ではなく、明科Ⅰａを祖型にして寿楽寺Ⅰｂや天狗沢窯Ⅰａが成立したことになる。寿楽寺のⅠｂの有段素文縁は明科Ⅰａと同笵の寿楽寺Ⅰａの二重圏線文縁の変化であり、間弁端の左右の開き方が曲線線的なⅠａから直線的なⅠｂに変化したと捉えることは、瓦当文様の型式変化からも妥当である。

天狗沢窯の場合も、Ⅰｂは花弁が凹むものの、外区が無段の素文になること、間弁端の左右の開きが消失することから、Ⅰａが先行するとみるべきであろう。また、笵の彫り直しについては、蓮子の配置をみる限り、検討の余地がある。製作技法の特徴でも、明科寿楽寺、寿楽寺廃寺とも文様が後出すると、瓦当裏面下半が突出することも、天狗沢窯の変化がⅠａ→Ⅰｂであることの傍証になる。

明科廃寺Ⅰａの祖型　明科廃寺Ⅰａと寿楽寺廃寺Ⅰａが同笵で、明科廃寺が先行するのであれば、その祖型を近江衣川廃寺の軒丸瓦（素文縁素弁八葉蓮華文、蓮子一＋八）とすべきなのか、衣川廃寺の軒丸瓦の外区が素文縁であることから気にかかる。祖型であれば、外区が重圏線文縁のほうが理解しやすい。

祖型を重圏線文縁素弁蓮華文とし、中房に対して花弁が大きく、花弁の先端が大きく開くという特徴で連想するのは、尾張元興寺式軒丸瓦（四重圏線文縁素弁八葉蓮華文、蓮子は一＋六）である。尾張元興寺式は、尾張元興寺跡（愛知県名古屋市）出土の四重圏線文縁六葉忍冬蓮華文軒丸瓦（蓮子は一＋六）の外区と船橋廃寺式軒丸瓦（素文縁素弁八葉蓮華文、蓮子一＋八）の花弁をもとに尾張元興寺創建の造営のなかで創出された瓦当文様で、年代は七世紀第Ⅲ四半期を考えている（山路直充、一九九九）。

尾張元興寺式軒丸瓦を祖型にする軒丸瓦は、尾張国内では甚目寺《じもくじ》廃寺（愛知県あま市）、国外では上野上植木廃寺（群馬県伊勢崎市）などに分布する。上植木廃寺では笵の彫り直しで花弁が単弁化し、陸奥国へ伝播して郡山廃寺（宮城県仙台市）などの祖型となる（出浦崇、二〇一二）。尾張元興寺式の文様が上野国に伝播したことを前提にすれば、信濃国への伝播も想定できる。

明科Ｉａで花弁が凹むことは、尾張元興寺跡出土の尾張元興寺式軒丸瓦で花弁中央がやや尖り、甚目寺廃寺出土の同式軒丸瓦で花弁の中央に稜をもつように変化することから（甚目寺町教委、一九九三）、花弁の特徴を笵に転写した場合、花弁の凹凸を違えた場合に起こりうる現象と考えられる。明科Ｉａの祖型に尾張元興寺式軒丸瓦を想定したい。ただし、明科Ｉａの直接の祖型が尾張元興寺式のどの段階なのかは、今後の課題である。

いずれにしても、この明科廃寺を祖型とする一群の軒丸瓦を明科廃寺式軒丸瓦とする。

三仏寺廃寺の縦置き型一本作り　飛騨国では寿楽寺廃寺の他にもう一カ所、縦置き型一本作りの軒丸瓦が出土する遺跡がある。岐阜県高山市の三仏寺廃寺である。

軒丸瓦の瓦当文様は五型式五種に分類でき、その文様に尾張元興寺式や明科廃寺式はないが、そのすべてが縦置き型一本作りで、線鋸歯文縁単弁一二葉蓮華文軒丸瓦の瓦当裏面に直線の布綴じ痕跡が認められるもの以外、すべて綴じ合わせ痕跡はない。瓦当部と粘土円筒の接合は、瓦当部裏面に粘土円筒を接合する技法で、多くの明科廃寺式軒丸瓦と共通するが、三仏寺廃寺では、瓦当部成形の途中で接合する場合や、粘土円筒の接合の押圧が強いため、瓦当部裏面が円筒の模骨にそって盛り上がる場合がある。

前者の場合、瓦当部裏面下半の整形は丁寧で、半裁した粘土円筒の痕跡はなくなるか、周堤状の突出があっても小さい。後者の場合、大半の突出は高く残る。その痕跡は寿楽寺廃寺Ⅰbにも認められるが、三仏寺廃寺の成形は雑であり後出的である。また、後者の軒丸瓦のうち丸瓦部に模骨の枠板痕跡を残す資料がある。

三仏寺廃寺では明科廃寺式の瓦当文様こそ出土しないが、軒丸瓦の製作技法が共通し、寿楽寺廃寺より後出することが想定できる。これらの瓦製作には明科廃寺の造営組織やそこに関わる工人の関与が想定できる。

飛驒と信濃の高家郷　寿楽寺廃寺では「高家寺」墨書土器が出土し、所在地が飛驒国荒城郡高家郷であることがわかる。この荒城郷と北アルプスの山並みを介して東側に位置するのが、信濃国安曇郡であり、安曇郡にも高家郷がある。安曇郡高家郷は安曇野市豊科町を中心に推定されてきたが、最近では、遺跡の分布を踏まえ、豊科町の北側安曇野市明科町を郷域に含める説がある（桐原健、二〇〇二）。明科廃寺が安曇郡高家郷に含まれるのであれば、北アルプスをはさんだ隣接郡における同笵関係と工人の移動は、同じ郷名に所在する寺で結ばれたことになる。高家郷に郡家が置かれることが多いことから、寿楽寺廃寺は飛驒国荒城郡の郡寺、明科廃寺は信濃国安曇郡の郡寺になる可能性が高い。

ならば、同じ文様や製作技法が伝播する天狗沢窯供給遺跡が甲斐国巨麻郡、三仏寺廃寺が飛驒国大野郡の郡寺であった可能性が生じる。この隣接した国郡では、ほぼ同時期に郡寺が建立され、文様や工人を都合しながら寺を造営したのであろう。

三　甲斐における寺瓦葺きの寺の造営

寺本廃寺の軒丸瓦とその祖型　寺本廃寺は山梨県笛吹市に所在する。発掘調査がおこなわれ、金堂・講堂・塔・僧坊・中門・回廊・南門・北門・西門・築地などを確認している。軒丸瓦の瓦当文様は五型式九種が確認されている（春日居町教委、一九八八。櫛原功一、一九九二）。

今回取り上げる軒丸瓦は、寺本廃寺で最も古い瓦当文様で、

Ⅰ　三重圏線文縁素弁八葉蓮華文。蓮子は一＋六。

である。外区と内区の組み合わせから想定すれば、尾張元興寺式の範疇に入るが、花弁は先端がとがり、やや小ぶりで中央が丸みをもつことから、尾張で出土する尾張元興寺式の祖型に直接結びつけることはできない。また、素弁という花弁は、地方において単弁からの変化もあるので、この花弁の祖型が本来単弁であった可能性も否定できない。祖型が重圏線文縁単弁八葉蓮華文の場合、山田寺式の系統で捉えることになるが、山田寺式の場合、外区が高い。寺本廃寺では、外区の圏線が花弁と同じ高さになるので、これも断定することができない。ともなう軒平瓦は直線顎の四重弧文、もしくは鋸歯文である。寺本廃寺Ⅰの祖型もしくは関連の資料は、周辺の軒丸瓦を対象に三つの可能性が示せる。

①上野上植木廃寺（群馬県伊勢崎市）の三重圏線文縁素弁八葉蓮華文軒丸瓦。蓮子一＋四。尾張元興寺式の系統。外区の圏線が花弁と同じ高さになることが寺本廃寺と同じ。素弁に子葉が掘り加えられ、三重圏線文縁

単弁八葉蓮華文になる。組み合う軒平瓦は箆状の三重弧文で、段顎である。

②伊豆日吉廃寺（静岡県三島市）の四重圏線文縁単弁八葉蓮華文。蓮子一＋六。山田寺式の系統。中房が大きいのが特徴で、寺本廃寺とは大きく異なる。軒平瓦は四重弧文で、段顎である。

③遠江竹林寺廃寺（静岡県島田市）の三重圏線文縁素弁十葉蓮華文。蓮子一＋六。花弁・間弁の表現は寺本廃寺に似ている。ただし、花弁の数が異なること、外区が高いこと、中房が低いことなどは、寺本廃寺と異なる。竹林寺廃寺の祖型は山田寺式といわれる。軒平瓦は無文もしくは花文で、顎は段顎である。顎には型押した花文や線刻の波文による施文もしくは、格子・斜格子の叩き目が残る。

寺本廃寺では発掘調査の結果、竪穴建物（二号住居跡）のカマドとおもわれる土壙の底部から平瓦が出土し、建物の年代は七世紀後葉であることから（春日居町教委、一九八八。建物出土の土師器の年代は平野修氏ご教示）、その年代には瓦が製作されていたことがわかる。その場合、竹林寺廃寺の三重圏線文縁素弁十葉蓮華文の年代は、竹林寺廃寺やその瓦窯（南田瓦窯）で出土する須恵器の年代から、八世紀前葉が考えられるので（島田市教委、一九八〇・一九八二）、寺本廃寺の祖型にはならない。可能性は①もしくは②である。

天狗沢窯瓦供給廃寺と寺本廃寺の瓦葺き建物の創建　天狗沢窯Ⅰaと寺本廃寺Ⅰaの年代が鍵となる。天狗沢窯Ⅰaは、一号窯出土の須恵器から、年代の下限を七世紀後葉～八世紀初めに求めることができる。

寺本廃寺は七世紀後葉であるから、天狗沢窯瓦供給廃寺とほぼ同時期の造営といえる。つまり、甲斐国で大きな位置を占め、東西に隣接する巨麻郡と山梨郡という二つの郡では、ほぼ同じ時期に瓦葺きの建物が建立された。なお、年代の問題は明科廃寺の瓦を焼成した桜坂古窯跡では須恵器を併焼しているので、桜坂古窯跡の解明を待って再考したい。

四　情報伝播から捉えた山国の交通

明科廃寺式軒丸瓦の伝播ルート　明科廃寺式軒丸瓦から捉えると、瓦当文様は尾張国→信濃国→甲斐国、信濃国→飛驒国、製作技法は信濃国→甲斐国・飛驒国となる。

信濃国→飛驒国の場合、寿楽寺廃寺の南側の道路は越中東街道に合流して神岡に至る。神岡から高原川沿いに南下すれば安房峠に至る。信濃国からは梓川沿いの路線を通り、安房峠で北アルプスを越えて、寿楽寺廃寺に至ったのであろう。ただ、安房峠の山道は険しい。三仏寺廃寺の場合、その立地から峠越えが楽な野麦峠を越え、梓川沿いの路線と結んだのであろう。

『二中歴』には、大治二年（一一二七）年ごろ成立した『懐中歴』を引用した中に日本国図が収められ、美濃国―信濃国が朱線で結ばれるだけでなく、美濃国―飛驒国―信濃国が朱線で結ばれる（前田育徳会尊経閣文庫、一九九七）。飛驒国府推定地の高山市と信濃国府推定地の松本市を結ぶ路線が想定できる。かつてこの路線に安房峠越えを想定したが（山路直充、二〇〇四）、峠越えは無難な野麦峠の利用が妥当である。なお、明科廃寺と寿楽寺廃寺の伝播について犀川・信濃川→日本海→神通川・宮川という水上交通が指摘されている（倉澤正幸、二〇一二）。安房峠越えの踏査記録から（服部英雄、二〇〇七）、迂遠な水路より信濃国と飛驒国を結ぶ様々な峠越えを想定したい。飛驒国の荒城郡と大野郡の連絡も峠を越えるので、それぞれの郡が信濃国と結ぶ峠越えの路線を確保していたと考えたい。

信濃国→甲斐国の場合、塩尻周辺の峠を利用したとみてよく、今後天狗沢窯の瓦の供給廃寺が判明すれば、信濃国と甲斐国を結ぶ峠越えの路線は具体化できるだろう。

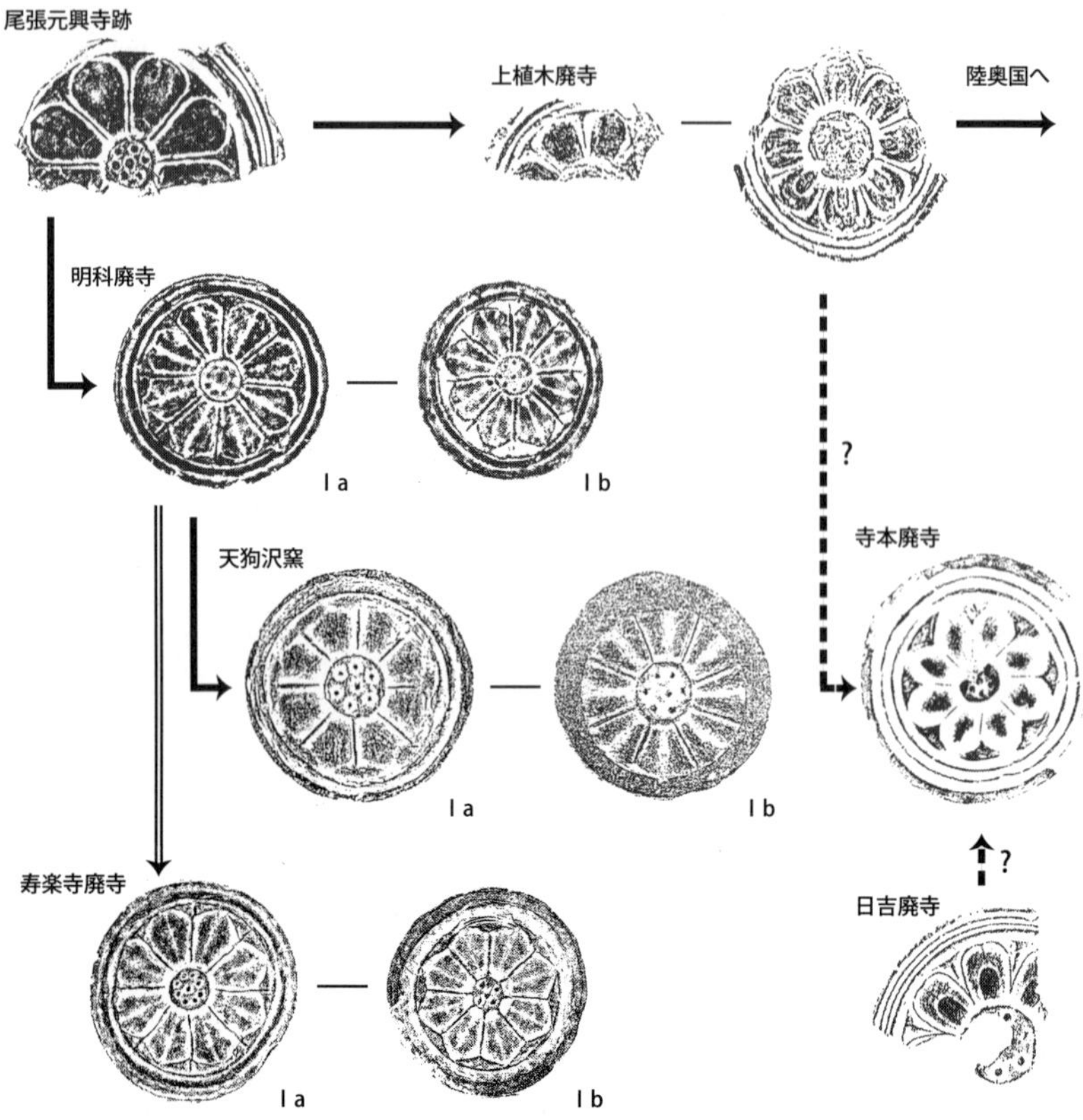

図４　天狗沢窯と寺本廃寺の瓦当文様の系譜

製作技法の縦置き一本作りについて、信濃国への伝播は不明である。同技法の高山市の三仏寺廃寺の線鋸文縁単弁十二葉蓮華文軒丸瓦を、大津宮関連で出土する面違鋸歯縁八様複弁蓮華文軒丸瓦（縦置き型一本作り）の型式変化と捉える考えもあろうが、寿楽寺廃寺軒丸瓦の製作技法との比較から躊躇する。信濃上石川廃寺（長野県長野市）、上野上植木廃寺、上野国分寺（群馬県前橋市）で縦置き型一本作りの軒丸瓦が出土する。明科廃寺式軒丸瓦の年代が不明なので、これ以上憶測できないが今後その関係に注目したい。

尾張の位置づけ　ここで興味深いのは、明科廃寺式の瓦当文様と寿楽寺廃寺の忍冬文の祖型がともに尾張元興寺跡に求められることである。尾張元興寺式の文様が、上野上植木廃寺の直接の祖型になることから、尾張国を経由しての東山道への伝播を考える必要がある。尾張国を東山道との関連でも重視すべきである（田中卓、一九八六。川尻秋生、二〇〇二）。

また、尾張元興寺跡の忍冬文軒丸瓦の同笵品は河内野中寺（大阪府羽曳野市）で出土している。瓦当文様として忍冬文を多用するのは大和法隆寺（奈良県斑鳩町）など斑鳩の寺の特徴であり、尾張元興寺式の花弁の祖型となる船橋廃寺式の瓦当文様は斑鳩で成立したといわれる（花谷浩、一九九九）。

七世紀に飛鳥・藤原地域を経由しない、河内国―大和国（斑鳩）―尾張国という関係が想定できる。斑鳩を介して瀬戸内海と伊勢湾を結ぶルートであり、その路線は尾張国を介して東山道も含め東国と結ばれていた。斑鳩を考える上で重要なルートである。

東山道における瓦当文様の伝播　斑鳩の文様が尾張国に伝播し、その文様がもとになった瓦当文様が飛驒・信濃・上野国に伝播した。とくに尾張元興寺式軒丸瓦を祖型とする明科廃寺式は隣国に広がり、同じく祖型とする上植木廃寺式は上野国内のみならず、陸奥国へも伝播した。また、東山道における川原寺式軒丸瓦の瓦当文様も、大和川原寺から美濃瑞龍寺廃寺（厚見寺跡、岐阜県岐阜市）に伝播し、美濃国内に広まるとともに、上野寺井廃寺（群馬県太田市）へ伝播する。寺井廃寺は下野薬師寺軒丸瓦の祖型となり、下野薬師寺の瓦当文様は、隣接する下総・常陸・陸奥国に伝播する（山路直充、二〇〇五）。

この特徴を東山道における瓦当文様の伝播と捉えれば、その情報は尾張国や美濃国を経由して、西から東へ順を追うように拠点となる遺跡に伝播し、拠点から周辺に伝播したといえる。これが峠越えによって結ばれる山国の交通の反映といえるのか、他の道のあり方も踏まえて捉える必要がある。

瓦からみた山国の交通　寺本廃寺への瓦当文様の伝播の路線は、①の場合だと雁坂峠越え、②の場合だと籠坂峠・御坂峠越え（駅路の路線）が想定でき、②の場合は東海道からの伝播となる。平川南は「甲斐国は東国において東海道と東山道をつなぐ役割を課せられた」（平川南、二〇〇四）と評価したが、天狗沢窯と寺本廃寺の軒丸瓦からも理解できる可能性がある。山国が分水嶺になる場合を考えれば、水系に沿う道路が山国で接続することが、平川の指摘によって一層はっきりする。同じことは『古事記』崇神段で高志道に遣わされた大毘古命と、東方一二道に遣わされた建沼河別命が出会った場所が相津で、会津の地名由来となっていることからもいえ、山国の交通の一端を示している。

おわりに

天狗沢窯出土や寺本廃寺の軒丸瓦の祖型を追うことによって、峠越えによる情報伝播とその路線を想定した。瓦を事例としたが、山国の寺において伝播された情報は瓦だけなのであろうか。共通する信仰の対象として、三宝の伝播ということはないのであろうか。

寺の造営というとすぐに大和や畿内に目を向けて、王権との関わりを説く人がいる。王権も結構だが、そればかりでなく、在地に展開する情報によって寺院が造営されることを、今回の瓦の問題で強調したい。明科廃寺から天狗沢窯への情報伝播は、瓦だけの問題か、それとも三宝までまきこむ問題か、今回は明らかにできなかったが、今後取り組むべき課題である。

また、「はじめに」で瓦葺き建物を、建築に相応の資力を必要とした特殊で非日常的な建物としたが、寺院の堂塔の場合、建物の外装は赤色塗装される。寿楽寺廃寺では軒丸瓦Ⅱa・Ⅱbの瓦当面が赤彩されていた。この彩色は仏教という外来の宗教を象徴するにはお誂えである。その景観は、地域のランドマークとなり、建立を進めた檀越や造営に関わった知識の象徴と理解することは可能であろう。地域の象徴という視点で、寺院の景観を捉えることは肝要である。

今回の事例で気になることは、隣接する郡で、ほぼ同じ時期に寺院が建立され、瓦当文様や瓦の製作技法などの情報伝播が同じ場合と異なる場合があることである。取り上げた寺はすべて郡寺に想定できる寺であるから、地域の郡領層の日常的な結びつきが、交通も含めそこに反映しているのであれば、興味深い課題となる。

以前、高山市で瓦の調査をしていた時、かつて飛騨では塩のことを甲州塩といい、信濃では正月の塩漬けの鰤を飛騨鰤といったことを伺った。東海の塩が甲斐を経由することによって、飛騨では甲州塩となり、富山湾でとれた鰤が越中から飛騨を経由することで飛騨鰤となる。日本の山岳地帯における物資の流通の象徴的な話として鮮明に記憶している。平川南は、甲斐国について東国における東山道と東海道を結ぶ役割を強調するが、尾張国と美濃国、武蔵国、下野国と常陸国でも両道の結節を指摘できる。

そこで考える山国の特徴は何か。甲斐国の瓦からいえることは、天狗沢窯や寺本廃寺の軒丸瓦にみる情報伝播が、周辺・終点的であることである。また所在する巨麻・山梨郡が隣接することから、瓦では実証できなかったが、ターミナルという視点も生まれる。ヤマト王権の中心地、大和国は山国ではないが海なし国の盆地である。大和国が中心という集権の発想も重要であるが、大和国を山国の視点で捉えたらどうなのだろう。周辺・終点・ターミナルが中心となることはないのであろうか。山国の寺というよりアルプスの廃寺、これからも興味をもっていきたい。

図版引用文献

図2　敷島町教委、一九九〇。明科町教委、二〇〇〇。岐阜県、二〇〇二。
図3　大津市教委、二〇〇〇。名古屋市教委、一九九四。甚目寺町教委、一九九三。高山市教委、二〇〇三。春日居町教委、一九八八。高井佳弘・出浦崇、二〇〇一。鈴木敏中、二〇〇一。島田市教委、一九八一。
図4　敷島町教委、一九九〇。明科町教委、二〇〇〇。岐阜県、二〇〇二。名古屋市教委、一九九四。甚目寺町教委、一九九三。春日居町教委、一九八八。高井佳弘・出浦崇、二〇〇一。鈴木敏中、二〇〇一。

参考文献

明科町教育委員会編、二〇〇〇『明科廃寺址』
出浦　崇、二〇一二「上野国からみた陸奥国―上植木廃寺出土軒先瓦との対比から―」（国士舘大学考古学会編『古代社会と地域間交流』Ⅱ、六一書房）
上原真人、一九九七「瓦を読む」（『歴史発掘』一一、講談社）
大津市教育委員会、二〇〇〇『史跡衣川廃寺跡整備事業報告書』
梶山　勝、一九九七「尾張元興寺跡出土の忍冬蓮華文軒丸瓦をめぐって」（『堅田直先生古記念論文集』堅田直先生古記念論文集刊行会）
春日居町教育委員会編、一九八八『寺本廃寺』
川尻秋生、二〇〇二「古代東国における交通の特質―東海道・東山道利用の実態―」（『古代交通研究』一一、古代交通研究会）
桐原　健、二〇〇二「明科廃寺が提起する問題」（『信濃』五四―一二、信濃史学会）
櫛原功一、一九九二「天狗沢瓦窯と出土瓦」（『天狗沢瓦窯跡と古代甲斐国』敷島町教育委員会）
倉澤正幸、二〇一二「軒瓦からみた信濃における古代寺院の考察」（『文化財信濃』三九―一、長野県文化財保護協会）
岐阜県文化財保護センター編、二〇〇二『太江遺跡・寿楽寺廃寺跡』

敷島町教育委員会編、一九九〇『天狗沢瓦窯跡発掘調報告書』
島田市教育委員会編、一九八〇『竹林寺廃寺跡』
　一九八一『南原瓦窯跡』
甚目寺町教育委員会編、一九九三『甚目寺町文化財報告書』Ⅵ
高井佳弘・出浦崇、二〇〇一「上野の『山田寺式』軒瓦」（『飛鳥白鳳の瓦づくり』Ⅳ、奈良文化財研究所）
高山市教育委員会編、二〇〇三『三仏寺廃寺発掘調査報告書』
田中　卓、一九八六「尾張国はもと東山道か」（『田中卓著作集』六、国書刊行会）
鈴木敏中、二〇〇一「東駿河・伊豆の山田寺式軒瓦」（『飛鳥白鳳の瓦づくり』Ⅳ、奈良文化財研究所）
名古屋市教育委員会編、一九九四『尾張元興寺跡発掘調査報告書』
名古屋市博物館編、一九九九『和名類聚抄』
服部英雄、二〇〇七『峠の歴史学』（朝日新聞社）
花谷　浩、一九九九「畿内の飛鳥・白鳳時代の瓦とその年代―大和を中心として―」（『飛鳥・白鳳の瓦と土器―年代論―』帝塚山大学考古学研究所歴史考古学研究会・古代の土器研究会）
平川　南、二〇〇四「第五章第七節　甲斐の交通」『山梨県史』通史編一（山梨県）
前田育徳会尊経閣文庫編、一九九七『尊経閣善本影印集成一五』二中歴　二（八木書店）
三好博喜、一九八四「奈良・平安時代の明科」『明科町史』上（明科町史刊行会）
山路直充、一九九九「東日本の飛鳥・白鳳時代の瓦について―下総龍角寺と尾張元興寺―」（『飛鳥・白鳳の瓦と土器―年代論―』帝塚山大学考古学研究所歴史考古学研究会・古代の土器研究会）
　二〇〇四「甲斐における瓦葺き建物の出現―天狗沢窯出土鐙瓦の祖型をおって―」（『古代考古学フォーラム二〇〇四　古代の社会と環境　開発と神仏とのかかわり』資料集、帝京大学山梨文化財研究所・古代考古学フォーラム実行委員会）
　二〇〇五「下野薬師寺一〇一型式（川原寺式）鐙瓦の祖型」（大金宣亮氏追悼論文集刊行会編『古代東国の

考古学』慶友社）

〔コラム〕山国の出土文字資料
―上野国吾妻郡内出土墨書土器から―

はじめに

群馬県吾妻郡長野原町林地区の西側に所在する楡《にれ》木《き》Ⅱ遺跡は、八ッ場ダムの建設に伴って発掘調査された遺跡である。二〇〇〇年から二〇〇五年度にかけて公益財団法人群馬県埋蔵文化財調査事業団によって発掘調査され、同財団より二〇〇八年に『楡木Ⅱ遺跡⑴平安時代・中近世編』として発掘調査報告書が刊行されている。

古代の上野国吾妻郡は、北側及び西側を越後、信濃国境と接する地域ではあるが、七道駅路からは外れ、急峻な峠超えをしなければ隣国には抜けられない地勢もあり、史料も極めて少ない。また『和名類聚抄』にみえる管轄下の郷も、「長田」「伊参《いさま》」「大田」の三郷に過ぎないので、不明な点が少なくない。平坦地が限られる山間部に立地するため、郡の「領域」は広大であるにもかかわらず、耕地及び人口は少なく、郷の数も少なかったであろうことは容易にうなずける。

しかしながら、現在の東吾妻町金井には七世紀後半に建立された金井廃寺があり、白鳳期には本格的な古代寺院が建立されている。また、瓦窯や『延喜式』にみえる九ヵ所の御牧の一つである「市代牧」が郡内に想定されるなど、早くから先進的な技術や文化が入っていた地域でもある。

郡家の所在地は、郡内最大の平坦地である現・中之条町市街地を中心とする盆地に想定する説と、吾妻川を挟んだ反対側の東吾妻町金井に所在する白鳳時代寺院跡である金井廃寺の周辺に想定する説とが有力であるが、いずれの地点でも、また、それ以外の場所においても、現在に至るまで明確な郡家の遺構は検出されていない。現・中之条町市街地の北側約二～三㎞の山間部に「伊参」の地名が遺っており、古代伊参郷の故地とみる考え方がある一方、中之条町市街地中心部にある伊勢町の地名が、「伊参」の

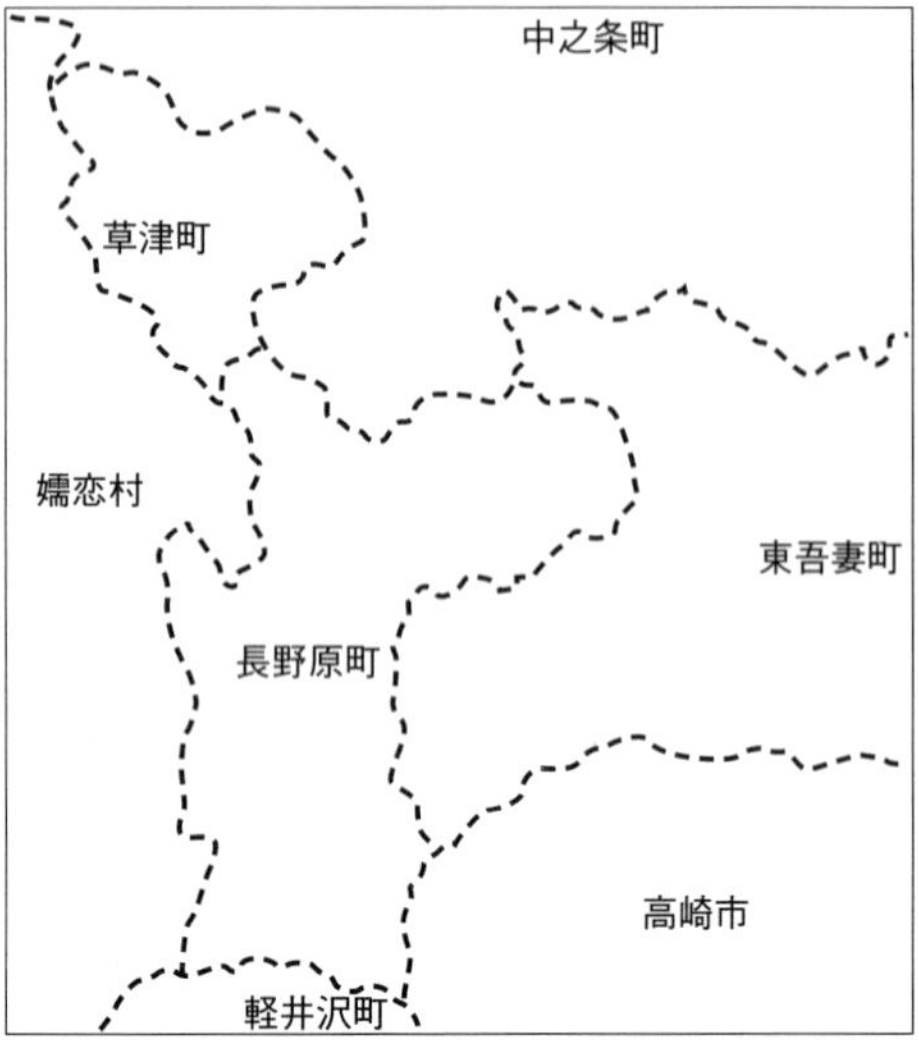

図1　群馬県吾妻郡長野原町林地区

転訛であると考える見方もある。

　楡木Ⅱ遺跡は、そうした古代吾妻郡の中心地域と想定される場所から、吾妻川添いに約二〇㎞ほど更に山間部に入った位置に所在する。現在までのところ、吾妻郡内では平安時代の集落として、最大規模の三七軒の竪穴住居が検出されており、その大半が九世紀後半から一〇世紀前半に集中している。

(1)　出土状況

　一一点の墨書土器が出土している。いずれも墨書ばかりであり、刻書はない。出土状況の点からみると、四六号竪穴住居跡から三点、七二号竪穴住居跡から同じく三点の墨書土器が出土しているものの、同じ遺構から出土した土器に記された文字は、それぞれ異なっている。全点でわずか一一点にすぎないので、現状では、特定の遺構から墨書土器が集中して出土している状況ということまでは言い切れない。

　また、調査対象範囲が限られているとは言え、墨書土器が出土した遺構についても、遺跡内の特定のエリアに集中しているというわけではなく、また各々の資料の、それぞれ出土した各遺構内における出土状況を検討しても、特に共通したり、あるいは際だった特色を指摘できるものはなかった。

　集落遺跡から出土する墨書土器は、集落内における各種集団が、祭祀・儀礼等の行為に際して、集団

遺物番号	出土遺構	器　種	文字記入部位方向	釈　文	備　考
5住—1	5号住居跡・埋土	須恵器・杯	底部内面 体部外面・正位	□の中に「上」 □の中に「上」	
30住—1	30号住居跡・床直	須恵器・杯	底部内面	三	破片、「三家」か？
46住—1	46号住居跡・床直	須恵器・杯	体部内面・正位 体部外面・正位	長 長・奉	
46住—2	46号住居跡・埋土	須恵器・杯	底部内面	□家	破片、「御家」か？
46住—3	46号住居跡・埋土	須恵器・椀	底部内面 体部外面・逆位	三家 三	「三家」か？
72住—8	72号住居跡・埋土	須恵器・杯	体部外面・正位	佐	
72住—9	72号住居跡・埋土	須恵器・杯	体部外面・正位	三ヵ	
72住—11	72号住居跡・床下	須恵器・椀	体部外面・正位 底部内面	木 □	
76住—2	76号住居跡・埋土	須恵器・杯	底部内面	県	
グリッドNo.6	埋土	須恵器・椀	底部内面 底部外面	□ □	破片、判読不能 破片、判読不能
グリッドNo.7	埋土	須恵器・杯	体部外面・正位	三ヵ	破片

表1　群馬県吾妻郡長野原町　楡木Ⅱ遺跡出土墨書土器一覧

の標識として特定の文字を記したものと考えられているが（平川南・天野努・黒田正典、一九八九。関和彦、一九九二）、同じ文字が記された複数の土器が、ある程度特定のエリアに集中して出土するような傾向が無いことからみれば、本遺跡においては、墨書された文字から集落内の小集団の動向を窺い知ることは困難である。

①文字記入の状況　四六住—三には底部内面と体部外面に、グリッドNo.6には底部内外面に、それぞれ一ヵ所ずつ、計二ヵ所に文字が記入されているが、他はいずれも一ヵ所のみの記載である。四六住—三の二ヵ所に記された文字は、同じく「三家」という文字であった可能性が高い。

文字が記入されている部位に関して言えば、底部に記入されたものが多く、一一点一五例のうちの八例と全体の約五割強を占める。さらにその中の七例で底部の内面に文字が記されている。一般的に、関東地方における集落遺跡出土の墨書土器では、体部に記入される例が多いのに対し、官衙遺跡出土の墨

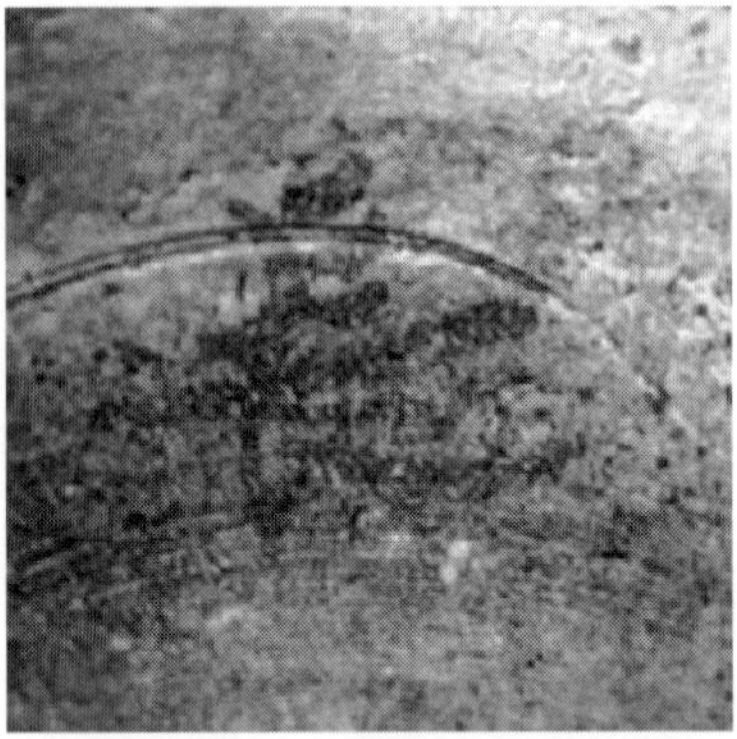

図２　「長」　46号竪穴住居出土
（群馬県埋蔵文化財センター蔵、公益財団法人　群馬県埋蔵文化財調査事業団写真提供）

書土器では底部外面に記されるものが多いという傾向がある。本遺跡出土の事例で言えば、出土した墨書・刻書土器の傾向としては、明らかに官衙遺跡出土の墨書土器の傾向に近いと言うことになる。本遺跡における遺構の検出状況や遺構の配置からみれば、本遺跡に営まれた建物群を官衙ないしその関連遺跡とみることは到底考えにくい。

また、資料の全体数が少ないのに比して、二ヵ所に文字を記載した資料が五点と多く占めている点も、この遺跡における墨書土器の特色として特筆すべき特色である。

（２）器　種

器種の点から言えば、本遺跡出土の墨書土器は、すべてが須恵器である。この点も、墨書土器の全般的な傾向としてはやや異例であり、墨書土器の出土が特に顕著な関東地方の奈良・平安時代集落遺跡出土資料の全般的な傾向では、概して土師器の方が多いという特色がある。ただし、文字が記された土器の器種は、その遺跡出土土器全体の傾向と同様であり、特に、須恵器ないし土師器のどちらかが選ばれて、文字が記入されたというような事例は全く見受けられない。本遺跡においても、須恵器の流通・消費の頻度が一般に比べて格段に高かったために、文字が記入された土器のほとんどが須恵器で占められたというだけのことであろう。

実際、須恵器窯が多い遠江西部、尾張、美濃、出雲西部などの地域においては、奈良・平安時代集落遺跡出土土器の中での須恵器の占める割合の高さに比例して、墨書土器にも須恵器が多い傾向が指摘できる（藤田憲宏、二〇〇〇。高島英之、二〇〇五）。

（3）記載内容

①「上」・「長」　確実に一文字のみが記載されたと考えられるのは、五住―一の「上」と言う文字を一文字書いてその周りを四角く囲ったものと、四六住―一の体部内面に正位で「長」という文字を書いたものの二例である（図2）。ほかにも現状では一文字しか確認できない資料はあるが、欠損していたり、あるいは破片であったりして、文字数が確定できないものである。「上」も「長」も、ともに吉祥句的な文字であり、全国的な墨書・刻書土器の傾向の中でみても平均的に多く見られる文字である。吉祥句的な文字は、氏族名・人名・地名いずれにも頻繁に使用されるため、一文字のみの記載であれば、解釈はいかようにも可能なわけであって、これらの資料に記された文字の意味や内容を解釈することは難しい。

「長」は、一つの可能性としては吾妻郡内にあった長田郷の郷名との関連が想定できないでもない。長元三年（一〇三〇）の「上野交替実録帳」（長元三年上野国不与解由状案）の諸郡官舎項の吾妻郡には「長田院」「伊参院」の記載があり、吾妻郡の長田郷と伊参郷には郷倉あるいは郡家別院のような郡の出先機関が置かれていたことが窺える。山間部における交通の困難さを考えれば、こうした箇所に郷倉ないし郡家別院が置かれることは自然であろう。

長田郷の故地として、『大日本地名辞書』では現在の中之条町東部に想定しており、また、『日本地理志料』では「長田」は「長井」の誤りとして、現・みなかみ町の旧・新新治村辺りとしている。それらの場所が古代の長田郷の故地である確証は、現在のところ、何一つ無いが、出土地とは大きくかけ離れており、記された「長」の文字を長田郷、長田院と関連づけて考えるならば、それらの所在地の想定に、新たな可能性を示すこととなる。

②「三家」　記された文字内容からみて、最も注目されるものは四六住―三の「三家」である（図3）。

図３　「三家」　46号竪穴建物跡出土
（群馬県埋蔵文化財センター蔵、公益財団法人　群馬県埋蔵文化財調査事業団写真提供）

「三家」とはっきりと記されているのは、四六住―三の底部内面のみであるが、同じ土器の体部外面に逆位で記された「三」、三〇住―一の底部内面に記された「三」、七二住―九の体部外面に記された「三ヵ」、グリッド№７の体部外面に正位で記された「三ヵ」などの文字は、いずれも破片であったり下方が欠損していたりして「三」と記された部分しか判明しえないが、いずれも「三家」の二文字が記されていた可能性がある。

また、四六住―二は、破片ながらも底部内面に記された「家」の文字は明瞭であり、「家」と釈読して間違いはない。「家」の文字の上には縦画の墨痕がのこっており、いかに考えても「家」の上に記された文字は「三」とは読みがたい。字画からみれば「御」と言う文字の右側の旁付近の残画とも判断できなくはない。もし、その推測が正しいとするならば、この資料に記されているのは「御家」と言う文字である可能性が高く、「三家」とは通音ともなり、同じ意味であった可能性が高い。

「三家」は「ミヤケ」を意味して記された可能性がある。四六住―二が「御家」と釈読して良いとすれば、なおのこと、その可能性が高くなろう。古代においては、音が通用すればいかなる文字をも当てるという用字法が通常行われており、ミヤケについても、「三宅」「御宅」「三家」「御家」「屯倉」「宮家」など、様々な漢字が当てられ表記されている。

「ミヤケ」と言うと、誰しもが大化前代における ヤマト王権の直轄地としての「屯倉」を思い浮かべるところであろうが、『日本書紀』等の記事には、当地にヤマト王権の屯倉が設けられていたとする記載はない。もちろん、『日本書紀』等の文献に、現代まで記録が残っていないヤマト王権の直轄地が存在していた可能性も否定はできない。

高崎市山名町に所在する「辛巳歳」＝六八一年の年紀を有する山ノ上碑文中にみえる「佐野三家」をヤマト王権の直轄地であるミヤケの一つとみる考え方は、尾崎喜左雄が提唱して以来、学界からも強く支持されているが（尾崎喜左雄、一九八〇）、仮に「佐野三家」が尾崎が言うように推古一五年（六〇七）の全国的なミヤケ設置時に、ヤマト王権によって設定されたものとしても、それ自体の名称は、「山ノ上碑」の碑文のみにあらわれるもので、『日本書紀』その他の史料には全く見えないものである。

そうであるから、この律令制下に吾妻郡として編成される地域に、大化前代にヤマト王権によってミヤケが設定されていたとしても、全く、おかしくはないのである。そればかりか、律令制下の吾妻郡内には、「大田郷」があるが、この「大田」という地名は、ミヤケの耕作地である「ミタ」に対応する言葉であり、古代においては、美称としての「ミー」と「オオー」は、しばしば通用されるから、吾妻郡に「大田」の名を冠する郷が存在していたことは、ミヤケ設置の可能性をより示唆するとさえ言えるのである。

ただ、これらの墨書土器も、いずれも九世紀代のものであり、ヤマト王権の屯倉の時代からみてもかなり新しいものである。しかしながら、かつて大化前代に設置されたミヤケの遺称が、地名として九世紀代まで受け継がれる可能性は決して少なくはない。「ミヤケ」という語は、居宅を意味する「ヤケ」という語に、美称・尊称である「ミ＝御・美」が付されたものであり、元来が普通名詞である。

ヤマト王権の直轄地としての屯倉とは全く別に、地方官人や地域首長の居宅が尊称されて「ミヤケ」と称されたであろうし、官衙などの公的施設に対しても、尊称として「ミヤケ」と呼んだ可能性もある。

また、奈良時代の貴族である「多治比真人三宅麻呂」のように、人名の一部に「三宅」の文字が使用されることもある。ゆえに、本遺跡から出土した「三家」の墨書土器についても、現段階では、大化前代におけるこの地への「ミヤケ」の設置との直接の関係については、如何とも言い難いところであると言わざるを得ないが、幅広い可能性を想定しておくべきであろう。

また、あるいは、先に触れたように、郡家などに限らず、「上野国交替実録帳」（長元三年上野国不与解由状案）に、郷倉あるいは郡家別院と考えられる「長田院」「伊参院」などの郷倉あるいは郡家別院のような郡家の出先機関を指して記された可能性も無いわけではない。周知の通り、吾妻郡には駅路は通っていないが、郡家に至る「伝馬の路」はもちろん、存在していたはずである。また、現代においても吾妻郡は長野県側に到る交通の要衝であり、古代から坂東と信濃を結ぶ交通路が存在したことが考えられる。官衙や屯倉の存在をほのめかす文字資料の出現は、すなわち交通路を示唆するに等しい。

それにしても、律令制下の吾妻郡に存在した大田郷という地名に加え、本遺跡で「三家」と記された墨書土器が、そのように想定できるものを含めて、複数点出土していることは、この地域の古代史像を考えていく上で、示唆的と言えよう。

おわりに

「山国の出土文字資料」と言うことで、上野国吾妻郡出土の墨書土器の一例を紹介したが、山間部における古代の郡郷に関しては概して史料が極めて少なく、上野国吾妻郡に関しても同様である。また上野国吾妻郡は、『和名類聚抄』にみえる管轄下の郷も、「長田」「伊参」「大田」の三郷に過ぎず、主要官道から外れる。平地が限られた山間部では、自ずから耕地面積、ひいては人口も限られることを考えれば、当然のことであろうが、そうした場合、郷の比定を含め、出土した文字資料が有効性を発揮する。

古代の吾妻郡に関しては、先述したように不明な点が少なくないが、こうした文字の存在がその見直しを図るきっかけになるだろう。

また、当該地域においては天明三年（一七八三）の浅間山噴火時の泥流が厚く堆積しているなどの自然条件や、開発に伴う埋蔵文化財調査件数の問題もあって、奈良・平安時代の遺跡の調査件数や、同時代の文字資料の出土件数もまだ非常に少ないような状況である。そうした中になって、地域における古代史像の一端に関わる重要な資料であると位置づけることができる。

（高島英之）

参考文献

尾崎喜左雄、一九八〇『上野三碑の研究』（尾崎先生著書刊行会）
関　和彦、一九九一「古代村落の再検討と村落首長」（『歴史学研究』六二六。『日本古代社会生活史の研究』校倉書房、一九九四年に所収）
高島英之、二〇〇五「墨書・刻書土器からみた古代の出雲地域」（『出雲古代史研究』一五。『古代東国地域史と出土文字資料』東京堂出版、二〇〇六年に所収）
平川南・天野努・黒田正典、一九八九「古代集落と墨書土器」（『国立歴史民俗博物館研究報告』二二。平川南『墨書土器の研究』吉川弘文館、二〇〇〇年に所収）
藤田憲宏、二〇〇〇「墨書・刻書土器の出土傾向とその背景」（吉村武彦編『古代文字資料のデータベースの構築と地域社会の研究―平成11～13年度科学研究費補助金（基盤研究（B））研究成果報告書』）

〔コラム〕山国から峠を越え、齎《もたら》された蕨手刀《わらびてとう》

　蕨手刀の分布は、日本列島において関東甲信静以東に偏在し、とくに東北北部に集中する。北海道島にはやや多く、西日本では散見できる程度である。古代の令制五畿七道では、東山道に分布が偏り信濃・上野・下野・武蔵（宝亀二年〈七七一〉迄）・陸奥・出羽各国でみられ、陸奥国が最も多い。そうした偏在性が蝦夷の刀とされる所以でもある。遥か北方の擦文やオホーツクの両異文化地域、西国では朝鮮半島と対峙する山陽道・長門国の孤島である見島や西海道での隼人の地・大隅国などの辺境地域でもみられる。蕨手刀ひとつの分布をみるだけでも、古代の地域間交流は顕著であった。それは山野を縦横に走る陸路、河川・海を利用する水路を媒体とした官道以外の交通路が幾重にも繋がっていた証でもある。

　蕨手刀は形式《フォーム》のうえで、柄の反りと絞りが弱く刃が短い古式（東国形）と柄の反りと絞りが強く刃が長い新式（東北形）とにおおかた分けられる。刃の長短に関しては、おおよそ刃長四〇㎝が境で、記紀に十《と》束《つか》の剣《つるぎ》とあるように五束（一束＝四本の指で握った長さ＝男子平均約八四㎜）が目安となる。また、鞘に装着される足金物《あしかなもの》についても、単鐶単脚式から台状双脚式への変遷が新古の付加条件となる。古式は信濃・上野で、新式は陸奥北部・出羽でそれぞれ主体を占めるが、両地域の中間にあたる陸奥南部では新古両形式が混在する傾向がみられる。

　信濃と上野（上信地域）で古式が多く分布するが、諏訪から小県《ちいさがた》を結ぶ古東山道の通る東信と西毛の両地域での密度が最も濃い。この両地域では、刀工集団の特徴ともいえる鋒《きっさき》形態において茅《かや》の葉《は》が東信に、鋒両刃が西毛に多くみられる。東信と西毛を繋ぐ峠は、東山道碓氷峠以外にも入山、内山、田口などの複数経路があり、山を隔てた両地域一帯が、蕨手刀発祥の地と考えられる。上野三碑の神亀三年（七二六）銘金井沢碑には、刀工集団の存在を示す

〈全国出土一覧〉

畿　内	1
東　海	15
東　山	230
北　陸	0
山　陰	1
山　陽	1
南　海	2
西　海	3
擦　文	33
オホーツク	15
計	301

〈東山道国出土一覧〉

近　江	0
美　濃	0
飛　驒	0
信　濃	19
上　野	17
下　野	2
陸奥南部（国造領域）	20
陸奥北部	139
出　羽	33
計	230

※国造領域は、現在の福島及び宮城南部

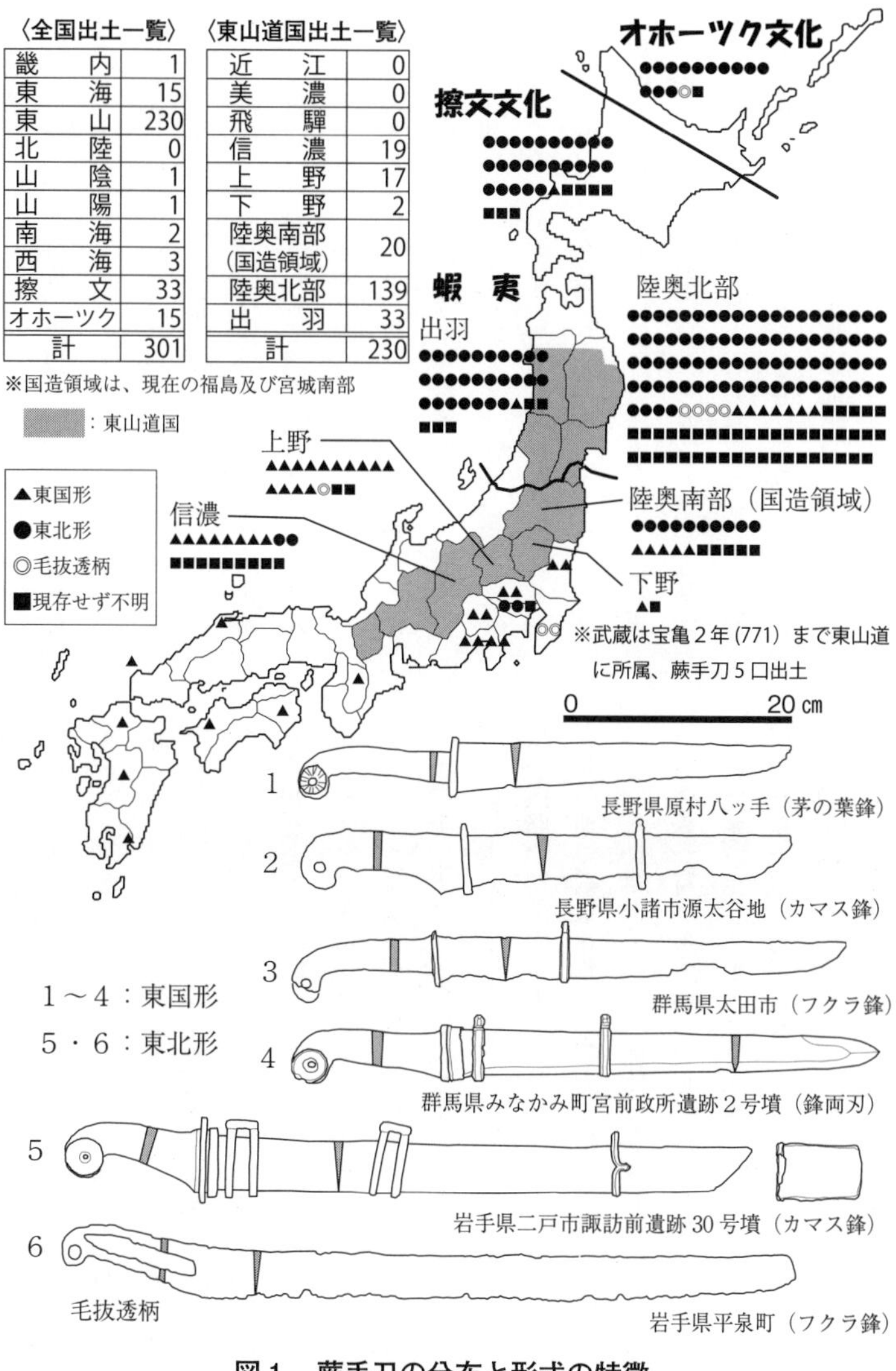

図１　蕨手刀の分布と形式の特徴

「鍛師《かぬち》礒部君身麻呂」とある。さらに短寸で身幅の広い蕨手刀は、元々、片手で握り、山野での狩猟採集に適した山刀として使用していた利器と考えられるが、『集古十種』所収の「上野国高崎郡豊岡村（群馬県高崎市上豊岡町若宮八幡宮蔵）掘地所獲刀図」の場合、奉納後、薪割りの鉈代わりに使用された逸話が残る。古式のものはおもに横穴式石室から副葬品として出土するが、共伴遺物から七世紀後半から八世紀前半の相対年代が与えられる。そして東信・西毛から峠越えの交通路により甲斐や駿河へ、また、七世紀第３四半期に進められた東山道駅路の本格整備とともに、それを媒体に西は畿内以西の各地へ、東は陸奥・出羽へと流通した。

陸奥北部では新式が密度濃く分布するが、征夷事業と関連して『続日本紀』にみられる八世紀前葉の陸奥・出羽への信濃と上野からの移民「柵戸《きのへ》」に刀工集団が含まれ、技術導入とともに普及したものと考えられる。移民による黒川以北十郡が置かれた大崎平野を中心とする地域には、新式に混じり古式の蕨手刀も存在する。金属考古学による鋼の原料分析では、関東出土の古式は鉱石系、東北出土の新式は砂鉄系と報告されているが、東北地方での鉄生産の盛行とともに、多くが鍛造された。共鉄柄の蕨手刀の普及に関しては、鍛造後柄巻などを施すのみで使用可能となる利便性もその要因である。陸奥・出羽では城柵を中心に征討だけでなく、饗給《きようきゆう》と斥候《せつこう》による蝦夷との接触交流をもった。族長層への饗給や交流によって蕨手刀は蝦夷に齎され、従来からの弓矢とのセットとなる狩猟採集生活にも適応した。天平九年（七三七）の大野東人による多賀柵から陸奥出羽直路の開削工事と騎兵一〇〇〇人の行軍には、東北の地で鍛造された蕨手刀が使用されたと想像される。八世紀中葉には、柄反りと絞りを持ち、長寸、カマス鋒を特徴とする東北形の生産が始まるが、さらに宝亀五年（七七四）から弘仁二年（八一一）の三十八年戦争の間、武器としての役割が増々加わり、蝦夷の手により馬を駆使する疾駆斬撃戦に適した刃反りをともなう長寸化の一途をたどる。そうした進

▲**北海道枝幸町目梨泊遺跡 34 号墓**（オホーツクミュージアムえさし提供）
オホーツク文化の土壙墓から出土、東北北部地域と異文化間の交易品である。

※『山口県史　資料編　考古 1』より転載
▲**山口県萩市ジーコンボ古墳群 56 号墳**（萩博物館提供）
日本海の孤島・見島から出土、その特徴は上信地域の東国形蕨手刀である。

▲**千葉県市原市南大広遺跡方形基壇**（市原市埋蔵文化財調査センター提供）
俘囚の内国移配とともに東北から関東へ齎された毛抜透柄の蕨手刀である。

図２　日本列島各地で出土した蕨手刀（S＝1/8）

化のなか、斬撃時の衝撃緩和を目的に最終段階の形態となるのが毛抜透柄《けぬきすかしえ》である。東国において、東北形がわずかにみられるが、それは俘囚の内国移配とともに齎された。とくに上総国での毛抜透柄蕨手刀の出土は、九世紀に勃発した俘囚の反乱とも関連する資料である。

東北北部で生産された新式の蕨手刀は、北の海を渡り、遥か北海道島の擦文およびオホーツクといった異文化地域へも流通された。遠く北の地のオホーツク文化の目梨泊《めなしどまり》遺跡（枝幸町）やモヨロ貝塚（網走市）などで出土する。一方、東信・西毛地域からは古式の蕨手刀が、正倉院をはじめ山陽道・長門国（山口県萩市ジーコンボ古墳群）や西海道・大隅国（鹿児島県肝属町横間地下式横穴墓群）などの西日本各地に齎された。

（黒済和彦）

参考文献

黒済和彦、二〇〇八「蕨手刀の型式分類及び編年と分布」（明治大学文学部考古学研究室編『地域と文化の考古学Ⅱ』六一書房）

Ⅳ　山国の「政治学」

1　東山道と甲斐の路

荒井秀規

はじめに

日本古代の七道制のなかで『東山道』の特色として、①ほかの六道はその所属国の大方が沿海国であるのに対して、『東山道』は武蔵国（後に『東海道』）と陸奥国を除く大半が海を持たない山国であって（出羽国は当初は『北陸道』）、その国々を結ぶ路が山道《やまみち》であること、②その山国の国々は『東海道』と『北陸道』に挟まれていることが、あげられる。公式令朝集使条の『令集解』跡説が東山道を「奈加津道」と呼ぶ所以である（以下、二重括弧の有無で道制の『〇〇道』と駅路の〇〇道を区別する）。

日本の道制は、都城・畿内から放射線状に広がる六つのゾーンとしての『東海・東山・北陸・山陰・山陽・南海』の六道と大宰府から広がる『西海道』の計七道で構成され、その『道《どう》』ごとに都城や大宰府から延びる駅路が所属国の国府を結んでいた（荒井秀規、二〇一一）。『西海道』を除く六道の駅路は畿内を中心に日本列島を東西方向に結ぶ路であり、一方、南北方向の交通には駅路本線から分かれる支線や駅路ならぬ地域交通網が用いられたが、特に『東山道』では②の理由により、『北陸道』と『東海道』を結ぶ駅路支線や地域を結ぶ道路が『東山道』の各地を経由点とする形で南北に通っていた。

　そうしたなか、『東海道』で甲斐国が海を持たないことが留意される。畿内の大和・山城・河内三国と『東山道』を除けば非沿海国はほかに、『東海道』の伊賀国、『山陰道』の丹波国、『山陽道』の美作国があるが、伊賀国は天武九年（六八〇）に伊勢湾を擁する伊勢国の四郡を割いて建てた国であり（『扶桑略記』）、丹波国は和銅六年（七一三）の丹後国分離以前は日本海に接する沿海国、美作国は同年に瀬戸内海に臨む備前国の山間部を以て建国された国である（『続日本紀』）。したがって、七道では『東山道』以外で甲斐国だけが当初より一貫して非沿海国であり、この意味において、山国である甲斐国は『東山道』的な国と言えよう。

　ここでは、この準『東山道』とも呼ぶべき甲斐国と、そこに連なる『東山道』の山道について考えてみる。

一　甲斐国と『東山道』

　まず、甲斐国の所属道を再確認しておこう。というのは、二〇〇九年に奈良市の西大寺旧境内の遺構より次の国名を控え書きした木簡が出土しているからである（裏面は『南海道』の国郡名など）。

　　伊賀　尾張　遠江　伊豆　上総　常陸　近江　火太　甲斐　下野
・東海道　内　志麻　武蔵　東巽道『錦』□
　　伊勢　□河　駿河　相武　下総　阿波　美濃　信野　上野　常奥　□□

武蔵国が『東海道』とされていることから、同国が『東山道』から『東海道』に転じた宝亀二年（七七一）以後ほどなくして、土器などとともに排水溝に一括投棄されたものと考えられている（武田和哉・鶴見泰寿、二〇一〇）。『東山道』が「東巽道」と表記され（「巽」はソンでなく、「撰」などの略体か、稿末付記参照）、甲斐国がその所属の如く記されている。かつて黒坂周平は、センドウ（山道・仙道・先道・千道・千堂・先度など）という地名から東山道のルートを推定した（黒坂周平、一九九二・二〇〇三）。『西宮記』巻五・郡司読奏に「東海道又ウミヘツミチ、ウエツミチ　東山道又ヤマノミチ、又東ノミチ」とあり、『東山道』の古訓にはヤマノミチもあるが、この木簡から奈良時代終盤以前に『東山道』が「トウセン道」と読まれていたことが判明した。また、武蔵国を『東海道』に編入した宝亀二年十月二十七日太政官奏（『続日本紀』）にも『東山道』は「山道《せんどう》」、『東海道』は「海道」と表記されている。その場合に、『東海道』にカイドウの地名は分布せず、またセンドウにしても上野・武蔵・下野三国の旧国域には確認されないから、センドウの地名の起こりは東海道に対する東山道《せんどう》ということだけではなく、文字通りの山《やま(の)》道《みち》がセンドウと呼ばれ、その後に仙道などの字が当てられたのではあるまいか（「仙道」は近世の中山道（中仙道）の影響もあろう）。そうであるならば、上野・武蔵・下野三国にセンドウの地名がないことは、この三国の駅路を山道《やまみち》と認識することが希薄であったことを示唆する。このことは、三国が公式令朝集使条で朝集使の駅馬利用の上京が認められた「東山道は山（碓日坂）の東」に当たる国であって、美濃・信濃二国に対して山深くない、関東平野に国府が所在する故のこととなる。

一方、甲斐国が『東山道』とされているのは、非沿海国である甲斐国の準『東山道』的な性格が影響したのであろうが、もとより甲斐国は『東海道』の一国であって、一時期と言えども『東山道』に所属した形跡はない。この木簡に近い時期の宝亀五年（七七四）「図書寮解　申宝亀五年諸国未進紙幷筆事」（正倉院文書、『大日本古文書』六巻五八〇頁）でも『東海道』の未進国の記載順は伊賀、参河、甲斐、上総、武蔵であり、房総三国の前にあるべき武蔵国が『東海道』編入間もない故か最後とされているのに対して、甲斐国の記載順は安定している。

天平十年（七三八）『駿河国正税帳』に、駿河国を経て上京する甲斐国進上御馬部領使への給粮、逆に駿河国を通って甲斐国へ帰郷する防人三十九人への給粮、さらに甲斐国へと向かったと覚しき公文逓送使（有度郡散事他田舎人広庭ほか。ただし伊豆国への可能性もある）への給粮記事があるように、甲斐国府（八代郡。山梨県笛吹市御坂町国衙か。後に山梨郡へ移遷）への公使は駿河国府（阿倍郡。静岡県静岡市葵区か）を経由する。甲斐国が『東海道』である故である。また、『続日本紀』慶雲三年（七〇六）二月庚子条には「是の日、甲斐・信濃・越中・但馬・土左等の国の一十九社、始めて祈年幣帛の例に入る」とあって、道《どう》ごとに官社に預かった最も遠方な一国を挙げているが、ここで甲斐国が『東山道』の信濃国より前に記されているのは甲斐国が『東海道』であったからに他ならない。甲斐国の所属は、一貫して『東海道』であった。

二　『東山道』の山道

1　ヤマトタケル説話と甲斐国

奈良時代初期に至るヤマトと甲斐を結ぶルートを示すのは、『古事記』と『日本書紀』のヤマトタケル東征説話である（以下、令制国以前のクニには「国」を附さない）。

『古事記』　伊勢⇩相摸⇩上総⇩（蝦夷の地）⇩常陸（新治・筑波）⬇（下野⇩武蔵）⇩相摸（足柄坂）⇩（駿河）⇩甲斐（酒折宮）⬇科野（信濃坂）⇩（美濃）⬇尾張

『日本書紀』　伊勢⇩駿河⇩相摸⇩上総⇩陸奥⇩日高見⇩常陸（新治・筑波）⬇（下野⇩武蔵）⬇甲斐（酒折宮）⬇武蔵⇩上野（碓日坂）⇩信濃（信濃坂）⇩美濃⬇尾張

ここで、枠囲みは『東山道』の国、⬇は『東海道』と『東山道』を結ぶ連絡路であり、東国からヤマトへ向かう時に甲斐は『東海道』から『東山道』への入口となっている。こうしたことから平川南は、甲斐の酒折宮を「東海道から東山道への連絡路の変換点に位置しており、また両道の結節点として」足柄坂や碓日坂同様に「祭祀の場となっていた」と位置づけ、甲斐の国名の原義を行政上の「交《か》ひ」に求めている（平川南、二〇〇六・二〇〇八）。また、大隅清陽は、ヤマトタケル説話のルートを六世紀の交通体系とした上で、『甲斐国志』（松平定能著、一八一四）が「本州九筋ヨリ他国ニ通ズル路九条アリ」「皆ナ酒折ニ首を発起ス」としていることを、その全てが酒折の地を基点とするかは疑問ありとしながらも、サカオリはサカ（境界としての坂・界・境）が重なる「坂折」が本来であると指摘した（大隅清陽、二〇〇四・二〇〇八）。甲斐九筋とは、a若彦路、b中道（右左口筋）、c河内路（駿州往還）、d秩父往還（雁坂口）、e青梅街道（萩原口）、f御坂路（鎌倉街道）、g穂坂路（川上口）、h逸見路（諏訪口）、i棒道（大門峠口）の九つの道である。

厳密に言うならば、「交ひ」の原義は、『東海道』と『東山道』の結節ではなく、路《みち》としての東海道と東山道の結節に求められる。ただし、甲斐国は『東海道』であるから、東海道を下向する公使が甲斐国府から信濃国府へ進むことはない。この点は後述にまわし、まずは、東海道と東山道を連絡する甲斐国の交通を確認しておきたい。

ヤマトタケル説話に甲斐から信濃以西へ向かうルートは、①『古事記』に甲斐⬇信濃⇩美濃⬇尾張、②『日本書紀』に甲斐⬇武蔵⇩上野⇩信濃⇩美濃⬇尾張である。直接信濃へ向かう①は、信濃国佐久郡へ向かうⅠ塩川沿いに信州峠で国境を越えるg穂坂路、同じく佐久郡へ向かうⅡ平沢峠を越える後の佐久往還、Ⅲ信濃国諏訪郡へと向かう茅野北杜韮崎線（県道一七号）に沿うh逸見路である。(1) 佐久郡から西へ向かえば碓日坂を越えて上野国であるが、ヤマトタケルは信濃から美濃へと進んでいるから、説話でのルートはh逸見路となる。一方、武蔵・上野を経て信

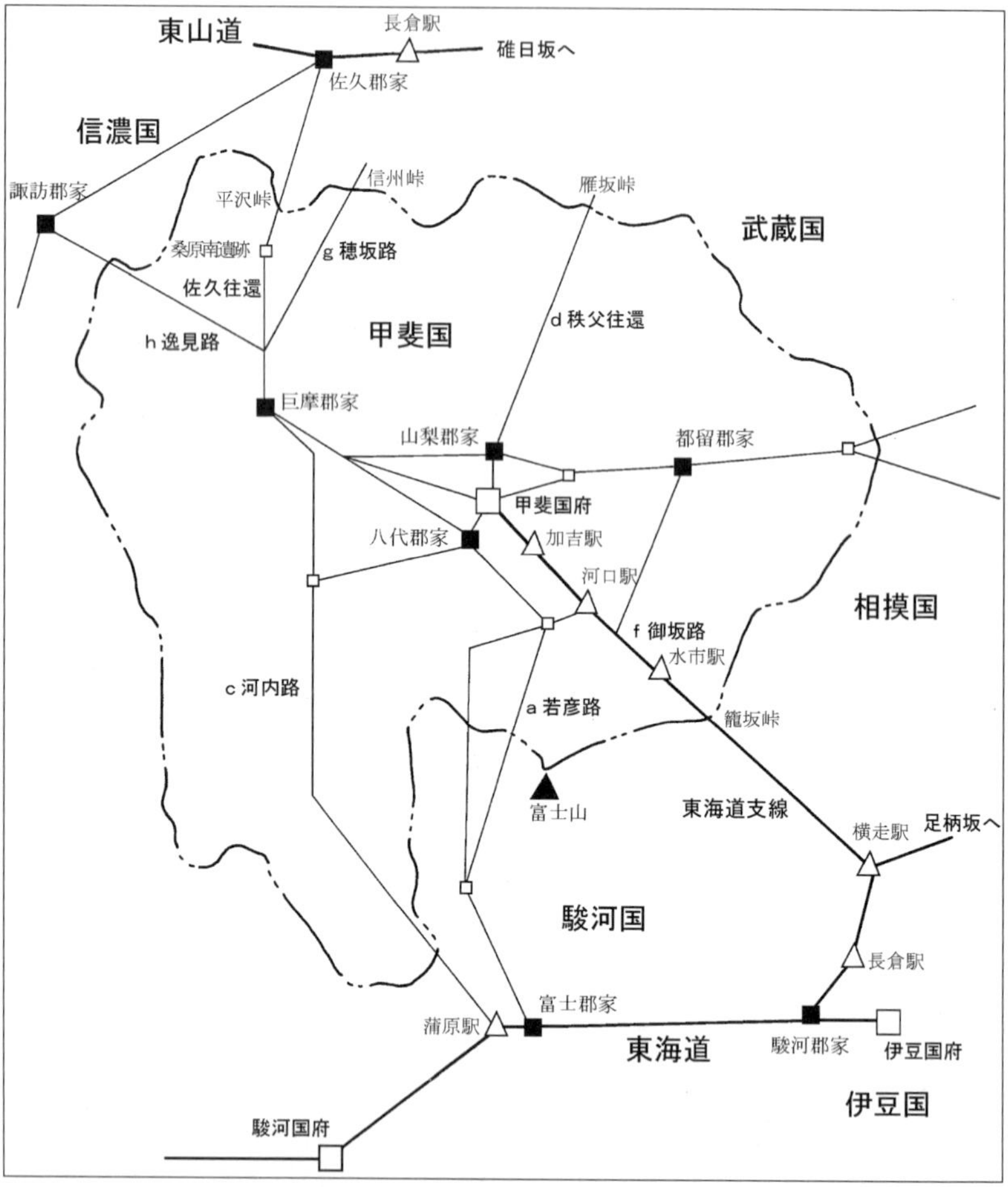

図1　甲斐国をめぐる交通
（室伏徹、2008の付図を基に補訂して作成。註1・註2参照）

濃へ向かう②は、笛吹川沿いにd秩父往還を進んで雁坂峠を越えて武蔵に入り、東へ進んで武蔵国府（東京都府中市）と上野・下野両国府を結んでいた宝亀二年以前の東山道武蔵路（入間路）に合流し、次に北上して上野国碓日坂を越えて信濃国佐久郡へと向かうルートである。信濃国へ行くには遠回りであり、むしろ甲斐国と信濃国以東の『東山道』諸国（武蔵国・上野国・下野国）を結ぶ路《みち》であった。つまり、『東山道』の信濃・上野・武蔵三国は『東海道』の甲斐国を挟むことで、東廻りと西廻りの往来があったことになる。

①・②ともヤマトタケル説話以外に古代に遡る史料はないが（海老沼真治、二〇〇八）、長野県佐久市長土呂遺跡群の聖原遺跡から出土した甲斐型土師器鉢（九世紀前半）に、焼成前の暗文の手法により内面底部中央に「佛」、外面に「甲斐国山梨郡大野郷戸□」ほかの文字があることが注目される（平野修、二〇〇四）。甲斐国で生産され、①のⅠまたはⅡの路《みち》で佐久郡に運ばれたのであろう。聖原遺跡は佐久郡家推定地の長土呂遺跡群にあり、碓日坂に向かう長倉駅家の推定地が近くにある。なお、古代の碓日坂については、中山道の碓氷峠ではなく入山峠であるとする一志茂樹以来の通説に対して、木下良が入山峠から出土する祭祀遺物は古墳時代のものであって奈良・平安時代の遺物がないこと及び上野国坂本駅の推定地（群馬県松井田町）との関係から疑義を呈し、議論がある（一志茂樹、一九五八。木下良、二〇〇九。長野県文化財保護協会、二〇〇五）。

2　甲斐国と東海道

さて、甲斐国は東海道と東山道の結節路上に位置した。それではなぜ甲斐国は、『東海道』であって『東山道』ではないのであろうか。

七道制で『道《どう》』ごとに国府を結ぶ駅路は甲斐国の場合に、延喜兵部式に東海道本線の横走駅（静岡県御殿場市）

から北西へ進み駿河・甲斐国境の籠坂峠を越えた支線（f御坂路）に水市《ミツイチ》・河口《カハクチ》・加吉《キ》の三駅（振り仮名は九条家本『延喜式』の傍訓）が載るだけで、(2)①の甲斐国と信濃国、②の甲斐国と武蔵国を結ぶ駅路はない。すなわち、ヤマトタケル説話や聖原遺跡の甲斐型土器から窺える地方の地域間交通と、都から地方に延びる駅路は別である。

そもそも七道制の『道《どう》』とは、中央からの公使派遣（命令示達）の逓送ルートごとの国の区分ゾーンであり、公使や命令はそのゾーン内の国府を駅路によって逓送された。たとえば「東山道」という言葉の初見は、『日本書紀』（以下、史料は適宜読み下す）景行五十五年二月一日条の「彦狭嶋王を以て、東山道の十五国の都督に拝けたまふ」であり、次が崇峻二年（五八九）七月一日条の「近江臣満を東山道の使に遣して、蝦夷の国の境を観しむ」である。ともに後の七道制の『東山道』であって道路の東山道ではない。『日本書紀』に他の六道も同様で、天武元年（六七二）六月二十六日条に見える壬申の乱に天武側が徴発した「東山軍」「東海軍」、同十四年（六八五）七月二十七日条で有位の課役を免除した「東山道美濃以東。東海道伊勢以東諸国」のように、「東山」や「東海」はいずれも地域呼称であって道路名ではない。道路は、天智七年（六六八）七月条の「高麗、越の路より、使を遣して調を進る」のように「路」と書かれる。この点は『続日本紀』も同じで、道路は「路」または「道路」であり、かつ「〇〇道」の表記が道路を指すことはない。天平神護二年（七六六）五月丁丑条に「山陽之駅路」とあり、神護景雲二年（七六八）三月乙巳朔条では東山道・東海道を「山海両路」と呼び、宝亀二年（七七一）十月己卯条では『東山道』と「東山駅路」が区別されている。「〇〇（道）」という地域呼称が先にあって、次にその地域を貫く駅路が「〇〇駅路」と呼ばれ、その後にその駅路が〇〇道とも呼ばれたのであり、『東山道』に対して東山道は、本来は「『東山道』の駅路」と呼ぶのが妥当である（関口功一、二〇〇五）。

つまり、甲斐国が『東海道』であることは、中央からの命令が駿河国の次に逓送されるのであって、それには駿河国府→甲斐国府（f御坂路）の東海道ルートが、信濃国府→甲斐国府（h逸見路）の東山道ルートより便利とされたからに他ならない。都城からの公使の派遣ルートと各地方の地域間交通は、次元が違うのである。

特に甲斐国の場合には、『日本後紀』延暦十六年（七九七）三月二日条に相摸・甲斐の国境争論の記事があり、また『和名類聚抄』に甲斐国都留郡相摸郷が見えるように、相摸国東北部（神奈川県相模原市緑区の旧藤野町）と甲斐国都留郡（山梨県都留市ほか）は地理的一体性があったことも甲斐国・相摸国をともども『東海道』とした要因であろう。延暦二十一年（八〇二）五月に噴火した富士山の噴石で東海道の「相摸国足柄路」が塞がれ「筥荷途」が東海道に転用されたが（『日本紀略』）、早くも翌年五月には「足柄旧路」に戻されている（『同』）。『十六夜日記』に「あしから山は、道遠しとて、箱根路にかかるなりけり」とあるように、中世にはむしろ箱根越えの本道となる箱根路をわずか一年足らずで足柄路に戻した理由は、甲斐国との往来の便であろう。すなわち、足柄路は駿河国横走駅と相摸国坂本駅（神奈川県南足柄市関本）の間で国境足柄坂を越えるが、横走駅からは甲斐国への東海道支線（f御坂路）が分岐していた。相摸国と甲斐国を結ぶには、足柄路が必要とされたのである。

3　信濃国の往来

平川南は、平城宮跡出土の、平城京より帰国する甲斐国人に不破関の通行を認めた過所木簡（「依私故度不破関往本土」）を前例として、富士山の火山活動が盛んな九〜十世紀には「甲斐国と京との連絡路は、おそらく東海道の利用を断念し、甲斐国から信濃国内の東山道に乗り入れ、美濃国の不破関を通過し京に向」ったと指摘する（平川南、二〇〇四）。その際に利用されたのであろうh逸見路は、養老五年（七二一）〜天平三年（七三一）に置かれた諏方国（信濃国諏訪郡・伊那郡ほか）の国府（諏訪郡家の転用で長野県岡谷市榎垣外官衙遺跡か）へ向かうルートでもあった。したがって、諏方国存在時には、h逸見路が甲斐国と諏方国を結ぶ『東海道』と『東山道』間の駅路であった可能性がある。ただし、諏方国は信濃国から分立した『東山道』の国であり、かたや甲斐国は『東海道』の国であるから、諏方国存続期でも甲斐国への公使下向・公文逓送は東海道を駿河国経由で行われた。中央から甲斐国への公的ルートはあくまでも道制に基づく駿河国からの東海道支線であるf御坂路であり、h逸見路は『東海道』と『東山道』間の連絡路であった。

一方、兵部式に東山道の支線（連絡路）を確認すれば、東山道は、美濃国でまず不破駅から『東海道』の尾張国府を経由するバイパス的支線を分岐し（美濃国土岐駅で合流）、次に方県駅から飛驒国への支線が分れる。ついで、信濃国錦部駅から『北陸道』の越後国への連絡路が分かれるが、この信濃・越後国間駅路は、越後・佐渡二国や出羽国の朝集使などが駅馬乗用での上京に北陸道の難所である親不知《おやしらず》以西の日本海岸を避けて内陸を通るのに利用されたのであって（荒井秀規、二〇一二）、『北陸道』諸国に対する公使の下向は原則的に日本海岸の北陸道が用いられた。そして、下野国府からは『東海道』の常陸国への連絡路が分かれる。後に廃されたので兵部式には見えないが、『万葉集注釈』が引く『常陸国風土記』逸文に見える新治郡の大神駅家（茨城県笠間市）が、下野国から常陸国への連絡路上にあった。記紀のヤマトタケル説話では甲斐酒折宮での詠歌「新治　筑波を過ぎて幾夜か寝つる」に常陸から下野に通じるルートが想定され、後代には平貞盛が平将門の狼藉を訴えるのに常陸国から下野国→上野国→信濃国と東山道で上京している例がある（『将門記』）。また、宝亀二年以前に武蔵国府から『東海道』の下総国への連絡路があったが、同年の武蔵国の『東海道』編入以後はその連絡路が東海道の本線となっている。

このような『東山道』の支線の存在は、ヤマトタケル説話のほかに、『古事記』垂仁二十三年十月壬申条からも窺える。もの言わぬ御子の品牟都和気命が空飛ぶ鵠の音を聞いて初めて物を言おうとしたので人を遣わしてその鵠を追わせたが、使者は木（紀伊）→針間（播磨）→稲羽（因幡）→旦波（丹波）→多遅麻（但馬）→近淡海（近江）⇩三野（美濃）➡尾張➡科野（信濃）➡高志、と越に至ってようやく鵠を捕らえて献上したという説話で、『東山道』の近江・美濃から、『東海道』の尾張を経て（尾張国の所属道については後述する）、再び『東山道』の信濃に入り、遂には『北陸道』（越）へと巡っている。この点、『日本書紀』のヤマトタケル説話でも、信濃より吉備武彦が別働隊として越に派遣されている。

以上、『東山道』の信濃国の交通網は、南へ『東海道』の甲斐国と続く一方で、北へは『北陸道』の越へと連絡していた。甲斐国が『東海道』と『東山道』を結節するように、信濃国は『東山道』と『北陸道』を結び、兵部式には錦織駅で分岐する駅路支線の駅家が載る。この駅路は信濃国府の筑摩郡移遷後のもので、国府が小県郡に所在した時期と相違するが（間室江利子、一九九八）、記紀説話に窺えるように信濃から越への往来は古く、「越」にかかる枕詞の「科坂在《しなさかる》」も科野より遠ざかって越に至ることに由来するという指摘がある（田島公、二〇〇〇）。大化四年（六四八）に磐舟柵に置かれた柵戸は越と信濃の民であったが（『日本書紀』）、信濃から越への道はヤマトから見れば、対蝦夷戦争への動員の道でもあった。また、美濃国方県駅から東山道支線で結ばれた飛騨国府からも、兵部式には載らないが『北陸道』の越中国への連絡路があったと想定される（鈴木景二、二〇〇〇）。

三　東山道と東海道

1　御坂峠を越える　―信濃国と美濃国―

東国と都とを結ぶ道路について、古代では大河川の河口が多い東海道は交通路としては危険度が高いので、とくに東国からの馬による往来・運搬には東山道が主に使われ、東山道が東海道の裏街道となるのは鎌倉時代以降であるとされている（小山靖憲、一九七六。山村規子、一九九七）。

ただし、中世に鎌倉と京との往来であれば、東山道よりも東海道が主となるのは必然であり、往来の危険度のみで両者の主従を論じることは適切ではない。東海道には大河川の渡河の困難があるが、東山道には山国ならではの路《みち》の険しさがあり、二者択一とはならない。むしろ、古代に都から東国への官人赴任や公使派遣の場合には、東山道よりも東海道を往くのが利便とされることが多かった。

たとえば『日本書紀』のヤマトタケル説話に信濃国は、「山高く谷幽《ふか》し。翠《あお》き嶺万重《たけとおくかさな》れり。人杖倚《つえつか》ひて升《のぼ》り難し。巌嶮《いはほさが》しく磴《かけはし》紆《めぐ》りて、長《たか》き峯《たけ》数千、馬頓轡《なづ》みて進《ゆ》かず」とある。平安に降って弘仁六年（八一五）、東国布教に向かう最澄は、途中の信濃路について『叡山大師伝』に「信濃坂に赴く。其の坂数十里なり」、「一日の行程に能《あた》はず。唯、半山（山の中腹）に宿し、纔《わずか》に聚落に達す。大師、此の坂の艱難《かんなん》にして、往還に宿無きを見る」として、信濃坂（神坂峠・御坂峠）。を挟んで美濃・信濃両国に各一つの布施屋を設けている。

そのほか、『日本紀略』天延三年（九七五）七月二十九日条「東国の民烟、風の為に多く損ふ。信濃の御坂の路《みち》壊《やぶ》る」、『扶桑略記』康平元年（一〇五八）十二月十六日条「信濃国、神御坂霖雨《ながあめ》の間頽《くず》れ壊《やぶ》るる事を言上する」などの例があって、信濃坂越えは険難で、かつ自然災害による通行遮断があった。たとえば『日本書紀』天武十四年（六八五）三月条に「是の月に、灰、信濃国に零《ふ》れり、草木皆枯れぬ」とあるのは浅間山の噴煙・火山灰の被害であろう。そして雪がある。斉衡二年（八五五）正月二十八日官符（『類聚三代格』）が引く美濃国解には「（美濃国）恵奈郡坂本駅と信濃国阿智駅は相ひ去ること七十四里。雲・山は畳重《かさ》なり、路は遠く、坂は高し。星を載きて早く発《ゆ》けども夜を犯して遅く到る。一駅の程、猶数駅に倍《ま》す。駅子の荷を負ふに常に運送に困り、寒節の中道に死す者も衆《おお》し」とある。坂本・阿智駅間の国境信濃坂越えは駅間が長く、雪道に倒れる者も多いと訴えるが、これはなにも駅子に限ることではない。弘仁五年（八一四）撰上の『凌雲集』の坂上忌寸今継の「渉信濃坂」に「積石は千重に峻し、危途《きと》九折に分かる　人は迷う辺地の雪、馬は躡《ふ》む半天の雲」とあり、また、『小右記』長元四年（一〇三一）九月十八日条は「厳寒の比《ころ》、信乃坂、堪へ難かる可し、正月の間の往還は用ひず」と厳冬期の信濃坂の往還困難を訴えている（市澤英利、二〇〇八。和田明美、二〇一〇）。

2　東海道への枉道

かくして官人赴任や公使往来に東山道から東海道へ回避する枉道《おうどう》が多くなり（渡辺直彦、一九六八。川尻秋生、二〇〇二）、延喜十四年（九一四）六月十三日の官符「応レ停三止諸国司公使等取二枉道一事」はその停止を命じた（『別聚符宣抄』）。本来は東山道を赴くべき国司が東海道経由の枉道官符を得て任地に向かうため、路次の国の駅子や馬の負担が増えて疲弊していることを駿河国が訴えたのによる。このような東山道から東海道への枉道は奈良時代に遡る。仁寿三年（八五三）四月二十六日官符「応レ禁三制孫王任レ意出二入畿外一事」（『類聚三代格』）は、延暦八年（七八九）の不破関の停止後に『東海道』諸国の国司が美濃国を通って下向することを禁じるが、逆に言えば、許可証である杠道官符さえあれば、『東海道』の国司も不破関経由の下向が認められていた（荒井秀規、二〇一三）。

たとえば、天平十年『駿河国正税帳』に、本来は東山道を通るべきところを、駿河国を通行すなわち東海道へ枉道している公使の例が幾つか載る。これらは、正式に枉道が認められたもので、それ故、駿河国正税から食料が支給されているわけである。

〔下向〕A平城京→下野国、那須湯治下向貴族　　B平城京→下野国、造薬師寺司僧・助僧

〔上京〕C陸奥国→平城京、進上御馬部領使　　D陸奥国→摂津職、俘囚

また、『万葉集』巻三には「田口益人大夫、上野国司に任ずる時に、駿河の清見﨑に至りて作る歌二首」がある。和銅元年（七〇八）三月に上野守に任ぜられた田口益人が（『続日本紀』）、赴任途上で駿河国盧原郡を通行した時の歌である。三月という時期を考えるに、益人は、上野国に往くのに雪深い東山道を避けて東海道を下り、相摸国府（神奈川県平塚市）から東海・東山道連絡路を北上して武蔵国府へ向かい、そこから東山道武蔵路（入間路）を上野国府へとさらに北上したのであろう。中世の説話集『神道集』巻七「上野国勢多郡鎮守赤山大明神事」では、都から上野国へ向かう軍勢が美濃国青墓（岐阜県大垣市）→三河国八橋（愛知県知立市）→駿河国神原（蒲原。静岡市）→相摸国足柄山→武蔵国府→上野国深栖（群馬県前橋市）と行軍する。履中朝に遡るという神社の起源説話に過ぎないが、古代における上野国への下向ルートに通じる内容である。

一方、『万葉集』の防人歌をみれば武蔵国の防人は東山道の碓日坂ではなく、東海道の足柄坂を越えて、難波津に二月末（旧暦）に着いている。都と東国の往来は、季節によって東山道の雪深い山道を敬遠した。ただし、天武朝には信濃に陪都を造営する計画があり（『日本書紀』、以下同じ）、天武十三年（六八四）二月に三野王らが地形調査に派遣されて信濃国図が作成され、翌年十月には行宮が造られ、また持統五年（六九一）八月には「信濃須波・

水内」の神に奉幣されているから、持統朝には東山道も信濃国まで整備が進み、都からの公使はその正道たる東山道を下向した。天武朝には七道制が整うが、公使派遣は『東山道』諸国へは東山道を往くというのが道制そのものを創始させた原則である。防人にしても、『駿河国正税帳』に給粮が記される帰国防人は『東海道』諸国のみで、武蔵国ほか『東山道』の防人は見えない。彼らは、正道たる東山道を帰国したからである。

3　不破関と東海道　―美濃国と尾張国―

天平六年（七三四）『尾張国正税帳』には、（上京）E陸奥国↓平城京、進上御馬。（下向）F平城京↓上野国、父馬（種馬）の杠道がある。Eと同じ陸奥国からのC進上御馬とD俘囚が駿河国を通行しているから、Eも駿河国⇩遠江国⇩参河国⇩尾張国と進み、Fはその逆に田口益人と同じく尾張国⇩参河国⇩遠江国⇩駿河国を経て上野国へと進んだのであろう。

ただし、その場合でも考慮すべきは東海道と、東山道の不破関、すなわち尾張国と美濃国の往来である。承和二年（八三五）六月二十九日官符「応下造二浮橋布施屋一并置中渡船上事」（『類聚三代格』）には渡船を置いた「美濃・尾張両国堺墨俣河左右辺」を「東海・東山両道の要路」の一つとする。つまり、尾張国府⇕尾張・美濃国境の墨俣渡（旧長良川）⇕美濃国府⇕不破関という『東海道』・『東山道』を跨ぐ連絡路があり、不破関は平安京と『東海道』諸国を結ぶルート上にもあった。前節でみた兵部式に見る東山道支路の一つであるが、奈良時代前半の伊場遺跡（静岡県浜松市）三〇号木簡は遠江国から平城京に向かうのに参河・尾張国の駅家を経て「美濃関」（不破関）の通行を認める過所木簡であり、また、常陸国の防人歌には足柄坂と不破関を歌うものがあるから、不破関と『東海道』の関係は平城京時代に遡る。すなわち、尾張国府からの駅路は、東国へは参河国へ向かう東海道本線のほかに、ヤマトタケルが信濃⇩美濃⇩尾張と帰還したルートを逆に美濃国土岐駅から御坂峠を越えて信濃国に向かう『東山道』への連絡路があり、一方、都を目指して西へは伊勢国へ向かう東海道本線のほかに、墨俣渡を経て美濃国不破関へ北上する『東山道』への連絡路があった。尾張国府は、東海道と東山道の交差点であったのである。

なお、『日本書紀』の国名記載順などから七道制成立当初の尾張国を『東山道』とする説（田中卓、一九八〇）があり、木曾川流域の交通にはなお検討課題が多いが（各務原市埋蔵文化財調査センター、二〇〇二。早川万年、二〇〇九）、尾張国は一貫して『東海道』であろう（小林宗治、二〇〇八。荒井秀規、二〇一一）。伊勢（志摩）・参河間の海路を東海道の本線として尾張国を『東山道』に引きつける理解もあるが、すでに述べたように各地域の往来や流通と都からの公使派遣のための七道制は次元を異にする。尾張国内を東山道の支路が通っても、尾張国が『東山道』であるわけではない。

以上、東国から東海道で都に向かうには、尾張国から東山道の美濃国不破関を経由することが平城京の時代以前からあった。それは、東海道の伊勢国鈴鹿峠越えを敬遠したというよりも、尾張国・伊勢国境の木曾川（鵜沼川・墨俣川）下流域が回避された為である。後代の史料となるが、永延二年（九八八）『尾張国郡司百姓等解文』第十九条には、木曾川を渡る「馬津の渡、これ海道第一の難所にして、官使上下の連留する処なり」とある。

おわりに

長野県歌「信濃の国」に「信濃の国は十州に　境連ぬる国にして　聳《そび》ゆる山はいや高く」とあるように信濃国は旧国十国に隣接する。令制国中最多の隣接国数であり、現在の隣接県数でも長野県の八県が最多である。兵部式に載る駅路だけを言うのであれば、信濃国は美濃・越後・上野三国にしか駅路は通じていないが、甲斐国をはじめ武蔵・駿河・遠江・三河・越中・飛驒各国にも路《みち》は通じていた。地域交通網の広がりであるが、と同時に留意すべきは河川交通である。

信濃国から、南へは後の秋葉街道（至静岡県浜松ほか）や天竜川で遠江国へ、三州街道（至愛知県岡崎）で参河国へ、木曾路（中山道）と木曾川で美濃国を経由して尾張国へと通じ、北へは駅路（北国街道。至新潟県出雲崎）と千曲川で越後国へ、また千国街道（至同県糸魚川）と姫川によって越中国へと通じていた。すなわち、信濃国を結節点とすることで『北陸道』と『東海道』、言い換えれば日本海と太平洋が結ばれている。そして、甲斐国からも駿州往還、富士川を下れば駿河湾、あるいは相模川を下れば相模湾である。

『東山道』は山国であり、〝山の道〟が東西に走るが、山国からは海への〝川の道〟が南と北の海へと通じてもいる。『東山道』の河川交通では、『日本霊異記』中巻第四話の美濃国片県郡の力女と尾張国愛知郡の力女の美濃国小川市での対決が有名であるが、これは愛智潟の海産物を河川で内陸の市へ運ぶ販売をめぐる紛争が話のもとにあろう。同様に内陸への塩の販路が、いわゆる「塩の道」であり、その代表が信濃国と日本海沿岸を結ぶ千国街道であるが、近年では本書でも平野修が取りあげるように、富士川と沿道のｃ河内路（駿州往還）や相模川を通じて甲斐国に運ばれた製塩土器の出土から、甲斐国と太平洋沿岸を結ぶ「塩の道」も指摘されている。

『東山道』のイメージとしては、〝山の道〟として都と東国を東西に結ぶ東山道がまず想起されるが、山国の交通としては、東山道本線から南北に延びる支線はもとより、山から海へと続く〝川の道〟の存在も大きい。『日本書紀』に載る持統六年（六九二）の女帝行幸は参河・遠江国に至り、それは信濃国への入り口として両国のいずれが相応しいのか確認することが目的であったとする説がある（森浩一、二〇一一）。その当否はともかく、伊勢湾から海路をとるのであれば、参河国に上陸して矢作川を木曾に遡上、あるいは遠江国に上陸して天竜川を伊那に遡上するルートで信濃国に達することは可能である。『東山道』の交通を考えるには、東山道だけでは事足らない。

註

（1）甲斐国の官衙をとりまく交通網は室伏徹論考が詳しい（二〇〇八）。北杜市須玉町の桑原南遺跡を劃とし、その東脇を通る佐久往還が古代に遡る可能性を説く。本稿付図は室伏論考掲載図を基に、筆者が補訂、道名や駅家名などを加筆したものである。

（2）三駅の所在地については、「加吉」を「加古」の誤写とし、かつ兵部式の「水市・河口・加吉」三駅の配列を通例に反して国府側からのもとして、加古駅を籠坂峠〜山中湖付近に求めるのが通説的であるが、九条家本『延喜式』には「吉」にキの傍訓があることから、これを否定する木下良に従う（木下良、二〇〇九）。本稿付図では、平川南に従い水市駅（山中湖付近）→河口駅（河口湖付近）→加吉駅（御坂峠北麓、御坂町黒駒付近）とした（平川南、二〇〇四）。

参考文献

荒井秀規、二〇一一　「古代東アジアの道制と道路」（鈴木靖民・荒井秀規編『古代東アジアの道路と交通』勉誠出版）
　二〇一二　「公式令朝集使条と諸国遠近制」（鈴木靖民編『日本古代の地域社会と周縁』吉川弘文館）
　二〇一三（予定）「都と東国を結ぶ」（葛飾区郷土と天文の博物館編『（仮）古代東海道と東国』）
市澤英利、二〇〇八『東山道の峠の祭祀、神坂峠遺跡』（新泉社）
一志茂樹、一九五八「古代碓氷坂考」（『信濃』一〇—一〇）
海老沼真治、二〇〇八「古代・中世甲斐国交通関係文献史料の概要」（『古代の交易と道　研究報告書』山梨県立博物館）
大隅清陽、二〇〇四「ヤマト政権と甲斐」（『山梨県史』通史編一　原始・古代）
　二〇〇八「ヤマトタケル酒折宮伝承の再検討」（『古代の交易と道　研究報告書』山梨県立博物館））
各務原市埋蔵文化財調査センター、二〇〇二『歴史の山道と川の道シンポジウム　中山道と木曽川の今と昔』

川尻秋生、二〇〇二「古代東国における交通の特質」（『古代交通研究』十一）
木下　良、二〇〇九『事典　日本古代の道と駅』（吉川弘文館、一五五・一五八頁）
木本雅康、一九九六「東山道」（木下良編『古代を考える　古代道路』吉川弘文館）
黒坂周平、一九九二『東山道の実証的研究』（吉川弘文館）
　　　　二〇〇三「『海道』と『山道（仙道）』」（『日本歴史』六六一。長野県文化財保護協会『信濃の東山道』信毎書籍出版センター、二〇〇五年に所収）
小林宗治、二〇〇八「尾張国はやはり東海道か」（『あいち国文』二、愛知県立大学）
小山靖憲、一九七六「古代末期の東国と西国」（『岩波講座日本歴史』四　古代四、岩波書店）
鈴木景二、二〇〇〇「古代の飛騨越中間交通路」（『富山史壇』一三二）
関口功一、二〇〇五「東山道「駅路」の成立」（地方史研究協議会『交流の地域史―群馬の山・川・道―』雄山閣出版）
武田和哉・鶴見泰寿、二〇一〇『西大寺旧境内出土木簡・墨書土器の概要』（二〇一〇年六月五日明治大学古代学研究所主催報告ハンドアウト）
田島　公、一九九三「古代国家と東山道」（小林達雄・原秀三郎編『新版　古代の日本』七　中部、角川書店）
　　　　二〇〇〇「シナノのクニから科野国へ」（『長野市誌』二）
田中　卓、一九八〇「尾張国はもと東山道か」（『史料』二六、皇學館大學史料編纂所。著作集第六巻『律令制の諸問題』国書刊行会、一九八六年に所収）
長野県文化財保護協会、二〇〇五『信濃の東山道』信毎書籍出版センター
早川万年、二〇〇九「木曽川流域における古代東山道の位相」『木曽川流域の自然と歴史』（各務原市）
平川　南、二〇〇四「甲斐の交通」（『山梨県史』通史編一　原始・古代）
　　　　二〇〇六「古代『東国』論」（『歴史と文学のあいだ』国立歴史民俗博物館）
　　　　二〇〇八「古代日本の交通と甲斐国」（『古代の交易と道　研究報告書』山梨県立博物館）
平野　修、二〇〇四「長野県佐久市聖原遺跡出土の「甲斐型土器」について」（『山梨県史だより』二七）

間室江利子、一九九八「古代信濃国北部の駅路について」（『古代交通研究』八）
室伏　徹、二〇〇八「大型建築からみた甲斐の古代官衙と交通網」（『古代の交易と道 研究報告書』山梨県立博物館）
森　浩一、二〇一一「持統太上天皇晩年の三河行幸」（『萬葉集に歴史を読む』ちくま学芸文庫）
山村規子、一九九七「東海道と宿」（『歴史の道・再発見』二、フォーラム・A）
和田明美、二〇一〇『古代東山道　園原と古典文学』（愛知大学総合郷土研究所ブックレット、あるむ）
渡辺直彦、一九六八「伊勢諸継・紀春枝・『配流と枉道』」（『古事類苑月報』一二）

〔付記〕
本稿校正中に、平川南「西大寺出土の木簡」（『山梨日日新聞』二〇一〇年五月二十八日・二十九日号）の存在を知った。東海道と東山道を結節する甲斐国の位置や「巽」と「撰」の通用を説明している。併せ参照されたい。また、当該木簡についての正報告は未刊であり、さしあたっては森下恵介・久保邦江「西大寺旧境内（第25次）の発掘調査」（『日本考古学』三一、二〇一一）がある。〔二〇一三年五月記〕

2　三関と山国の交通
—愛発関を中心に—

舘野和己

はじめに

古代律令制下では、人々を戸籍・計帳に登録して、戸籍に基づいて口分田を班給し、計帳の記載に従って税を徴収した。この支配を実行するために人々の交通を制限し、本貫のある国から不法に他国へ移動する浮浪・逃亡を阻止する支配方式を、本貫地主義と呼ぶ。本貫地主義を維持する方策として、国家は主な国境に関を置き、そこを通る者を取り締まった。関の中では、伊勢の鈴鹿関、美濃の不破関、越前の愛発関は三関と呼ばれ、特に重視された。そして長屋王の変などの謀反事件や天皇が死去した場合には、三関を一時的に閉鎖し（これを固関という）、謀反人らがそこを通って東国へ行くことを阻止したのである（舘野和己、一九八〇）。本稿では、三関と山国の交通との関わりを見ていくことにするが、主に越前に置かれた愛発関と越前の交通に焦点を当てる。なお史料が六国史の場合、その出典を省略することもある。

一　三関の配置と山道

律令制下の関は国境に置かれた。ただしそれは国境線上ではなく、国境をはさむ二国のうち、都から遠い側の国に置かれるという原則があった。国境は山の尾根筋や河川などによって定められたが、発掘調査で知られた不破関は、四〇〇m四方以上の大きさがあったように（岐阜県教委・不破関跡調査委、一九七八）、関はかなりの規模を有するものであったから、十分な面積を確保できない尾根上などではなく、そこから少し下りて、しかるべき面積を確保できる平地に置かれたのである（舘野和己、一九八四）。

ただし国境を越えるすべての道に関が置かれていたのではなく、史料に見える関の数からすれば、主要な道にしか無かったようである。そして関の中では、三関が特に重視され、抜け道を通るとか、他人の名をかたって入手した過所（通行許可証）を用いるとかして、関を不法に越えようとした場合の罰は、他の関に比べて重かった（衛禁律私度関条など）。

制度としての三関の成立は大宝令によるが、鈴鹿関は天武元年（六七二）に起こった壬申の乱の時には、既にその名が『日本書紀』に見える。同年六月、吉野に身を隠していた大海人皇子（後の天武天皇）は、近江の朝廷に対し挙兵することを決意して東国に向かい、大和から伊賀に入った。さらに大山を越えて伊勢国の鈴鹿郡に進み、五百人の兵を徴発して「鈴鹿山道」を塞ごうとした。その後、鈴鹿関司が使者を送ってきて、山部王・石川王らがやって来たので関に置いていると報告したから、鈴鹿関の存在がわかる。それとともに鈴鹿関に到る道が「鈴鹿山道」と言われるように、山の中の道であったことも理解できる。

不破関については、壬申紀にその名が見えず、まだ成立していなかったとみられる。しかし六月丙戌条には、不破に陣を取る大海人皇子を討つために、近江朝廷によって遣わされた韋那磐鍬や書薬《ふみのくすり》らが、不破の直前で「山中」から出てきた大海人方の伏兵に襲われ、薬は捕らえられたと伝える。これによれば、不破に到る道はやはり山道であった。

そして愛発関も壬申紀には見えず、不破関とともに大宝令によって新設された関であった。それは第五節で詳しく見るように、天平宝字八年（七六四）の恵美押勝の乱の最中、押勝が「山道」を取って向かおうとしたように、やはり山道を越えて行く場所だった。

このように三関はいずれも山道に置かれたが、そうした配置は三関に限らず、多くの関がそうであった。たとえば天平宝字三年（七五九）十月には、伊勢神宮の境を伊勢・志摩両国が争ったため、尾垂剗《おたりのせき》を葦淵に遷したという。「剗」という字は見慣れないが、近江の相坂剗（『日本紀略』延暦十四年八月己卯条）が、『類聚三代格』寛平七年（八九五）十二月三日太政官符では会坂関とも書かれるように、関と剗は同じ性格のものと理解してよい。両者の性格の違いを指摘する説（吉永匡史、二〇一二）もあり注目されるが、いずれも交通の検察を行う施設であるという点では共通する。先の記事は尾垂剗が伊勢・志摩両国の境にあったため、神宮の領域変更に伴って国境の剗を移動させたことを示す。そして伊勢神宮の『皇太神宮儀式帳』によれば、東の神堺を成している山の一つとして尾垂峯があった。したがって尾垂剗も山道に置かれていたことになる。

また天平感宝元年（七四九）五月五日、東大寺領荘園の占定のために越中に赴いていた東大寺僧平栄らをもてなして、同国守であった大伴家持の詠んだ歌「焼き大刀を砺波の関に明日よりは守部遣り添へ君を留めむ」（『万葉集』巻一八―四〇八五）に見える砺波関は、越前と越中の堺にある倶利伽羅峠の越中側にあった。さらに延暦十四年（七九五）八月に一旦廃止された近江の相坂剗（『日本紀略』同月己卯条）が、「吾妹子に逢坂山を越えて来て泣きつつ居れど逢ふよしも無し」（『万葉集』巻一五―三七六二）など、多くの歌に詠まれた逢坂山にあったことは、よく知られているところである。

関は国境を越える道に置かれたが、国境は多くの場合、山並みがそれを成していたから、関が山道に置かれたのは自然の成り行きであったのである。

二　配流先としての越前

古代越前は日本海に面し、敦賀津や三国湊を擁する海の国であると同時に、山が深く山国でもあった。福井県は地勢的に、大きくは嶺北と嶺南に分かれるが、それは嶺＝木ノ芽山地をはさんでのことである。そのうち嶺北には石川県との境の加越山地、岐阜県境の越美山地があり（両者合わせて両白山地という）、さらに中央に越前中央山地と南条山地、日本海岸に丹生山地が迫っていた。嶺南でも越前に属する敦賀では南の滋賀県や西の若狭との間には野坂山地が広がるなど、越前は山の国でもあった。

古代越前は、配流先の国に選ばれていた。配流には、都からの距離によって、遠流・中流・近流の三ランクがあったが、神亀元年（七二四）三月に、伊豆・安房・常陸・佐渡・隠岐・土左の六国が遠流、諏方・伊予が中流、越前・安芸が近流先となった（『続日本紀』同月庚申条）。同様の規定が『延喜式』刑部省遠近条にも見え、そこには京から各国までの距離も記されている。それによれば、遠流では伊豆七七〇里、安房一一九〇里、常陸一五七五里、佐渡一三二五里、隠岐九一〇里、土佐が一二二五里であり、中流では信濃・伊予とも五六〇里、近流では越前三一五里、安芸四九〇里となっている。『続日本紀』の諏方に代わって信濃が見えるが、これは諏方国が養老五年（七二一）六月に信濃から分かれて成立したが、天平三年（七三一）年三月には廃止され、信濃に統合されたためである。

これらによれば、京からの距離が遠い国や、佐渡・隠岐のような離島が選ばれている中で、越前の距離の近さが目立つ。もう一つの近流先の安房の四九〇里と比べると、その三分の二程しかない。それでも配流先になっているのは、なぜだろうか。もう一度右の諸国を見ると、船を使わないと行けない佐渡・隠岐・土左・伊予と、そうでない国々に分かれる。後者のうち安房・常陸はともに東海道に属しているが、同道は相模から東京湾を船で越えて、房総半島の上総に渡るというものであったから、東京湾岸を陸路で行くこともできたであろうが、当時の正式ルートからすれば、安房・常陸も前者に入れることができる。そうすると、後者には伊豆・信濃・越前・安芸が残ることになるが、安芸以外の三国は山が多く、陸上交通の不便な地であった。したがって距離が近いにもかかわらず越前が配流先になっているのは、それが山国であり交通が不便であったことによるのであろう。

越前が実際に配流先になった事例がある。『万葉集』巻一五の目録に、「中臣朝臣宅守の、蔵部の女嬬狭野弟上娘子を娶《ま》きし時に、勅して流罪に断じて、越前国に配《なが》しき（後略）」とあるように、中臣宅守が流されたのである。それがいつのことかはわからないが、宅守の名は『続日本紀』天平十二年六月庚午条にも見え、その日大赦が行われたが、中臣宅守ら六人はその対象にならなかったことを伝えるから、それ以前であることは明らかである。

さて宅守が流罪になった時、「ここに夫婦の別れ易く会ひ難きを相嘆き、各々慟《いた》む情を陳べて贈答する歌六十三首」というように（上の目録の後略部分）、中臣朝臣宅守と狭野弟上娘子との間では六三首の歌が贈答された。そこに越前への道、あるいは越前のことが歌い込まれている。いくつかを紹介しよう。まず娘子の歌。

あしひきの山路越えむとする君を心に持ちて安けくもなし　（三七二三）

それに対し、宅守の歌としては、次のようなものがある。

あをによし奈良の大路は行きよけどこの山道は行きあしかりけり　（三七二八）

畏《かし》こみと告らずありしをみ越路の手向《たむけ》に立ちて妹が名告りつ　（三七三〇）
遠き山関も越え来ぬ今更に逢ふべきよしの無きがさぶしさ　（三七三四）
過所なしに関飛び越ゆる霍公鳥《ほととぎす》まねく吾子《あこ》にも止まず通はむ　（三七五四）
吾妹子に逢坂山を越えて来て泣きつつ居れど逢ふよしも無し　（三七六二）

これらから、配流先である越前へ向かう道は越路と呼ばれたこと、それは山路・山道であり、「行きあし」き歩きにくい道であったこと、途中で逢坂山を越えることなどがわかる。逢坂山を越えれば、会える可能性はなくなる。そこには前述したように相坂剗が置かれており、右の歌には関が詠まれている。しかし宅守の心にあった関は相坂剗とのみ解すべきではないだろう。なぜなら越前には三関の一つである愛発関があったからである。

相坂剗を越えても、そこはまだ天智天皇の時に都が置かれた近江国であった。したがって近江国を通っていた時は、まだ絶望感はそう深まってはいないのではなかろうか。しかし警備の厳重な愛発関を越えれば、都との距離は、実際にも、心理的にも、「遠き山関も越え来ぬ」というように、深い山とも相まって格段に深まる。したがって詠み込まれた関は、おそらく主に愛発関を意識したものであろう。それは「過所なしに関飛び越ゆる霍公鳥」を羨むように、流罪にあっている身には越えることができない壁であった。

娘子の「あぢま野に宿れる君が帰り来む時の迎へを何時とか待たむ」（三七七〇）から、配流先は味真野であったことがわかる。味真野は越前市味真野付近にあたり、同市にあったとみられる越前国府から程近いが、味真野へ行くまでは次節で見るように厳しい山道を通らねばならず、都との隔絶感は絶望的なまでに深まったのである。

それに長徳二年（九九六）に越前守に任じられた父藤原為時に従って、同国府にやって来た紫式部は、冬の日に人々が「降り積みていとむつかしき雪」を積み上げて山に見立てて登り、式部にご覧なさいと誘ったのに対し、「ふる里に帰るの山のそれならば心や行とゆきも見てまし」（『紫式部集』二七）と歌を作り、また「春なれど白嶺《しらね》の深雪いや積もり解くべき程のいつとなき哉」（二八）と詠んでいる。深い雪に閉ざされた越前は、式部にとって、鬱陶しさを感じさせる地であり、「帰る山」（次節で見る鹿蒜駅の辺りの山）を越えて都に帰れる日を待ちわびていたのである。配流の身であり、いつ帰れるかわからない中臣宅守の場合は、いっそうその感が深かったことであろう。

三　越前を通る北陸道

中臣宅守も通ったはずの越前の北陸道ルートは、どのようなものであったろうか。しかしそのことを見る前に、越前国の領域そのものの変化を確認しておく必要がある。一口に越前と言っても、実は時期によって、その範囲は異なっていた。『延喜式』によれば六郡を擁する国であるが、その領域確定までには複雑な道筋を辿ったのである。

北陸道は若狭・越前・加賀・能登・越中・越後・佐渡の七カ国からなるが、越前・越中・越後の三越諸国がもとは越国という一つの国であったことが、『日本書紀』天智七年（六六八）七月条中の「越国、燃ゆる土と燃ゆる水を献ず」などからわかる。そしてこれを最後に越国は姿を消し、持統六年（六九二）九月癸丑条の「越前国司、白蛾を献ず」からは、その間に越から三越諸国が分立したことがうかがえる。この越国については、木簡からも知られるようになった。但し奈良県明日香村の飛鳥池遺跡や飛鳥京跡苑池遺構から出土した木簡の「高志国」という国名や、『古事記』仲哀段や藤原宮跡出土木簡に記された越前に相当する「高志前」からは、実際には高志と書かれたことがわかる。

その後、養老二年（七一八）五月になると、越前の東端に位置する羽咋・能登・鳳至・珠洲の四郡が分かれて、能登国が成立した。ただし能登は天平十三年（七四一）十二月に一旦越中に統合されて、越中は拡大することになった。しかし天平宝字元年（七五七）五月になると、能登が再び設置され元の状態に戻っている。さらに弘仁十四年（八二三）三月になると、能登を分離した後の越前国内では東端にあたる江沼・加賀二郡を割き取って、加賀国が成立した（『日本紀略』同月丙辰朔条）。そして同年六月には江沼郡から能美郡が、加賀郡から石川郡が分立して、加賀国は四郡になった（同月丁亥条）。この時越前でも、丹生郡から今立郡が分かれ、ここに六郡という郡数が確定したのである。

以上のように、大宝令施行後の越前は、後の加賀・能登までも領域として、十一郡からなり、東は越中に接していたのである。そして越前は前述のように山の多い地勢であった。愛発関は、そうした広大な領域を誇る山国越前の入口に置かれたのである。

さて、越前がこうした複雑な領域変化を辿ったことを確認した上で、越前をめぐる北陸道ルートを考える。そこで全国の駅とそこに置かれた駅馬の数について規定する『延喜式』兵部省諸国駅伝馬条を見ると、越前の南に位置する近江には、東海道・東山道・北陸道の三道が通る。そのうち北陸道に置かれた駅家は、穴多・和爾・三尾・鞆結駅がある。このうち穴多駅は高山寺本『和名類聚抄』には穴太駅と見え大津市穴太に、和爾駅は同市志賀町和邇、三尾駅は高島市安曇川町三尾里、そして鞆結駅は高島市マキノ町石庭の字鞆結付近にそれぞれ比定される。また若狭の駅家は弥美駅と濃飯駅であり、それぞれ福井県美浜町の耳川下流域と、若狭町上野木・中野木・下野木ないしは「乃井村」と書かれた墨書土器の出土した小浜市木崎付近（杉山大晋、二〇〇八）にあったとみられる。

そして越前には、松原・鹿蒜・淑羅・丹生・朝津・阿味・足羽・三尾の八駅があった。越前冒頭の松原駅は、敦賀市の気比の松原、次の鹿蒜駅は鹿蒜神社の鎮座する南越前町南今庄付近に、それぞれ比定される（以下、駅家の比定地は、福井県、一九九三に従う）。

これらによれば、『延喜式』段階では北陸道は琵琶湖西岸を北上し、鞆結駅から知内川・五位川に沿って走る七里半越え（西近江路）のルートで愛発山塊を越えて（鞆結駅から直線的に北上する白谷越えに比定する説もあるが〔山尾幸久、一九九七。木下良、二〇〇九〕、それはあまりに急峻で幅も狭く駅路には適さないであろう）、越前に入り松原駅に至り、鹿蒜駅の方へ向かうとともに、西へも転じ若狭国府をめざし弥美駅、濃飯駅と辿ったことがわかる。すなわち越前―若狭間の北陸道は、本道から枝分かれした支道だったのである。ちなみに加賀から能登へと向かう駅路も支道であるから、北陸道本道は近江―越前―加賀―越中―越後―佐渡と連なり、途中で越前―若狭、加賀―能登という道が枝分かれしていたのである。

しかし奈良時代はそうではなかった。『日本紀略』延暦十四年（七九五）七月辛卯条に、「左兵衛佐橘入居を遣わし、近江・若狭両国の駅路を検ぜしむ」とあり、そのすぐ後の閏七月辛亥条は「駅路を廃す」と伝える。これは前の記事を受けて、近江と若狭の間の駅路を廃止したものと理解できる。したがってそれ以前の北陸道は、近江―若狭―越前というルートであった。北陸道諸国を列挙する時の順番、若狭・越前・加賀・能登・越中・越後・佐渡もそれに合致する。『延喜式』で近江最後の駅である鞆結駅は、近江と越前を直結する北陸道のルート変更に伴って新たに設けられたものであろう。

奈良時代の若狭の駅としては、平城宮跡出土木簡から玉置駅と葦田駅の存在が知られる。前者は若狭町玉置に比定され、後に濃飯駅に変更されたとみられ、後者は弥美駅と濃飯駅の中間にあたる若狭町横渡付近にあったが、その後廃止されたとみられる。若狭から越前へは野坂山地の関峠を越えて入り、松原駅に至ることになる。

さて、松原駅を出た北陸道は、海岸部まで迫る山深い木ノ芽山地に入り、樫曲・越坂・田尻を過ぎると、そこから東北方のウツロギ峠へ向かう。それを越えると、道は一旦海岸部に下り五幡に至る。そして敦賀湾東岸を北上して杉津・元比田と進んだ。そこからは再び山道を登り、山中峠（標高三八〇ｍ）を越えて鹿蒜川上流部に達すると、それに沿って東へ向かい、ようやく南越前町南今庄付近の鹿蒜駅に達することになる。この辺りを通る北陸本線も北陸自動車道もトンネルで山越えをしており、現在に至るまで交通の難所である。そしてまもなく鹿蒜川が日野川と合流するので、その下流へと北上していくと、南越前町鯖波に比定される淑羅駅がある。松原―鹿蒜間が多くの峠を越えなければならない山中の道であったのに対し、淑羅駅までは距離も短く平地も多く、楽なコースである。

ところでここまではすべて敦賀郡内である。敦賀平野を除くとほとんど山地が占め、しかもそれが敦賀湾まで迫っているというように、敦賀郡は北陸道沿いの山国・越前を象徴する郡であった。興味深いのは、次の木簡が平城宮跡から出土していることである（奈良文化財研究所『平城宮発掘調査出土木簡概報』一二）。

返駅子戸主大神部宿奈戸同発太調三斗

返駅は鹿蒜駅であり、その駅子である大神部宿奈を戸主とする戸の大神部発太が、調として何かを三斗出したことを示す荷札である。これでは何を出したかわからないが、平城京から出土した他の敦賀郡の木簡を参考にすると、塩と考えられる。正丁一人の負担する調塩の分量は三斗であるから（賦役令調絹絁条）、その点も符合する。木簡から知られるところ、鹿蒜のような山間部も含め、同郡の調の品目はすべて塩である。敦賀郡では、一律に調として塩を出すように定められていたのである。生業の実態など顧みない措置であった（舘野和己、二〇〇五）。

淑羅駅からさらに日野川に沿った平地を北上して行けば、武生盆地の越前市妙法寺町付近に比定される丹生駅に到る。いまだ正確な位置はわかっていない越前国府に近い駅で、東方には中臣宅守の流された味真野（同市味真野町付近）がある。盆地をさらに北上すると福井平野に続き、福井市浅水町付近にあった朝津駅となる。次の阿味駅については、丹生郡から分立した今立郡に属したとみられ、丹生駅の東北にあたる越前市中新庄町説と、東方の味真野町説がある。前者なら丹生駅と朝津駅の中間になってしまい順序がおかしい。後者なら本道から分かれた道を想定することになる。足羽駅は福井市の足羽川に架かる九十九橋付近に比定されている。足羽川と九頭竜川を越えていくと、次の桑原駅は竹田川沿いのあわら市桑原付近に、そして三尾駅はそこから竹田川を挟んだ東岸に位置する同市御簾尾付近に比定される。両駅は近接しているので、東大寺領桑原荘の領域が桑原に及んだ結果、駅家が近隣の三尾に移ったのではないかとみられている。そうであるなら、両駅とも記す『延喜式』の記載は不備ということになる。

なお一説では味真野に比定される阿味駅から福井平野東端の山麓に沿って北上すると、永平寺町松岡の五松橋付近に比定できる、知識によって架けられた久米田橋（天平勝宝年間のものとみられる「加賀郡司解」〈『大日本古文書（編年文書）』巻四―七九頁に見える〉）で九頭竜川を渡り、桑原駅に達することになる。北陸道とは異なる道が、越前国内を北上していたのである（舘野和己、一九九五）。

こうして越前国内を通過した北陸道は、熊坂川に沿って谷部を遡り、加越山地を牛ノ谷峠で越えて加賀国に入り、石川県加賀市橘町付近の朝倉駅を過ぎると平地に出て、潮津駅、安宅駅、比楽駅、田上駅、深見駅と辿っていく。『延喜式』はそれに次いで横山駅をあげるが、それは能登へと向かう支道に置かれた駅で、越中への道は深見駅を過ぎると国境の倶利伽羅峠を越えて、越中最初の駅である坂本駅に達するのである。

奈良時代には加賀はまだ立国されていなかったから、深見駅までが越前国内に属した。そして右に見たように、越前国内の駅路は、奈良時代は若狭から野坂山地を関峠で越え、平安時代には近江から愛発山塊を越えて、敦賀平野に入り松原駅に到るが、その後鹿蒜駅までの間は山深い木ノ芽山地を越えねばならなかった。そこからは日野川沿いの平地、武生盆地、福井平野と暫くは平坦な道が続くが、その後には後の加賀との国境になる加越山地が待ち、越中に入るには俱利伽羅峠を越えねばならなかった。越前の北陸道は、山越えをしなければならない部分が多かったことがわかろう。

なお第五節で詳しく見るが、奈良時代の越前への入口には愛発関があった。それに対し出口には第一節で見た砺波関が置かれていた。越前は愛発関と砺波関によって、出入りが検察されていたわけである。そして両関を通る道は、奈良時代も平安時代も山越えの道であった。

四　難渋な越前の交通

右に見たように越前は山国であり、北陸道の交通は容易なものではなかった。とりわけ木ノ芽山地を越える道は、山道を登ったかと思うと海岸部に下り、さらに再び山間部に入らねばならず、難渋な道であった。あるいは近江―若狭―越前という奈良時代の官道ルートは、迂遠なものであった。そこでそれを避けて、別のルートを辿ることも行われていた。

まず越前への入り方であるが、若狭を経ずに近江から直接入ることもあった。そのことを示すのが、笠朝臣金村が塩津山で詠んだ、「塩津山うち越え行けば我が乗れる馬そ爪づく家恋ふらしも」という歌である（『万葉集』巻三―三六五）。

塩津山を通る道は、琵琶湖北岸の滋賀県長浜市西浅井町塩津浜から大川沿いに遡り、深坂峠を越えて敦賀に出る深坂越えである。後に詳しく見るが、『延喜式』主税上の諸国運漕功条には、各地から都まで物資を運ぶルートと輸送費が規定されているが、越前からの物資は敦賀から塩津まで馬で運んだ後、琵琶湖を大津まで船で運ぶことになっていた。そのことからすれば、笠金村が塩津山ルートを取ったのは、北陸道を進んだのではなく、船で塩津まで行ったからであろう。このルートは若狭経由よりも距離が短く、かつ船が利用できるという利点があったが、それでも「馬そ爪づく」というような険しい山道であった。

彼は角鹿（敦賀）津に着いた後、再び船に乗り海路に出、手結が浦（敦賀市田結崎）で塩を焼く煙を見ている（三六六）。船に乗ったのは木ノ芽山地の難渋な道を避けたためである。金村は越前国守になった石上乙麻呂（三六八に歌を残す）に従って、越前に赴いたとみられている。そうであるなら国司も越前国府に向かうのに、北陸道とは別のルートを取ることがあったことになる。

塩津山は、少し時期は下るが紫式部も通ったことが知られる。第二節で触れたように、越前守に任じられた父藤原為時に従って越前に向かった彼女は、その途中で、琵琶湖の三尾の海を過ぎ（『紫式部集』二〇）、さらに塩津山で次の歌を詠んだ（二三）。

塩津山といふ道のいとしげきを、賤《しづ》の男のあやしきさまどもして、「なをからき道なりや」と云を聞きて

知りぬらん往き来にならす塩津山世に経る道はからき物ぞと

金村同様、琵琶湖西岸から北岸沿いに船を進め、塩津で上陸したのである。塩津山を越える道には草木がたいそう繁茂し（「いとしげき」）、塩津山の「塩」からの連想ではあるが、「からき道」であった。山国越前は、その入口からして難儀だったのである。

さて右に少し触れたが、『延喜式』主税上の諸国運漕功条について考える。そこでは越前以北の北陸道諸国から平安京への物資輸送ルートとして、陸路の他に海路の規定が見える。すなわち越前では比楽湊から敦賀津までであるが、加賀では見えず、能登は加嶋津（七尾港付近）から、越中では曰理湊（高岡市伏木）から、越後は蒲原津湊（新潟市）から、そして佐渡では国津（佐渡市松ヶ崎）から、いずれも敦賀津までが海路である。これは越前に限らず、

北陸道が山がちのルートを辿ったためである。そして北陸道諸国からの物資が敦賀津に集中することがわかる。そこからは越前の所に定めるように、北陸道ではなく深坂越えで塩津に出して、琵琶湖を船で大津に向かうことになる。

ここで奇妙なのは、越前の積出し港を比楽湊とすることである。比楽湊は石川県白山市の手取川の河口部にあたり、今も近くに平加町の名を残す。そこは加賀に属する地であり越前ではない。それに加賀については海路の規定がない。なぜこうしたことが起こるかと言えば、それはこの規定が加賀立国以前のものを踏襲したからであろう。加賀立国以後は、比楽湊の規定は加賀の項に移すべきであったのに、そのままになっているのである。そうであるなら、奈良時代の越前では、他の国とは異なり、国内で海路を利用したことになる。

実際、天平勝宝年間の「加賀郡司解」(前出)は、同郡から都に運ぶ年料舂米などの米について越前国司に報告したものであるが、その中に「敦賀津定米」という項目がある。これは敦賀津に運んだ米のことであり、加賀郡から敦賀まで越前国内で海運を利用したことを示すものである。一国内での海路という特異性は、陸上交通の難渋性によるものである。前述のように北陸道は山間部を通ることが多く、輸送には不向きであったからである。

しかしそれだけではない。弘仁十四年(八二三)三月、越前国から東端の江沼・加賀二郡を割き取って、加賀国が成立した(『日本紀略』同月丙辰朔条)。その理由について同年二月三日の太政官奏(『類聚三代格』)は、次のように述べる。「加賀郡は越前国府まで遠く、往還が不便である。雪が降り風が吹くと、難苦は殊に甚だしい。それだけでなく途中には四つの大川があり、洪水に遭うたびに何日も川を渡ることができず、人馬は動けず交通が滞る。(中略)また領域が広く、国司が巡検するのに煩いが多い」と。越前国内の交通の難渋性は、山だけではなく河川も要因だったのであり、それが越前から加賀を独立させた理由であった。ここで言う「四大川」は、加賀郡から丹生郡にあった越前国府までの間にあったから、手取川・梯川・九頭竜川と足羽川であろう（遠藤元男、一九五七）。越前では山地に加え、河川も交通を阻害する要因となった。さらに加賀分立の理由の中で触れられているように、降雪・強風という天候の問題もあった。これらは特に、税の貢進にとって大きな障害となった。調庸の都への納入は毎年八月中旬から始まり、近国は十月末、中国は十一月末、遠国は十二月末が期限であり（賦役令調庸物条）、越前は中国であったから十一月末までに納入しなければならなかった。しかし当時、河川を渡るための施設である橋梁や渡船の設備は十分でなかった。したがって、山に川、それに風雪の厳しい越前では、冬に税を運ぶことにはきわめて大きな困難が伴ったのである。

九世紀前半に越前・能登・越中の三国では、貢調の期限が翌年二月まで延長されたことがあった。越前は承和三年（八三六）十一月に、能登は天長十年（八三三）十月に、そして越中は天長八年十月にそれぞれ認められたが、いずれも承和八年三月には元に戻っている（『続日本後紀』同月庚子条）。納税期限の延長理由について史料は何も語っていない。しかし時期はだいぶ下るが、治暦元年（一〇六五）九月一日太政官符写（『平安遺文』巻一一―補二七三号）に見える越中国の解で、「当国は北陸道の中、是難治の境也。九月以後三月以前、陸地は雪深く、海路は波高し。僅かに暖気の期を待ち、調物を運漕」すると言っていることが参考になる。すなわち北陸道諸国は陸上交通が困難なため、船で敦賀津まで物資を運ぶことが行われたが、それも冬期は風が強く波が荒くて、大きな危険を抱えるものであった。そのため冬期の貢納を避けようとしたと考えられよう。

こうした越前国内の陸上交通の困難性を少しでも改善するため、新たな道が開かれることがあった。天長七年二月には、越前国の正税三百束と鉄一千廷を、「彼の国の鹿□保嶮道を作りし百姓の上毛野陸奥公□山」に賜ったという（『類聚国史』巻八三政理五正税、同月庚午条）。稲と鉄の量の多さからすれば、造営料にあてるためのものであろう。「鹿□」は鹿蒜の可能性が高かろう。「嶮道」は嶮岨な道の意である。そうであるなら、山中峠を越えるコースを取った北陸道とは別ルートで、鹿蒜駅に到る道を造ったということであろう。それは木ノ芽峠（標高六二八m）越えの道であろうか。山中峠を通る北陸道より標高は高いが、一旦海岸部に下る必要はなく距離が短い。ただし、ここで初めてその道ができたのではなく、既にあった道を整備したことを意味するのであろう。次に見る恵美押勝の乱の時、孝謙上皇方の軍が押勝に先回りして越前国府に入ったのは、このルートをとった可能性があろう。

もう一つの例として、天長九年の「荒道山道」の造営があるが、これは愛発関とも関わるものなので、次節で触れることにする。

五　愛発関の構造と位置

愛発関の位置を考えるには、それが実際に機能した恵美押勝の乱時の動きを見る必要がある。天平宝字八年（七六四）九月、太師（太政大臣）という人臣最高の位にいながら、孝謙上皇とその寵愛を受けた道鏡と対立し、次第に追い詰められた押勝は九月十一日、遂にクーデターを起こした。淳仁天皇の元にあった天皇権力のシンボルである鈴印（駅鈴と内印＝天皇御璽）を、上皇方が掌握したことに端を発し、押勝がそれを取り戻そうと反撃したことにより、彼は謀反人になった。この攻撃は失敗し、上皇は押勝の官位を剝奪するとともに、使者を派遣して三関を固守させた（固関）。ここに愛発関も閉じられたのである。この夜、押勝は太政官印を持って近江に逃げ、国府に入ろうとした。近江は押勝が長く国守を務めた国である。しかし上皇方の兵が田原道をとって先回りし、勢多橋を焼いたため、東山道を進んできた押勝は、その東にある近江国府に到達することができず、琵琶湖西岸の北陸道を北上して、息子の辛加知が国守である越前をめざすという方向転換を図った。

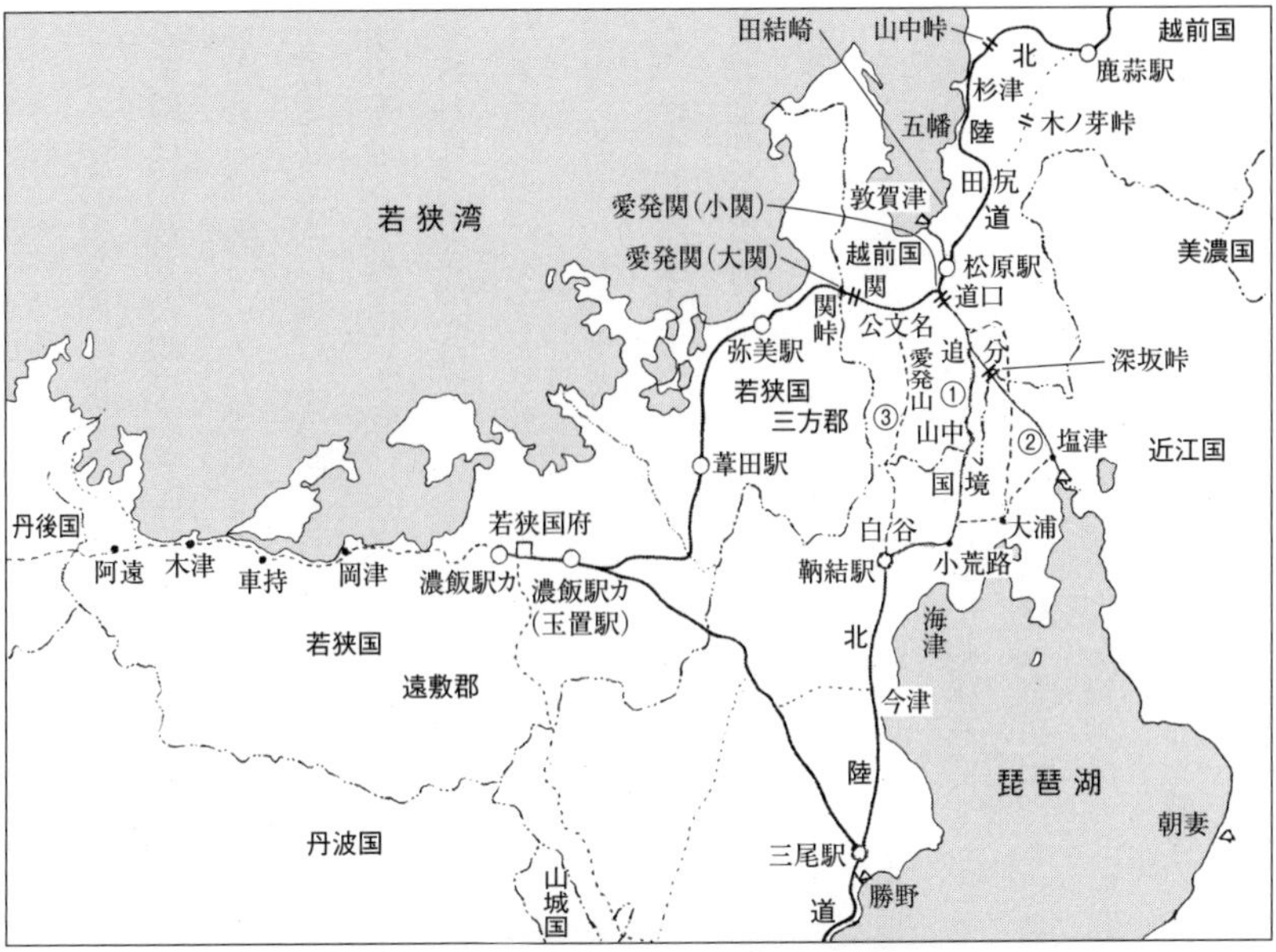

図１　奈良時代の官道と駅路の推定図

（福井県教育委員会『福井県歴史の道調査報告書第３集　丹後街道Ⅱ・周山街道』〔2003年〕「第三章古代街道と若狭」（芝田寿朗執筆）の「奈良時代の官道と駅路の推定図〈12頁〉」をもとに作成）

しかし上皇方の軍は先回りして越前国府に到り、辛加知を殺すとともに、愛発関を押さえた。そうとは知らない押勝は、数十人の精兵を遣わして関に入らせようとしたが（①）、攻撃を受け退却させられた。慌てた押勝は船で浅井郡の塩津に向かった。塩津山を越える道を取ろうとしたのであろう（②）。ところが急に逆風が吹き船が沈みかけたため、上陸して山道を取って直ちに愛発をめざしたが（③）、再び上皇軍の迎撃を受けて敗退し、高島郡三尾埼（高島市明神崎）に退却させられた。そこで上皇軍との間で戦闘を繰り広げ、一旦は優勢になりながらも、援軍を得た上皇軍が勢いを盛り返し、押勝軍は形勢不利となった。そこで押勝は湖上に逃れたが、水陸両道からの攻撃を受け、勝野の鬼江（高島市勝野の乙女ヶ池）に拠って最後の反撃を試みた。しかしその甲斐もなく壊滅的打撃を受けた押勝は、妻子らとともに船に乗って湖上に出たが、遂に捕らえられ斬殺されたのである。

ここから愛発関の位置と、そこへ向かった押勝軍の辿ったコースを考えてみよう。まず確認できることは、一連の戦闘は琵琶湖の北岸から西岸にかけての地で繰り広げられたので、愛発関は近江から越前に入る地点に置かれていたことである。そして湖北から愛発関に到る複数の道があったこともわかる。このことを前提に具体的にルートを探ると、①は関に入る際の最も普通の道とみられるから、高島市マキノ町の知内川に沿って遡り、同町小荒路・国境を過ぎて越前に入り、今度は五位川沿いに敦賀市山中・駄口・追分・疋田・道口と進む七里半越え（西近江路）であろう。平安時代以降の北陸道ルートである。次に塩津から進もうとした②は、前節で見た笠金村や紫式部も辿った深坂越えのルートである。それを辿れば、追分で①に合流する。そして③の上陸地点は、①から②塩津へ向かう途中にあり、かつそこからの入関に失敗した後は三尾埼まで退却したのであるから、琵琶湖西岸に近いと考えられる。そうした条件下で「山道」との表現がふさわしいのは、マキノ町白谷から知内川の支流である八王子川に沿って北上し、越前に入ると黒河川沿いに下って敦賀市雨谷・公文名へと向かう白谷越えではなかろうか。第三節で、北陸道にはふさわしくないとした道である。

そこで愛発関の位置を考えれば、①・②・③すべてのルートを押さえることができ、かつ第一節で触れた不破関から知られるように、関がかなりの規模を有することを勘案すると、山間部ではなくある程度の平地が広がる場所ということになり、①ルートが敦賀平野に出た所にあたる敦賀市道口付近に置かれたとするのが最もふさわしいであろう。そこなら①・②を直接押さえ、③ルートを取る動きも監視することができるからである。もっとも押勝の乱の時は、上皇方は事前に③ルートにも兵を置き、押勝軍を撃退したのである。

こうして恵美押勝の乱における動向からすれば、愛発関は敦賀市道口に比定できよう。しかし前述のように、当時の北陸道は近江―若狭―越前と続き、近江―越前はいわば脇道であった。そのことからすれば越前の入口に置かれた愛発関は、若狭からのルート上にあってしかるべきである。実際、そのルート上の若狭と越前の国境は関峠という。愛発関が置かれたとすれば、そこから少し東に進み、平地へと下りてきた敦賀市関の辺りであろう。

では近江からの入口の愛発関と、若狭からの入口の愛発関とは、いかなる関係にあったのであろうか。そこで想起されるのが不破関である。東山道が近江から美濃に入った地点にあたる岐阜県関ヶ原町松尾地区では、不破関の遺構が見つかっているが、そこは江戸時代には大関村と呼ばれた。関跡のほぼ中央を、東山道を引き継ぐ旧中山道が東西に貫いている。しかるにそこから一㎞ほど北には、小関の地名が残る。そこは伊吹山の南麓から西麓を通って琵琶湖岸に出る、旧北国脇往還に面した所であり、南に進めば中山道と交わり伊勢街道となる。これらの地名からすれば、不破関は主要道である東山道を押さえる大関と、脇道を押さえる小関からなる複合的構造をとっていたと理解できる。同じ構造は相坂剗でも確認できる。奈良時代には東山道・北陸道の二本の官道が、平城京から北上し山科盆地に出た後、東へ曲がり逢坂山を越えて琵琶湖に出たが、逢坂山を越えるルートには大関越えと小関越えの二つがあり、前者は東山道、後者は北陸道が通ったのである。

この大関・小関という複合的構造から、二つの愛発関を理解することができる。すなわち若狭―越前という北陸道には愛発関の大関が、そして近江からの脇道には小関が置かれたのである。後者の近江側にある小荒路の地名は、愛発関の小関に通じることに由来するのではなかろうか。押勝は東山道を通って近江国府に向かおうとして、脇道の田原道を通った上皇軍に先回りされた失敗を教訓に、若狭回りの大関ルートではなく、近江から直接越前に入ろうとしたわけである。大関・小関を通るルートとも、山国・越前への入口にふさわしく山道であった。越前国内の交通の難渋性は、愛発関の効果をいっそう高めるものであったと言えよう（舘野和己、二〇〇六）。

さて、平安時代になると近江・若狭間の駅路が廃止され、押勝のとった①の七里半越えが北陸道に格上げされた。このことに関わって、道路の整備が行われたことを示すのが、前節の最後で触れた「荒道山道」の整備であろう。『類聚国史』巻八三政理五正税の天長九年（八三二）六月己丑条に、「越前国の正税三百束を、彼の国の荒道山道を作りし人、坂井郡の秦乙麻呂に給う」と見える。「荒道」は愛発と同じくアラチと読む。七里半越えは山道で、文字通り荒れた通りにくい道であり、官道としてはいまだ十分に整備されていなかった。秦乙麻呂はそれを北陸道にふさわしく、拡幅・整備したのであろう。

なお愛発の地名は、小関ルートにしか残らないことから、若狭からのルートを重視する私説に疑問を抱くかもしれないが、本来は敦賀平野の西から南へと続く山塊全体が愛発山と呼ばれたのではなかろうか。しかし平安時代以後、近江からのルートが北陸道になったことを受け、このルート沿いの山のみが愛発山と呼ばれるように限定されたと考える。

愛発関を含む三関は、延暦八年（七八九）七月に廃止され、以後その他の関も順次廃止されていった。もっともその後も、天皇崩御や謀反事件発生などの時には三関の固関が行われたが、日常的には関は機能しなくなった。そして大同元年（八〇六）三月の桓武天皇崩御時を最後に愛発関は見えなくなり、弘仁元年（八一〇）九月の藤原薬子の変以後は、それに代わって相坂剗（逢坂関・会坂関）が三関に加わったのである。そして第三節で述べたように、延暦十四年閏七月には、北陸道ルートが近江―若狭―越前から、近江―越前へと変わり、若狭―越前は支道となった。ついで弘仁十四年三月、越前東端の江沼・加賀二郡が分離して加賀国が成立した。このように平安時代初頭に越前は、交通路や領域などで大きな変化を被ったが、山国という地勢に基づく交通の難渋性には変化はなかったのである。

おわりに

以上、三関の一つ愛発関が置かれた越前を取り上げ、山国という地勢から来る交通の難渋性の問題を考えた。三関はいずれも山道に置かれ、謀反を企てた者の都から東国への交通を制限する役割を果たした。とりわけ越前では、愛発関を越えたとしても、間もなく行く手を阻むように木ノ芽山地がそびえ、交通の途絶性は高い。それだけ愛発関の効果は高いと言えよう。同国を無事に過ぎて越中に入ろうとしても、今度は砺波関が待ち構えていた。謀反人にとって北陸道の交通は厳しいものがあったが、それは彼らだけではなく、官人や税の貢納のために都との間を往還する民衆にとっても、同様であった。人々は、陸路を避けて海路を行くほか、官道の整備をしたり、それ以外の道を造ったりして、交通の確保に腐心した。それが北陸道諸国にとって重要な歴史的意義を有したことは明らかである。

参考文献

遠藤元男、一九五七「加賀国の成立事情について」(『北陸史学』六)
木下　良、二〇〇九『事典　日本古代の道と駅』(吉川弘文館)
岐阜県教育委員会・不破関跡調査委員会、一九七八『美濃不破関』
杉山大晋、二〇〇八「若狭国遠敷郡における官衙・集落遺跡」(『条里制・古代都市研究』二四)
舘野和己、一九八〇「律令制下の交通と人民支配」(『日本古代の交通と社会』塙書房、一九九八年に所収)
一九八四「関津道路における交通検察」(『日本古代の交通と社会』塙書房、一九九八年に改題して所収)
一九九五「久米田橋と古代越前」(『日本古代の交通と社会』塙書房、一九九八年に所収)

二〇〇五「若狭・越前の塩と贄」（小林昌二・小嶋芳孝編『日本海域歴史大系１　古代篇Ⅰ』清文堂）
二〇〇六「古代越前国と愛発関」（『福井県文書館研究紀要』三）
福　井　県、一九九三『福井県史　通史編一　原始・古代』
山尾幸久、一九九七「古代近江の早馬道」（上田正昭編『古代の日本と渡来の文化』学生社）
吉永匡史、二〇一二「律令制下における関剗の機能」（『日本歴史』七七四）

3　近江と琵琶湖
―近江と琵琶湖が果たした山国の特質―

濱　修

はじめに

山々に囲まれた湖国近江、そこに住む人々にとって山国近江の認識は希薄ではなかろうか。それは日本最大の湖である琵琶湖の存在が閉鎖された山国の意識を感じさせない広々とした空間を創出させているからに他ならない。中央に滋賀県の六分の一の面積を占める琵琶湖が位置し、東に鈴鹿山脈、北に伊吹山地、西に比良山地と比叡山地に取り囲まれ、南からは琵琶湖からの唯一の排水口である瀬田川が流れ出る。日本のほぼ中央に位置し、畿内に接する近江は古代からの交通の要衝で、琵琶湖は日本海と瀬戸内海をつなぐ大動脈であった。畿内に向かう東国からの人々や物資は近江に入る峠を越えると眼下に琵琶湖を望み、湖上交通を利用して畿内や西国に向かった。逆に畿内から東国や北陸に向かう人々や物資は逢坂山の峠を越え近江に入り、湖上交通を利用したあと、陸路で近江との国境の峠を越え、各地に向かったのである。古代の三関のうち東海道の鈴鹿関を除く、東山道の不破関、北陸道の愛発関は近江に接し、平安時代中期以降は京都との境には逢坂関が築かれた。古代の近江は道の国としていかに政治的に重要な地域であったことが分かる。

また、『万葉集』には「磯の崎漕ぎ廻み行けば近江の海八十の湊に鵠多鳴く」（巻三―二七三）とあり、古代・中世の琵琶湖には多くの湊、津があった。湖南では大津、勢多津、石山津、坂本、堅田、矢橋、夜須、湖西北部では比良、勝野津、木津、今津、湖東では朝妻、筑摩、湖北では大浦、菅浦、塩津など史料にもいくつか登場する。考古資料にも縄文時代の丸木船や弥生時代からの準構造船の出土（滋賀県文化財協会、二〇〇七）などの湖上交通手段や大中の湖南遺跡の七世紀後半から八世紀の矢板囲い石積桟橋（滋賀県教委・滋賀県文化財協会、二〇〇五）、平安時代末の塩津港遺跡の石積港湾施設（滋賀県教委・滋賀県文化財協会、二〇一二）など太古からの湖上交通に関する遺構もたくさん見つかっている。湖西と湖東の内陸間の移動だけでなく交通の要衝である近江は国家的機能としての陸上交通と琵琶湖の特性を生かした湖上交通を有効に活用してその便を図っていた。古代国家にとって琵琶湖の湖上交通の掌握は東国や北陸道の支配に不可欠な要素であった（松原弘宣、二〇〇四）。

一　東山道と湖上交通

米原市朝妻にある朝妻湊は東山道が美濃国から近江国に入ってから最も近い琵琶湖の湊で、古代より湖北の要港として栄え、いくつかの史料にも交易の様子が残されている。

天暦四年（九五〇）の「東大寺封戸荘園并寺用帳」には「美濃国百戸」の「庸米卅二斛七斗十九石大野郡、十三石方県郡、『朝妻定百廿石、斗別充米三升弁之、』」（『平安遺文』二五七）として美濃国の封土百戸が出す庸米三二石七斗の「朝妻定」は一二〇石とある。美濃国からの調・庸の運送の船賃である。また、永延二年（九八八）一一月八日の「尾張国郡司百姓等解」（『平安遺文』三三九）は尾張国守藤原元命の苛政に対する郡司百姓等の訴えであるが、その第二三条には国例を無視した国守の百姓等に対し官物運送に関する過酷な人馬の提供や労働の強要などを訴えている。その内容は「京都朝妻両所令レ運二送雑物一事」とあり、陸路を尾張国から朝妻湊までと大津周辺の湊から京都までの人馬による貢納物の運送に際する苛政の訴えである。このことから尾張から東山道で関ヶ原を越えて朝妻湊に着き、琵琶湖を利用し船で貢納物を運び、大津周辺で陸揚げして、さらに陸路を京都に運送したことが分かる。二つの史料とも美濃国や尾張国から都に運ばれる物資は朝妻湊から大津付近まで湖上輸送することを前提条件としている。朝妻湊は尾張・美濃など東国からの物資運送の重要な湊であった。

朝妻湊より約五km南の彦根市佐和山城の東に位置する六反田遺跡で、白鳳時代から平安時代初めにかけての港湾施設が見つかっている（滋賀県教委・滋賀県文化財協会、二〇一三）。水路が琵琶湖から内湖の入江内湖に続き、そこに注ぐ矢倉川を経由して六反田遺跡へ至る。さらに旧矢倉川をさかのぼると陸路の東山道につながる。六反田遺跡も朝妻湊と同じく、湖上交通と陸上交通路の結節点である。遺構は七世紀代の川跡には護岸施設が施され、平安時代の川跡は湾曲部が拡幅され船入として構築されている。周辺には、物資の輸送を管理する建物と思われる掘立柱建物が立ち並ぶ。平安時代の川跡からは四本の木簡が出土しており、荷札木簡には「税代黒米五斗」裏に「廿五日」と記されている。上端部は欠損しているが、租税として黒米五斗を二五日に運搬した荷札である。黒米はどこから運ばれてきたものか不明であるが、六反田遺跡で消費されたものであろう。石川県上荒屋遺跡でも黒米や白米記載の荷札木簡が奈良時代から平安時代の河跡から一〇数点出土している（金沢市教委、二〇〇〇）。河跡周辺には南北方向の掘立柱建物が三〇棟近くある。河跡は複数の船着き場状遺構が確認され、度々改修が加えられており運河として機能していたとされる。隣接する東大寺横江荘遺跡と同一遺跡と考えられ、東大寺への貢進物が運河を利用して日本海から敦賀―塩津―琵琶湖を経由して東大寺まで運搬されていたものと思われる。六反田遺跡でも集積された貢納物が荘園領主のもとに運搬された可能性もある。いずれにしても琵琶湖と内湖、それをつなぐ水路を利用し、東山道周辺から運ばれた物資の運搬基地として機能していた遺跡である。

二　北陸道と押勝の乱

淳仁天皇派の恵美押勝（藤原仲麻呂）は孝謙上皇・弓削道鏡派の対立不和の緊張の中で、天平宝字八年（七六四）九月にクーデターを起こしたが敗北し、自身が国守を務めた近江に逃亡し、近江国府に入り再起を図ろうとした。『続日本紀』によると押勝の逃走経路は「宇治より遁れて近江に奔り拠る。」追討軍の経路は「直に田原道を取り、先に近江に至りて勢多橋を焼く。」とある。追討軍は田原道を利用し先回りして、勢多橋を焼き落とし、押勝の近江国府進入を阻止した。先行した追討軍は平城京から近江国府へはほぼ直線で最短コースである田原道を経由して勢多橋に到達しているが、押勝は正規のルートである東山道を取り平城京から宇治、山科を経由し逢坂山を越え、近江国府に入ろうとしている。勢多橋が焼かれたことを知った押勝は近江国府に入ることができず琵琶湖西岸の北陸道を北上し、高島郡の前小領角家足の宅に泊まり、息子の越前国守藤原辛加知のもとに逃走しようとする。しかし、追討軍に先回りされ辛加知は殺害されてしまうが、それを知らずに愛発関から越前に入ろうとした押勝は愛発関を抑えた追討軍に退却させられる。追討軍は湖東経由で越前に向かったか、船で国府に近い矢橋湊あたりから塩津湊あたりに直行し先回りをしたのであろう。しかたなく、琵琶湖岸まで戻った押勝は船で塩津に渡り越前を目指そうと試みたが逆風で進めず、今度は山道を取って愛発を目指したが追討軍の反撃に遭い、高島郡三尾崎まで退却しそこで戦闘を繰り拡げている。敗色濃厚な押勝は湖上に逃亡したが、水陸両軍に攻められ、最後は高島郡勝野の鬼江で首を討たれて、八日間にわたるクーデターは鎮圧された。押勝の乱は陸路と湖上水路を使った追討軍との攻防戦で、両者の追走と敗走の経路に常に琵琶湖の湖上交通を念頭に置いていたことが分かる。

押勝の逃走経路は、いまだにその所在位置が確定していない愛発関との関わりからいくつかの論が展開している（内田保之、二〇一〇。門井直哉、二〇一一）。第一の逃走ルートは古代の官道である北陸道で、前小領角家足邸のあった高島郡今津町日置前付近から石田川に沿って峠を越え若狭国に入り、小浜付近にあったと思われる若狭国府を経由して北上し、日本海沿いに進み、愛発関に入ろうとしたものであろう。第二の逃走ルートは船に乗り逆風で塩津に渡れなかったが、塩津から愛発への道で、深坂峠を越えて日本海に通じる最短コースで、官道ではないが『万葉集』や『紫式部集』『延喜式』にも登場する古代の北陸物資運送のメインルートである。第三の逃走経路は「山道」であるが、湖西から愛発関の抜

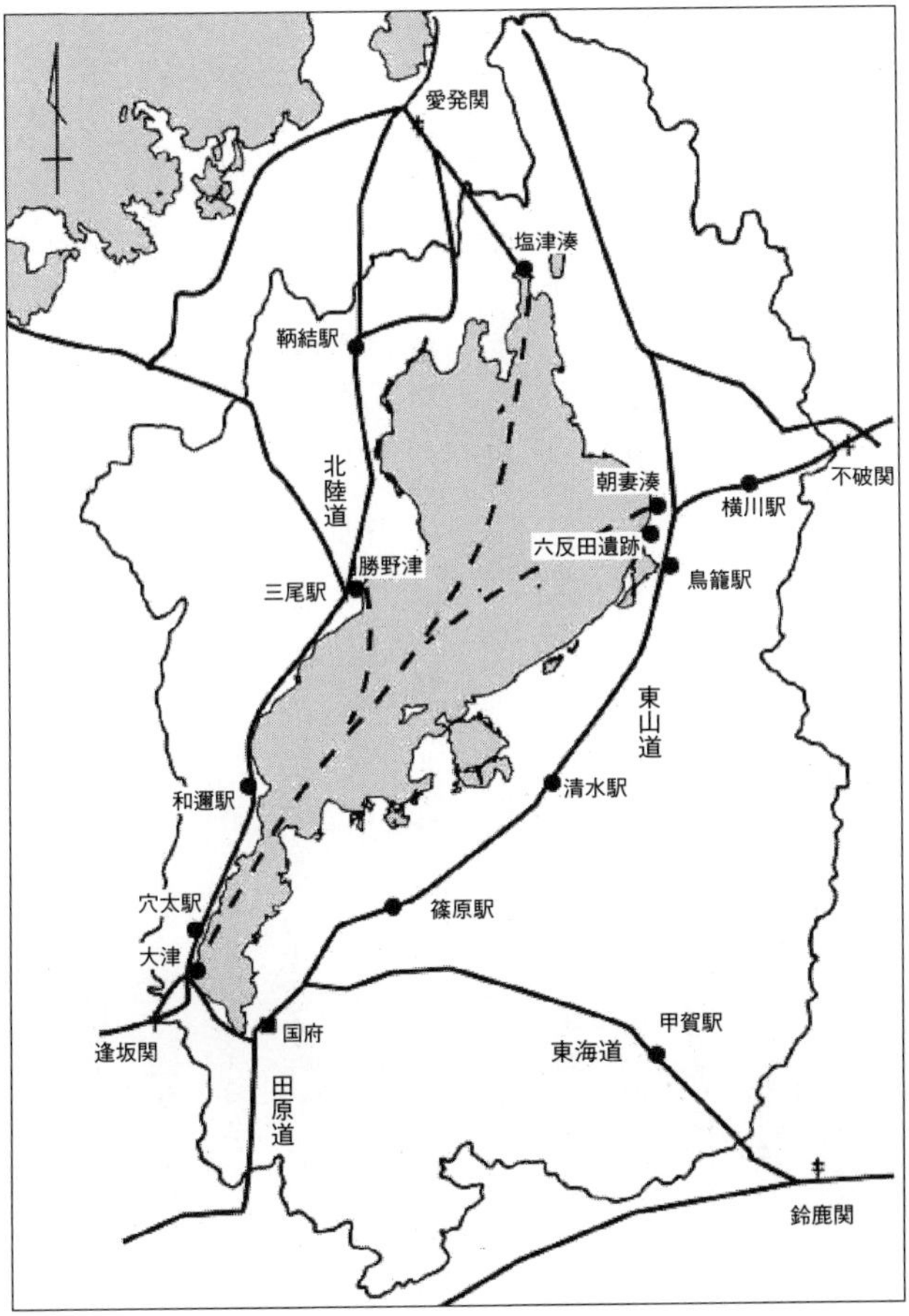

図１　古代近江の交通路

ける古代の間道であったと思われる。この「山道」のルートは諸説あるが足利健亮はマキノ町白谷から知内川の支流である八王子川を遡上し国境の鞍部を越え、黒河川を下り敦賀市雨谷・山などを経て松原に至るルートを推定している（足利健亮、一九九六）。金田章裕は古代北陸道が本来近江国から若狭国を経て越前国に向かったルートが、平安時代には近江の木津周辺で若狭ルートと越前直行ルートに変更された可能性を指摘している。天長九年（八三二）六月己丑条「越前国の正税三百束を、彼の国の荒道の山道を作りし人、坂井郡の秦乙麻呂に給う」（『類聚国史』巻八三）とある。この「荒道の山道」が越前直通ルートで、それに伴い、新たに高島郡鞆結駅が新設され、マキノ町小荒路を経由し、追分から敦賀の松原駅へと進んだものとされる。また、このルートが押勝の乱の当時には未開通の官道として「山道」と認識されていたとされる（金田章裕、一九九七）。

押勝の乱に関連するいくつかの遺構が見つかっている（平井美典、二〇一〇）。まず、クーデターの原因とされる押勝と孝謙上皇・道鏡派との対立の舞台となった保良宮跡である。保良宮推定地は瀬田川右岸の丘陵上にあり石山国分遺跡として数回の発掘調査がなされており、大型の東西棟の掘立柱建物や築地雨落溝、道路側溝などが見つかっている（大津市教委、二〇〇二）。押勝が逃亡を図った近江国府は勢多唐橋を渡った瀬田川左岸の丘陵上に位置し、正殿、後殿を主軸に東西に脇殿を持つコ字型の建物配置で平城宮に共通する本格的国庁建築で、さらに近年の調査で、政庁の東にも木造外装基壇をもつ政庁廓と同規模の東郭が見つかっており、西側にも同規模の西廓の存在が推定されている（滋賀県教委、二〇〇二・二〇〇四・二〇〇七）。このほか、周辺の官衙遺跡から道路状遺構が確認され、堂ノ上遺跡や中路遺跡では幅一一～一二mの官道と思われる側溝や青江遺跡では築地と築地の間隔が二〇数mの推定朱雀大路も調査されている（大津市教委、二〇〇九）。『続日本紀』に記された勢多橋と田原道も発掘調査で分かってきた。古代の勢多橋は現在の瀬田唐橋より約八〇m下流に構築され、四時期を経て徐々に現在の位置に移動してきた（滋賀県教委・滋賀県文化財協会、一九九二）。最も時期の古い第一橋は大規模な土木工事を伴うもので、韓国慶州の新羅月城の月精橋の基礎構造と類似することから渡来系の技術者による構築と考えられている。第一橋は基礎構造材の年輪年代や無文銀銭や出土遺物から七世紀後半の構築とされて、六七二年の壬申の乱で近江軍と天武軍が勢多橋の攻防をおこなった時期の遺構とされる。また、第二橋が第一橋の上流約一五ｍで見つかっている。構造設計は第一橋とほぼ同じで、和同開珎など出土遺物から八世紀代の橋脚遺構と推定され、近江国庁の時期に比定さる。押勝の乱に際し追討軍が先回りをして焼いた勢多橋は、発見された第二橋となる。

追討軍がたどった田原道と推定される道路跡が近江国庁から南へ約五㎞の瀬田川左岸にある関津遺跡から見つかっている（滋賀県教委・滋賀県文化財協会、二〇一〇）。道路跡は延長二六〇ｍの直線で、道路幅は一五ｍと官道規模の大きさである。この道路は八世紀前半から九世紀代後半にかけて存続し、道路の両側には道路と並行して一〇〇棟近い掘立柱建物や井戸など立ち並ぶ官衙を思わせる遺構群である。推定する田原道は奈良から現在の国道二四号、国道三〇六号を経由し宇治田原で北上し大津市大石から関津峠を越え、発見された関津遺跡の道路跡に通じていたとみられる。さらに北上すると近江国庁または保良宮に向かっていたものと推定される。

『延喜式』では近江国駅家が北陸道には「穴太」「和邇」「三尾」「鞆結」とある。「鞆結駅」の所在地は高島市マキノ町石庭にかつてあった鞆結神社の周辺に推定されている。石庭から約一㎞南の極楽寺遺跡で、八世紀後半から一〇世紀にかけての南北方向に方位をもつ二間×二間の総柱建物が八棟、柵列、溝などが発見されている（滋賀県教委・滋賀県文化財協会、二〇一〇）。周辺は高島郡の大処郷の推定地で、建物は郷家の倉庫群とみられる。鞆結駅が設置されたと思われる時期にも近く、郷家周辺に駅家が設置されていたと考えられる。また、高島市マキノ町白谷から東に向かい現在の国道一六一号につながる地点に高島市マキノ町小荒路があるがその手前の小荒路十寺遺跡から九世紀前半ころの「常大家」「大家」などの墨書土器・転用硯・緑釉陶器・銅銭などが沼沢地から出土している（滋賀県教委・滋賀県文化財協会、一九八五）。一般集落とは異なる出土遺物で公的な性格がうかがえることから、越前側の愛発関を「大関」とすると、近江側の「小関」跡とも推定もされている（白井順子、一九八五。舘野和己、二〇〇六）。

恵美押勝の乱における逃走経路は公道である東山道から北陸道を利用して、追いつめられると湖上交通を用いるが、これも不可能となると、未開の山道を利用している。いずれも愛発関を目指しており、近江から越前への峠を越えようとしているが、栄華を誇った押勝も越前への峠を越えることはできず琵琶湖畔で没した。

三　京と北陸の結節点の塩津

琵琶湖の最北端に位置する長浜市西浅井町塩津浜に位置する塩津港遺跡は、二〇〇六年（平成一八）から二〇〇八年（同二〇）にかけての発掘調査で平安時代後期の祭祀遺構が見つかった（滋賀県教委・滋賀県文化財協会、二〇〇六・二〇〇七・二〇〇八）。遺構は地表下約二ｍの標高は八三・五ｍ前後で、現在の琵琶湖の標準水位より約一ｍ低い地点で、沼や低湿地で囲まれた河口の三角州の砂地上に構築されている。堀で囲まれた一辺約五〇ｍ四方の区画が二区画あり、第一神社遺構・第二神社遺構と称している。第一区画内には神社を構成する主要な施設が検出されており、遺構は南北方向に主軸を持ち、建物は南面し琵琶湖を正面にする。第一区画は一一世紀後半から一二世紀後半の遺構面が検出され、下層には八・九世紀代の遺構面も確認されている。

第一区画の主な遺構は神社の本殿がほぼ正方形の一辺約二・六ｍ×一・九ｍと、それを取り囲む一辺約七ｍの石敷遺構である。二〇〜三〇㎝大の自然石を水平にして組み合わせる。内側の石敷上には本殿となる井桁土台造の小型建物が据えられていたと思われる。外側の石敷は本殿を取り囲む玉垣状の遺構とみられる。第二遺構面では本殿は二間×三間の掘立柱建物で上層遺構よりやや規模は大きい。周囲には瑞垣状の浅い溝がある。本殿の前面には拝殿と考えられる三間×三間の掘立柱建物があり、この建物は何回か建て直されている。第二遺構面で二基の井戸を検出し、建物を正面にして右手（東側）にある。曲物の井戸枠を据え南側の正面のみ石を組む。神社における井戸は神水を汲む神泉としての重要な役割を持つ。鳥居は建物の軸線上の真南で本殿から約三〇ｍの地点の堀の内側に、直径約五〇㎝の柱根が一基見つかっている。堀は幅二ｍ、深さ六〇㎝ほどで施設の周囲を巡っている。参道に当たる施設正面の南口は陸橋になる。南側の堀は何回か掘り返され徐々に外に広がって、一番外側の一二世紀後半の堀跡から大量の木札や木製品が出土し、一一世紀前半の遺物を含む堀からも木札が出土しているが文字は不明である。西側の堀は第二区画の堀と重複する。北側の堀には橋が掛かる。堀の内側には門跡と思われる石積がある。北側の堀からは木札のほか五体の神像、神社本殿と思われる小型建物の建築部材などが出土している。

拝殿前の広場には破砕された無数の土師器の皿や焼け炭が散乱している。神殿周辺からは呪符を記した墨書土器が出土している。本殿の軒を飾った剣頭文軒平瓦もある。金銅製鳥足形、金銅製飾り金具など小型建物（神殿）の飾り金具もある。五体の神像は秘神として本殿に祭られ、華鬘《けまん》、欄干、懸魚、蕨手、風招《ふうしょう》、垂木、棟飾りは小型の神殿の外装に使用されたものである。木簡は起請札、荷札、卒塔婆、権現札などがある。漆器椀、大量の箸や燃えさし（松明用か）は祭礼に伴うものであろう。

四　起請札とその祭祀

神社遺構を廻る堀跡から約三〇〇点以上の木簡が出土している（横田洋三・濱修、二〇〇八・二〇〇九）。そのほとんどは起請札で、この神社において起請文の祭祀を行っていたことが分かる。年紀を記す木札は保延三年（一一三七）～建久二年（一一九一）まで五四年間に二二例ある。主に保元二年（一一五七）四例、平治元年（一一五九）五例、永暦元年（一一六〇）三例で、久寿二年（一一五五）から永暦元年（一一六〇）までの五年間で一四例の記載があり、平家台頭の時期に集中している。

塩津起請札の特徴はいくつかある。まず、起請文の記された木札の出土は初めてである。また、現存する最古の起請文は久安四年（一一四七）の「三春是行起請文」（『平安遺文』二六四四）とされるが、五二号札は保延三年（一一三七）で一一年も古い起請文である。木札の多くは破損しているが、いくつかの完形品は一・五ｍから二・二ｍ程の長大なものが多い。紙に書かれた「三春是行起請文」は二五〇文字以上の文字数があり、塩津起請文も二〇〇文字前後もあり長大な木札を必要とした。また多くの木札が刃物で切断されたり折られた痕跡が残る。起請文は長文のため段落（刻線）で区切っている。木札の多くは墨書が消え文字の部分が風化せず浮き上がった状態（浮き文字）となっていることから、現代の寺社の奉納札のように長期間屋外に掲示されていたと思われる。起請文の書式にも多くの特色がある。書式であるが従来の「前書」＋「神文・罰文」ではなく、「神文」＋「誓文」＋「罰文」で統一されている。この形式を「勧請型起請文」と呼び、石山寺文書や葛川明王院文書に残る起請文と同様の形式で近江に多く所在する（千々和到、二〇〇五）。塩津起請文は地域的特色をもつものではなく形式的に古い形態を踏襲していると思われる。神文は起請文の形式に則り、まず梵天・帝釈を筆頭に炎魔法王など天上の神仏を勧請する。地上の神仏は王城鎮守神では（石清水）八幡三所、当郡では竹生島弁才天女、近江では（日吉）山王七社、当所では塩津五所大明神が必ず筆頭に記される。起請者は姓を持つ人物で、その内容から主に荷物の運搬を生業とする者であろう。罰文は誓いを破ったら八万四千の毛穴より神罰・仏罰を蒙るとした定型化した文言である。

起請文が神社遺構に伴って出土したことは、起請文の祭祀がどのように執り行われたかが分かる稀有な例である。この場所が「誓約の場」であったのだろう。神前において、火を焚き、鉦を打ち鳴らし、神仏を勧請し、起請文を読み上げ誓約する。神水を飲み回し、神仏と共に飲食する(千々和到、一九八三)。塩津港遺跡の拝殿前面には無数の土師皿の破片や松材の燃えさしが散乱していた。堀には漆器椀や大量の箸が投棄されており、神前で神との饗宴が行われたものと思われる。また検出された井戸の神泉を酌み交わし一味神水を誓い合う。誓約された起請文は一定の期間の神社の屋外に掲示されて、誓約が完了(成就)した後、刀で切断されたり折られたりして、堀に廃棄されたものであろう。神聖な神社のイメージとは異なる遺構・遺物も多い。区画内の広場には馬頭の埋納土坑などもある。遺物では陰陽道の祭祀に関連すると思われる遺物(土師皿・注連縄・幣串のセット)、神像、卒塔婆、呪符墨書土器などがある。平安時代の末期の神仏習合を象徴する内容であり、また在地住民層の混沌とした生命力に満ちた信仰を示す遺構・遺物といえる。なお、千々和到は塩津の起請文は神前に奉納され、墨の残るものと浮き文字になっているものの違いから中世の「籠名」の可能性を示唆している(千々和到、二〇一二)。起請札は参籠起請などの中世における裁判の可能性も考慮すべきであるが(濱修、二〇一一)、現状ではそこまでの起請文の詳細な分析はできていない。

五　木札からみる物流

塩津起請札の多くは墨書が消え浮き文字となっているため、肉眼での解読は困難を要する。起請文の前半部分の神文や末尾の罰文は一定の書式があり、数文字解読できれば神仏の名前など類推することができるが、起請文の主要部である誓約文は木札ごとに内容が異なり、仮名文字なども多く解読は困難である。そのなかで、五二号札はほぼ完全に墨書が残されており文字を判読することができる。

維年次保延三年七月廿九日以請申天判事　コトニハ当所鎮守

再拝　上界ニハ大梵天王躰尺天衆四大天王　五所大明神

下界ニハ王城鎮守八万大菩薩賀符下上　稲懸祝山

惣十八大明神別シ天ハ当国鎮守山王七社　津明神并

若宮三所　＝

惣天ハ日本朝中一万三千七百餘所大小神等御前如

＝　驚奉元者草部行元若此負荷内魚ヲ

一巻にて毛取なかして候ハ近ハ三日遠ハ七日内

行元身上上件神御神罰ヲ八万四千毛口穴如加ふるへくと申

全長一四一八㎜、幅一二七㎜の木札に起請文が四段に区切られ四行から五行で記されている。上三段と四段一行目までは神文で、四段目の三行目から四行目は罰文である。主要な誓約文は四段目の一行半のみである。起請文において神文と罰文の果たす役割がいかに大きかったかが理解できる。誓文は「草部行元は負荷のうち、魚を一巻きでも取流すなら（したなら）」の二三文字であるが、多くの情報を読み取ることができる。起請者が草部行元で姓を持つ一定の階層身分であること、負荷から荷物の運送を請け負っていること、その荷物は魚であること、取流すから琵琶湖での運送に係わる人物であることなどが分かる。

そのほかの起請札の誓文にも物資運搬に係わる記載がみられる。「盗取テ其米ヲ取」（三号札）「御庄供米、一升若二三升にても取りくわれ」（一〇号札）「白米二斗」（一九号札）

「一石盗取タルヲ」（二八号札）「千僧供米、米十石五斗」（七九号札）

これらの誓文は多くは「米」に関する記載で、それらを「盗取」「取る」などの語句が多く見受けられる。運送を請け負った米などの物資を「盗まない、取られない、盗んでいない」との誓いと思われる。また「御庄供米」や「千僧供米」は荘園から荘園領主への貢納米の運送に関する起請文であろう。北陸からの魚や米などの物資が塩津に集積され、船で大津などに運ばれた。物資の流れは『延喜式』主税上の諸国運漕雑物功賃によると北陸道の貢納物は若狭が湖西の勝野津から大津へ船で運び、若狭を除く五国は海路で敦賀に集め、陸路で塩津までたどり、塩津から琵琶湖の湖上を船で大津に運び、陸路で京都に運んでいる。北陸諸国の貢納物が敦賀に海路で運ばれ、陸揚げされた物資は塩津街道を経て深坂峠を越え、塩津に集積される。塩津に集積された物資は権門勢家の運搬の依頼を受けた船主が物資の安全な運搬を起請文に誓い、琵琶湖の湖上を船で大津に運搬し、陸路を京都や奈良に運搬したものであろう。

このルートはいくつかの史料からの知ることができる。治暦元年（一〇六五）九月一日の越前国司に宛てた「太政官符写」（『平安遺文』補二七三）には、近江国に関する記載がある。

応レ停下止路次国国津泊等、号二勝載料一、割中取運上調物上事、

近江国　塩津　大津　木津

若狭国　気山津

越前国　敦賀津

右、得二同前解状一偁、謹検二案内一、当国者北陸道之中、是難治之境也、九月以降三月以前、陸地雪深、海路波高、僅待二暖気之期一、運二漕調物一之処、件所所刀禰等、称二勘過料一、拘二留調物一、割二取公物一、寃二凌綱丁一、徒

送二数日沙汰一之間、空過二参期一、遅留之怠（後略）

この太政官符は弘安一〇年（一二八七）七月三日（『鎌倉遺文』一六二九〇）に「越中守源仲経申状」としても引用されている。一三世紀後半の約二二〇年後に再び古い官符を引用せねばならない社会状況であった。太政官符写では北陸からの物資が近江の塩津や木津の港に集積され、琵琶湖の湖上交通をつかって大津に運ばれていることが分かる。『延喜式』と同じルートで運搬されている。木津は今津に対する古津で、現在の高島市新旭町饗庭の湖岸付近くにあった木津庄周辺であろう。そして、旧暦の一〇月から二月までは陸路は雪が深く、海路は波が高いため物資の運搬を停止していた。それぞれの津には津刀禰が存在し、調物の運送に対し運送の困難な冬期間は荷物を留め置いて、調物の運送の指揮監督をした綱丁を威嚇し、勝載料（船荷の積載量に応じ科せられる港湾修理費）や勘過料（通行料）と称して貢納物を割取っている。塩津湊にも津刀禰が存在しており、津刀禰は各港の港湾の修理を任されていたほか集積する物資を一括して管理し、運送に関しても差配していた。塩津の神社で起請文の祭祀にも津刀禰の関与があったものであろうか。最近の発掘調査で見つかった塩津港の一二世紀中葉以降の港湾施設は汀線に礫で護岸し、陸側に杭と横木で埋め立てを行っている（滋賀県教委・滋賀県文化財協会、二〇一二）。『類聚三代格』貞観九年（八六七）四月一七日の太政官符は「而沙石之構遂年漸頽。風波之難随レ日弥甚。往還舟船屢遭二没溺一」とあり、志賀の和邇の泊が年を経て破損し、船の往還に支障をきたしていることから国司に命じ修理・維持させる官符である。この「沙石之構」は砂と石とで構築された港のことである。塩津港で発掘された湖岸施設が礫敷きと杭・横木で組んだ枠に砂を入れ埋め立てた港湾施設と「沙石構」は一致する。

塩津起請札にも治暦元年の太政官符写と類似した季節感を知ることができる。先にも述べたが起請文の年紀は古いもので保延三年（一一三七）から、最も新しいもので建久二年（一一九一）までの五四年間の記載がある。起請札の記載年の月日であるが、月日の分かる例が二〇例ほどあり、その季節は二月から一〇月までに限定されている。先にあげた治暦元年の太政官符写にも北陸からの荷物の運送を一〇月から二月までの冬場の期間は停止している。塩津は現代でも冬場は一m近い積雪があり道路の除雪作業に追われ、琵琶湖では季節風による三角波が立ち、地元の漁師は漁を停止することが多い。平安時代では大雪による輸送経路の停止、季節風による琵琶湖の水運の停止は当然の結果であろう。重要なポイントは塩津起請札に表記された季節が治暦元年の太政官符写にみる北陸の物資運送の時期と一致する点である。塩津での起請文祭祀は冬季間には実施されていないことが分かる。その理由は起請札が出土した神社が琵琶湖の湖岸にあり、船で参拝する神社であったため、季節風が強く、積雪の多い時期には参拝されていなかったこと。第二には北陸からの物資が搬入されることがないため、物資の安全な輸送を起請する運送業者には、この時期には湖上運送の仕事がなかったことによる。

　寛平六年（八九四）七月一六日「太政官符」（『類聚三代格』巻一九）には「応レ禁下止諸院諸宮諸司諸家使等強中雇往還船車人馬上事」として近江や北陸道などの各国で、権門勢家の使者が中央への官米などの貢納物を運送しようとする馬や船を途中の路頭や津で強制的に雇い上げようとしている。国家の必要より自家の利害を優先させた院宮王臣家の動きを指摘している（高橋昌明、一九八四）。すでに、九世紀後半から権門勢家が国衙の貢納物の運送に介入している。治暦元年の官符でも津刀禰の官物の押領が冬期間行われていたとあるが、こうした押領事件は日常的に行われていたのであろう。一二世紀後半の塩津起請札にみる物資の運送は「御庄供米」「千僧供米」など個々の権門勢家の依頼による私的な運送が主であったと思われる。こうした背景に起請文の誓約がなされたのであろう。なお、船札と思われる木札もある。「海運守護文治三年」云々（八三号札）とあり、誓約文は明瞭ではないがまさに湖上の水運を祈願したことが分かる。

また、京都から越前に向かうルートの最短コースとして公道である北陸道以外に、塩津から深坂峠を超え敦賀に向かうルートがしばしば登場する。

「塩津山打ち越え行かば我が乗れる馬ぞつまづく家恋ふらしも」（『万葉集』巻三―三六五）は笠朝臣金村が京から北陸に下る際に塩津山（深坂峠）を馬で越える様子が詠われている。

老津島島守る神や諫らむ浪もさわがぬ童べの浦

知りぬらむ往来にならす塩津山世に経る道はからきものぞと（『紫式部集』）

二首は長徳二年（九九六）九月に紫式部が父藤原為時の越前国主赴任に従った時の歌で、前者は琵琶湖を船で渡っている時の歌である。老津島は草津市志那付近か近江八幡市沖島を詠んだとされているが、角田文衛は「老津島」を塩津大川河口の砂州の大嶋に比定し「島守る神」を現存する塩津神社と考え、紫式部が参拝し旅路の平安を祈願したとしている（角田文衛、二〇〇七）。角田の老津島の推定は的を射たもので、発掘調査で神社遺構が発見されたその地点である。そうなると紫式部が参拝したと思われる「島守る神」は現在の塩津神社でなく、発掘調査で見つかった神社遺構の下層にあると思われる一〇世紀代の神社であろう。上陸した紫式部は塩津で船から馬に乗り換えて越前に向かった。現在の国道八号が通る塩津より沓掛から新道野を経由し疋田に至る塩津街道が開削されるまでは、沓掛から疋田へは深坂峠を越えていた。笠金村と紫式部が詠んだ塩津山は塩津街道を北上し沓掛から疋田に至る深坂峠のことで、峠の狭隘な急坂での出来事を詠っている。船から降り越前に向かう行程で、いずれも馬に乗って峠を越えているが、塩津には常に馬は配備されて雇うことができた（山尾幸久、一九九七）。養老厩牧令では三〇里ごとに駅家が置かれ、駅馬は大路の駅には二〇疋、中路の駅には一〇疋、小路の駅には五疋、主要な郡家に伝馬が配置されるのが原則であった。塩津は北陸道の駅家ではないのでこの規定は適用されないが、常に運送馬が配備されている駅家的な役割を持つ港湾施設であったと思われる。治暦元年（一〇六五）の「太政官符写」では津刀禰が塩津の貢納物資の管理や勝載料の名で港湾の修繕費と称し貢納物を割取っている。運送馬（駅馬）の管理を行う、また港湾の維持管理を行う津刀禰のような役人が存在していたのであろう。

また、塩津起請文に「判官代牛取曳テ」（四三号）とある。物資の運搬は馬が多く登場するが、牛を用いて物資の運送をした可能性もある。牛や馬は陸上の運送に用いられるものである。北陸からの塩津での物資の移動は船で京都方向に運搬されるだけでなく、京都から塩津をへて北陸地方への流通経路もあった。物資や人物を牛馬に乗せ塩津街道を北上し深坂峠を越え越前国に入った。また、塩津港遺跡出土の土師皿は京都産のもので、掘立柱建物の軒先に葺かれた剣頭文瓦や漆器の椀などの出土遺物は平安京出土品と類似する。これらの物資は平安京やその周辺で生産されたものが運ばれ、そのほかにも織物や金属製品など京都周辺の生産物が塩津を経由して北陸各地へ運ばれたことであろう。

おわりに

山に囲まれた湖国・近江は琵琶湖を無視してその歴史を語れない。交通の要衝にあり、とりわけ湖上交通は重要な役割を果たしてきた。古代において東国や北陸各地からの物資は峠を越え近江に入り、多くは湖上交通を利用し、瀬田川から宇治川、木津川を経て藤原京や平城京に運搬された。平安遷都後は湖上を運搬された物資の多くは大津周辺で陸揚げされ、逢坂山の峠を越え京に運ばれた。

湖上交通の湊は各地で栄え、塩津湊は北陸と、朝妻湊は東国と、平安京を結ぶ物資の流通拠点であった。塩津湊は彦根市六反田遺跡や金沢市上荒屋遺跡のような権門の私的な港湾施設ではなく、国司の差配下にある津刀禰のような役人が管理する公的な港湾施設であったと思われる。律令体制の成立後まもなく中央政府への正税、庸調物、権門勢家への貢進物や民衆の消費物資や生活物資の運搬は、国家的統制の網をくぐり地方役人の横領や盗賊集団の横行、運送業自身の横領などが頻発していたと思われる。また、湊と物資の運送をめぐる国衙と権門の支配権争いをかいま見ることができる。塩津起請札に誓約された内容は国家的支配下のある塩津湊で、古代末期の混乱の中で成長する新たな民衆の息吹を感じさせる。

参考文献

足利健亮、一九九六「古北陸道の変遷と条里遺構」（『志賀町史』一）
内田保之、二〇一〇「愛発関と北陸道」（『紀要』二三、財団法人滋賀県文化財保護協会）
大津市教育委員会、二〇〇二『石山国分遺跡発掘調査報告書』
　二〇〇九『近江国府関連遺跡発掘調査報告書Ⅴ青江遺跡・中路遺跡』
門井直哉、二〇一一「敦賀周辺の古代交通路と地域認識」（鈴木靖民・荒井秀規編『古代東アジアの道路と交通』勉誠出版）
金沢市教育委員会、二〇〇〇『上荒屋遺跡Ⅳ』
金田章裕、一九九七「古道と条里」（『今津町史』一）
財団法人滋賀県文化財協会、二〇〇七『丸木船の時代—びわ湖と古代人』（サンライズ出版）
滋賀県教育委員会、二〇〇二・二〇〇四・二〇〇七『史跡近江国庁跡附惣山遺跡・青江遺跡調査整備事業報告書Ⅰ〜Ⅲ』
滋賀県教育委員会・財団法人滋賀県文化財協会
　一九八五『ほ場整備関係遺跡発掘調査報告書ＸⅡ—八』「第一章　高島郡マキノ町小荒路十寺遺跡」
　一九九二『瀬田川浚渫工事関連埋蔵文化財発掘調査報告書Ⅱ　唐橋遺跡』
　二〇〇五『ほ場整備関係（経営体育成基盤整備）遺跡発掘調査報告書三二—二　芦刈遺跡・大中の湖南遺跡』

二〇一〇『ほ場整備関係（経営体育成基盤整備）遺跡発掘調査報告書三七―四　関津遺跡Ⅲ』
二〇一〇『県道小荒路牧野沢線道路改築事業に伴う発掘調査報告書　極楽寺遺跡Ⅱ』
二〇〇六・二〇〇七・二〇〇八・二〇一二「塩津港遺跡発掘調査現地説明会資料」
二〇一三『中山間地域総合整備関係遺跡発掘調査報告書三―一　六反田遺跡Ⅰ』
白井順子、一九八五「律令制下の関について」（『滋賀考古学論叢』二）
高橋昌明、一九八四「対外交易と湊津―敦賀と小浜―」（『福井県史』通史編二　中世）
舘野和己、二〇〇六「古代越前国と愛発関」（『福井県文書館研究紀要』三）
千々和到、一九八三「誓約の場の再発見―中世民衆意識の一断面」（『日本歴史』四二二）
二〇〇五「中世の誓約文書＝起請文の二つの系列」（『國學院雑誌』一〇六―一一）
二〇一二「塩津・起請文木簡の古文書学的考察」（『國學院雑誌』一一三―六）
角田文衛、二〇〇七『紫式部伝―その生涯と『源氏物語』―』（法蔵館）
錦　昭江、二〇〇二『刀禰と中世村落』（校倉書房）
濱　修、二〇一一「塩津起請文札と勧請された神仏」（『紀要』二四、財団法人滋賀県文化財保護協会）
平井美典、二〇一〇『藤原仲麻呂が作った壮麗な国庁・近江国府』（新泉社）
堀　真人、二〇〇九「滋賀県・六反田遺跡」（『木簡研究』三一、木簡学会）
松原弘宣、二〇〇四「琵琶湖の湖上交通について」（続日本紀研究会編『続日本紀の諸相』塙書房）
山尾幸久、一九九七「古代近江の早馬道」（『古代の日本と渡来の文化』学生社）
横田洋三・濱修、二〇〇八・二〇〇九「滋賀県・塩津港遺跡」（『木簡研究』三〇・三一、木簡学会）
横田洋三、二〇一一「塩津港遺跡に見る神社遺跡調査の現状と課題」（『人間文化』二八、滋賀県立大学）

4　アズマへの道と伊賀国

中　大輔

はじめに

本稿では、「山国」である伊賀国の七世紀後半における交通路の復元と、それに付随するいくつかの問題について考察する。

地域景観の復元は社会構造を明らかにする上で必須の作業である。特に交通路はその地域の政治的・経済的な性格を規定する条件の一つであり、当該期の都鄙間交通の全体構造を明らかにする上でも、個別地域における交通環境の具体的解明を積み重ねていくことは大きな意義を持つ。

伊賀国は、四方を大和国・山城国・伊勢国・近江国に囲まれ、海を持たない「山国」である。阿拝郡・山田郡・伊賀郡・名張郡の四郡からなる小規模な国であり、七道制では東海道の冒頭に位置する。『延喜式』の兵部式駅伝馬条によれば伊賀国に駅路は通っていないが、主税式の駅馬直法条や駅馬死損条には伊賀国の記載もあり、仁和二年（八八六）に近江国甲賀郡から伊勢国鈴鹿郡へと向かう「阿須波道」が開かれる以前には、伊賀国内にも駅家が設置されていた（『日本三代実録』仁和二年五月十五日癸巳条）。また、平城京遷都後の和銅四年（七一一）に阿拝郡に新家駅（伊賀市島ヶ原大道付近か）が設置されており（『続日本紀』和銅四年春正月丁未条）、平城京段階の東海道駅路は木津川～柘植川沿いに伊賀国北部を横断していたことが知られる（直木孝次郎、一九七一）。

本稿で取り上げる七世紀後半における伊賀国内の交通路については、『日本書紀』巻二十八（以下では壬申紀と略する）に壬申の乱に際して大海人皇子（後の天武天皇）が吉野から美濃へと向かった経路が詳細に記されており、多くの復元研究も蓄積されている。以下では先行研究を参照しながら大海人皇子の東行路を復元し、若干の私見を述べたい。

なお、『先代旧事本紀』や『扶桑略記』によれば伊賀国は天武九年（六八〇）に伊勢国から分立したとされている（早川万年、一九八四）。壬申の乱の段階では伊賀国はまだ成立していなかったことになるが、以下では便宜的に分立後に伊賀国となる地域も「伊賀国」として表記する。

一　壬申紀の大海人皇子東行路

壬申紀が描く壬申の乱の経過は以下の通りである。

天智天皇の死後、吉野に隠棲していた大海人皇子は、大友皇子が自分を討とうとしていることを知り、東国への脱出を試みる。天武元年（六七二）六月二十四日、大海人皇子は部下を倭京留守司のもとに派遣して駅鈴（駅制の利用許可証）を求めさせるも失敗に終わり、駅鈴を得られないまま大海人皇子らは吉野宮を出発する。その日の夜に伊賀国内を西南から東北へと通過し、翌日には大津宮から甲賀を越えて来た息子の高市皇子らと合流、加太越えで伊勢国鈴鹿郡に到る。さらに東へと向かった大海人皇子らは、翌日には桑名郡家、二十七日には美濃国不破郡家へと到着、不破郡の野上を本陣として大友皇子との間に戦端が開かれる。各地での戦闘の結果、大海人皇子は大友

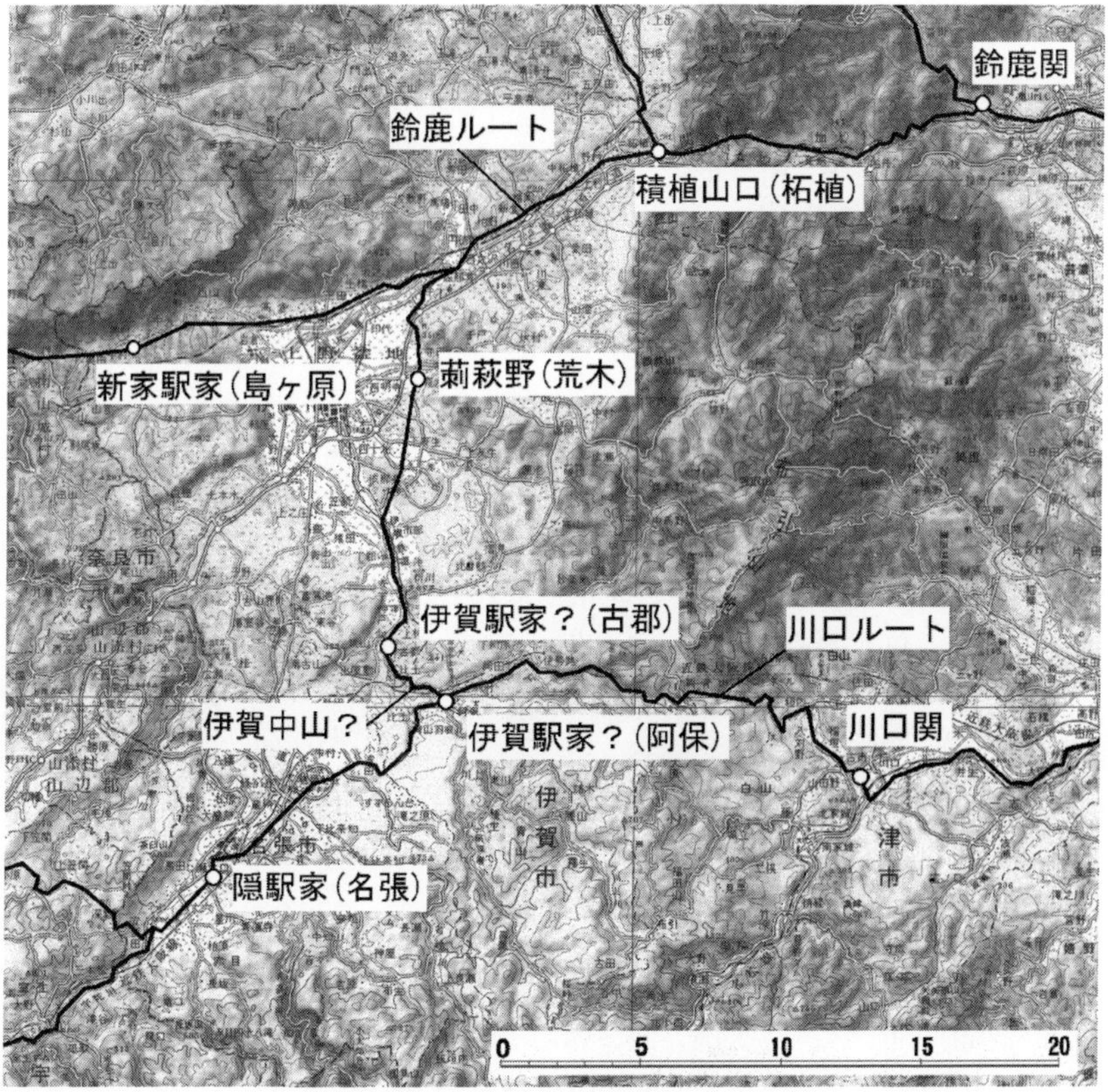

図１　伊賀国交通関係地図

※国土地理院20万分の１地勢図をもとに作成
※図中の復元路線は現在の道路にもとづく概略的なもの

皇子を破り、大友皇子は七月二十三日に自殺に追いこまれる。乱に勝利した大海人皇子は九月に倭京に戻り、飛鳥浄御原宮で翌年に即位する。

壬申紀には「駅鈴」「駅家」「駅使」などの駅制に関する語句が散見し、倭京を中心とした交通路網の存在と、その交通路網上での駅制の利用が開始されていたことが窺われる。駅戸編成などの点ではなお律令駅制は未完成であったが、全国に駅家を設置して駅馬を常備させ、駅鈴を有する使者の利用に供するという律令駅制の原型は、壬申の乱以前の斉明～天智期に成立していたと考えられる（永田英明、一九九九。中村太一、二〇〇六）。

ここで、壬申紀の伊賀国内該当箇所を掲げ、その経路を辿っていきたい。

『日本書紀』天武元年六月甲申条

及二夜半一到二隠郡一、焚二隠駅家一。因唱二邑中一曰、天皇入二東国一。故人夫諸参赴。然一人不レ肯レ来矣。将レ及二横河一、有二黒雲一。広十余丈経レ天。時天皇異之。則挙レ灯親秉レ式占曰、天下両分之祥也。然朕遂得二天下一歟。即急行到二伊賀郡一、焚二伊賀駅家一。逮二于伊賀中山一、而当国郡司等、率二数百衆一帰焉。会明、至二莿萩野一、暫停レ駕而進食。到二積殖山口一、高市皇子、自二鹿深一越以遇之。民直大火・赤染造徳足・大蔵直広隅・坂上直国麻呂・古市黒麻呂・竹田大徳・胆香瓦臣安倍従焉。越二大山一、至二伊勢鈴鹿一。爰国司守三宅連石床・介三輪君子首、及湯沐令田中臣足麻呂・高田首新家等、参二遇于鈴鹿郡一。則且発二五百軍一、塞二鈴鹿山道一。

大海人皇子一行は六月二十四日のうちに吉野郡の吉野宮から菟田郡の大野（宇陀市室生区大野付近）まで進んだところで日が暮れ、そこから隠郡（名張郡）に到り隠駅家に火をつける。ここでの隠駅家は横河（名張川が東西に流れる箇所）の手前にあるので、名張市中村付近と考えられている（足利健亮、一九八〇）。

横河を渡る際に黒雲を見た大海人皇子は占いによって一行の士気を鼓舞し、深夜に伊賀郡まで到来して、今度は伊賀駅家に火をつけている。伊賀駅家の比定地は伊賀市古郡付近とするのが通説であり、隠駅家からはほぼ現在の近鉄大阪線に沿って東北に進み、近鉄美旗駅付近の美旗古墳群を経て丘陵を越えて、伊賀郡へと入ったことになる。その後、大海人皇子一行は伊賀中山にて数百の兵を率いて帰参した伊賀国（伊勢国）の郡司らと合流し、夜明けまで移動を続ける。伊賀中山の比定地には諸説あるが、次の莿萩野との位置関係を考えれば依郡具から伊賀国分寺跡を通るルートが妥当である（北村稔、一九八六）。

ここで日が昇り、大海人皇子一行は莿萩野で休息を取る。莿萩野の比定地は伊賀国分寺のある台地上とする説と、柘植川沿いとする説に別れるが、現地では「ダラ」の字名が残る台地上の荒木に比定する説が根強い（村治圓次郎、一九二四など）。荒木ダラは後の伊賀国分寺とも一㎞程度の距離であり、この一帯を広く莿萩野と考えておく。

休息を終えた大海人皇子一行は台地から降りて柘植川を上流に進み、積殖山口で大津宮からやってきた高市皇子と合流する。積殖山口とは阿拝郡柘殖郷（中柘植・柘植町付近）であり、現在もＪＲ草津線と関西本線の合流点となっている。ここから東の加太越を通って伊勢国に入り、鈴鹿関に到る。

大海人皇子の伊賀国内の経路は、伊賀中山や莿萩野の比定をめぐって見解の分かれている箇所もあるが、従来の研究に依れば概ね右の通りである。しかしながら、筆者は以上のような通説的なルート比定に若干の異見を持っているので、以下に節をあらためて検討してみたい。

二　伊賀駅家と阿保頓宮

伊賀駅家の比定地は伊賀市古郡付近とする大西源一以来の説が通説であり（大西源一、一九一三）、近年は概ね異論なく受け入れられている。この説の根拠となるのは、伊賀駅家は名張から柘植への経路上に位置することと、古郡には伊賀郡家が置かれていたと考えられることである。古郡から北に約三・五km程離れた下郡遺跡からは延暦の年紀をもつ木簡が出土し、八世紀末には伊賀郡家は下郡付近にあったと考えられている（山田猛、一九七九）。古郡には下郡に遷る前の伊賀郡家（評家）の所在が想定されているのであるが、壬申の乱の段階でも伊賀郡家（評家）が古郡にあったという確証はなく、そもそも郡家（評家）と駅家が同所にあったとは限らないので、伊賀駅家を古郡とする説には必ずしも十分な根拠があるとは言えない。

伊賀郡内にあって名張から柘植への経路上に位置し、駅家を設置するのに相応しい場所を他に求めると、谷川士清の『日本書紀通証』が伊賀駅家を「疑ハ今ノ阿保駅」としていることが注目される。近世には、大和から伊賀を通って伊勢に抜ける主要な交通路として初瀬街道（伊勢街道）があった。初瀬街道は現在の国道一六五号線に踏襲されており、名張市から伊賀市阿保を通り、青山峠を越えて津市白山町に到る、伊賀南部を横断する街道である。阿保には初瀬街道の宿が置かれており、交通の要衝となっていた。また、阿保は初瀬街道と上野街道（現在の国道四二二号線）との分岐点ともなっている。上野街道は阿保から現在の近鉄伊賀神戸駅・青山町駅間の丘陵を北西に越えた後、木津川沿いに北行して上野市街へ向かう街道であり、途中の依那具付近から伊賀国分寺跡方面へと向かえば、壬申紀の大海人皇子東行路に一致する。

古代においても阿保が交通の要衝であったことは、天平十二年（七四〇）の聖武天皇の行幸に際して頓宮が置かれたことからも窺われる。聖武天皇は平城京を出発した後、大和国山辺郡竹谿村→伊賀国名張郡→伊賀郡安保頓宮（阿保）→伊勢国壱志郡河口頓宮（津市白山町川口付近）の順に移動し、使者を派遣して伊勢神宮に奉幣した後に、壱志郡家を経て鈴鹿郡赤坂頓宮へと向かっている（『続日本紀』天平十二年十月壬午条〜十一月乙未条）。この行幸記事では河口頓宮が「関宮」とも称されているが、平城宮跡からは川口関での検察に備えた過所様の木簡が出土しており（『平城宮木簡』一―七九）、阿保から川口へ向かうルートは関が常設される主要道であったことが分かる。
また、『江家次第』には斎王が凶事（天皇の死去など）で帰京する際は壱志頓宮↓川口頓宮↓伊賀堺屋↓阿保頓宮↓名張横川↓都介頓宮のルートを通ることが規定されており、聖武天皇行幸のルートは平安遷都以降にも利用されていたことが知られる（『江家次第』巻十二、神事、斎王帰京）。『顕広王記』には実際にこのルートが利用された事例を見ることができ、長寛三年（一一六五）という大きく時代の下る事例ではあるが、斎王好子内親王が斎宮から逸志駅家↓伊勢河口駅家↓伊賀駅家を経由して帰京している（『顕広王記』長寛三年十二月条）。ここでの伊賀駅家は伊賀神戸まで三十町（約三・二㎞）の距離とされており、阿保頓宮のことと考えて差し支えない。この段階の「駅家」は律令制的な駅家とは異なり、仮屋を設けたり国司・郡司の私宅を転用したりするもので（永田英明、二〇〇四）、『顕広王記』の記事を壬申紀の伊賀駅家比定の根拠にはできないが、阿保に置かれた施設を「伊賀駅家」と呼ぶ場合があったことは指摘できる。

聖武天皇が通った平城京↓山辺郡竹谿村堀越↓名張郡のルートは、平城京遷都後の霊亀元年（七一五）に開かれた「都祁山之道」と考えられる（『続日本紀』霊亀元年六月庚申条）。平城京遷都後の東海道駅路は山城国相楽郡岡田駅から木津川沿いに伊賀国阿拝郡新家駅へと向かうルートが取られているにもかかわらず（直木孝次郎、一九七二）、新たに都祁山の道が開かれているのは、名張↓阿保↓川口のルートが平城京遷都以前から継続して使用されてきたことを示すものであろう。

天武四年（六七五）に伊勢神宮に派遣された十市皇女・阿閉皇女らは津市一志町八太に比定される波田横山を経由しており（『日本書紀』天武四年二月丁亥条、『万葉集』巻一―二二）、飛鳥から伊勢神宮に向かうには名張↓阿保↓川口↓一志のルートを通ったと考えられる。また、大宝二年（七〇二）の持統太上天皇の三河行幸では名張や円方

（松阪市東黒部）の地名が経由地として歌に詠まれており（『続日本紀』大宝二年十月甲辰条～十一月戊子条、『万葉集』巻一―六〇・六一）、阿保→川口のルートを経て円方から伊勢湾を渡って三河に向かったと考えられる（遠藤慶太、二〇〇八）。後述するように、田中卓によって天武期の東海道は尾張を通らずに伊勢から渡海して三河へ向かっていた可能性のあることが指摘されており（田中卓、一九八〇）、七世紀後半から一貫して名張→阿保→川口のルートは大和から伊勢南部、さらには三河へと向かう主要道であったと考えられる。

河口頓宮には関が恒常的に設置されていたが、阿保頓宮も臨時に建てられたものではなく、駅家や郡家などの交通機能を持った施設を利用し、行幸や斎王群行時に整備されたものであろう。伊賀郡家が古郡ないし下郡に置かれていたとすれば、阿保には駅家が置かれていた可能性も指摘できる。平安時代初期に大規模な交通路政策の転換がおこなわれる以前には、七道の幹線以外にも多くの地方間交通路に駅家が設置されていたことが指摘されている（高橋美久二、二〇〇七）。八世紀には名張・阿保・川口などにも駅家が設置されていた蓋然性は高く、それが壬申の乱段階まで溯ることも十分想定できる。以上から、従来の伊賀駅家を古郡に比定する諸研究に対し、本稿では『日本書紀通証』の記述を再評価して、伊賀駅家を阿保に比定する説を提唱したい。

三　大海人皇子東行路と地域首長の動向

伊賀駅家を古郡に比定する従来の説においては、大海人皇子が通った鈴鹿を経由して伊勢北部に向かうルート（以下では鈴鹿ルートとする）と、阿保→川口を経由して伊勢南部に向かうルート（以下では川口ルートとする）は隠駅家を出た後に名張市小波田付近で分岐すると考えられていた。しかし、伊賀駅家を阿保に比定できるならば、近世の阿保宿が初瀬街道と上野街道の分岐点であったのと同様に、伊賀駅家が鈴鹿ルートと川口ルートの分岐点となる。

大海人皇子が通った鈴鹿ルートでは、隠駅家・伊賀駅家以降には「駅家」の記載が見られない。そのため、川口ルートが当時の幹線道だったことを前提に、鈴鹿ルートは駅路ではなく間道だったとする見解もある（松原弘宣、一九八八。岡田登、二〇〇四）。しかし、大海人皇子は吉野を脱出して美濃に向かうにあたり駅鈴の入手を試みており、これは大海人皇子らが進もうとする大和→伊賀→伊勢→美濃のルートが駅路であったことを示すものである。実際に大海人皇子らに先行して不破郡家に到っていた村国連男依は「駅に乗りて」朝明郡家にやってきており（『日本書紀』天武元年六月丙戌条）、この間のルートが駅路であったことを裏づける。

伊賀駅家以降の鈴鹿ルートも駅路であったと考えられるならば、「駅家」の記載がなくなる理由は何であろうか。ここで留意すべきは隠駅家・伊賀駅家が壬申紀に記載されているのは大海人皇子らが駅制を利用したからではなく、駅家が燃やされたからだということである。駅家に火をつけたのは示威行動だとする説や狼煙の役割を狙ったものとする説もあるが、素直に追っ手が駅制を利用できないようにしたものと考えるのが妥当であろう（直木孝次郎、一九九二）。地域社会からの独立性が高いといわれる駅家も実際には郡司級の地域首長が経営を担っており（中大輔、二〇〇四）、駅制の利用は地域首長の動向にも左右された。駅家を燃やした記載がなくなるのは、伊賀中山で数百の兵を率いた「当国郡司」が帰参した以降であり、地域首長を味方につけることができれば駅家を燃やさなくとも追っ手が駅家を利用することを防げたのである。逆に言えば、それ以前の隠駅家・伊賀駅家では当地の地域首長を味方にすることができなかったことを意味する。

隠駅家では人夫の徴発を呼びかけても応じるものはいなかったとされており、地域首長の支持を得られなかったことが窺われる。八世紀の名張郡司としては、「伊賀国正税帳」に郡領として伊賀臣果安、主帳として夏見金村の名が見えている（『大日本古文書』一巻）。伊賀臣は天武十三年（六八四）に阿拝郡の郡領氏族である阿閉臣（敢臣）

とともに朝臣を賜姓されているが（『日本書紀』天武十三年十一月戊申条）、いずれも阿倍臣と同族系譜をもつ大彦後裔氏族である（『日本書紀』孝元七年二月丁卯条）。名張郡の郡領となっているが、その本拠はウジ名と郡名が一致する伊賀郡内と考えられ、後に名張郡に進出したことも推測できる。また、夏見氏は名張郡夏見郷を拠点とした氏族と考えられるが、夏目郷には白鳳寺院である夏目廃寺や多数の掘立柱建物を検出した鴻ノ巣遺跡が立地し、八世紀段階の名張郡家は夏目郷に置かれていたと考えられている。

一方、名張郡には郡名をウジ名とする名張臣もおり、『新撰姓氏録』左京皇別上によれば阿倍臣との同族系譜を有する大彦後裔氏族であるが、伊賀臣や阿閉臣とは異なり朝臣を賜姓されてはおらず、その後に目立った活動も見られない。壬申の乱段階での名張郡司（評造）は名張臣であったが、名張臣が大友皇子方について大海人皇子に協力しなかったため乱の後に没落し、伊賀臣の進出や夏見氏の台頭を招いたとの指摘もある（前川明久、一九九一。山田猛、二〇〇二）。

伊賀駅家の場合はどうだろうか。名張郡と同様だとすれば、伊賀駅家を管掌していた地域首長が大友皇子方であり、大海人皇子に非協力的だったために駅家に火がつけられたことが推測できる。その場合に注目されるのは、大友皇子の母親が伊賀采女宅子だということである（『日本書紀』天智七年二月戊寅条）。伊賀采女宅子の素性については、伊賀国山田郡司の娘だとする伝承もあるが、采女名には国造名や郡名が冠せられたとすれば、宅子は伊賀国造の系譜を引く伊賀郡司の子女であったと考えるのが妥当である。

「国造本紀」には「志賀高穴穂朝御世、皇子意知別命三世孫武伊賀都別命を国造に定め賜う」とあり、伊賀国造は垂仁天皇の皇子である落別王（『古事記』垂仁段）の後裔とされている。伊賀臣が伊賀国造氏だと考えられることもあるが、伊賀臣は大彦後裔氏族であり、「国造本紀」の系譜とは一致しない。また、伊賀采女宅子が伊賀臣の出身とすれば、伊賀臣が壬申の乱後の遠くない時期に朝臣を賜姓をされていることも不可解である。伊賀臣に複数の系統があったことや、娘とは無関係に大海人方に帰順したことも想定はできるが、それとは別の可能性もあるのではないだろうか。

伊賀郡内の有力氏族には、伊賀臣以外にも健部君（建部君）がいたことが知られる。延暦三年（七八四）、健部朝臣人上は始祖の息速皇子が伊賀国阿保村を居地としていたことから、阿保朝臣の姓を賜わることを申請し、認められている（『続日本紀』延暦三年十一月戊午条）。健部朝臣人上は、天平宝字三年度（七五九）の遣唐使録事であり（佐伯有清、一九六三）、天平宝字八年（七六四）には藤原仲麻呂の乱に功があったことで外従五位下を授けられ（『続日本紀』天平宝字八年十月庚午条）、朝臣を賜姓されている（『続日本紀』天平宝字八年十月辛卯条）。人上以前に伊賀の健部君の活動は知られていないが、伊賀郡阿保郷を拠点とする地域首長であったことは疑いない。

健部君の系譜も「国造本紀」の伊賀国造とは一致しないが、息速別皇子も垂仁天皇の皇子であり（『新撰姓氏録』右京皇別下）、大きく系を異にするわけではない。また、『古事記』で落別王の後裔とされる小月之山君（小槻山公）は貞観十七年（八七五）に阿保朝臣を賜姓されている（『日本三代実録』貞観十七年十二月廿七日丙子条）。健部君系の阿保朝臣と小槻山公系の阿保朝臣がどのような関係にあったのかは不明だが、「国造本紀」の伊賀国造は健部君であった公算が高い（篠川賢、一九九六）。伊賀采女宅子は伊賀国造たる健部君の娘であったと考えることも可能である（山尾幸久、一九九四）。

伊賀郡は上野盆地西南部の木津川流域一帯を占めるが、伊賀市比土で木津川が大きく屈曲している辺りを堺として、上流の阿保郷域と、下流の神戸や古郡などの地域に郡内を二分することができる。前者を拠点とする健部君は阿保に所在した伊賀駅家を管掌していたが、大友皇子の外戚として大海人皇子には非協力的であったため、伊賀駅家は大海人皇子らによって火をつけられたと考えられる。一方、後者を勢力圏とする伊賀臣は、伊賀中山で阿拝郡司（評造）の阿閉臣とともに大海人皇子に帰参した「当国郡司」に含まれるであろう。大海人皇子らは伊賀臣・阿閉臣らの協力のもと、伊賀中山から莉萩野、積殖山口を比較的安全に移動できたものと考えられる。

従来の諸研究は伊賀駅家を古郡に比定するのを前提に伊賀中山の比定地を古郡より北方に求めているのだが、本稿のように伊賀駅家が阿保にあったとするならば、上野街道が阿保から比土へと向かう丘陵地帯を伊賀中山と想定することもできるのではないだろうか。伊賀国内を川口ルートと鈴鹿ルートに区分する丘陵は「中山」の呼称に相応しい。伊賀駅家を阿保に比定することにより、地域首長の政治的な動向と壬申紀の交通路の記載をより合理的に解釈できるものと思われる。

四　伊賀の分国と東海道・東山道

最後に、本稿で論じてきた七世紀後半の伊賀国内を経由する二つの交通路（川口ルートと鈴鹿ルート）の、全国的な交通路網における位置づけについて考えてみたい。

大海人皇子の東行路（鈴鹿ルート）については、これを〝原初東海道〟とする見方がある（足利健亮、一九八〇）。平城京段階の東海道は大和↓伊賀↓伊勢↓尾張のルートを取るので、大海人皇子の東行路のうち桑名郡家までは後の東海道であり、そこから美濃へと向かうルートは東山道と東海道の連絡路であったとも理解できる。

一方、田中卓は尾張国は最初は東山道であり、東海道は伊勢から尾張を経由せずに三河に向かったとする説を唱えている（田中卓、一九八〇）。天武四年（六七五）二月癸未勅には「大倭・河内・摂津・山背・播磨・淡路・丹波・但馬・近江・若狭・伊勢・美濃・尾張等国に勅して曰く、所部の百姓の能《よ》く歌ふ男女、及び侏儒伎人を選び貢上《たてまつ》れ」

とあり、ここで列記されている国名の配列は、冒頭の四畿内以外は律令制下の七道の道順・国順記載とは相違している。しかし、尾張国を東山道、近江国を北陸道に移せば、①畿内（大倭・河内・摂津・山背）・②山陽道（播磨）・③南海道（淡路）・④山陰道（丹波・但馬）・⑤北陸道（近江・若狭）・⑥東海道（伊勢）・⑦東山道（美濃・尾張）となり、道順は後の七道制と異なるものの、道ごとに国名を並べた規則性を見出すことができる。このことから田中は、天武四年の段階では律令制下の七道制とは異なり、尾張は東山道、近江は北陸道に所属し、東海道は尾張を経由せずに伊勢から三河へ向かったとする。これを受けて、大和から川口ルートを通って伊勢に向かい、伊勢湾を渡海して三河へと到るルートを天武期の〝原初東海道〟とする説もある（松原弘宣、一九八八。岡田登、二〇〇四）。

尾張国を東山道の所属とする田中の説に対しては、七道制の成立は天武十二～十四年（六八三～六八五）の令制国の国境確定作業が画期であり（鐘江宏之、一九九三）、天武四年二月癸未条の勅はあくまでも七道制とは異なる地域ブロックを示すもので、尾張国が東山道に所属していたことを示すものではないとの指摘もある（荒井秀規、二〇一二）。

しかし、壬申の乱以前に倭京を中心とする全国的な交通路網が成立していたとすれば、天武四年段階の交通路にもとづく地域ブロックと、天武十四年に成立した七道制はまったく相違するものではなく、前者を原型として後者が成立したと考えるのが妥当であろう。東海道や東山道といった七道の名称も、国境確定事業以降に一斉に名づけられたものではなく、倭京を中心とする交通路網の段階に由来すると思われる。木下良は「各道の名称は畿内から出る当初の状況にもとづくと思われる」として、東海道の名称決定に際しては伊勢湾の渡海を重視すべきとしている（木下良、一九九六）。七道制の東海道の由来となった〝原初東海道〟は、やはり川口ルートから伊勢湾を渡って東国へ向かう道であったと考えて良いのではないだろうか。

では、鈴鹿ルートはどのように考えられるだろうか。鈴鹿ルートも駅路と考えて良いことは前節で述べた。これを東海道と東山道の連絡駅路とすることも可能だが、筆者は鈴鹿ルートこそが〝原初東山道〟であったと考える。平安京段階での東山道は山城→近江→美濃→信濃のルートであり、これは平城京段階でも同様であった。しかしながら、壬申の乱段階の倭京を中心とする交通路網において、美濃以東へと向かう〝原初東山道〟の起点は、倭京から伊賀へ向かうルートと意識されていたのではないだろうか。

『日本書紀』大化二年正月甲子朔条（抄出）

凡畿内、東自㆓名墾横河㆒以来、南自㆓紀伊兄山㆒以来兄、此云制、西自㆓赤石櫛淵㆒以来、北自㆓近江狭々波合坂山㆒以来、為㆓畿内国㆒。

『日本書紀』大化二年（六四六）正月甲子条のいわゆる大化改新詔には畿内の四至の境界を東西南北の地点で表す規定が見られる。この四至畿内の規定が実際にはいつの時代のものなのかは議論の分かれるところだが、ここでの四つの境界は倭京から伸びる幹線道路上に位置しており（大津透、一九八五）、東の境界である「名墾横河」は、壬申紀に見える横河である。改新詔における畿内の東の境界、すなわち畿内から東国へと向かう幹線道路上の地点は名張郡の横河と意識されており、川口ルートと鈴鹿ルートの分岐点を阿保とするならば、どちらのルートを取っても名張横河を経由する。

もし、この段階においても美濃以東への道が山背→近江→美濃のルートを通っていたならば、それは「東山道」ではなく「北山道」とでも呼ばれていたのではないだろうか。改新詔においては山背と近江の国境である「狭々波合坂山」は北の境界と位置づけられており、田中卓の指摘に従えば天武四年段階では近江国は〝原初北陸道〟のブロックに所属している。もちろん、『日本書紀』皇極二年（六四三）十一月丙子条で三輪文屋君が山背大兄王に山背の深草屯倉を経由して東国へ逃れることを進言していることから窺われるように、大和→山背→近江→美濃を通って東国に向かうルート自体は古い段階から存在していたであろう。しかしながら、七道を単なる交通路としてではなく、その名称には当時の王権の方位認識・空間認識が表れているものと考えるならば、「東山道」の由来は倭京から東へと出る道路にあったと考えるべきであろう。鈴鹿ルートで伊勢に入った後に美濃国へ向かうにあたっては桑名から養老山脈沿いに進んでいる（松原弘宣、一九八〇）。東国への道路が阿保に置かれた伊賀駅家で二つに分岐した後、伊勢湾から海に入るルートが「東海道」と呼ばれたように、養老山脈へ向かうルートに「東山道」の名称がつけられたのではないだろうか。国境確定事業に伴って交通路網が七道制として再編・整備される過程で、大和からは北へと向かう山背→近江→美濃のルートが東山道として採用されたが、「東山道」の名称は以降にも残ったのである。

平川南は甲斐・飛驒・美作などの山間部の小規模な国は、七道間の結節点という特徴を持つことを指摘している（平川南、二〇〇八）。伊賀の場合は七道間の結節点とは意味合いが少々異なるが、東海道・東山道二道の分岐点となっていたことも、伊賀が伊勢から分立した要因の一つと考えることができる。倭京段階の交通路網において、伊賀の入り口は畿内の東の境界である名張であり、その出口には東国への関所である鈴鹿関・川口関が置かれていた。天武九年（六八〇）に伊賀国が伊勢国から分立したのは、七道制確立以前の東国への「東海道」と「東山道」の分岐点という、当該期の交通路網上の位置づけに基づくものと考えられるのである。

おわりに

本稿では七世紀後半の伊賀の交通路とそれに付随したいくつかの論点について考察した。壬申紀の伊賀駅家の位置を阿保に比定したが、これは通説とは三・五km程の違いにすぎない。しかしながら、伊賀国内の地域首長の勢力の消長をめぐる問題や、倭京段階における〝原初東海道〟・〝原初東山道〟の位置づけなどと合わせて検討することで、いくつかの点については新しい見解を提示することができたのではないだろうか。交通路の復元を地域社会内のミクロの視点と、交通路網全体のマクロの視点の双方から検証することで、より当該期の地域社会の構造解明に近づくことができると思われる。本稿では粗雑な検討に終始した点も否めないが、その実践たり得ていれば幸いである。

参考文献

足利健亮、一九八〇「大和から伊勢神宮への古代の道」（上田正昭編『探訪　古代の道』一、法蔵館、一九八八年に所収）
荒井秀規、二〇一一「古代東アジアの道制と道路」（鈴木靖民・荒井秀規編『古代東アジアの道路と交通』勉誠出版）
遠藤慶太、二〇〇八「持統太上天皇の三河行幸」（『続日本紀研究』三七五）
大津　透、一九八五「律令国家と畿内」（『律令国家支配構造の研究』岩波書店、一九九三年に所収）
大西源一、一九一三「壬申乱地理考」（『歴史地理』二一―三）
岡田　登、二〇〇四「壬申の乱及び聖武天皇伊勢巡幸と北伊勢」（『史料』一九一・一九二）
鐘江宏之、一九九三「「国」制の成立」（笹山晴生先生還暦記念会編『日本律令制論集』上巻、吉川弘文館）
北村　稔、一九八六「壬申の乱地理新考（二）」（『史迹と美術』五六九）
木下　良、一九九六「東海道―海・川を渡って」（木下良編『古代を考える　古代道路』吉川弘文館）
倉本一宏、二〇〇七『壬申の乱を歩く』（吉川弘文館）
佐伯有清、一九六三「入唐求法巡礼行記にみえる日本国使」（『日本古代の政治と社会』吉川弘文館、一九七一年に所収）
篠川　賢、一九九六「「国造本紀」の再検討」（『日本古代国造制の研究』吉川弘文館）

高橋美久二、二〇〇七　「都と地方間の交通路政策」（『国立歴史民俗博物館研究報告』一三四）
田中　卓、一九八〇　「尾張国はもと東山道か」（『田中卓著作集』第五巻、国書刊行会、一九八六年に所収）
玉城妙子、一九八九　『壬申に翔ぶ』（読売新聞社）
直木孝次郎、一九七一　「平城遷都と駅の新設」（『飛鳥奈良時代の研究』塙書房、一九七五年に所収）
　一九九二　『壬申の乱（増補版）』（塙書房）
中　大輔、二〇〇四　「日本古代の駅家と地域社会」（『古代交通研究』一三）
永田英明、一九九九　「古代駅制の成立」（『古代駅伝馬制度の研究』吉川弘文館、二〇〇四年に所収）
　二〇〇四　「平安前期における駅家の変質と地域支配」（『古代駅伝馬制度の研究』吉川弘文館）
中村太一、二〇〇六　「日本古代国家形成期の都鄙間交通」（『歴史学研究』八二〇）
早川万年、一九八四　「伊賀国建置の時期について」（岡本敬二先生退官記念『アジア諸民族における社会と文化』国書刊行会）
平川　南、二〇〇八　「古代日本の交通と甲斐国」（『山梨県立博物館　調査・研究報告2　古代の交易と道　研究報告書』山梨県立博物館）
松原弘宣、一九八〇　「壬申の乱時における美濃・伊勢間交通路」（『日本古代水上交通史の研究』吉川弘文館、一九八五年に収録）
　一九八八　「令制駅家の成立過程について」（『日本古代の交通と情報伝達』汲古書院、二〇〇九年に所収）
前川明久、一九九一　「古代伊賀の鮎と名張厨司」（『日本古代政治史の展開』法政大学出版局）
村治圓次郎、一九二四　「天武天皇の御通路について」（『伊賀史談会々誌』一三）
山尾幸久、一九九四　「大化年間の防禦・通信体制」（『立命館文学』五三三）
山田　猛、一九七九　「三重・下郡遺跡」（『木簡研究』創刊号）
　二〇〇二　『夏見廃寺の研究』（夏見廃寺研究会）

〔コラム〕東山道武蔵路

道路は、過去も未来も出発地と目的地をつなぐ線である。古代道路跡は現在でもその痕跡を地表面に見いだせる場合もあるが、多くは現生活面の地下に埋もれ、発掘調査によって点や短い線が現れる。その点や短い線をつなげることから古代道路を復元してゆく。

東山道武蔵路は、『続日本紀』宝亀二年（七七一）十月己卯条にある武蔵国の東山道から東海道への編入替えの記載の中での東山道本道（上野国新田駅家）から枉げて五ヵ所の駅家を経て武蔵国府へと至る支路を東山道武蔵路と呼称している。

この東山道武蔵路は、群馬県を通過する東山道の本道から分岐して邑楽郡を経てほぼ南北に直線的なルートで武蔵国府のある東京都府中市に至る。この道路跡は国府や国分寺周辺では部分的に確認されていたが、一九八九年、埼玉県所沢市東《あずま》の上《うえ》遺跡において東西に側溝を持ち、側溝の心身間が一二mの道路遺構が調査されたことから、上野国に向かって南北に直線的に道路が敷設されていたと考えられた。その後、後述するように多くの遺跡の調査で同規模の道路遺構が検出されていることから、ルートの解明、道路遺構の規模や構造について全国的にも研究が進んでいる古代道路跡である。

東山道武蔵路の規模や構造は、武蔵国内では、ほぼ同様の状態で検出されている。特に敷設当初の東山道武蔵路は、東西に幅九〇cmから一mほどの側溝をもち、側溝の心々間の距離が一二から一〇mを測る。中央には幅二～三mの硬化面と呼ばれる硬くしまった面があり、人々が通行したところであるとみられる。硬化面の下からは波板状凹凸面と呼ばれる横方向の土坑が存在することがある。また、側溝は長楕円の土坑を掘り、その間を溝でつなげる土坑連結方式という独特の掘り方で掘られている（図1）。

武蔵国府では、国府の中枢がおかれた京所地区（大国魂神社東側）から西に約二kmの一〇数地点で側溝や硬化面が南北方向に向かって検出され、国府以南は相模方面へと続いている可能性が指摘されている。近年では御殿地地区より七世紀末から八世紀代の国司館が検出されていることから、東山道武蔵路の敷設と国府の造営が緊密な関係をもつ可能性も高いと考えられる。

国府から北へ直線的に北上する東山道武蔵路は、

図１　東山道武蔵路（所沢市東の上遺跡）

武蔵国分寺では国分寺と国分尼寺の中間を通過している。国分寺が創建された天平一三年（七四一）当時、東山道武蔵路は官道であることから国分尼寺の伽藍配置は道路の影響を受けているが、国分寺の伽藍配置に明確な影響はあまりない。一九九五年には国分寺跡の北側、日影山遺跡から全長四九〇mにわたって東山道武蔵路の遺構が調査された。検出された東山道武蔵路は、側溝を持つ幅一二mの道路が七世紀後半に敷設された後、八世紀中葉に側溝が埋められ、中央の硬化面だけになるなど、四段階の変遷を経て一〇世紀代まで存続したことが明らかになった。これにより宝亀二年の所属替え後も官道ではないが、道路遺構としては存続していたことが判明した。現在、日影山遺跡の東山道武蔵路はその南側の道路遺構も含めて武蔵国分寺跡とともに国指定史跡に指定されている。

武蔵国分寺から北側の東山道武蔵路は、一九九八〜九年に東京都教育委員会の委託を受けた㈶古代學研究所が小平市と東村山市の五地点で側溝を伴う道路遺構を検出した。検出された道路遺構は、東の上遺跡や日影山遺跡と同様の規模で、側溝の掘り方の同一性から、東山道武蔵路であり、直線を維持して北進していることが明らかになった。

現在の行政区では都県境である狭山丘陵を越えた東山道武蔵路は埼玉県所沢市東の上遺跡に到達する。東の上遺跡は柳瀬川左岸の武蔵野台地上に立地する遺跡で、一九八九年の市立南陵中学校校庭での第三六次調査で東西側溝間の幅一二ｍの道路遺構が検出された。道路跡の中央には幅三ｍの硬化面があり、その下部には波板状凹凸面が存在する。側溝は、底面の深さが一定ではなく、長さの異なる長楕円形の土坑を掘り込み、上部をつなげて側溝を形作っている。さらに、西側溝の一部分に側溝の下部土坑が存在し、土坑の中から須恵器の坏Ｈが蓋、坏身セットで出土した。この坏Ｈは湖西窯跡産で、当初は七世紀第３四半世紀の製作年代が与えられていたが、湖西窯跡群の須恵器編年の変化を経て、現在は七世紀第３四半世紀末から第４四半世紀前半となった。東山道武蔵路の敷設がこの時期に始められた唯一の事例である。東の上遺跡は、道路遺構とともに周辺には数多くの竪穴建物跡や掘立柱建物跡が検出されており、それらの分析からも同様の年代が想定できると思われる。また、東の上遺跡の集落は出土遺物に馬に関するものが多く、また、上野や駿河など各地の土器が出土するなど交通に係る遺物が多く、東山道武蔵路の五ヵ所の駅家の一つという見解が有力である。東の上遺跡では、西側溝が八世紀第２四半世紀ごろには埋没しており、『続日本紀』の宝亀二年よりも早くに側溝の機能が停止しているが、中央硬化面は下の波板状凹凸面から一〇世紀前半の土器が出土したことからその時期まで存続していたと考えられている。東の上遺から北側では、所沢市柳野遺跡で西側溝と硬化面が検出され、土師器や須恵器の破片が出土した。側溝の掘り方や埋没状況が東の上遺跡と同様であることから東山道武蔵路とみられる。柳野遺跡以北は堀兼《ほりかね》の井（井戸）のあたりを通過して入間川を渡河し、さらに北上する。川越市の八幡前・若宮遺跡では、道路遺構や集落などは見つかっていないが土坑から「駅長」と書かれた墨書土器が出土している。土器は八世紀前半の土師器坏形土器で、周辺に駅家がある可能性が指摘されている。

入間川以北で道路遺構が検出されているのは、川越市宮廻館跡A地点である。第五・八号溝が側溝と考えられるが、中央の硬化面は確認されていない。側溝の心身間距離は一〇・五mである。さらに北上すると、坂戸市町東遺跡四区で東西側溝を持つ道路状遺構が検出されている。町東遺跡では側溝の心身間距離一〇・四四mで、側溝は長楕円形の土坑をつなげた土坑連結方式であった。中央に硬化面は確認されず、波板状凹凸面も存在しなかった。

町東遺跡から北側では坂戸市内の二遺跡で道路状遺構が検出され、ほぼ町東遺跡の走行方向と合致しているようである。町東遺跡の道路状遺構の方向をそのまま北上させると利根川の刀水橋方向へと伸びていく。埼玉県吉見町の西吉見古代道路跡は、台地上では両側に側溝を持ち、低地では粗朶による土壌改良と盛土による道路築造工法を用いている古代道路跡であるが、町東遺跡からの方向とはやや合致しないことから、東山道武蔵路ではなく、分岐した枝道である可能性が近年高まった。

さて、東山道武蔵路は、東京都や埼玉県だけでなく群馬県太田市新野脇屋遺跡群で、東山道武蔵路と思われる遺構が調査されていたことが判明した。側溝を持つ道路遺構で、興味深いのはその走行方向が刀水橋方向へと向かっていることである。東山道本道から分かれた東山道武蔵路は刀水橋周辺で利根川を渡河した後、ほぼ直線的に南の武蔵国府を目指した典型的な古代駅路跡といえる。（根本　靖）

参考文献

根本　靖、二〇一〇『東の上遺跡Ⅰ』（所沢市教育委員会）
近江俊秀、二〇〇八『道路誕生』（青木書店）

〔コラム〕峠・坂と文学

峠の字は国字で古代文献に見えない。古代語では坂道を上りつめた場所の意味をもつ手向けがそれに当たる。坂は傾斜と同時に境界の意をも表した。サカヒのサカである。古代には坂道を登った境界の場所で、坂の神に幣を手向けて旅の安全を祈ったのである。そのような坂＝境界の信仰が旅の文学の一形態を生むことにもなる。

坂が最初に出てくるのは、『古事記』神話の黄泉《よもつ》ひら坂である。伊耶那岐命《いざなきのみこと》は死去した妻伊耶那美命《いざなみのみこと》に会いに黄泉国を訪問するが、その醜悪な姿を見て黄泉ひら坂を逃げ帰る。大磐で坂を塞ぎ、両神は絶縁の言葉を言い交わしたという。黄泉ひら坂は死と生の世界の境界だったのである。

火遠理命《ほをりのみこと》（山佐知毘古《やまさちびこ》）の海神《わたつみ》の国訪問神話には海坂《うなさか》が出てくる。山佐知毘古は失った釣り針を探しに海坂を通って海神の宮に行く。そこで海神の女豊《とよ》玉毘売《たまびめ》に会い、毘売は子を妊る。葦原中国《あしはらのなかつくに》に戻った火遠理命のもとで子を産んだ毘売は、海坂を塞いで海神の国に帰っていく。この海坂も境界の場所である。『万葉集』にも、水江《みづのえ》の浦島子《うらのしまこ》が海神の宮を訪れるのに「海界《うなさか》を過ぎて漕ぎ行く」（巻九―一七四〇）とあり、海坂が海神の国を隔てる境界とわかる。坂には古代的世界観が表れ、その起源を説く神話が求められたのである。

坂の神は旅人にとって畏怖の対象であった。祀り方が足りないと身に危険が及ぶのである。従って『古事記』『日本書紀』には、大和朝廷に従わせ、王化すべき神々として取り上げられる。東方十二道の荒ぶる神を平定する倭建命物語に、足柄の坂の神が登場するのは当然のことであった。倭建命が足柄の坂本で食事をしていると、坂の神が白い鹿に変じて現れたので、その目に野蒜を打ち当てて殺す話がある。倭建命は足柄の坂に登り立ち、亡き妻弟橘比売を思い出して「あづま（吾妻）はや」と三嘆するのであ

図1　足柄峠の苔むした古道
古代の難所の俤がある。右手の足柄明神の祠は倭建命の前に白鹿となって現れた坂の神を祭っているという。

る。

この話には少なくとも三つの意味がこめられている。第一は足柄の坂が東国との境界で、軍事上あるいは行政上の要衝の地であったこと。『常陸国風土記』総記に「古《いにしへ》は、相模の国足柄の岳坂《やまさか》より以東の諸の県《あがた》は、すべて我姫《あづま》の国と称《い》ひき」とある。

第二は蒜には坂の神の毒気から身を守る効果があったこと。『日本書紀』景行四十年是歳条に「蒜を嚼みて人及び牛馬に塗る。自づからに神の気《いき》に中《あた》らず」との説明がある。

第三は東国の人々にとって足柄の坂が妻や家郷に別れを告げる場所であったこと。「我姫の国」の表記は倭建命物語の「あづま（吾妻）はや」を踏まえたものだが、その基盤には妻や家郷と訣別する坂＝境界という場所の記憶があった。足柄の坂と文学との関係は、とりわけこの第三項において顕著である。

足柄のみ坂恐《かしこ》み曇り夜の我が下延《したばへ》を言《こ》出《ち》でつるかも
（相模国の歌、巻一四—三三七一）

足柄のみ坂に立《た》して袖振らば家《いは》なる妹《いも》はさやに

見もかも

（埼玉郡の藤原部等母麻呂、巻二〇―四四二三）

色深《いろぶか》く背なが衣《ころも》は染めましをみ坂賜《たば》らばまさやかに見む（妻の物部刀自売、巻二〇―四四二四）

足柄の坂を詠む『万葉集』の東歌と夫婦贈答の防人歌である。「み坂」の語は東国の人々がいかに足柄の坂の神に強い霊威を感じていたかを示すものであろう。

一首目は、坂の神が恐ろしい余りつい恋の思いを口に出してしまったと悔やむ歌。恋の禁忌を破ってしまうほど足柄の坂の神への畏怖は強かった。それほどに苦労して逢いに来たのだと、恋の思いの深さを伝える歌でもあろう。

二・三首目は、防人として出で立つ夫とそれを見送る妻の贈答歌である。埼玉郡から足柄峠を越える夫の姿は見えるはずがない。それにもかかわらず、坂の神に許されてそこを越えるあなたの姿ははっきり見えるだろうとうたう。そのようにうたうことが旅の安全を予祝することになる。防人の別の歌には「足柄のみ坂賜《たまは》り顧みず我《あれ》は越《く》え行く」（巻二〇―四三七二）ともうたっている。

旅人は恐ろしい坂の神に幣帛などの品を手向けて許しを乞い、足柄のみ坂を通行していく。そこを越えれば異郷の地であるから、坂に立って妻や家郷に最後の別れをする。贈答歌に見ることがうたわれるのは、決別の地において見る行為によって魂のつながりを求め合うという切実な思いからである。足柄の坂という境界の場所がそれを強いるのであり、それが旅の文学を生み出す要因にもなっている。

旅の歌では行路の安全を祈願しながら旅をすることがうたわれる。坂の通行の際の手向けである。タムケの「幣嚮奉」（巻一一―二四一八）という表記はその意味をよく伝えている。坂の神に奉幣や供え物をして神の加護を願うのである。

白波の浜松が枝《え》の手《た》向《むけ》くさ幾代までにか年の経《へ》ぬらむ

（巻一―三四）

『万葉集』にはじめて手向けの語が見える歌である。紀伊国行幸の際に川島皇子が、斉明朝の悲劇の人有間皇子が結んだ松の枝（巻二―一四一）を見て詠んだ歌らしい。この地が境界であったために、道の神に手向けをする場所になったのだが、そのはじまりとして有間皇子が想起されるのである。

佐保《さほ》過ぎて奈良の手向に置く幣《ぬさ》は妹を目離《めか》れず相見しめとそ　（巻三―三〇〇）

木綿《ゆふ》畳《たたみ》手向の山を今日越えていづれの野辺に廬《いほ》りせむ我　（巻六―一〇一七）

一首目は長屋王が奈良山で奉幣する歌で、旅から無事帰還して妻との再会を願う気持ちがうたわれる。平城京から地方に向かう時、最初の手向けの場所は奈良山の坂の神であった。

二首目は大伴坂上郎女が逢坂（相坂）山を越えて琵琶湖を望見した折の歌。手向けの幣は白い楮の糸を用いるため、木綿畳の語がその枕詞になっている。近江と山城両国の境が逢坂で、東海道・東山道の要衝の地であったために、歌に多く詠まれた。

旅の歌には、残してきた妻や家郷とこれから向かう目的地への思いという二つの方向性がある。旅人は坂の神に手向けし、妻や家郷と魂で結びついていることを確かめながら旅をした。そのような切実な旅の思いを表現せずにいられないという状況が、峠・坂の文学を形成していくのである。

（居駒永幸）

東日本の駅家と駅路

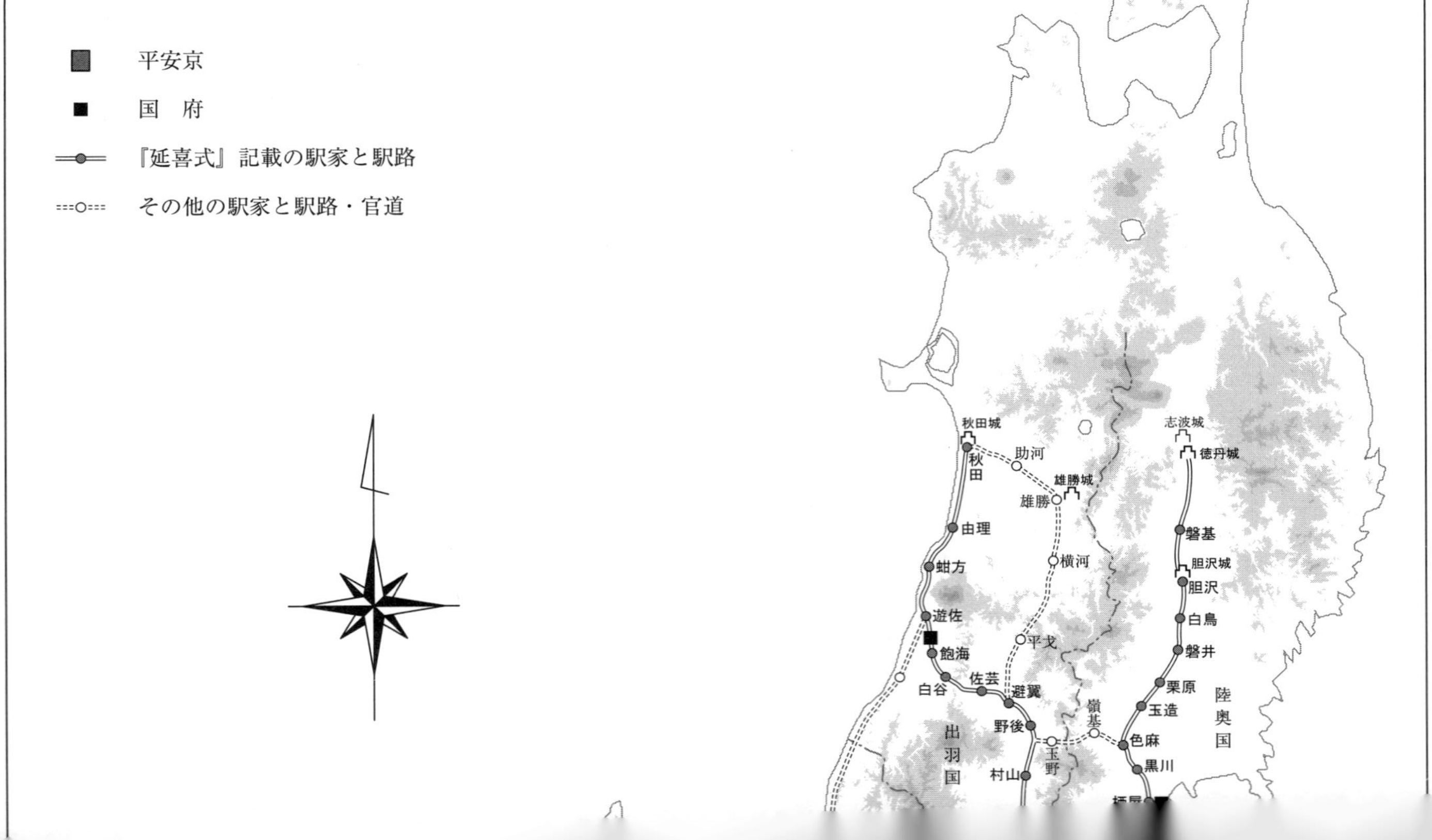

平安京
国　府
『延喜式』記載の駅家と駅路
その他の駅家と駅路・官道
秋田城
秋田
助河
雄勝城
雄勝
由理
横河
蚶方
遊佐
平戈
飽海
白谷
佐芸
避翼
野後
玉野
村山
出羽国
嶺基
志波城
徳丹城
磐基
胆沢城
胆沢
白鳥
磐井
栗原
玉造
色麻
黒川
陸奥国

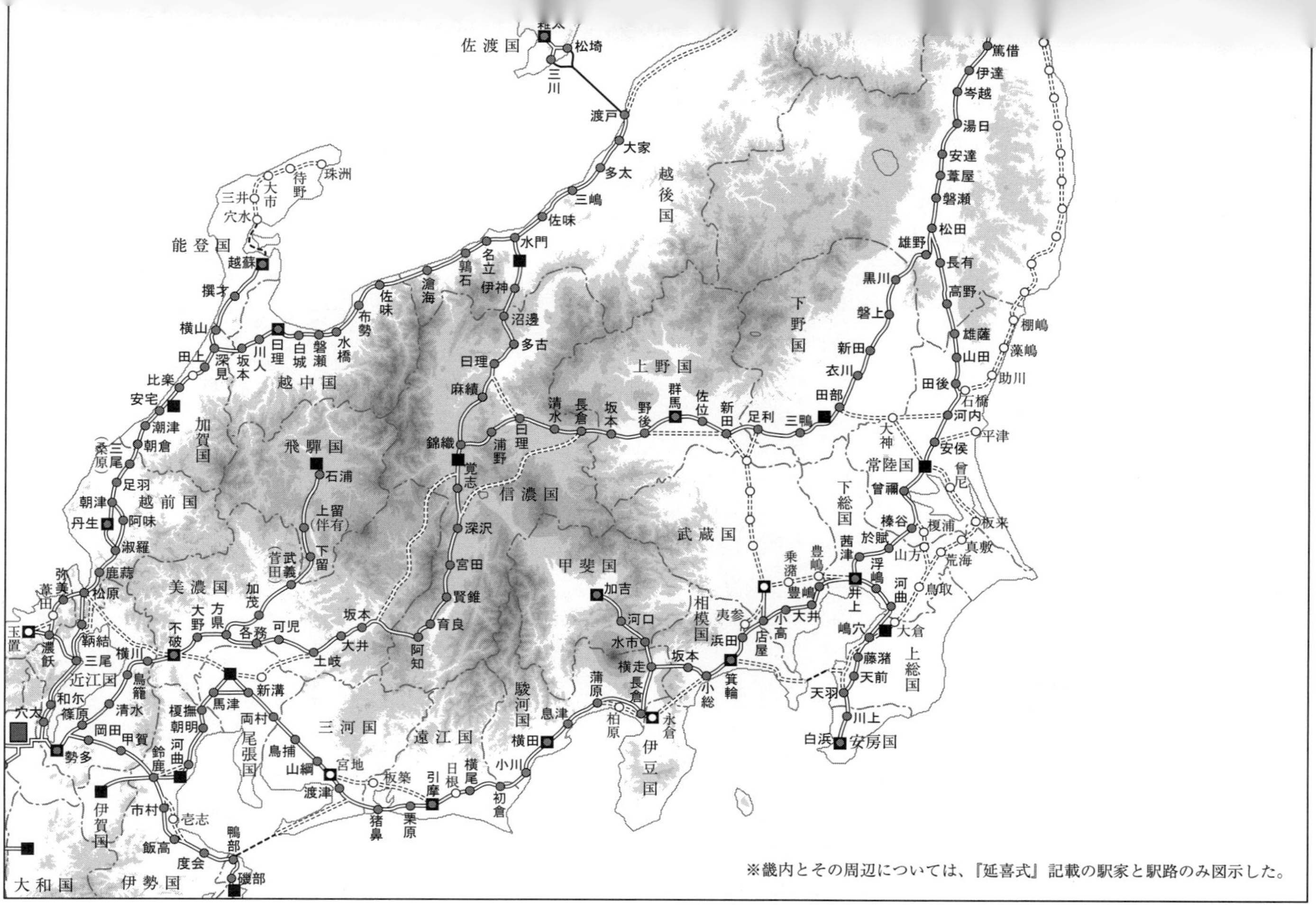

※畿内とその周辺については、『延喜式』記載の駅家と駅路のみ図示した。

※畿内とその周辺については、『延喜式』記載の駅家と駅路のみ図示した。

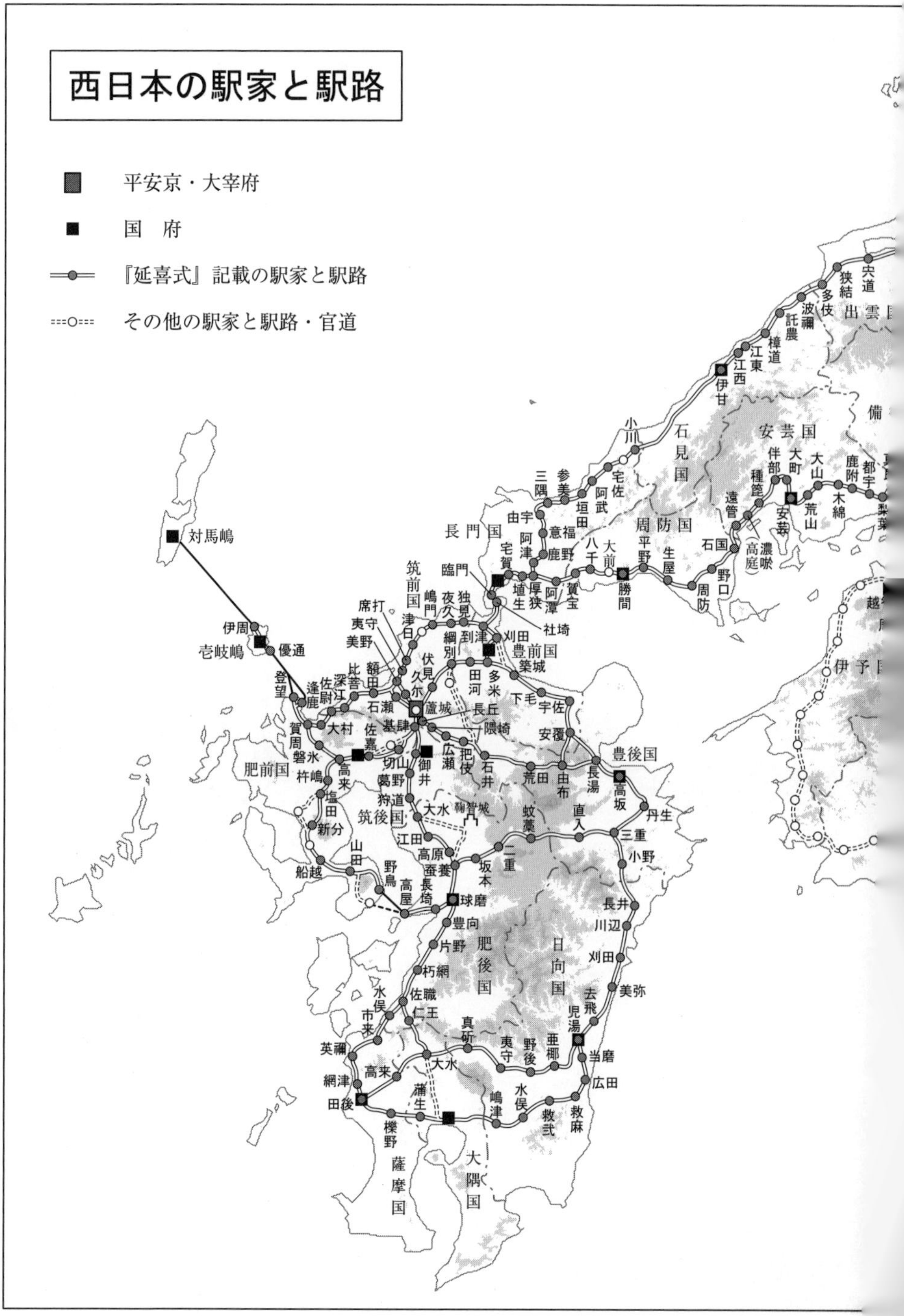
西日本の駅家と駅路
平安京・大宰府
国　府
『延喜式』記載の駅家と駅路
その他の駅家と駅路・官道
対馬嶋
伊周
壱岐嶋
優通
出雲国
宍道
狭結
多伎
波禰
託農
樟道
江東
江西
伊甘
石見国
安芸国
備
小川
宅佐
参美
三隅
阿武
垣田
由宇
意福
鹿野
阿津
宅賀
長門国
臨門
八千
大前
勝間
周防国
平野
生屋
周防
野口
石国
遠管
種篦
伴部
大町
安芸
高庭
濃唹
大山
荒山
鹿附
木綿
都宇
越
伊予国
埴生
厚狭
阿潭
賀宝
社埼
筑前国
席打
夷守
美野
嶋門
津日
夜久
独見
綱別
到津
刈田
豊前国
築城
伏見
久尓
多米
田河
比菩
額田
深江
佐尉
逢鹿
登望
石瀬
蘆城
長丘
隈埼
下毛
宇佐
安覆
基肆
佐嘉
大村
賀周
磐氷
杵嶋
肥前国
高来
切山
葛野
狩道
御井
広瀬
把伎
石井
荒田
由布
長湯
豊後国
高坂
丹生
塩田
新分
筑後国
大水
鞠智城
蚊藁
直入
三重
小野
江田
高原
蚕養
二重
坂本
山田
船越
野鳥
高屋
長埼
球磨
長井
川辺
豊向
片野
肥後国
日向国
刈田
朽網
美弥
佐職
水俣
仁王
去飛
市来
児湯
真研
英禰
夷守
野後
亜椰
当磨
高来
大水
広田
網津
田後
蒲生
嶋津
水俣
救麻
救弐
櫟野
薩摩国
大隅国

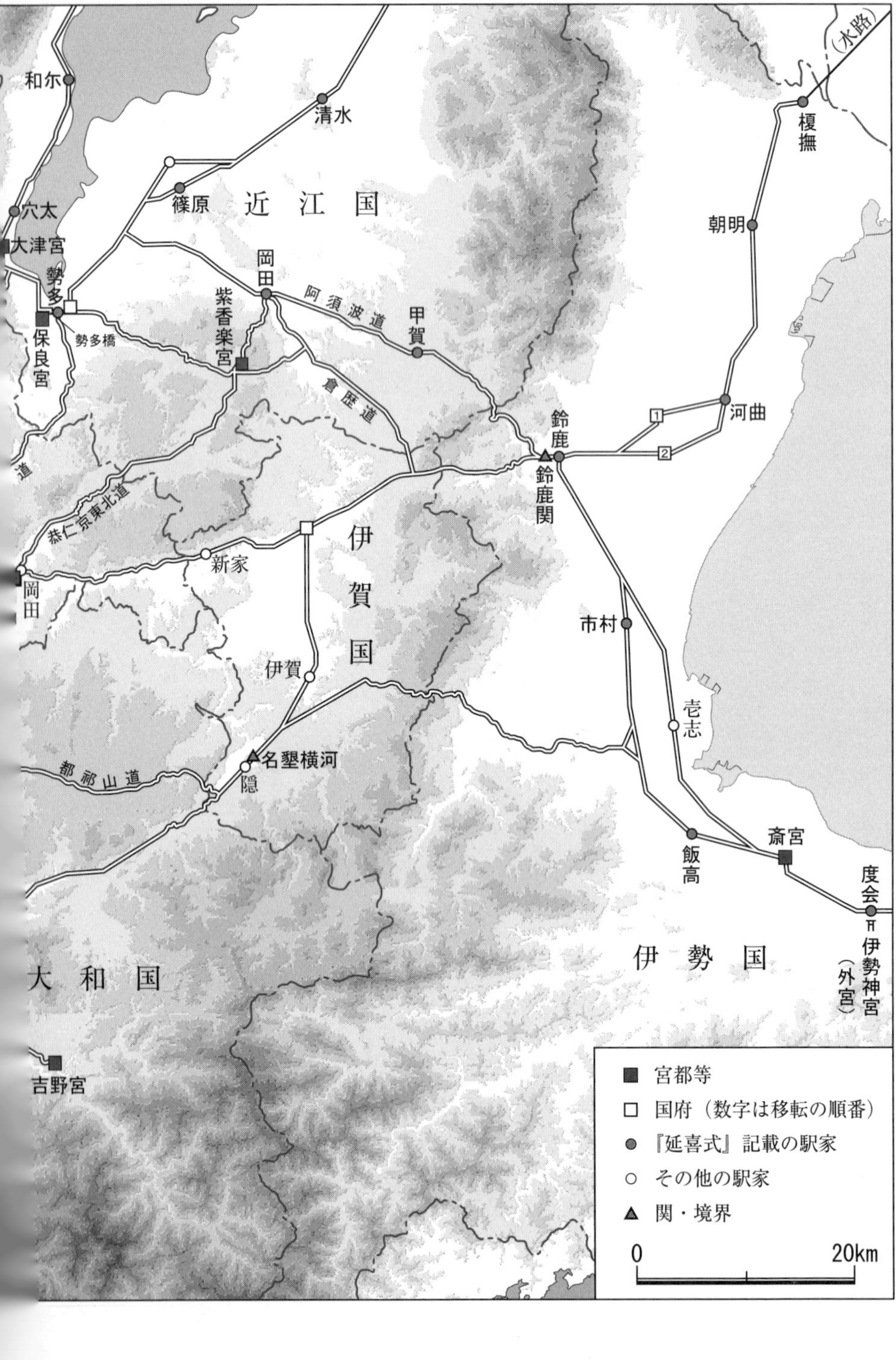

（水路）
和尓
清水
榎撫
穴太
篠原
近江国
大津宮
朝明
勢多
岡田
紫香楽宮
阿須波道
甲賀
保良宮
勢多橋
倉歴道
河曲
鈴鹿
鈴鹿関
1
2
道
恭仁京東北道
伊賀国
新家
岡田
市村
伊賀
壱志
名墾横河
隠
都祁山道
飯高
斎宮
度会
伊勢神宮（外宮）
伊勢国
大和国
吉野宮
宮都等
国府（数字は移転の順番）
『延喜式』記載の駅家
その他の駅家
関・境界
0
20km

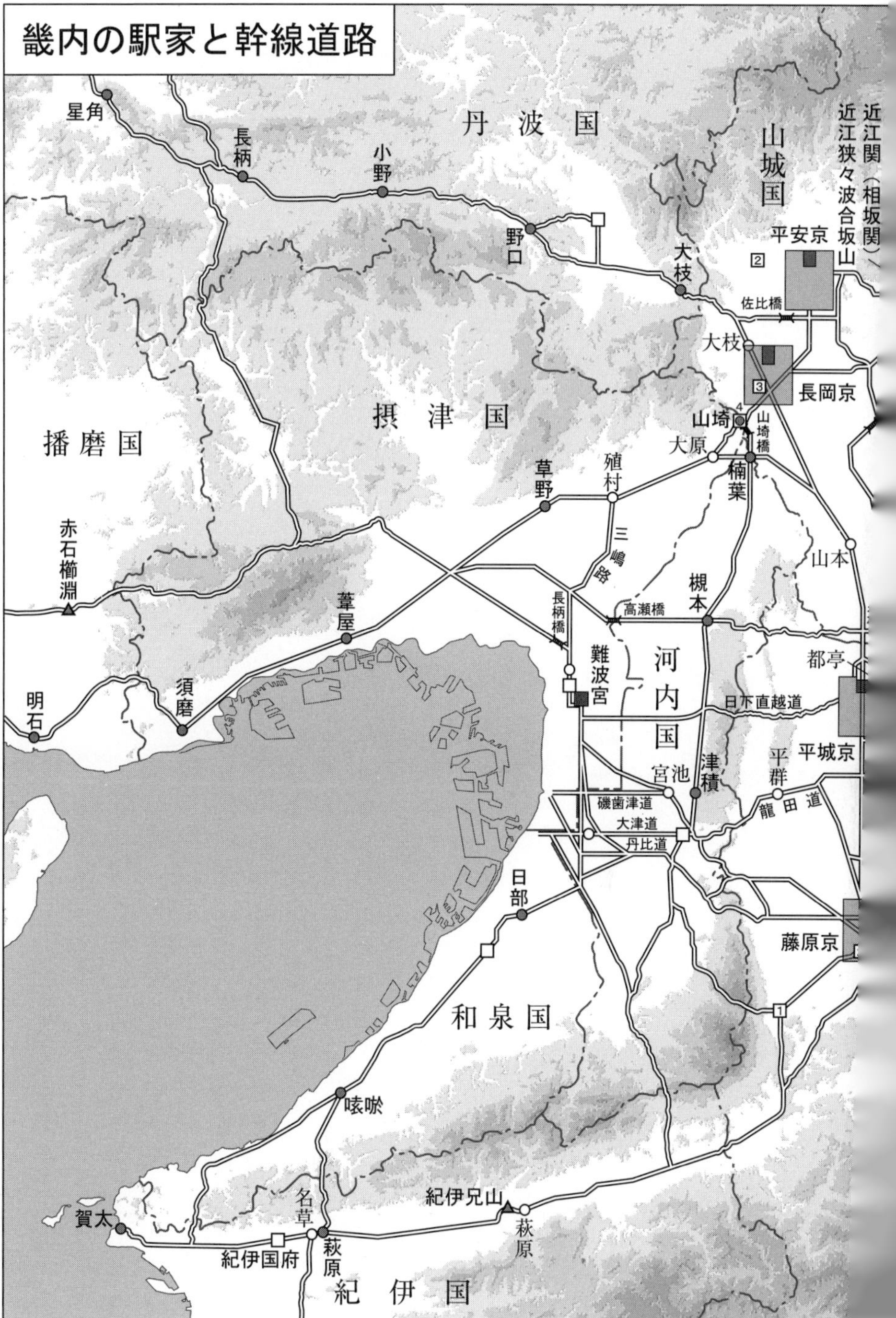
畿内の駅家と幹線道路
丹波国
山城国
摂津国
播磨国
河内国
和泉国
紀伊国
近江関（相坂関）／近江狭々波合坂山
星角
長柄
小野
野口
大枝
平安京
佐比橋
大枝
長岡京
山崎
山崎橋
大原
楠葉
殖村
草野
三嶋路
赤石櫛淵
葦屋
長柄橋
高瀬橋
槻本
山本
難波宮
都亭
日下直越道
明石
須磨
平群
平城京
宮池
津積
磯歯津道
大津道
丹比道
龍田道
日部
藤原京
咳唹
名草
萩原
紀伊兄山
萩原
賀太
紀伊国府

あとがき　―本書の課題と概要―

加藤友康

本書は、古代日本における「山国」の多様な交通のあり方とその交通が展開した地域社会の歴史的位相を明らかにすることを目的に、『古代山国の交通と社会』と題した書名のもとに一七編の論考と七編のコラムを収録し、Ⅰ総論―山国の世界―、Ⅱ交通の諸相、Ⅲ生業と信仰、Ⅳ山国の「政治学」の四つの構成をとることとした。もとよりこの区分によって「山国」をとりまく交通のすべてを網羅することができるわけではないが、Ⅰでは「山国」という概念を今一度確定する作業の論考を、Ⅱでは論者が「山国」と設定した地域における交通の諸様相を、Ⅲでは「山国」もしくは「山」における生業と、信仰の表象である寺院の瓦生産にかかわる情報の伝播を、Ⅳでは「山国」の概念について古代日本における政治・法制的側面から再検討するための論考を配置することにした。

「山国」という言葉から想起される一般的なイメージは、周囲を山で囲まれ、「山」の対概念としての「海」に接していない地域というものであろう。しかしひるがえってみれば、日本の古代社会において「山国」を一義的に定義づけることはきわめて難しい問題である。古代国家が作り上げた五畿七道制のもとで、法的に「山国」を規定した条項は存在しない。また「山国」について、「海」に接する沿海国と接しない非沿海国という区分をとっても、例えば「海の道」としての東海道（もしくは諸国編成としての東海道諸国）に甲斐国が編入されていることの位置づけや、「山の道」としての東山道（同じく東山道諸国）において「山国」として承認されるであろう国が多いなか、上野国・下野国を果たして「山国」とすることができるのであろうかという問題が指摘できる。さらに沿海国といっても越前国のような山地の多い国は「山国」の範疇に入れることができないのかということもある。このような課題に応える論考が本書には多く収録されている。

また「山国」を考えるとき、「閉じた空間（地域）」としてイメージしがちな交通のあり方についても、物資の流通、技術情報の伝播などを分析の対象として、内陸の地域が内陸河川を通じて地域内で有機的な交通体系を形作っていること、この交通路がさらに南北に連絡し「海」へ通じていること、また日本列島外との交流の様相もうかがわれることが収録された論考では指摘されている。それとならんで古代国家が制定した五畿七道制という政治的編成とそのもとで設定された古代官道がもった政治的力学を検討することも重要な課題であるが、この課題に言及した論考も収録されている。

Ⅰ　総論 ―山国の世界―

次に、収録された各論文について、その論点の概略を以下に紹介しておきたい。

Ⅰには、吉村武彦「1　山河海のコスモロジー」・鐘江宏之「2　七道制 ―東山道を中心に―」・川尻秋生「3　山道と海路 ―信濃国・越後国・会津郡と日本海交通―」、〔コラム〕として西別府元日「山陽道の山道」・木本雅康「古代駅路の坂道はどの程度の傾斜まで可能か」を収録する。

吉村論文は、「山野河海」のコスモロジーではなく、古代における「山河海」のコスモロジーとして検討し、国見で国原と海原を「見る」こと、国見歌でみえない「海」を詠む必要があるのは「山海」の重要性によると指摘する。部民の設定についても「山部」「海部」とともに「河海」との関係で「川部（河部）」も注目すべきこと、律令法による「山河海」の管理について、天聖令発見以後の雑令国内条・雑令知山沢条の日唐令比較研究からの視点も提示する。

鐘江論文は、七道制の成立を天武十二年（六八三）から十四年にかけての時期と再確認したうえで、七道制は中央から地方への命令下達、地方からの上申のための「行政のための道」という性格を指摘する。複数の方向への連絡路をもつ「山国」に七道の本道が通ることによって政治的結集が維持されたことを指摘し、東山道諸国とりわけ美濃・信濃を本道を通す地域として直接掌握する必要性が七道制成立時期に意識されていたことを論じる。

川尻論文は、越後守に任じた院政期初期の官人橘為仲の下向・上京の経路と様相を、彼の歌集『為仲集』を対象に論じ、藤原惟規の『惟規集』からも日本海の海路を利用した越後国への行程を想定するなど、陸路と海路の複合的な交通のあり方を提起する。「山国」の交通と海上交通は季節により選択的に利用されており相互補完の関係にあったとの重要な指摘を行なっており、為仲と信濃守「たかもと」（源隆基）との和歌の贈答を通じた越後国と信濃国との交流の指摘も両国間の交通を考えるときに示唆に富む。

西別府論文は、瀬戸内海に並行する山陽道も多くの山塊を越えていく険しい駅路であったことに注意を喚起し、広島県三原市「トントン古道跡」と称される古道跡の発掘成果を紹介する。山陽道における古代道の事例として注目すべきものである。

木本論文は栃木県那須烏山市とさくら市との境界線になっている東山道駅路に比定される丘陵から平野部に降りる道路痕跡は平均勾配が約二五度になる急峻な坂であるが、東海道の日本坂越えや倶利伽羅峠の古道でも同様の勾配があり、二五度程度の傾斜勾配は古代駅路の敷設において十分可能であったことを指摘する。駅使が乗馬のまま通行可能か否かを含めて、今後の他地域における事例も含めて検討する必要性が提起されたものといえる。

これらの論文によって、いわゆる大化前代から平安期における「山」とそれに対比される「海」、また「山」における陸路を国家が通す政治的意義、陸路と内陸河川交通さらには海上交通が相互補完的な交通体系を形成していたことが明らかとなるであろう。

Ⅱ　交通の諸相

Ⅱは、大隅清陽「1　中部山岳地域における駅制と地域社会」・中村太一「2　山国の河川交通」・永田英明「3　九世紀山麓駅家の経営 ―駅戸制度のオモテとウラ―」・平野修「4　川を上り峠を越える製塩土器」・近江俊秀「5　大和と河内の峠道」・鈴木景二「6　峠・境と古代交通」・松井一明「7　静岡県西部における古代・中世の山地の交通路」、〔コラム〕として佐々木虔一「山国の紀行 ―『更級日記』にみる坂・関・富士山―」で構成される。

大隅論文は、美濃国坂本駅・信濃国阿知駅について検討を加え、坂本駅の維持には隣駅のみならず郡の異なる駅との連携や国全体でのてこ入れが想定されるとする。また東海道と甲斐国を結ぶ主要幹線道路利用の変遷も検討し、七道制の成立による東海道御坂路の設定による都留評の甲斐国への編入とそれにともなう都留郡家の移転も想定する。甲斐国内の本道と本道を結ぶ「支路」の検討の必要性や、峠などの難所を要する山岳地帯において郡や国、場合によっては国を超えるレベルでの政策の実施を必要とした「山国」の古代交通を検討することで、古代国家にとっての交通の本質を考察する方向性を示している。

中村論文は、『播磨国風土記』にみえる山陰地方から播磨を経て都に向かうルートが河川交通と陸上交通の結節によって成り立っていたこと、陸路主体の駅伝制導入以前は、陸路と水路の使い分けがあったことを指摘する。また『延喜式』にみえる出羽国の野後・避翼・佐芸・白谷の各駅について、最上川と河川が合流する地点に各駅を求め、美作国から備前片上津までの吉井川を利用した内陸河川交通による物資輸送を想定する。さらに建築・造船用材の運漕について、河川交通のルートとそこで活動する「桴工」と彼らを編成する在地有力者の存在を指摘、この指摘はⅢの小笠原論文とも関連するもので、「山国」の河川交通という、交通から疎外された「山国」という概念とは異なった内陸河川を利用した活発な交通の存在を指摘したものといえる。

永田論文は、『延喜式』等にみえる駅の分布状況と「駅家」郷の分布の相違をどう理解するかがポイントであるとし、『和名類聚抄』の「駅家」郷記載について、名古屋市博本と東急本を検討し『和名類聚抄』の「駅家」郷の分布から駅戸集団の状況を論じることは危険であると指摘する。また郷と区別される人間集団として「駅」を設定しそこに駅戸を編成する方式が九世紀段階でも維持されていたことが確認できるとする。駅子の史料『類聚三代格』斉衡二年（八五五）正月二十八日太政官符にみえる「二百十五人駅子」記載は駅子数を保持し維持し続ける帳簿上の存在として理解すべきで、駅制維持をはかる政策基調ではあるが実態との乖離を示す史料として理解することの重要性を示した論点といえる。また、「尾張国郡司百姓等解」にみえる負名による収穫物が労働力編成の財源となって、駅子も「駅家」に編成された駅戸とは無関係な「功粮」による雇用関係となり、国衙により把握・編成される方式となった十世紀における駅経営の構造転換が、恵奈郡における駅家経営について類似の構造をもった経営方式としてすでにはじまっていた可能性を指摘する。

平野論文は、製塩土器が出土する山梨県内の九か所の遺跡を検討し、その立地から八世紀前半段階から九世紀代にかけて富士川を介した他国からの製塩土器（それにともなう塩）の搬入を想定する。富士川を利用した内陸河川による塩の搬入は、さらにそこから陸上ルートによる信濃以遠への輸送をも想定できるとして水陸交通の結節をも想定する。

近江論文は、大和と河内の交通は時期ごとに特定の峠道が重点的に利用されており、推古朝では竹内峠越え、天武朝では竜田を越えるルートが重要なルートであり、奈良時代以後も官道として整備されていたことを指摘する。

また、大和から河内への岩屋峠、宇陀と奈良盆地の境の女寄峠、宇陀と吉野の境にあたる関戸峠など峠の頂の遺跡の祭祀的性格、女寄峠や大坂、竹内峠の麓に位置する遺跡の公的性格も指摘する。

鈴木論文は、古代交通史の対象テーマとして峠・境をめぐる事象は直接の対象とはなりにくかったことに注意を喚起し、峠にかかわる地点呼称である「タムケ」に対して坂が幅をもつ概念であり、「うすひ」「くらがり」も峠道付近を指す可能性を指摘する。峠地名の「おお坂」「み坂」などが古代交通路の復元の手段として有効であり、地域社会の交通体系として、官道・駅路とは異なる交通を復元することで官道を相対化して考える視点を提示する。

松井論文は、静岡県西部（北遠地域）の山地遺跡群をもとに、山地の交通路の復元を試みたもので、各水系ごとの平安時代後期から中世にかけての集落遺跡の概略を紹介し集落群を結ぶ交通路を復元する。北遠地域から北は南信濃へ至るルート、南は浜松・掛川などの平野部に至るルート、西は奥三河方面、東は大井川上流域に至る多方面の交通路が網目のように山地に展開していたと想定、この地域での古代～中世における山地の交通路の復元から、とくに尾根筋のルートに注目すべきことを強調する。

佐々木論文は、十一世紀前半の東国と都を結ぶ交通の史料として貴重な『更級日記』の記述を、『相模集』『朝野群載』、さらに『古事記』『万葉集』まで含めて論述し、『更級日記』に残された交通路上の叙述を多角的に解説している。

これらの論文は、日本列島内の諸地域の「山国」や山間地における物流を通して地域内の交通路を検証し、官道にとどまらない交通路を復元する方法を指摘し、山間部の交通路上で生じた祭祀や峠・坂など境界で発生する観念の特質についても言及しており、「山国」における交通の諸様相を検討する論点を提示したものといえよう。

Ⅲ　生業と信仰

Ⅲは、小笠原好彦「1　杣と木材の採取と運送」・傳田伊史「2　牧と馬―馬の文化の受容と地域間交流―」・山路直充「3　山国の寺―情報伝播からみた山国の交通―」、〔コラム〕高島英之「山国の出土文字資料―上野国吾妻郡内出土墨書土器から―」・黒済和彦「山国から峠を越え、齎された蕨手刀」からなる。

小笠原論文は、畿内周辺を中心とする地域の杣における木材の生産と運搬について考察し、石山寺造営における各山作所の切り出し口から「車庭」までの人力、そこから川津までの車と人力の併用、さらに桴組による運漕という過程の検証を行なっている。また、運搬にともなう桴組用の棧穴をとどめる柱根の出土事例を宮都や寺院・地方官衙に求め、棧穴の残る柱根は弥生中期後半の唐古遺跡までさかのぼることなど興味深い事例が紹介されている。桴に組んで内陸河川を利用した運搬と陸路で車などを利用する運搬の複合的な連携などが明らかにされている。

傳田論文は、大和とならんで馬の飼育の中心地であった河内に注目し、蔀屋北遺跡の様相から、準構造船の船材の出土は北河内の地域と朝鮮半島との往来を、馬具の出土は工人集団の存在を、大量の製塩土器の廃棄は馬の飼育にとっての塩の確保を想定できるとする。この前提をもとに下伊那地域の古墳群における馬の副葬・馬具の埋葬状況を検討し、首長墓ではない古墳からの出土をもとに馬や馬具が特定個人の威信財ではなかったことを指摘し、信濃における馬の生産の広がりが、百済官人としてあらわれる科野（斯那奴）が軍事面で大きな役割を担っていたことの背景にあり、五・六世紀の信濃では信濃の各地域や馬の飼育に欠かせない塩を媒介とする周辺地域との関係にとどまらず、朝鮮半島におよぶ広域的な地域間交流があったことを想定する。

山路論文は、「山国」の盆地や丘陵に建立された寺の瓦の文様や製作技法の伝播の側面から「山国」の交通を検証しようとしたものである。甲斐市に所在する天狗沢窯の軒丸瓦の瓦当文様と製作技法の検討を行ない、同窯の軒丸瓦の祖型について、信濃明科廃寺・飛驒寿楽寺廃寺の軒丸瓦の型式変化に関するこれまでの先行研究とは異なって明科Ⅰaを祖型として寿楽寺Ⅰbや天狗沢窯Ⅰaが成立したと結論する。さらにその祖型として尾張元興寺式軒丸瓦を想定、瓦当文様の伝播は尾張→信濃→甲斐、信濃→飛騨、製作技法は信濃→甲斐・飛騨が考えられるとする。このような瓦をめぐる情報伝播は峠越えのルートであった可能性を指摘、尾張国を東山道との関連でも重視すべきことを強調しており、技術方法の伝播を交通路の視点から捉えなおしたものとして貴重な指摘である。

高島論文は、平安時代の吾妻郡内の集落として三七軒の竪穴住居が検出された群馬県楡木Ⅱ遺跡から出土した一一点の墨書土器について、文字記入の状況、器種、記載内容など紹介する。「長」の墨書から、「上野国交替実録帳」吾妻郡の「長田院」との関係で、山間部における交通の困難さから郡家別院として置かれた可能性もあると示唆する。

黒済論文は東山道に多く分布する蕨手刀のうち、柄のそりと絞りが弱く刃が短い古式は峠越えの交通路により甲斐・駿河へ、さらに東山道駅路の本格的整備とともに畿内以西や陸奥・出羽へと流通すると指摘する。柄のそりと絞りが強く刃の長い新式は、北東北で生産されたものが遠く北海道のオホーツク文化の地に流通し、古式は正倉院をはじめ西海道大隅国まで伝播していることに注目される。

これらの論文によって、「山」における生業としての木材の採取とその運送にとって内陸河川を利用した筏による運漕が重要な位置を占めていること、信濃国という「山国」の交通が牧と馬に注目することによって、国内のみならず朝鮮半島までも視野に入れた交通として考えられること、「山国」の瓦の技術伝播をみることによって、「山国」が「閉じた空間」ではないことが改めて明らかにされているといえよう。

Ⅳ　山国の「政治学」

Ⅳには、荒井秀規「1　東山道と甲斐の路」・舘野和己「2　三関と山国の交通―愛発関を中心に―」・濱修「3

近江と琵琶湖—近江と琵琶湖が果たした山国の特質—」・中大輔「4　アズマへの道と伊賀国」、〔コラム〕として根本靖「東山道武蔵路」・居駒永幸「峠・坂と文学」を配置してある。

荒井論文は、東山道諸国と東海道所属にもかかわらず東山道諸国以外で令制国成立以後一貫して非沿海国であった甲斐国を検討の対象とする。東山道所属の上野国・武蔵国・下野国に「センドウ」地名がないことは、三国の駅路を山道と認識することが希薄であったことによると指摘する。また道路は「路」ないしは「道路」で、「〇〇道」の表記が道路を表わすことはないという重要な指摘を行ない、甲斐国の「交ひ」の原義は、「東海道」と「東山道」の結節よりも駅路としての東海道と東山道の結節に求められるとし、甲斐国が「東海道」と「東山道」を結節するように、信濃国は「東山道」と「北陸道」を結ぶ国として存在したことを論じている。さらに地方の地域間交通と駅路とは次元の異なるものの、信濃国は河川交通によって、尾張国・遠江国・越中国・越後国などへ通じており、「東山道」は「山国」であり〝山の道〟が東西に走るが、〝川の道〟によって北と南の海へも通じていたことに留意すべきとする点は、Ⅰの川尻論文やⅡの松井論文とも通じる視点であり、共通理解を得ることのできる指摘であろう。

舘野論文は、『延喜式』駅路では北陸道の本道は近江—越前—加賀—越中—越後—佐渡で、越前—若狭間の北陸道は本道から枝分かれした支線であったが、奈良時代には北陸道は近江—若狭—越前というルートをとっており、山の多い地勢で広大な領域の「山国」越前国には官道のルートとは別に、近江から越前に入る深坂峠越えの琵琶湖舟運を組み込んだルートなど複数のルートがあったことを指摘する。この越前国の入り口に置かれたのが愛発関であるが、恵美押勝の乱における動向から、愛発関について敦賀市道口と若狭・越前国境の関峠ともその位置にふさわしいとし、この二つについて不破関の大関・小関の複合的構造と同様に、北陸道本道の若狭—越前間に愛発関の大関が、近江からの脇道には小関が置かれたと想定する。

濱論文は、十二世紀の起請札が二二点出土した平安時代後期の祭祀遺構である塩津港遺跡を中心に琵琶湖湖上交通の検討を行なっている。起請札の誓文から荷物は魚・米であり、起請者は荷物の運搬を生業とする者で、北陸から塩津に集積された物資が船で大津に運ばれていたと推定する。近江国は「山国」の認識が希薄ではあるが、東国や北陸各地からの物資は峠を越えて運ばれ、多くは湖上交通を利用して瀬田川から宇治川、木津川を経て京に運搬されていたこと、また琵琶湖沿岸の塩津は北陸と、朝妻は東国と京を結ぶ物資の流通拠点となっていたことを指摘する。

中論文は、海をもたない「山国」である伊賀国の七世紀後半における交通路の復元を試みたもので、壬申の乱時における大海人皇子の東行路を検討する。伊賀駅家を阿保に比定することによって、地域首長の政治的な動向と壬申紀交通路の記載を合理的に解釈できるとし、壬申の乱以前に倭京を中心とする全国的な交通網が成立していたとすれば、尾張国は東山道に所属していたとの説に依拠して、原初東海道は川口ルートから伊勢湾を渡って東国へ向かう道で、この川口ルートと鈴鹿ルートの分岐点を阿保（伊賀駅家）とすると鈴鹿ルートが原初東山道であった可能性を想定する。伊賀国が東海道・東山道二道の分岐点となっていることから、伊賀国が伊勢国から分立した要因の一つとして考えることができるとする。

なお荒井論文では、東海道と東山道の交差点でもあった尾張国の位置づけについて、伊勢（志摩）・参河間の海路を東海道の本線として尾張国を東山道に引きつける理解もあるが、各地域の往来や流通と都からの公使派遣のための七道制とは次元の異なるものであるとして、尾張国から美濃国不破関を経由している事例は、尾張国・伊勢国国境の木曾川を回避したことによるとする。尾張国の所属をめぐって論者によって東山道に所属していたか否か評価が分かれるところであり、各説を前提とした東海道のルート・東山道のルートをどのように考えるのか、今後も検討すべき課題として残されているといえよう。

根本論文は、所沢市東の上遺跡で古代道路遺構が検出された一九八九年以後、各地の遺跡で検出されてきている東山道の本道から分岐し武蔵国府に向かう「東山道武蔵路」について、各遺跡での検出状況をまとめて紹介しており、東京都・埼玉県・群馬県におよぶ広範囲の遺跡を概観できる。

居駒論文は『古事記』『日本書紀』『万葉集』など古代文学に記された坂は境界であり、坂の神への畏怖が奉幣や供え物をして神の加護を願う境界における信仰を生み出してきたが、このような坂の通行はまた旅の文学を紡ぐ要因でもあったことを指摘する。

これらの論文は、古代国家が設定した官道としての駅路のもつ政治的意義や設定方式について再検討をせまり、また官道以外の内陸河川・湖上交通を含めたさまざまな交通路の複合的な存在とその利用の様相を明らかにしている。

以上紹介してきたように、二四編の論考・コラムの論点は多岐にわたるが、古代日本における「山国」を舞台とした交通の具体的様相と、交通によって形成される地域社会の編成、さらにはこれを基礎づけた古代国家による交通路の設定と政治的編成のあり方などを解明する手がかりとなるであろう。もとより各筆者ごとに異なる見解も提示されているが、「山国」が決して「閉じた空間」ではなく、陸路と内陸河川、さらには海上交通との相互補完的な交通体系が存在したこと、「山国」の交通が生み出したものは特殊な交通ではなく、古代日本における交通を検証する普遍的な展望を有していること、また「山国」で展開されてきた生活や生業、物流や情報・人の移動などについて共通の理解の前提となる成果が盛り込まれているといえる。これらの論考・コラムを読み進めるにあたって、付録地図として中村太一作成による「東日本の駅家と駅路」「西日本の駅家と駅路」「畿内の駅家と幹線道路」も収録してあり、合せて活用いただきたい。残された課題はなお依然としてあるが、本書をひもとくことでその作業を進めていただければ幸いである。

最後に、本書の刊行にあたって大変お世話になった八木書店古書出版部ならびに同出版部企画編集課の恋塚嘉氏に心から感謝申し上げる次第である。

執筆者紹介（五〇音順）

【編者】＊略歴は奥付に記載

鈴木靖民（すずき やすたみ）

吉村武彦（よしむら たけひこ）

加藤友康（かとう ともやす）

荒井秀規（あらい ひでき） 藤沢市役所。日本古代史。〔主な著作〕『日本史小百科 交通』（共編、東京堂出版、二〇〇一年）・「古代東アジアの道制と道路」（鈴木靖民・荒井秀規編『古代東アジアの道路と交通』勉誠出版、二〇一一年）・「公式令朝集使条と諸国遠近制」（鈴木靖民編『日本古代の地域社会と周縁』吉川弘文館、二〇一二年）

居駒永幸（いこま ながゆき） 明治大学教授。日本古代文学・民俗学。〔主な著作〕『古代の歌と叙事文芸史』（明治大学人文科学研究所叢書、笠間書院、二〇〇三年）・『日本書紀［歌］全注釈』（共編、笠間書院、二〇〇八年）・『古典にみる日本人の生と死』（共著、笠間書院、二〇一三年）

大隅清陽（おおすみ きよはる） 山梨大学大学院教授。日本古代史。〔主な著作〕『山梨県史 通史編1 原始・古代』（共著、山梨県、二〇〇四年）・『日本の歴史08 古代天皇制を考える』（共著、講談社学術文庫、二〇〇九年）・『律令官制と礼秩序の研究』（吉川弘文館、二〇一一年）

近江俊秀（おおみ としひで） 文化庁。古代交通史。〔主な著作〕『古代国家と道路』（青木書店、二〇〇六年）・『道路誕生』（青木書店、二〇〇八年）・『道が語る日本古代史』（朝日新聞出版、二〇一二年）

小笠原好彦（おがさわら よしひこ） 滋賀大学名誉教授。日本考古学。〔主な著作〕『日本古代寺院造営氏族の研究』（東京堂出版、二〇〇五年）・『大仏造立の都 紫香楽宮』（新泉社、二〇〇五年）・『聖武天皇が造った都 難波宮・恭仁宮・紫香楽宮』（吉川弘文館、二〇一二年）

鐘江宏之（かねがえ ひろゆき） 学習院大学教授。日本古代史。〔主な著作〕『地下から出土した文字』（山川出版社、二〇〇七年）・『全集日本の歴史三　律令国家と万葉びと』（小学館、二〇〇八年）・『東アジア海をめぐる交流の歴史的展開』（鶴間和幸氏と共編著、東方書店、二〇一〇年）

川尻秋生（かわじり　あきお）　早稲田大学文学学術院教授。日本古代史。〔主な著作〕『古代東国史の基礎的研究』（塙書房、二〇〇三年）・『全集日本の歴史四　揺れ動く貴族社会』（小学館、二〇〇八年）・『シリーズ日本古代史五　平安京遷都』（岩波書店、二〇一一年）

木本雅康（きもと　まさやす）　長崎外国語大学教授。歴史地理学。〔主な著作〕『古代の道路事情』（吉川弘文館、二〇〇〇年）・『遺跡からみた古代の駅家』（山川出版社、二〇〇八年）・『古代官道の歴史地理』（同成社、二〇一一年）

黒済和彦（くろずみ　かずひこ）　川口市教育委員会。日本考古学。〔主な著作〕「群馬県出土蕨手刀の分類と編年」（『群馬考古学手帳』一四、群馬土器観会、二〇〇四年）・「群馬県出土蕨手刀の分布とその性格」（『群馬考古学手帳』一五、群馬土器観会、二〇〇五年）・「出雲市馬木町小坂古墳出土蕨手刀の再検討」（『古代文化研究』一四、島根県古代文化センター、二〇〇六年）

佐々木虔一（ささき　けんいち）　古代交通研究会副会長。日本古代交通史。博士（文学）。〔主な著作〕『古代東国社会と交通』（校倉書房、一九九五年）・『日本史小百科　交通』（共編、東京堂出版、二〇〇一年）・「古代の郡家間の交通・通信制度「郡伝」について―伊勢国・上総国・下総国を例として―」（『千葉史学』四八、二〇〇六年）

鈴木景二（すずき　けいじ）　富山大学教授。日本古代史。〔主な著作〕「都鄙間交通と在地秩序―奈良・平安初期の仏教を素材として―」（『日本史研究』三七九、一九九四年）・「奈良東山中の石仏と古道―続・黒田庄から東大寺への道―」（『史迹と美術』七二三、二〇〇二年）

高島英之（たかしま　ひでゆき）　群馬県教育委員会。日本考古学・古代史。〔主な著作〕『古代出土文字資料の研究』（東京堂出版、二〇〇〇年）・『古代東国地域史と出土文字資料』（東京堂出版、二〇〇六年）・『出土文字資料と古代の東国』（同成社、二〇一二年）

舘野和己（たての　かずみ）　奈良女子大学教授。日本古代史。〔主な著作〕『日本古代の交通と社会』（塙書房、一九九八年）・『古代都市平城京の世界』（山川出版社、二〇〇一年）・『古代都城のかたち』（共編著、同成社、二〇〇九年）

傳田伊史（でんだ いふみ）　長野県立歴史館。日本古代史。〔主な著作〕「五・六世紀のシナノをめぐる諸問題について」（『生活環境の歴史的変遷』雄山閣、二〇〇一年）・「「麻續」の名称とその変遷について」（井原今朝男・牛山佳幸編『論集　東国信濃の古代中世史』岩田書院、二〇〇八年）・「日本古代の大黄の貢進について」（『東アジアの韓日関係史』上、J&C（韓国）、二〇一〇年）

中　大輔（なか だいすけ）　國學院大學兼任講師。日本古代交通史・日本古代地域史。〔主な著作〕「日本古代の駅家と地域社会―越後国三嶋駅の事例を中心に」（『古代交通研究』一三、二〇〇四年）・「平安初期における律令交通システムの再編」（『国史学』一九一、二〇〇七年）・「北宋天聖令からみる唐の駅伝制」（鈴木靖民・荒井秀規編『古代東アジアの道路と交通』勉誠出版、二〇一一年）

永田英明（ながた ひであき）　東北大学准教授。日本古代史・アーカイブズ学。〔主な著作〕『古代駅伝馬制度の研究』（吉川弘文館、二〇〇四年）・『日本の大学アーカイヴズ』（共著、京都大学学術出版会、二〇〇五年）・「奈良時代の王権と三関―三関停廃の歴史的意義」（『杜都古代史論叢』今野印刷、二〇〇八年）

中村太一（なかむら たいち）　北海道教育大学釧路校教授。日本古代史。〔主な著作〕『日本古代国家と計画道路』（吉川弘文館、一九九六年）・『日本の古代道路を探す―律令国家のアウトバーン』（平凡社新書、二〇〇〇年）・「日本古代国家形成期の都鄙間交通―駅伝制の成立を中心に―」（『歴史学研究』八二〇、二〇〇六年）

西別府元日（にしべっぷ もとか）　広島大学大学院教授。日本古代史。〔主な著作〕『律令国家の展開と地域支配』（思文閣出版、二〇〇二年）・『日本古代地域史研究序説』（思文閣出版、二〇〇三年）・「古代宇佐宮と地域社会」（『史学研究』二七一、二〇一一年）

根本　靖（ねもと やすし）　所沢市立埋蔵文化財調査センター。考古学（古代道路・集落・土器）。〔主な著作〕「所沢市東の上遺跡の性格について―「官衙的遺構」を中心として―」（『埼玉考古』三七、二〇〇二年）・『東の上遺跡　飛鳥・奈良・平安時代編Ⅰ』（埼玉県所沢市教育委員会、二〇一〇年）・『東の上遺跡　飛鳥・奈良・平安時代編Ⅱ』（埼玉県所沢市教育委員会、二〇一一年）

濱　修（はま　おさむ）　滋賀県埋蔵文化財センター。日本考古学。〔主な著作〕「塩津起請文札と勧請された神仏」（『紀要』二四、（財）滋賀県文化財保護協会、二〇一一年）・「古代の木簡と墨書土器」（『東近江市史能登川町の歴史』一、二〇一一年）・「西河原遺跡群と貸稲木簡」（『淡海文化財論叢』三、淡海文化財論叢刊行会、二〇一一年）

平野　修（ひらの　おさむ）　帝京大学文化財研究所。日本考古学（古代）。〔主な著作〕「考古学から見た古代地域社会における「市」」（『山梨県立博物館調査・研究報告』二、二〇〇八年）・「考古学からみた古代内陸地域における塩の流通」（『帝京大学山梨文化財研究所研究報告』一四、二〇一〇年）・「考古学からみた律令制下の東国内における技能・技術交流」（『帝京大学山梨文化財研究所研究報告』一五、二〇一一年）

松井一明（まつい　かずあき）　袋井市教育委員会。日本考古学（中世）。〔主な著作〕『戦国時代の静岡の山城』（共著、サンライズ出版、二〇一一年）・『佛教芸術三一五号　山岳寺院の考古学的調査東日本編』（共著、毎日新聞社、二〇一一年）・『中世石塔の考古学』（共編、高志書院、二〇一二年）

山路直充（やまじ　なおみつ）　市立市川考古博物館。日本考古学（古代）。〔主な著作〕「京と寺」（吉村武彦・山路直充編『都城　古代日本のシンボリズム』青木書店、二〇〇七年）・「寺の成立とその背景」（吉村武彦・山路直充編『房総と古代王権』高志書院、二〇〇九年）・「寺の空間構成と国分寺」（須田勉・佐藤信編『国分寺の創建　思想・制度編』吉川弘文館、二〇一一年）

【編　者】
鈴木 靖民（すずき やすたみ）
國學院大學名誉教授，横浜市歴史博物館館長，古代交通研究会会長。
〔主な著書〕『古代対外関係史の研究』（吉川弘文館，1985年）・『古代東アジアの道路と交通』（共編著，勉誠出版，2011年）・『日本の古代国家形成と東アジア』（吉川弘文館，2011年）・『倭国史の展開と東アジア』（岩波書店，2012年），他多数。

吉村 武彦（よしむら たけひこ）
明治大学教授。
〔主な著書〕『日本古代の社会と国家』（岩波書店，1996年）・『聖徳太子』（岩波書店，2002年）・『ヤマト王権』（岩波書店，2010年）・『女帝の古代日本』（岩波書店，2012年），他多数。

加藤 友康（かとう ともやす）
明治大学大学院特任教授。
〔主な著書〕『古代文書論―正倉院文書と木簡・漆紙文書』（共編著，東京大学出版会，1999年）・『日本の時代史6　摂関政治と王朝文化』（編著，吉川弘文館，2002年）・『世界各国史1　日本史』（共著，山川出版社，2008年），他多数。

古代山国《こだいやまぐに》の交通《こうつう》と社会《しゃかい》

2013年6月30日　初版第一刷発行　　定価（本体8,000円＋税）

編　者　鈴　木　靖　民
吉　村　武　彦
加　藤　友　康

発行所　株式会社　八　木　書　店　古書出版部
代表　八　木　乾　二
〒101-0052 東京都千代田区神田小川町3-8
電話 03-3291-2969（編集）-6300（FAX）

発売元　株式会社　八　木　書　店
〒101-0052 東京都千代田区神田小川町3-8
電話 03-3291-2961（営業）-6300（FAX）
http://www.books-yagi.co.jp/pub/
E-mail pub@books-yagi.co.jp

印　刷　上毛印刷
製　本　牧製本印刷
用　紙　中性紙使用

ISBN978-4-8406-2206-6

©2013 YASUTAMI SUZUKI/TAKEHIKO YOSHIMURA/TOMOYASU KATOH